名校工程

职教创新系列

中国职业教育

名校/名校长创新管理评析

学校管理卷

国家教育行政学院职业教育研究中心 组编

总 主 编◎邢 晖

本册主编◎吴文鹏 郭泗东

西南师范大学 出版社

全国百佳图书出版单位 国家一级出版社

图书在版编目（CIP）数据

中国职业教育名校/名校长创新管理评析·学校管理卷/吴文鹏，郭泗东主编．—重庆：西南师范大学出版社，2012.9

（名师工程系列丛书）

ISBN 978-7-5621-5960-5

Ⅰ.①中… Ⅱ.①吴…②郭… Ⅲ.①职业教育—学校管理—研究—中国 Ⅳ.①G71

中国版本图书馆 CIP 数据核字（2012）第 202678 号

名师工程系列丛书

编委会主任： 马　立　宋乃庆
总策划： 周安平
策　划： 李远毅　卢　旭　郑持军　郭德军

中国职业教育名校/名校长创新管理评析·学校管理卷

Zhongguo Zhiye Jiaoyu Mingxiao/Mingxiaozhang Chuangxin Guanli Pingxi · Xuexiao Guanli Juan

吴文鹏　郭泗东　主编

责任编辑： 任志林　李　平
封面设计： 大象设计
出版发行： 西南师范大学出版社
　　　　　　地址：重庆市北碚区天生路 1 号
　　　　　　邮编：400715　市场营销部电话：023-68868624
　　　　　　http://www.xscbs.com
经　　销： 新华书店
印　　刷： 重庆五环印务有限公司
开　　本： 787mm×1092mm　1/16
印　　张： 26.75
字　　数： 452 千字
版　　次： 2012 年 9 月　第 1 版
印　　次： 2012 年 9 月　第 1 次印刷
书　　号： ISBN 978-7-5621-5960-5

定　　价： 50.00 元

《名校工程》

职教创新系列编委会

前　　言

　　职业教育，关乎国计民生，影响发展大局，在推动经济结构调整和产业转型升级、促进劳动就业和文化进步、推进教育结构合理化和人的全面发展等方面，其职能价值不可替代；在培养技能型人才和高素质劳动大军、解决持证上岗就业、提供终身学习、改善畸轻畸重的教育偏失等方面，更是功不可没。特别是当今，中国进入全面建设小康社会和转变生产方式的关键期，进入工业化和城市化快速发展的攻坚期，进入人力资源强国建设和教育整体改革发展的深入期，职业教育面临更大的机遇和挑战，更加任重道远。我们没有理由忽视和漠视职业教育，必须把职业教育放在更加突出的位置。

　　职业学校，是现代学校的重要类型，也是我国职业教育的主要形式。中等职业学校，是现阶段我国职业教育的主体力量。如果说普通中小学和大学在改革创新和发展中百花开放，竞相争艳，那么职业院校特别是中等职业学校（含中专、职高、技校、成人中专等）更像一簇后发的奇葩，含羞怒放，光彩夺目。职业学校历经数年的攻坚克难，在困境中闪亮转身，在曲折中奋步前行，在负重中实现跨越，办学成就和特色凸显：高中阶段"半壁江山"的规模、面向人人"培养技能"的功能、开门办学"前店后厂"的特点、校企合作"工学交替"的模式；面向市场需求的专业设置、对接职业标准的课程安排、工作任务导向的教学实施、融入工业文明的学校文化、技能大赛产生的社会影响；职校校长"多能性"的角色、职校教师"双师型"的素质、社会能人请进课堂、职校学生"多证在手"；职业学校与国际接轨、与市场接轨、与企业接轨、与社会接轨，办得有声有色、有滋有味、可圈可点。我们没有理由不认真总结职校经验，大力宣传职校成果。

职业学校管理，是教育生产力的"软件"，是"无本万利"的关键元素，是学校提升水平、健康持续发展的重要保障。与普通学校相比，职业学校管理既有共性，也有个性，其研究价值在于本身区别于其他教育类型的特殊规律。比如，管理环境的外生性和多面性，管理思想的社会性和开放性，管理主体的多层性和多类性，管理对象的特殊性和交叉性，管理体制的复杂性和合作性，管理范围的广泛性和整体性，管理内容的多样性和职业性，管理方式的灵活性和多变性，管理过程的复杂性和综合性，管理目标的适切性和多层次性，这些都是由职业教育的特点和特殊规律所决定的。

职业学校校长是职业学校的灵魂，一个好校长在某种意义上就是一所好学校。校长使命和学校管理是两个角度一个命题，也可以说是学校生存发展的动力和关键。与普通学校相比，职业学校的校长管理有独特的要求：思想更加开放、活动更加多样、体制更加复杂、模式更加灵活。但是迄今，无论是对学校管理工作的研究，还是对职校校长思想的挖掘，都显得比较单薄和分散，管理案例的搜集和研究还不多见，与"中等职业教育占据高中阶段半壁江山"的发展规模很不相称，与职业教育管理的多姿多彩和职校校长"多面能人"的类型特色很不相符，我们没有理由不更多地搭建一些平台，更多地聚焦职业学校管理，更多地关注一些"不一般"的职校校长。

本丛书是职校管理或校长管理案例研究的一次初步性尝试，也是2010年以来全国中职校长改革创新研究班的一个延展性成果。正是基于上述考虑，由国家教育行政学院职教研究中心牵头组编，全国各地中等职业学校（几乎均为国家级重点校）踊跃参与，形成这套《中国职业教育名校/名校长创新管理评析》系列丛书。其整体构思是：中等职教是主体，职校校长是主角，学校管理是主题，10个管理板块是重点；单块成册，集合成套，既独立，又关联，亦分亦合。丛书共10卷，分别为学校管理卷、特色德育卷、教学研究卷、师资建设卷、课程改革卷、就业指导卷、特色专业卷、校企合作卷、实训基地建设卷、农村职教特色卷。

丛书各卷的呈现思路大体一致，包含"名校/名校长简介—核心思想—实践应用—拓展反思—专家评析"等主要环节；每一卷分别聚焦一个主题，精选和荟萃十几篇有特色、有创新、有影响的典型院校管理案例，旨在提炼每一所学校的成功模式，展现不同类型校长相同或个性化的行动与思考，总结其改革和创新经验，对他校和他人提供启示和借鉴；同时，由业界专家和学者精心撰写了言简意赅、画龙点睛的点评，力求对学校进一步发展提供指导和启迪。另外，丛书在内容取舍和体例安排方面，既保证了内容的可读性，又力争能够体现观点的广度、分析的深度。

在丛书编写中对几个关系的认识和处理，有必要做些说明。一是绝对与相对的关系。好学校或称名校，好校长或称名校长，是具有一定内涵的相对概念，并非也不可能是绝对的。相对于1.36万职业学校和成千上万的校长来说，国家级重点校或省级重点校、改革创新示范校及其校长，称其为名校和名校长（有些校长确有相关的标志性的荣誉称号）并不为过，当然这种判断要动态地、辩证地看。二是共性与个性的关系。同是职业学校，办学和管理上必然有共性。但千校千面，各有特长，大家不同，大家都好，我们更侧重其个性化的特色。三是继承与发展的关系。任何一所学校都不可能割断历史，任何一位校长也不可能终身任职，过去、现在和未来，本书更立足于现实，基于眼前再看过往和明天。四是校长与学校的关系。本书实际上是两条主线，亦明亦暗，有些是以学校为明线，有些是以校长为明线，但主题都是管理创新。五是主观与客观的关系。本丛书力求事实可靠，素材准确，分析客观，但各卷各篇案例大多由学校自己撰稿，难免带有主观色彩；专家点评也多是基于案例文稿，如有不妥，敬请批评指正。

希望这套丛书能够发挥积极有效的作用。对于人们认识理解职业教育的地位和功能、探求把握职业教育管理和发展规律、深化拓展职业教育各项工作和管理改革创新，对于激发振奋校长群体和职教人的斗志精神、引领提升中职校长领导力和管理水平、展示讴歌职业学校的风貌风采，对于建设具有中国特色的职业教育，促进世界上最大规模的职业教育又好又快发展，如果对读者能够从某个点上有所裨益和帮助，我们就聊以欣慰和知足。

最后，向参与本丛书规划、创作、点评审稿的领导、专家学者，向提供案例材料的学校、校长，以及编写人员一并表示衷心的感谢！

编　者

2012 年 6 月

于国家教育行政学院

目　录

Contents

目 录
Contents

目　录

Contents

服务经济发展　谱写职教新篇

——辽宁省朝阳市建平县职业教育中心

名校／名校长简介

　　13年前，这里只有一栋三层高的教学楼，一排砖瓦宿舍，百十来名学生和76名教师，人心涣散，濒临倒闭。而如今，学校占地200亩，建设总投资9800万元，可容纳66个教学班，在校生5300多人，专任教师286人。对比大学毕业生就业难的现状，这里的毕业生就业率却达到99.1%，许多毕业生早在毕业前一年就被企业预订一空。无数经历挫折、意志消沉的青年从这里重新放飞梦想，无数个生活困顿、走投无路的农民家庭从这里找到脱贫致富的妙方……这令人难以置信的教育传奇就真实地发生在辽宁省朝阳市建平县职业教育中心。

　　短短13年，建平县职业教育中心实现了跨越式发展，成为全省唯一获得"全国中等职业学校发展与改革示范校"殊荣的县级职教中心。学校先后被授予"辽宁省职业教育先进集体""朝阳市教育文明单位"和"建平县教育工作先进单位"等多项荣誉称号。

　　张金波校长，作为建平县职业教育中心的领头雁，不仅以雄韬大略力挽狂澜，更以前瞻性的治校思想和发展理念，构建了建平职教"管好人、凝成神、塑造魂"的特色管理模式，并坚持"以就业为导向、靠管理求发展、凭特色赢声誉、靠质量求生存"的工作方略。在他的积极运作下，建平县职业教育中心成功地与天津经济技术开发区、西青经济技术开发区签订了人才培养协议，科学的运营助推了建平县域经济的发展，为建平经济的发展找到了新的增长点。每年，建平县职教中心仅凭毕业生工资一项收入就可为建平县带来6000万元以上的经济效益。凭借成功的管理模式和优异的办学成绩，张金波校长先后荣获"辽宁省优秀教育工作者""奋战三年再造朝阳功勋人物"和"辽宁教育年度人物"等多项殊荣。

核心管理思想

职业学校的办学目标就是为社会培养高素质的技能型人才和为当地经济发展提供技术支撑，为实现这一宏伟目标，学校提出了"跳出学校办职教，跳出课堂搞教学，跳出传统抓素养"这一全新的、开放式办学思路和理念。教学工作坚持校企（场）合作、工（农）学交替、任务导向、产教结合的人才培养模式，坚持以服务于县域经济又好又快的发展为宗旨，以保证学生就业为导向，以改革创新为动力，不断促进内涵提升，逐步形成了建平职教中心独有的"特色强校、特色兴校、特色育才"的职业教育发展新模式。

作为国家示范校的县级农村职教中心，学校建立了以服务"三农"为核心的"校农合作、校乡合作、校村合作、校场合作、校户合作和校矿合作"多维合作网络体系和人才培养新体制，并大胆地进行了以服务地域经济为主的课程体系创新，本着"企业出资办学校，办好学校为企业服务"的思想。学校根据企业和社会需求设专业，将企业用人标准作为学校培养人才的标准，将企业技术标准、安全标准等融入专业课程教学体系，做到标准一致，实现人才培养与企业需求零距离对接，逐步形成了与区域经济发展实际相匹配的课程内容，建立了国家规划教材与校本教材相融合、教学内容与岗位需求相适应、基础平台与专业化方向相衔接的具有建平职教中心特色的课程体系。教学、实践、服务一体化的教学方法，不仅使教学更贴近实际、贴近生产、贴近市场，提高了学生的职业能力，同时也实现了以产促教、以教兴产的目的。

此外，建平职教中心还以培养区域经济发展急需的人才为目标，构建了以现代化教学手段为支撑的"双师型"教师队伍，创新了技能培训方式，形成了系统的技能培训和考核机制。学校建立了专业教学过程和生产过程相对接、实习岗位与所学专业岗位群相对接、职业素养的形成与企业用人标准相对接的具有建平职教中心特色的实习实训新机制，保证了各专业学生技能的熟练掌握，保证学生体面地就业且上岗后有尊严地工作。

对于学校的常规工作，张金波校长带领的教职团队进行了"五个定位"的发展尝试：一是"适应市场、优化管理、务求实际、突出特色"的教学定位；二是"能力过硬、素质全面、双师为重、专兼结合"的师资管理定位；三是"校企合作、工学结合、德才并重、智技并举"的育人定位；四是"管理兴校、质量立校、星级管校、品牌强校"的管理定位；五是"立足建平、服务辽宁、辐射东北、走向全国"的服务定位。

 实践应用

温家宝总理曾在不同场合反复强调职业教育的重要性："对职业教育发展的蓝图，怎么描绘都不过分；对职业教育的重要性，怎么强调都不过分。"诚然，建平职教中心以自己的发展实践证明了职业教育在人才培养、推动经济发展、促进就业和解决"三农"问题等方面的突出贡献，成功的办学经验不仅引领了辽宁省职业教育的发展，也为现代职教发展提供了一个值得借鉴的典型范例。

一、坚持"适应市场、优化管理、务求实际、突出特色"的教学定位——工学交替，顶岗实习，改革人才培养模式

职业学校的办学目标是面向市场，有计划、具有前瞻性地培养人才。学校坚持把教学管理作为学校管理工作的核心来抓，认真分析职业学校特点，结合学生实际，结合自身优势，形成了独具特色的教学管理和人才培养模式。

1. 研发和使用校本教材，创建适合职业学校发展的课程体系

为了加强课程体系和教学内容的改革，实现服务地域经济的目的，满足培养学生基本能力和专业技能的需要，学校根据新大纲的要求，在严格使用国家规划教材的基础上，根据职业学校学生实际，结合企业用工标准，组织全体任课教师编写校本教材，对原有教材进行整合、简化，在学生能接受的层面上重构基础知识，突出实践性教学环节，融入足够的实训内容。

校本教材有如下几个特点：在学科内容上，降低了理论性、知识性内容的难度，增加了可操作、实践性强的内容，更加适合学生；在展示形式上，突出综合化、项目化、模块化、任务驱动化；编入企业道德、企业用人标准、企业管理制度、企业安全要求、企业环保要求等内容，使学生在校学习

期间就能贴近企业；引进名言、警句、哲理故事，凸显趣味性、启迪性，激发学生学习热情。

目前，建平职教中心已经形成了国规教材与校本教材相融合、教育内容与岗位需求相适应、基础平台与专业化方向相衔接的具有建平县职教中心特色的课程体系。校本教材已经研发应用到第三版，涉及 30 多个学科。校本教材的研发与使用，真正适应了职业学校学生的需要，形成了职业

校本教材

学校培养学生技能的办学特色，调动了学生的学习积极性和创造性。同时，校本教材满足了企业化要求，实现了学生所学内容与企业岗位群的无缝对接；教学内容的最新化，使毕业生能够以最快的速度适应最新岗位的发展变化和要求。

2. 创新教学模式，建立起适合职业学校学生掌握技能的实习实训新体制

几年来，学校根据各专业技能教学实际，探索出了有利于学生掌握技能的教学模式和实习实训新途径。学校实行"课堂就是车间，车间就是课堂"的全新教学模式，上专业课时，学生全部到相关专业实习车间（实训室）学习；文化课教师利用多媒体课件教学；晚自习教师在实习车间

学生实训

或实验、实训室对学生进行全面技能辅导；然后，学生在双休日进行课外实习。在车间边教、边学、边做来完成某一具体教学任务，改变了传统的理论教学和实践教学相分离这一舍本逐末的做法，突出了教学内容和教学方法的综合性、实践性和先进性，营造了更好的职业教育氛围，更有利于达到学生能力与素质同步培养的目的，为学生掌握技能提供了有力保障。目前，学校各专业现有实验、实训室总计 48 个，涵盖学前教育、汽修、数控、畜牧兽医等 9 个专业；实训基地 4 个，即机械加工厂、汽车修配厂、金属制品厂和

数控加工中心；共有实训设备 1680 多台（套），总价值 2300 万元，设备先进齐全，完全能够满足各专业学生的实训需要。

此外，学校还制订了完备的《实习实训管理制度》，建立了"校内一年级有实习日，二年级有实习周或实习月，三年级有校内外结合的顶岗实习"的长效实训机制。每学期总课时数一半以上和所有晚自习时间，学生全部进入实训场所动手操作。学生总实训时间达到总学时的 2/3 以上，各专业实习实训课开出率均达 98％以上，所有实习实训设备实现了安全、高效利用。经过多年的教学实践，建平职教中心已经初步建立了专业教学过程和生产过程相对接、实习岗位与所学专业岗位群相对接、职业素养与企业用人标准相对接的具有建平职教中心特色的实习实训新体制，实现了教学与实践零距离、教师与学生零间隙、毕业与上岗零过渡，让学生能够在"动"中感知、在"做"中求知、在"用"中增知，为学生的终身发展奠定了基础。

3. 创新考核模式，构建模块化专业课程体系

为加强学生动手能力和创新能力的培养，建平职教中心积极采用模块化教学，着力构建以能力为本位、以职业实践为主线、以项目课程为主体的模块化专业课程体系。模块间形成一定梯度或差异，每个模块包含必要的理论知识和学生应该掌握的某项专业技能，如"车工工艺"课程，分为基础模块、基本应用模块和高级技能模块。

为了贯彻中等职业学校以能力为本位的教学指导思想，学校根据社会对人才的需求和当地经济发展实际状况，培养学生的动手操作能力，切实提高学生的综合职业能力和就业竞争力，加强了模块化过关考核。学校对每一届新生都制订周过关、月过关、学期过关、学年过关、毕业过关考核标准，并严格按标准过关，确保学生学习和实习质

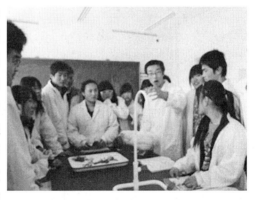

教师指导

量；要求全体学生明确考核内容及标准，利用实习时间熟练地掌握各项基本技能。在毕业前，各专业所列技能项目全部达标并取得相关职业资格证书，保证每一名学生在校一天就有一天的收获，来校 3 年有 3 年的收获。在此基础上，各专业任课教师根据本专业《人才培养方案》制订每一学科的《技能

考核方案》，并制订出技能模块过关标准，对学生分期进行模块化过关考核。成绩分优秀、良好、中等、合格、不合格五个等级，不过关的要补考，直到过关为止。为保证过关的科学性，相关领导和专业教师缜密论证，并科学设定学分。如此严格的考核模式，不但为学生提供了充分的动手时间和空间，做到了系统实习，而且有效地保证了学生学习和实习的质量。

4. 建立具有真实企业环境的教学工厂

近几年来，建平职教中心不断发展壮大，招生人数逐年增加，学生单纯地在实验室和车间实习已经略显单一，实习的结果和技能的掌握显得有些肤浅，把工厂的管理模式和生产场景引进校园这一举措十分有助于学生专业技能的提高。

为此，学校创造性地按照企业标准，投资上千万，自主建设教学工厂，并将其办成一个个独立的经济实体。教学工厂的主要职能是保证学校相关专业学生的实习，同时进行生产创收，实现了教学和收入的双赢。学校从社会上聘用精通管理、精通技术的专业人士任工厂生产厂长，全面负责车间管理工作，同时招聘有多年实践经验和经过正规学校培养的师傅进厂工作，他们除了进行生产创收外，还对学生的实习进行指导。这种模式的办学主体以学校为主、企业为辅，教学方式以实训教学为主、以订单产品生产为辅，克服了学校对企业过分依赖和工学难以协调的弊端，实现了由纯消耗性实习向适当进行生产性实习的转变。2010 年 11 月 20 日，学校工厂承担了为赤峰市铁路工务段加工铁路过桥限高架的生产任务。此项工程工期紧、标准高，在车间主任李金良、徐明华的精心策划、周密安排下，生产工作有序进行。11 月 28 日，在学校电焊专业学生和工厂全体工人的共同努力下，校工厂圆满地完成了生产任务，加工的高架顺利通过了赤峰市铁路工务段领导和技术人员的质量检查。他们对工程质量非常满意，评价我厂在同期制作此项设备的 5 个厂家中速度最快、质量最好。赤峰市铁路工务段领导一行人还参观了学校机械加工、汽修和电气焊工厂，他们对学校工厂充足、先进的设备设施给予了充分肯定，并与学校工厂达成了长期合作的意向。

目前，学校已经建立了机械加工厂、汽车修配厂、金属制品厂、数控加工中心 4 个标准化车间，每个车间都在校内具有独立法人资格。在当地工商部门注册的校内"企业"，对外承揽加工、维修业务，每年为学校创造经济效益超过百万元；对内是相关专业实习实训的场所，使课堂进车间、教师变师傅、学生变徒弟，让学生可以参与企业生产，在做中学、学中干，实现了理论与实践一体化，给学生创造了真实的企业环境，实现了学生在校学习和就业上岗无缝对接，在节省生产成本的同时，也大大降低了学生的实习成本，真正做到了双赢。学校工厂运行两年多来，创造了可观的经济效益和社会效益，已经成为县环卫处指定的生产和维修厂家，也成了多家保险公司的指定维修企业。每个工厂年创利润达 20 多万元，学校工厂利用这些利润进一步改善学生的实训条件，形成了可持续发展的良性循环态势。

二、坚持"能力过硬、素质全面、双师为重、专兼结合"的师资管理定位——形成风气，提升水平，彰显教师团队合力

职业教育没有固定的模式，没有一成不变的规律，工作中要年年有亮点、月月有变化、处处有创新。为把握新机遇，应对新挑战，张金波校长坚持把教师管理作为学校管理工作的基础来抓，追求满怀希望、无私奉献、心平气顺、各尽所能的精神，体现团队合力，形成良好校风，逐步形成了具有建平职教中心特色的教师管理方法。

1. 规划远景，描绘蓝图，让教师对学校充满希望

几年来，建平县职业教育中心实现了跨越式发展：2004 年易址新建，2005 年全面投入使用，2006 年被评为省标准化职教中心，2008 年晋升为国家重点中等职业学校，2010 年被确定为国家中等职业教育改革发展示范校。学校拿出大手笔规划建设高标准校园，校园硬化、绿化、美化达 6 万多平方米，精心设计主题景观，如文化小品广场、文化长廊、宣传灯箱橱窗等，校园环境幽雅，建筑恢弘大气，文化气息浓郁。学校形成了由督导室牵头、部门参与的联动宣传机制，充分利用校园网、校报、电视台、报社等媒体，宣传办学优势、学校特色，树立学校形象，提高人气指数，努力改善实操条件，打造精品专业，争创辽宁名校。学校的办学规模迅速扩大，设施设备先进，与所开设专业吻合，能够满足所有专业的实习、实训要求。结合地域经济特点，学校构建了以畜牧兽医专业为示范专业，以数控技术应用专业、汽车运用与维修专业为骨干专业的专业群，认真组织省级职业教育研讨、培训、交流、竞赛等活动，逐步确立了辽宁省职教名校的位置。近 3 年来，各级领导、各界友人、兄弟学校来校参观考察 30 多次，特别是 2010 年全省职教中心校长联席会议在建平召开以来，学校的建设成果、管理经验得到更加全面系统的展示，学校的示范引领作用全面发挥。目前，学校已经建设成为集成人教育、学历教育、短期培训、技术服务于一体的综合性职教中心。

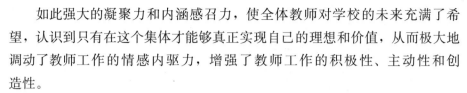

如此强大的凝聚力和内涵感召力，使全体教师对学校的未来充满了希望，认识到只有在这个集体才能够真正实现自己的理想和价值，从而极大地调动了教师工作的情感内驱力，增强了教师工作的积极性、主动性和创造性。

2. "团结、向上、忠诚、奉献"，让教师有精神之魂

学校以加强文化建设为目的，提炼出"团结、向上、忠诚、奉献"的建平县职业教育中心精神。每年，张金波校长都会认真备课，精心准备1—2次学校文化建设专题讲座，结合学校工作计划，解读建平县职业教育中心精神的内涵和要求，让建平县职业教育中心精神深入人心。此外，学校每年还组织一次以建平县职业教育中心精神为主题的教师工作交流会，由一年来各个部门、不同岗位涌现出的优秀教师作工作报告，他们高尚的人格、朴素的追求、无私的奉献精神引起了全体教师的共鸣。学校领导积极带头践行建平县职业教育中心精神，工作中原则问题不放过，面对困难往前冲，福利待遇讲谦让，同志关系求团结，用实际行动去感化教师。建平县职业教育中心精神已内化为教师的灵魂，增强了教师工作的效能。

3. 廉洁务实，公平公正，让教师心平气顺

学校领导是教师关注的焦点，对摆架子、讲资格、不付出的领导，教师是畏其位、厌其人；对有度量、重平等、讲奉献的领导，教师是敬其位、服其德。在工作中，张金波校长首先带头放下架子，俯下身子，洗净手，缝紧兜，到教师中去，到学生中去。他始终坚持"校长接待日"工作制度，每学期组织两次由教师代表和学生干部参加的座谈会，倾听学生、家长、教师给学校工作提出的意见和建议。

评职晋级、评先选优、考核绩效工作是教师关注的热点。这些工作都关系到教师的经济利益和长远利益，容易让教师产生"徇私舞弊"的误解。在这些敏感问题上，张金波校长坚持做到三个透明，即政策透明、过程透明、结果透明，实际运作过程中三者的顺序不能颠倒。待遇问题是教师关注的重点，学校的待遇问题涉及两层面内容，即福利待遇和工作待遇。在福利待遇方面，建平职教中心结合学校财力状况，平稳实现逐年提高，2003年每位教师一年的福利待遇只有150元，2010年每位教师一年的福利待遇达到1200元，让教师不仅感受到学校对教师的关心、重视，而且体会到学校发展给大家带来的效益。在工作待遇方面，不但体现逐年提高，更突出向一线倾斜。任课教师每课时8元的上课补助，班主任有每生8元的班主任津贴，学生处

干事有值班补助，一线教师一个月至少得到补助 600 元，多的达到 2800 元，而中层干部每个月的补助只有 600 元，校级领导的补助也只有 1000 元，最高档次的绩效工资按政策规定全部是给一线教师。班子廉洁自律、政务公开透明、政策科学倾斜——使广大教师得到了重视、获得了实惠，有力地强化了教师的主人翁意识和责任意识。

4. 更新队伍，重用能人，让教师有用武之地

人有所长，也必有所短，往往是优点越突出，其缺点也越明显，恃才自傲是人才的通病。用人要以诚信为先，不求全责备，只要具备能力，就应该把他们放在重要的岗位上，并给予足够的信任。干出成绩就要给予表扬，作出贡献就要给予奖励。对于有能力的教师，更要耐心教育、严格要求，使他们尽快成熟，从而提高教师的团队素质和综合实力。

经过 10 年时间坚持不懈的努力，建平职教中心逐步把教师制度化管理内化为精神文化管理，形成了一支师德高尚、团结进取、素质精良、无私奉献和富有激情的教师团队。在建平县职业教育中心，事事有人干，人人有事干，教师队伍呈现出"人人上进、个个争先"的良好发展态势。我校教师的工作状态、精神风貌、团队实力已经成为建平县教育系统的楷模，逐步形成了"恪守师道、育德树人"的教风和"师生偕行、励志弘进"的校风。

三、坚持"校企合作、工学结合、德才并重、智技并举"的育人定位——注重素养，精细管理，实现学生成人、成才

职业学校面对的学生群体大多数是应试教育的失败者，大多数学生文化功底薄，行为习惯差，缺乏自信心。为此，建平职教中心树立了"以人为本、育人为先"的学生管理核心理念，既注重学生的个性发展和培养，又注重学生的统一管理和学生素质的共同提高，坚持把学生管理作为学校管理工作的关键来抓。学校结合学生实际，建立了以提高学生职业素养为目的，以"全"（全员、全程、全方位实施管理）为核心，以"成"（一年成型，两年成人，三年成才）为主线，以"严"（严抓、严管、严惩）为手段，以"爱"为根本的分年级、分层次的规范化、科学化、立体式、阶梯式德育模式。

"成"——在一年级培养学生"成型"，即通过新生入学后集中学习学校的各种规章制度，规范学生的行为，使学生逐步养成良好的行为习惯，促使其言行符合中职生的标准，同时班主任和专业老师协力帮助学生科学地规划人生，选择未来的职业道路。在学生成长的过程中，注重赏识教育，及时发

现他们的闪光点，鼓励学生的每一点进步，以慈母的爱宽容学生，以严父的心要求学生。在二年级培养学生"成人"，即通过对学生的养成教育，使学生树立正确的人生观、世界观、价值观和职业观，教育学生学会关心他人、尊重他人、诚实守信、公平正义、遵纪守法，同时进一步规划学生的未来职业人生。在三年级重点培养学生"成才"，即通过顶岗实习、工学交替，提高学生的职业技能，培养学生的良好职业行为习惯，使他们树立正确的择业观、就业观、创业观，为他们成功就业构筑通畅的桥梁。

1. 规划人生，明确目标，期待美好未来

根据各专业特点，学校组织政教校长、学生处人员、班主任、专业课教师代表到相关企业调研。他们从社会用工及学生发展的角度，与企业共同确立各岗位对从业人员职业素养的基本要求，制订各专业学生的人生发展规划，在每年的入学教育动员大会上解读"学生人生发展规划"的内涵，让学生明确自己将来所面对的岗位群对职业道德、职业行为规范、职业技能、职业体能、职业审美等方面的具体要求，使学生明确在学习实践中应该做哪些储备。同时，学校还积极做好毕业生回访工作，把优秀毕业生的学习、发展、就业、立业、创业的过程和表现展示给在校学生，让他们感受到在职业学校学习可以成就理想、实现价值，激励学生树立正确的人生观、价值观和成才观，让他们知道在校学习期间应该怎样做，对自己的人生有一个合理的规划，让中职学生找到久违的自信。

例如，建平职教中心 2009 级电气运行与控制班的任伟是一位品学兼优、善于钻研的学生，他入学时即把考取一流高职院校、成为一名电气高级工程师确定为自己未来的人生奋斗目标。在班主任、专业老师的指导下，他为自己的未来人生作了长远、详细、具体、可行的规划，明确了"四步走"的规划步骤。第一步，在校 3 年苦练专业技能，不断充实和提高自己；第二步，考取高职院校电气专业；第三步，找到与本专业对口的工作；第四步，通过奋斗打拼，成就自己电气高级工程师的梦想。在校期间，他积极参加学校专业技能集训队，努力提高专业技能水平，到学校、校外电气企业进行实习，熟悉企业环境，提高实践技能水平。2010 年，他的电工作品获得朝阳市第四届职业学校小发明小制作大赛一等奖。他还参加了学校组织的为期 3 个月的天津电气企业顶岗实习活动，对未来所从事职业有了更深入的了解和体验。现在，他正挥洒汗水，在建平职教中心这个开放的教学氛围里，为实现自己的第二步人生目标而不懈奋斗着……

2. 文化熏陶，赏识教育，满足心理需求

建平职教中心的"文化熏陶"着力从两个方面开展工作：一是物质文化，即加强校园环境建设，精修校史馆，巧设文化角，雕琢主题景观，营造高雅环境，使校园内每一面墙都显示出一种文化，每一个标示牌都明确一种规则，每一棵树都彰显出智与美的魅力……这种文化的浸润不仅对学生的处世和自律起着潜移默化的作用，更让学生从心灵深处感受到自己学习、生活环境的优越，最大限度地满足了学生享受优质教育的需求。二是精神文化，即不断丰富学生的精神文化生活，邀请"心灵之声艺术团"到校演出，举办校园艺术节、体育节，成立管乐队、舞蹈队、技能集训队等学生团体……丰富多彩的文化活动不仅发挥了学生的特长，提高了学生的能力，丰富了学生的课外生活，更是对学生进行自信教育、自强教育，在活动中强化了学生的团队意识、平等意识、公平意识、竞争意识，使学生学会关心他人、尊重他人、诚实守信、公平正义、遵纪守法、保护环境，同时也提高了学生的人际交往能力、组织协调能力。

考虑到职业学校的学生在成长经历中多的是批评和冷眼，少的是表扬和关爱，建平职教中心在管理教育中有意识地给学生创造受表扬的机会，坚持"赏识教育"。例如，2009级电气运行与控制班的学生袁旭，因受社会不良风气影响较深，言谈举止随便，自我约束能力差，但却具有一定的领导者素质，号召力强，在同学中很有威信。于是，班主任找到他谈话说："老师看你很有管理能力，同学们也很喜欢你，你有没有信心协助班长管理好我们班的自习课纪律呢？"他很意外，也很高兴，欣然接受了老师交给他的任务。在自习管理中，他很负责任，在约束别人的过程中，也慢慢地改掉了自己的一些不良习惯。入学半年后，他为班级做了很多工作，同学们推选他担任副班长。但他在学习上一直干劲不足，对自己的未来也没有明确的目标。对此，班主任再次鼓励他："你头脑聪明，动手能力强，可以通过自己的努力练好技能，找到专业对口的工作，从一线技术工人做起，凭你的素质和能力，你肯定会有所成就的！"自从确立了发展方向后，他的学习热情明显提高了。2010年，在为期3个月的天津企业顶岗实习活动中，他表现突出，被评为"优秀实习生"。目前，他的奋斗目标是到天津最大的、条件最好的电气企业就业，谋求最优的发展路径，实现自己的人生目标。

此外，建平职教中心还坚持"所有活动都要颁发奖品和奖状"的原则，并开展"进步之星"评选活动，每个月都会有近500人获得不同方面的"进

步之星"荣誉。学校把这些学生的照片、"格言"、事迹张贴在橱窗内进行宣传，并通过校园广播实时播报"进步之星"的事迹，充分发挥榜样的力量，在教育其他学生的同时，也增强了"进步之星"的自信心和自豪感。

3. 全员参与，规范管理，形成良好习惯

对于学生的管理，建平职教中心充分发挥德育主渠道作用，实行"全员、全程、全方位"量化管理。"全员"包括由学校领导、学生处、班主任、任课老师、舍务老师共同组成的德育队伍。"全程"是指学生从早上起床到晚上就寝，都有专门老师负责监督管理。"全方位"是指学生无论是在教室上课，还是在实训基地实习，或是进行其他活动，都有相关老师管理。"量化管理"是指每名学生每学期行为量化考核基础分为 100 分，学校根据标准对学生各种行为表现进行加分或减分，将量化分数与学生的升学、就业、助学金等挂钩，与班主任评先选优、绩效津贴挂钩。学校还实现全员德育，每一节课、每一次班会、每一项活动都要设计相关的德育目标和德育内容（包括人格、品质、技能、审美、理念、意识、求职等），引导学生树立正确的人生观、价值观、就业观，使学生在校的每一节课、每一天、每一年都在接受系统的职业素养教育，从而形成良好的职业习惯，达到岗位用人标准。

在班级管理方面，建平职教中心的班主任也大胆创新管理模式，积极践行学校"全员参与，规范管理"的理念，为建设良好班风进行了有效的尝试和探索。例如，2008 级电气班是由 40 多名"清一色"的男生组成，闹起来能把房顶掀翻，单靠班主任"盯紧式"的管理，效果并不理想。为此，班主任的做法是：首先，使全体学生树立责任意识和"家"的概念，形成"班级是我家，我们是亲兄弟"的思想，这样，学生心中就建立起了与"家"荣辱与共的责任感和家庭归属感，他们从此积极、主动地参与班级事务管理和各项活动。其次，通过干部动态聘任制、班级岗位制等，使每一个学生都参与到班级管理中来，废除班干部聘任终身制（一干就是 3 年），实行动态聘任制，每一个同学都可以根据自己的性格特点和爱好特长在每周五的班会上参加自己想担任的班级职务竞聘，通过投票选出班干部，决定权掌握在全体同学手中。再次，在学生心中树立每个人都有管理班级、服务同学的责任意识，增加班级岗位，除设立常规班干部岗位外，根据班级学习、生活等需要，灵活设立班级各个方面的岗位，大到纪律副班长、体活委员、副团支部书记，小到为班级取校报、负责班级关灯、锁门、整理讲桌的专门负责人员，只要是关乎班级日常学习和生活的各项事务，班级都设立相应的岗位，

由适合的同学负责，使每一个学生都参与到班级管理中去，体验不同角色。最后，做到事事有人管、事事有人做，同时发挥了个人特长，使他们服务班级、同学，提高个人能力，形成全员参与、全员管理的合力，促进学生、班级、学校健康发展。

4. 自我管理，自主服务，提高约束能力

几年来，建平职教中心逐步形成了学生自我管理、自我教育、自我服务的管理机制，在卫生、纪律、物品管理实行学生负责制的基础上，又实行了值日生负责制，让每一名学生参与到管理中来，体会做"管理者"和"被管理者"的不同感受。另外，在锻炼学生管理能力的同时，提高了学生的自我约束能力，强化了学生着眼集体、服务全局的意识。如在宿舍管理上，每宿舍8人，每天确定一名值日生，具体负责宿舍内的物品、卫生、纪律。如果出现问题，直接扣减值日生量化考核的分数，让每一名学生都感受到管理者的辛酸苦辣，使每名学生在更好地接受管理、服从领导的同时，也为将来的就业积累管理经验。

通过规范化、科学化的育人机制，建平职教中心的学生管理取得了显著成效。学生的综合素养达到了岗位用人标准，他们有主动提高自身素养的意识，有自我约束的能力，有准确的人生定位，有现实的理想追求，有超强的适应能力。他们不仅在求职过程中能够顺利就业，而且就业后在实践中快速成长，有着广阔的发展空间和较强的可持续发展能力。良好的就业形势，更激发了学生潜在的积极向上的原动力，他们积极与学校配合，高效地完成了提高学生综合素质的任务。多年的办学实践证明，建平职教中心培养的毕业生有过硬的职业素养，不仅能够为自己赢得岗位，更能够为学校赢得信誉，许多毕业生工作一两年就成为独当一面的技术骨干或部门负责人，他们的工作态度、敬业精神深得用人单位的好评。毕业生就业率达到99.1%，对口就业率达到93.6%，就业稳定率达到92.9%。

四、坚持"管理兴校、质量立校、星级管校、品牌强校"的管理定位——加强经济部门统一管理，坚持学校公办体制

目前，许多学校为了甩包袱、避责任、获利益，把学校的超市、食堂、工厂等涉钱部门承包给个人，甚至承包给领导亲属、学校教师。这种现象在社会上似乎早已司空见惯，然而，建平职教中心却顶住了这些压力和经济诱惑，始终坚持经济部门学校统管。在涉钱部门的人员选用上，学校始终坚持

领导的亲属不用、贪财重利的人不用、能力差和素质低的人不用，通过全体教师大会公开选举群众信任度高、责任心强的教师参与涉钱部门管理。涉钱部门的内部管理体制健全，每个部门都做到了现金与账目分开，采购与保管公开。学校每个季度对涉钱部门进行财物审计，每学期公示一次涉钱部门的账目清单和盈利部分的使用清单，并争取教师意见，让全体教师了解、参与、监督各涉钱部门的工作。

建平职教中心的食堂、超市坚持不盈利原则，在管理工作上下工夫，减轻了家长的负担，保证了学生的饮食质量，学生每天平均消费比各普通高中低 1—3 元钱。超市商品的价格接近批发商的价格。在这项工作上，学校一是把好质量关，确保食品安全、放心，进一步规范食品采购程序和渠道，坚持每周进行一次市场行情考察，实行定点采购。采购食品坚持做到四个满意，即质量满意、价格满意、服务满意、卫生满意；做到两个放心，即买得放心、吃得放心。同时，学校索取所有供货点的食品卫生许可证、生产许可证、营业许可证、从业人员健康许可证等相关证件，建立健全各类档案资料，严格做到从源头上杜绝一切不安全因素，严防食物中毒事件发生，严格规范食品出入库手续，相关部门互相制约、互相监督，杜绝"三无"食品及腐烂食品，从根本上保障了师生食品安全和身心健康。二是控制成本，降低价格，确保商品惠及师生。采购商品时力争做到价格低、质量好、足斤足两，并根据季节变化不断改变食堂、超市商品的经营品种和价格。坚持做到两个降低，即降低成本、降低价格，实现微利经营，让利给教师和学生，不定期进行促销活动，如食堂一元钱就餐、超市好礼放送等。三是加强监督检查，倡导满意服务。食堂、超市设立了意见簿，接受全体师生的监督。学校不定期召开学生座谈会，征求学生对食堂、超市的意见和建议，促使这些部门不断改进工作。年末，食堂、超市监督委员会的调查显示，学生的满意率已达到 96％。

学校食堂在保障食堂食品安全、保证师生膳食质量、完善食堂管理制度等方面成为县域内各类学校学习的典范。小小的校园超市体现了学校对学生的亲切关怀，也使学生体会到了学校大家庭的温暖。保证质量，让利学生和家长，注重社会效益，也是建平职教中心赢得社会各界赞誉的重要因素之一。

五、坚持"立足建平、服务辽宁、辐射东北、走向全国"的服务 定位——提高人气，完善职能，推动县域经济发展

"民无信不立。"建平县职业教育中心之所以迅速发展，是因为学校的知名度、美誉度和可信度越来越高。为了提高学校的人气竞争力，学校建立了联动宣传机制，注重工作效果，服务区域产业发展，使职业教育工作深入人心。

1. 部门联动，长效宣传，扩大学校影响

为扩大学校影响，树立学校良好形象，督导室和信息处创造性地开展工作，形成了专人负责、全员参与、部门联动的长效宣传机制。学校放宽眼界，拓展空间，本着立足建平、走向朝阳、进军辽宁、走向全国的宣传理念，积极探索，努力工作，充分利用校内外平台宣传学校办学优势，千方百计抓好舆论宣传，增加全社会对职业教育的信心。

首先，学校建立了校园网站，构筑起自己的有效宣传平台，对学校进行全方位宣传，并将校园网挂在建平教育网站上，以期更多朋友浏览，从而了解学校。学校始终坚持将"校园网站建设"作为一项极其重要的工作，及时检修设备、更新内容、扩充信息。目前，学校网站已经成为建平职教中心对外宣传的重要窗口。

其次，升级改版《建平职教中心校报》，在保持原有内容和风格的同时，美术设计更加丰富新颖，艺术性更强，解决了长期困扰校报的形式呆板、艺术性不强的问题，着力办好每月一期的校报，上呈省、市、县教育主管部门和县委县政府四大班子的主要领导，下发至全县各初中和各村，得到了省教育厅领导和县政府领导的高度赞誉。

再次，借助校外平台，树立学校形象。2009年5月21日，学校隆重举行了晋升"国家级重点中等职业学校"的揭牌仪式，省、市、县主管部门有关领导、县委县政府四大班子领导和各部、局主要领导全部出席，市、县电视台、报社争相报道，引起社会强烈反响和广泛关注。学校的先进业绩和"与天津签约"活动分别在国家职教核心期刊《中国职业技术教育》和《辽宁日报》上被报道，扩大了学校在全省范围的影响。朝阳市电视台和建平县电视台频繁报道学校"人才签约""校长联席会""德育专家讲座""天津回访"等重要新闻，极大地提高了建平职教中心的社会知名度，引起了社会各界对职业教育的关心，广大初中毕业生和家长对职业教育有了全新的认识，

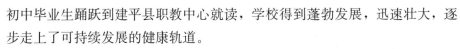

初中毕业生踊跃到建平县职教中心就读，学校得到蓬勃发展，迅速壮大，逐步走上了可持续发展的健康轨道。

2. 构建网络，优质就业，助推经济繁荣

学校坚持以就业为导向、努力培养学生职业素养的办学原则，大力推行工学结合、校企合作、顶岗实习，建立了行业、企业、学校参与的机制，完善了学生到企业顶岗实习制度，成立了校企合作指导委员会，形成了以学校为主体，企业和学校共同教育、管理和训练学生的模式，建立了100多家稳定的校外实训基地。

为确保学生对口就业，打开就业市场，建平职教中心坚持把做好就业安置工作与学生的就业稳定工作列为学校工作的重中之重，把有能力的教师安排到就业办。学校多次派业务骨干外出学习，参加职业指导培训，并派就业安置人员参加大、中型招聘会。学校的就业工作人员常年在外面跑企业、找市场，把握企业用工信息，及时把学校和学生介绍给企业，同时邀请知名企业和用工单位到我校进行考察，召开校园招聘会。

几年来，建平职教中心先后与天津摩托罗拉电子有限公司、天津建太橡胶有限公司、大连冶金轴承有限公司等18家公司建立起长期的合作伙伴关系。通过广泛调研、积极运作，建平职教中心还和天津经济技术开发区、西青经济技术开发区达成广泛共识，于2010年4月15日在县人民大会堂召开了与两大开发区签订人才培养基地协议的新闻发布会。从此，建平职教中心成为天津经济技术

校企合作

开发区在辽宁唯一签约的人才培养基地。学校获得了发达地区政府和企业人力、物力、理念等方面的支持，形成了稳定的就业网络，实现了订单培养、优质高薪就业。学校的就业基地建设已经步入常态化、正规化的轨道。学校每年有近2000名毕业生在天津工作，平均月工资在2500元以上，仅工资一年就可以为建平县带来6000万元的经济效益，为建平县域经济的发展找到了新的增长点。

建平县职教中心成功走出了一条以"出口畅"带动"入口旺"的办学之路，在当前就业形势十分严峻的情况下，建平职教中心的毕业生却供不应

求，实现了社会满意、企业满意、家长满意、学校满意、学生满意。

3. 创新形式，注重效果，实现技术脱贫

农村职业教育要依靠农村，面向农业，走近农民。随着区域产业的发展和农业现代化进程的加快，农村产业发展需要实用技术来支撑，富余劳动力输出需要专业技术来提高效益。为此，建平职教中心全面发挥职教中心的服务职能，以辽宁省劳动力转移培训、普惠制培训、阳光工程培训为依托，结合县域经济发展的实际，坚持教育、科

职业培训

技与经济社会发展相结合，走出了一条具有鲜明特色的强校之路，形成了以市场为导向，以服务"三农"为宗旨，以服务区域经济发展为首位，以培训学生专业技能为重点，以不断提高服务地方经济、社会发展的能力和水平为办学理念，围绕地方经济社会发展需要，在人才培训、科学研究与社会服务的途径和模式等方面进行积极探索，不断创新培训模式，提升服务"三农"的能力和水平，为农民致富提供实实在在的服务，构建集高等职业教育、中等职业教育和农民培训于一体的国家级示范性职业学校。

在现代信息条件下，建平职教中心建立了服务区域经济的信息网络系统，以校园网为载体，建立对外开放的远程教育平台，对在企业实习的学生进行网上教学培训。通过完善的校园网，学校40多个高标准的现代技能教室、数字化车间形成了覆盖全县各乡镇及矿业企业的开放式现代化服务网络。同时，我们开展针对服务"三农"的有关技术咨询、技术讲座和远程培训，为将来建立学历培养的弹性学习制度打下基础。

建平职教中心作为辽宁省普惠制就业培训基地、辽宁省贫困地区劳动力转移培训基地，承担着建平县大部分劳动力转移培训及农村实用技术培训任务。几年来，学校本着"自主申报、充分尊重农民的选择权"的原则，以方便受训者既不耽误生产劳动又能学到一技之长，并根据市场导向和农民需求，创新了培训方式。一是"上门培训"，根据农民需要，在乡村新建9个培训点。学校自编与区域产业发展相吻合的教材，组织专门技术人员免费上门培训，深入田间、地头、圈舍、大棚、果园指导农民操作。二是"订单培

训"，以就业安置网络为基础，采取校企合作的培训方式，对我县剩余劳动力和城镇失业人员免费实施订单培训，通过这种培训途径，培训出的电工、焊工、车工等全部实现就业。三是"跟踪培训"，在就业学员集中的城市建立就业联系安置处，对经过培训但没有找到理想工作的学员，免费进行第二技能培训，使之成为多种技能人才，实现高薪就业。四是"基地培训"，通过国家惠民政策，培训部的培训全部免费，对贫困户、低保户给予适当的生活补贴。学校吸引学员到校参加培训、完成学业，保证他们学到技术、找到工作、实现致富。培训部近 3 年培训涉农技术人员 8000 人，其中 600 余人成为科技兴农技术骨干，1000 余人成为科技致富带头人，1200 余人成为养殖大户。通过这些人的带动，农民每年直接增收 3000 万元以上。学校切合实际的培训方式让农民真正成为职业教育发展的受惠者，也为县域经济的发展作出了突出贡献。

4. 免费服务，推广技术，惠及当地三农

学校职业培训覆盖全县所有乡镇，每年平均培训近 1700 万余人次，合格率 98％，有 2500 余人获各级各类职业资格证书，有 5000 余人获岗位资格证，同时培养了一大批有技术、懂经营、会管理的新型农民。学校每年面向"三农"，积极开展农业新品种、新技术培训，每年组织专业教师和农业专家下乡为农民开展讲座 300 余次。新品种、新技术的推广，使建平小杂粮亩产提高了 25 个百分点，养殖业在同等投入的条件下，收入提高了 8 个百分点。

学校培训城镇下岗工人、农村贫困劳动力和县内企事业单位高技能人才 5 万余人次，被培训人员学到了一技之长，考取了专业等级证书。学校将这些拥有专业技能的培训学员输送到发达地区和沿海城市，每年为建平输出技能型人才 2100 余人，从而使 2100 多户家庭实现了脱贫。

张金波校长带领建平县职业教育中心，逐步改变了建平农业生产中低含量、粗放式经营的模式，提高了劳动力输出的质量，形成了培养技术、创造效益的服务理念，有效地发挥了职教中心在县域经济发展中的技术支撑作用。

2010 年 7 月，全国教育工作会议召开并颁布了《国家中长期教育改革和发展规划纲要（2010—2020 年)》，特别明确了职业教育的战略地位、战略目

标和战略任务，要求把"发展职业教育作为推动经济发展、促进就业、改善民生、解决'三农'问题的重要途径，作为缓解劳动力供求结构矛盾的关键环节"。在过去的发展进程中，建平职教中心始终践行着培养技能型人才的原则，有效地突破办学条件、育人模式和就业水平等瓶颈因素的制约，为推动辽宁老工业基地全面振兴、提升建平县以及辽宁省产业核心竞争力和综合经济实力作出了积极贡献。学校努力探索职业教育面向人人、面向社会的招生制度和教学模式，实行工学结合、校企合作、顶岗实习的人才培养模式，在管理上逐步摸索总结出了一定的成功管理经验，也发现了一些需要拓展的视角。

一、以服务为宗旨，以就业为导向，促进办学规模、专业设置与经济社会发展需求相适应

从许多先进国家和地区职业教育成熟、成功发展的先例看来，其中的关键在于专业设置、课程安排紧紧围绕市场需求。当市场求大于供时，就增设一些专业，开发一些新课程；当市场供大于求时，就撤并一些专业，调整一些课程。经济发展的规律告诉我们，经济发展会不断对劳动者提出新的技能要求，那么，作为专门培养技能型人才的职业教育学校，就应该根据新技能、新要求去整合、增加课程和专业，不仅要在专业上进行市场化调整，在课程设计上也要不断进行市场化安排。职业教育不仅要解决就业问题，而且担负着优化社会人才结构、缓解相关专业领域技能型人才紧缺这一发展现状的历史使命。因此，职业学校在专业及课程设置方面，必须强化市场观念，大力培养和培训技能型人才，为经济结构调整和经济增长方式转变服务。

建平职教中心立足于辽宁老工业基地的发展需要，对接就业市场，根据区域经济发展需求和产业特点建设特色专业，加快培养培训生产和服务一线急需的技能型人才，完善以就业为导向的人才培养机制。通过几年的努力，学校现已构建了一批产业发展急需的重点骨干专业，结合地域特点，形成了以畜牧兽医专业为示范专业，以数控技术应用专业、汽车运用与维修专业为骨干专业的专业群。今后，建平职教中心将会一如既往地服务于区域经济，紧跟经济发展和社会发展的风向标，及时调整办学模式和专业结构设置，努力发挥职教建设在经济社会发展中的积极作用。

二、把提高质量作为重点，推进课程和教材建设，创新人才培养模式

职业教育的根本目标是保证培训对象具备就业创业能力，要培养这一能力，必须研究促进能力形成的人才培养模式，按照市场需求确定培养目标、技能结构、课程设置、教育内容和成果评估，推进课程和教材建设。目前，劳动力市场需要的是高技能人才、复合型人才，而许多职业学校的现状是培养模式落后，课堂、书本、黑板教学比重大，学生实习实践时间少。为此，建平职教中心创造性地实行了"课堂就是车间，车间就是课堂"的全新教学模式，建立起适合职业学校学生掌握技能的实习实训新体制。学校努力改善实训条件，注重实践能力和职业技能培养，建成实验实训室48个、实训基地4个，专业课全部到相关专业实习车间（实训室）授课。同时，学校还根据国家岗位技术标准设置课程标准，改良教材，组编校本教材，把提高教学质量作为学校各项工作的重中之重。为保证给社会输入更加优质的技能型人才，建平职教中心将会继续加强职业教育教学与学习平台的资源建设，努力增加投资，扩大办学规模，将实习实训新体制做得更加深入、完善。

三、注重与企业联手，积极参与组建行业型、跨区域、创新型的职业教育集团

职业教育的发展离不开与企业合作。一直以来，建平职教中心始终坚持实行工学结合、校企合作、顶岗实习的人才培养模式，做到了"先培训、后就业"，给学生更多的实践机会。学校创造性地按照企业标准建立了具有真实企业环境的教学工厂，建设了机械加工厂、汽车修配厂、金属制品厂、数控加工中心4个标准化车间，打造出一个集人才培养、培训、技术推广、产业示范功能于一体的基础平台，促进了优质职教资源共享。

在新形势下，职业教育集团是促进职业学校与学校之间、学校与企业之间资源共享、共同发展的一种办学模式，是职业教育走规模化、集团化、连锁化的新途径，也是现代职业教育发展的趋势。为此，建平职教中心在自身不断发展的同时，必须积极参与和加盟职业教育集团的发展建设，以对接地方产业、服务区域经济社会发展为宗旨，以校企合作为依托，在人才培养模式上与企业实行"订单式培养"和"零距离对接"，形成院校与企业之间的良性互动，以不断满足职业院校毕业生和企业用人的需求。目前，建平县职

业教育中心已经成功地与天津经济技术开发区、西青经济技术开发区签订了人才培养协议。今后，学校在校企合作方面还要加大联合力度，以促进校企双赢和为经济社会的发展提供有力的人才支撑。

四、关注"双师型"教师队伍建设，盘活校内用人机制，实现"以岗定薪、优质优酬"

为不断提高学校的教学质量，在今后的发展过程中，学校要不断加快培养"双师型"教师，聘任有实践经验和技能的专、兼职教师，以提高职业教育人才的培养质量。目前，建平职教中心现有专任教师286人，学校将积极探索盘活校内用人机制的方式，实现"以岗定薪、优质优酬"，以提高广大教师的工作积极性，提升职业教育发展的基础能力。

五、加强涉农专业建设，广泛开展农村劳动力转移和农村实用技术培训，为建设社会主义新农村服务

作为辽宁省普惠制就业培训基地、辽宁省贫困地区劳动力转移培训基地，一直以来，建平职教中心始终以服务"三农"为宗旨，广泛开展进城务工人员、农村劳动力转移和农村实用技术培训，为建设社会主义新农村服务。推进社会主义新农村建设，是党中央国务院在新的历史条件下作出的具有全局性意义的重大战略决策，对建设和谐辽宁及振兴老工业基地规划目标的全面实现，都具有十分重要的现实意义。为此，建平职教中心会一如既往地坚持开展覆盖全县所有乡镇的职业培训，把农业技术推广、科技开发、扶贫开发和教育培训紧密结合起来，大力普及农业先进实用技术，为提高农民科学文化素质、促进农村就业提供有力的智力支持和技术保障。

"十三载卧薪尝胆，为一方贫瘠的土地；无数次坚韧负重，为一所破败的校园。'艰难困苦，玉汝于成'，从濒临倒闭到示范全国，你以执著和睿智为韵，书写了职业教育的炫美华章！"这是2010"辽宁教育年度人物奖"评委会授予张金波校长的颁奖辞。如今，建平职教中心在张金波校长的带领下，已经发展成为国家职业教育的示范校、辽宁职业教育的旗帜、朝阳教育的名片。过去的5年，随着我国工业化和城镇化进程不断加速，劳动密集型和技术密集型产业共同发展的格局加快形成，我国面临着劳动力供给总量不足和结构性短缺的双重问题。加快发展职业教育，知识价值与技术价值具有同等重要的地位和作用，已成为科学发展观指导下可持续发展的战略选择。

"十二五"期间，我国建设"人力资源强国"的战略目标更加突出了职业教育的战略位置，作为老工业基地的辽宁，要实现"从教育大省向教育强省的根本性转变"的战略目标，也更加需要以职业教育的深入发展为依托，这既是服务国家战略的需要，也是服务区域经济社会发展的必然选择。新的10年，《辽宁省中长期教育改革和发展规划纲要》明确提出，辽宁省将深化改革，增强职业教育发展活力，满足人民群众接受职业教育的需求，满足经济社会对高素质劳动者和技能型人才的需要。面对新时期、新形势，建平职教中心定会抓住新契机，实现新突破，抢抓机遇，锐意进取，以管理为手段，以质量为追求，以发展为目的，使学校的各项工作逐步走向规范化、制度化、标准化、科学化，在高中教育和高等教育之外开拓出一片职业教育发展的新天地。我们相信，明天的建平职教中心必将勇立潮头，为区域经济的和谐发展作出更大的贡献，再铸职教发展的新辉煌，再写职教创新的大篇章！

 专家点评

从学校管理角度看，辽宁省朝阳市建平县职业教育中心的特色体现在"服务"二字上。

1. 管理服务于教学质量提高

教学质量与教材、教学方法、考试评价和实习实训等方面紧密联系。在教材建设上，该校研发和使用校本教材，形成了国规教材与校本教材相融合、教育内容与岗位需求相适应、基础平台与专业化方向相衔接的具有建平职教中心特色的课程体系。在教学方法上，学校创新教学模式，实行"课堂就是车间，车间就是课堂"的全新教学模式。在考试和评价上，学校采用模块化教学和模块化过关考核制度。在实习实训方面，该校建立了真实企业环境的教学工厂，实现了教学和收入的双赢。

2. 管理服务于教职工的发展

建平职教中心2004年易址新建，目前校园环境幽雅，建筑恢弘大气，为教职工发展提供了良好的校园环境。该校提倡"团结、向上，忠诚、奉献"的建平县职业教育中心精神，为教职工发展创造了良好的文化环境。该校管理服务于教师专业发展，该校在评职晋级、评先选优、考核绩效中做到三个透明，在人才任用方面诚信为先、重用能人，以公开选拔的方式让合格教师参与涉钱部门管理。学校管理服务于教师福利，在福利待遇和工作待遇

方面向一线教师倾斜,学校食堂和超市让利于教职工。

3. 管理服务于学生的发展

学校坚持"校企合作、工学结合、德才并重、智技并举"的育人定位,服务于学生的成人和成才。学校帮助学生规划人生,明确目标;坚持"赏识教育",帮助学生树立自信;实行全员参与、规范管理,帮助学生形成良好习惯。学校服务于学生就业,坚持把做好学生的就业安置工作与学生的就业稳定工作列为学校工作的重中之重,把有能力的教师安排到就业办,与多家企业签订长期合作伙伴关系,一些专业的毕业生供不应求,总就业率达到99.1%。

4. 面向社会发挥服务功能

学校坚持"立足建平、服务辽宁、辐射东北、走向全国"的服务定位,建立了服务区域经济的信息网络系统,对在企业、大场、大户实习的学生及相关的企业进行网上教学培训。学校服务"三农",承担着建平县大部分劳动力转移培训及农村实用技术培训任务,职业培训覆盖全县所有乡镇,形成了培养技术、创造效益的服务理念,有效地发挥了职教中心在县域经济发展中的技术支撑作用。

(点评:佛朝晖)

实施动态管理，理性思考发展方向
——北京商贸学校

名校／名校长简介

张香永，北京商贸学校校长，北京市职业教育先进个人，全国优秀教育工作者，全国职业教育杰出校长。在他的带领下，北京商贸学校经过十余年的不懈努力，在北京中职教育面临招生困难、效益滑坡的情况下寻找市场契机，深化改革，走出了一条"以改革为突破口、靠创新求进步"的发展之路，从一所基础薄弱的普通中等专业学校一跃而成为国家级重点校和现代化标志校。学校环境、教学规模、教学质量、教学水平都发生了巨大的变化。在校生由1997年的706人增加到8000余人。增长了11倍，其中，全日制在校生近6000人，成人教育方面的在校生1000余人。每年各种短期培训6000人次；招生专业由4个增加到17个；占地面积由54000平方米扩大到110000平方米，建筑面积由原来的28000平方米增加到76800平方米；教学设备总值由原来的不足200万元增加到5000余万元，增长25倍。学校综合实力明显增强，账面资金由1200万元增加到1.8亿，增加15倍。毕业生由每年的100人增加到近

1400人，就业率连续十余年为 100%。

我校并相继获得省部级重点校、国家级重点校、北京市现代化标志校、全国教育系统先进集体以及其他多项殊荣，成为北京市职教的排头兵，在国内外职教界中享有很高的声誉。

张香永校长从事职业教育十余年，经历了职业教育的辉煌，也面对过职业教育发展的困境。在不断的探索实践过程中，他始终牢牢抓住职业教育为区域经济服务这一根本，认清形势，促进职校科学发展，不仅确保了北京商贸学校健康快速地发展，同时也对目前在逆境中发展的职业教育具有很大的示范和引领作用。张香永校长最核心的管理思想主要体现在四个方面：

一、全员目标绩效管理法

张香永校长根据他在长期的一线教育教学中得出的实践经验，独创了"全员目标绩效管理法"。其最根本的思想是：以学校发展为目标，以教学为核心，以培养合格人才为己任，实行全员竞聘，在全体职工中逐渐形成人员能进能出、职务能上能下、工资能高能低的用人机制。同时，教师收入与学校发展有机结合，领导干部、后勤行政人员与教学一线人员收入按比例分配，量化结构工资，加大效益工资比例。这一管理机制，使全体员工形成了以学校发展为最终目标的利益共同体，极大激发了职工的劳动热情和创造性，形成了"校荣我荣、人尽其才、和谐发展"的大好局面。

二、学历教育和职业培训两个轮子一起转

职业教育是培养和提高人的生产工作技能的教育，它与生产实践的联系最直接、最紧密，是国民教育体系中的重要组成部分。张校长一直倡导要深刻认清职教的本质，转变观念，摒弃只发展全日制教育的片面认识，充分利用现有资源，大力开展对下岗再就业人员、由农村劳动力转移过来的外来务工人员的技能培训，推动学历教育和职业培训两个轮子一起转。

三、探索职教人才培养模式的整体性

允许探索职教人才培养模式的整体性，选择综合实力强、社会声誉好的

示范重点职业学校作为中高职一体化试点。目前，职业教育过分强调层次，缺乏整体上的探索。这样既不利于职教的发展，也加剧了广大考生争挤高考独木桥的现象。而现实情况是，社会发展需要各种不同层次的人才，对综合性研究型人才的需求量很小，对实用技能型人才的需求量则很大。这造成很多大学毕业生就不了业，成为社会一大隐患和国家负担。而职业学校就业率却非常高，毕业生供不应求。为此，张校长多次呼吁，要探索职教人才培养模式的整体性，并带领学校教职员工进行了中高职一体化的不懈探索。他认为，社会对高素质技能人才的需求从客观上要求我们加强中高职管理体制建设，在加强中职和高职协作交流的基础上，打破现行规定，允许有多年实践经验且取得明显成果、得到学生和用人单位认可的优质中职学校，就培养目标、专业设置、课程学习、技能培养等方面探索完整、系统、规范、科学的职教人才培养模式。只有在实践中允许多种形式的人才培养模式并存，相互比较，取长补短，才能构建具有中国特色的职教体系，办出人民满意的职业教育。

四、探索职教发展规律，以人为本，创新全员育人机制

职业教育是在普通教育的基础上，为适应社会某种职业的需要而进行专门知识、技能和职业道德的教育，目的是使受教育者成为某种职业所需要的应用型人才。衡量职业教育成功与否的客观标准有两条：一是学生能不能顺利就业，二是就业后能不能得到很好的发展。我们应该做的就是将现行教育体制下的失败者培养成就业的成功者。在张校长的倡导下，学校经过几年的探索和实践，已经创建出一个既有首都职教特点，又有商贸特色的全员育人体系。

实践应用

一、用睿智和魄力铸就商贸的辉煌

时光倒流到1997年2月的一天，在北京市教委领导、二商局领导的带领下，一个身材高大的人走进北京商贸学校的会议室。迈进门的一瞬间，他下意识地抬起头，迎着人们困惑、迷茫、掺杂着些许希望又有些不屑一顾的目光走进会议室。学校当时已到了"山穷水尽、去留两难"的阶段，有本

事、有路子的人都跑了，有本事、无路子的人也正在积极找路子。而更多的人是忧虑、担心，新任领导能让学校起死回生吗？这次会议简单、平淡，也很程式化。会后，人们用各种目光送走了他。

第一个学期，不见新校长有什么新举措出台。校园里传言暗涌，人们更加惴惴不安，对学校的未来心存疑虑。但是，在不久后召开的教职工代表大会上，人们看到了新校长的"庐山真面目"。会议推出了学校近几年的发展规划。张香永校长语出惊人："拼 1997，保 1998，争创 2000。一步一个台阶，三年大变样。"他明确提出：学校要在 1998 年跨入市级重点校行列，2000 年跨入全国重点校行列。一石激起千层浪，教职工代表一片哗然，会上说什么的都有。针对代表们普遍提出的"可以实现吗"的疑问，张校长一番掷地有声的话语震动了全场："请你把'吗'字去掉，我们凭着自己的力量完全可以！"

说这句话时，他已完成了对学校教职工生存现状、思想现状、工作现状以及对北京人才市场需求、对教育消费者需求的深入调查。

针对教职工普遍对学校未来信心不足，特别是一些人认为中等职业教育面临消亡的悲观情绪，他客观地分析了职业教育发展的走向，认为职业教育萎缩是社会发展中各种因素相互作用的结果，是经济体制转轨、经济结构调整、产业结构调整过程中出现的阶段性问题，必须辩证地进行分析。他从国家经济发展现状考虑，告诉大家："大力发展职业教育是国家一贯的正确方针，发展中等职业教育是构建合理人才结构的需要，是实行劳动预备制的要求。中等职业教育面临的更多的是发展机遇，北京作为一个国际化大都市，2010 年以前第三产业以每年 50％左右的建设速度增长，就业市场广阔，人才需求旺盛。"这种基于国家、地区经济发展的客观分析让人们折服。

学校随之又提出一个中心（以教学为中心）、两个服务（为经济建设和培养目标服务）、三个面向（面向企业需求、面向社会发展、面向受教育者不同的需求）的办学指导思想。在此基础上，制订了分三步走的发展目标。第一步："拼 1997，保 1998，争 2000"，教职工收入翻一番；第二步：从2000 年起，用 5 年左右的时间，实现"三个一流、两个翻番"，即到 2005 年把学校建设成在全国具有一流环境、一流设施、一流教学水平的现代化职业学校，全校固定资产和教职工收入翻一番；第三步："实现四个一、突破一个七"，即中高职一体、国际国内合作一体、文理一体、学历教育与培训一体，教职工人均年收入突破 7 万元，从而把学校建成从校园环境、教学水平到教育设施均具有国家竞争力的标志示范校，使教职工的生活达到富裕小康水平。清晰的发展思路，明确的发展目标，涵盖了党和政府对职教的要求，符合社会发展和市场对职教的需要，同时也体现了广大教职工可分享改革所带来的劳动成果和利益。

接着，张校长点燃了教职工们期待已久的"三把火"。

1. 解放思想，更新观念

解放思想，更新观念，是他来校后点燃的第一把火。张校长深深地懂得，传统观念是制约学校改革发展最主要的障碍。"观念决定思路，思路决定出路。"这是他常说的一句话。他认为，在这个竞争激烈的年代，唯有创新才能有出路，唯有精细管理才能把创新观念发挥到极致。以崭新的想法和创意创造时代的潮流，引领管理新风尚，才能成为最后的赢家。

他认真地分析学校教职工的思想现状，指出：计划经济与市场经济根本的不同之处在于，在计划经济条件下，个人利益与集体利益相分离，单位发展的好坏与个人基本无关，个人利益和前途由国家政策和政府相关部门决定。而在市场经济条件下则截然不同，个人的收益、命运与单位息息相关。单位好，个人收益高；单位不好，个人收益低。一损俱损，一荣俱荣。但在当时，这种形势并不是每个人都能认识到。在工作中，大多数人是被动的，很少有主动工作的，都受一定目的、利益的驱使。普遍存在"四多四少"的现象：挣钱多，干事少；自在多，约束少；权力多，责任少；稳定多，变化少。要完成由计划经济向市场经济的转变，必须转变观念。于是，张校长走到哪里，就将改革的新思想、新理念宣传到哪里，并明确提出："多换思想少换人，不换思想必换人。"面对思维习惯还停留在计划经济时代的人，他苦口婆心地进行规劝："我们不仅是同事，更是同一条船上的渡客、同一战壕的战友。我们有着共同的目标、共同的利益和共同的责任。我们是一个利益共同体，你中有我，我中有你，任何人都不是看客。在干好本职工作的同时，我们有责任、有义务彼此协助干好其他的事情。只有这样，我们这个集体才能越来越好、越干越强。我们个人的能力在事业发展中才能得到锻炼和提高，前途才能充满光明，生活水平才能提高。"

娓娓道来也好，苦口婆心也罢，不久，人们逐渐发现，校长所到之处，人们的思想观念在悄然发生变化，怨天尤人的情绪转化为脚踏实地干好本职工作，部门之间的相互推诿转化为"换位思考"。广大教职工开始清醒地意识到，在市场竞争日趋激烈的今天，再不提高教学质量、苦练内功，再起内讧、进行窝里斗，就会贻误时机而导致全军覆没。

2. 进行人事制度改革

对学校现有的人事制度进行改革是他点燃的第二把火，也是确保学校健康可持续发展的重要举措。他认为，一所学校的发展需要制度作保障，内部管理制度是学校各项制度的基础，其中又以人事分配制度为核心。从当时学校的现状看，主要存在的问题是：学校长期按计划经济模式运行，没有自主权，教职工数由编委审批，组织机构与上级机关对口，工资福利按文件执行；人员能上不能下，收入能高不能低。"铁饭碗、铁工资、铁交椅"严重制约着学校的发展，使之缺乏生机与活力。当时在校生仅有706人，但教职工却有258人，全员师生比为1∶2.8；全体教工中，教师仅为61人，行政后勤人员与教师之比为3∶1。校内机构重叠、繁杂，共有机构21个，中层以上干部达49人；教师工作量不足，人均周课时量仅为6课时。学校办学效率低下，发展已到举步维艰的境地。

在这种运行模式下，教职工精神状态不佳，工作没有主动性、积极性，出工不出力。由于工作量少，收入有限，一些教师私下里在校外兼课，校内工作反而得过且过。行政后勤人员为教学师生服务的意识淡薄，接送教师的班车经常晚点，这严重影响了教学。

在收入上，教师与后勤行政人员收入倒挂。教师是学校工作一线主体，在学校中应获重点倾斜，但在计划经济运行模式下，基础工资占据大头，而工龄又是基础工资中的重要因素。当时，学校各群体中收入最高者，并非一线教师，而是后勤一名老职工。教师群体的收入不能与一线工作的主体地位相匹配，分配结果不能体现学校工作中的贡献差异，挫伤了教师积极性。

在旧有模式下，全校没有形成利益共同体，不同部门、不同人群均从各自利益角度考虑问题，工作推诿拖拉。行政后勤人员与教师相互叫劲，矛盾尖锐，全校一盘散沙，人心涣散。

于是，张香永校长主张人事制度改革必须以岗位能力为前提。大学毕业就是当干部、工人一辈子是工人的状况不利于人才的选拔，也不利于继续教育的推进。因此，学校的人事制度改革必须突破身份制，把是什么身份就干什么工作变为能干什么工作就定什么身份。

在此基础上，学校深化改革，创新机制。这种机制包括：深化人事制度改革，建立以岗位能力为基础的内部竞聘机制；进行分配制度改革，建立以学校规模效益为中心的收入分配机制；完善各项奖励制度，建立以争优创新为核心的导向激励机制。

以提高教学质量和管理水平为核心，合理调整机构设置，改革用人机制，实现了校、系两级管理的新体制。通过定编、定岗、全员聘任，撤并机构 8 个、岗位 13 个，中层以上干部精简为 27 人，教师与教辅人员比例调整到 1：0.8，师生比例调整到 1：30。

机构的调整，解决了两个问题。一是精简高效，学校有了活力。学校改变了以往人浮于事的状况，过去是机构设置与上级机关相对应，现在是按实际需要设科室。管理人员工作量明显增大，学校对人的素质要求也相应提高。二是强化了教学部门力量。专业、系的设置突出了职业教育专业建设的特点。

全员竞聘制使在校教职工有了选择岗位的自主权，有效地激发了大家的积极性。班车司机小张很早就开始上夜大，一直想通过提高基本素质改变工作现状。实行全员竞聘制后，他第一个被选聘到实验实训基地，成为教辅人员。而个别不能胜任教师岗位的教职工则自愿服从安排，到后勤打扫卫生。十几年来，一年一度的全员竞聘成就了不少人的职业梦想，也促使懒惰的人开始发奋努力。

在工资分配机制上，实行以岗定薪、优劳优酬原则。教职工的个人收入与学校效益捆在一起，学校量化结构工资，加大了效益工资比例。教师效益工资与职称、课时挂钩，学校通过 A、B、C 三类不同岗位的设置形成了良性竞争环境，淡化了身份，强化了能力，体现了能力最佳收入也最高。行政后勤人员效益工资在与岗位工资挂钩的同时还要与教师的效益工资挂钩，对应浮动。由此，全校形成了以教学一线为核心的经济共同体。过去最难解决的行政后勤人员与教师攀比的现象不复存在。大家同在一条船上，教师完成教学任务越好，行政后勤人员的工资也越高。分配制度带来的经济利益促使人们逐渐摒弃了原有的观念，"三个一"的精神（一股劲、一条心、一盘棋）得到发扬光大，学校每一次重大活动，全体人员相互沟通、相互配合，达到了 1＋1＞2 的最佳效果。

为强化激励功能，学校设立了 21 个单项奖。对在教学、管理工作中作出了突出贡献或在全市的各种比赛、评比中获得名次及荣誉称号的同志给予 200—5000 元不等的奖励。在市级授课比赛中，获得名次或称号者，均可以在校内实行低职高聘，聘期两年。这些政策大大激发了广大教职员工钻研业务技术的积极性，提高了人员素质，有效地稳定了教工队伍。每年一次的中青年教师授课大赛，是学校最抢眼的时候。哪位教师榜上有名，张香永校长都要亲自为他们颁奖状、发奖金。

人事制度改革和新工资方案的出台，极大地提高了劳动率，将一潭死水变活，使学校彻底挣脱了计划经济的种种束缚，在较短的时间内完成了既定目标。

3. 借助外力推动学校建设

借助外力推动学校建设是张香永校长为改变学校现状点燃的第三把火。要想成为市重点校，关键是要抓教学质量。张校长首先邀请市教委专家来学校视导，检查教学中存在的问题，对市重点校的标准、提高教学质量的关键问题、教学评估给学校带来的重要影响等作了详细解释，并明确提出要"以评促建，以评促改，以评促发展"。一次次的专家进校视导，促进了教学质量的明显提高。第一次上公开课，学校只有一个教师登上讲台，随后是5人、10人……十几年过去了，"以工作过程为导向"的授课理念深入人心，教师队伍中涌现出了一支技术过硬、业务精良的高素质教学骨干。金融财会系承担了北京市"金融事务专业"教改课的重任。该系教师深入企业，调查企业对人才的需求标准，按照岗位设置课程，一支精通专业、善于创新、敢打硬仗的年轻教师队伍迅速成长。

借外力练内功，让刚挣脱计划经济束缚的教师走出国门，打开眼界，学习先进的教学方法。1999年，学校采取多种形式开展中英合作办学，中职层面与英国国家商业和技术教育委员会（2＋2）合作，中高职衔接与英国考文垂大学科学技术学院、吉尔福德学院（3＋1）合作，与英国威根利学院（3＋2）等教育机构和院校开展

与英国纽汉姆学院签约

了中职、高职、普通高校三位一体的合作。学校与英国萨里大学吉尔福德学院合作，共同培养商业金融硕士，选拔优秀学生赴英继续深造。这个培养模式严格遵循商业金融硕士培养的国际惯例，为中专层次的学生创造了可持续发展的机会，完成专业学习计划的学员将获得英国萨里大学授予的硕士学位。

我校学习、引进、借鉴国外先进职业教育模式和经验，不断消化和创

新，形成了自己的办学特色；与国外教育机构联合办学，对教师的素质提出了很高的要求。学校不仅让教师"走出去"进修，同时还"请进来"多名外籍教师到校任教，合作院校的学者也来我校讲学和交流，开阔了师生的视野，活跃了学术气氛，也带来了鲜活的信息。国外职教灵活的教学方法、严格的教学检查模式，促使教师更加注意知识更新，注重培养学生严谨科学、独立思考的态度和获取知识、分析问题、解决问题、与他人合作的能力。学校初步探索出"以教师为主导、以学生为主体、以能力为本位、与市场相接轨"的新型教学模式，我们谓之"商贸教学模式"。对外合作办学，也让教师更加详尽地了解到国外职业教育不同的教学体系，进而重新调整了新课程框架，最终形成符合市场需求、有明确标准、灵活多变的课程体系。

"博采众长、融合提炼"，合作办学极大地促进了教学质量的提高，使学校教育教学发生了巨大转变。借外力练内功，学校实现了跨越式发展。

正是这三把火，烧掉了学校原有计划经济遗留的痼疾，燃起了商贸学校改革创新的熊熊烈火：在校生规模从 1997 年的 706 人增加到 2000 年的 2317人；教职工年人均工资也从 11000 元增至 25900 元，实现了翻一番的阶段目标；1998 年，学校成为北京市市级重点校，2000 年加入了全国重点校行列；2002 年被北京市教委命名为"北京市职业教育首批现代化标志校"，被市政府命名为"北京市综合督导评估优秀学校"，被教育部评为"国际合作办学先进校"，被教育部等三部委授予"全国职教先进单位"，被英国比泰克总部评为"全球优秀中心校"。

如果说张香永校长走马上任的"三把火"给商贸学校带来勃勃生机，是他工作魄力的集中体现，那么善于捕捉机遇、择机而动，则是他睿智的展示。

回顾商贸学校由普通校成为北京市重点校、全国重点校，直至现在成为全国第一批改革示范校的历程，我们最为感叹的是：十余年来，张校长总是在困难面前发现机遇，使之成为学校发展的契机，成就了商贸学校的辉煌。张校长常常这样鼓励他的管理团队："我们面临的发展机遇前所未有，党中央、国务院和各级人民政府都十分重视职业教育的发展，为我们的发展提供了强有力的政策支持和平台。北京日益减少的生源、缩小的市场，又让我们面临着前所未有的挑战，因此，挑战与机遇并存，希望与困难同在，关键是看我们怎样把握时机、迎头赶上，关键是看我们如何克服困难、接受挑战。"

人们长期在计划经济环境下生存，思维模式僵化，喜欢看文件，喜欢看别人，不喜欢研究自己的特点、自己的生存方式。张校长则善于从国家宏观政策、从市场经济的角度考虑问题，善于从客观需要考虑问题。

面临学校基础薄弱的现状，他以英语、语文水平测试为契机，推出水平测试位居前列有重奖的措施，这在学校历史上从未有过。水平测试让我们走到了北京市中专学校的前列，让我们甩掉了落后的帽子。以教育评估为发展机遇，通过以评促建、以评促改、以评促发展，促进学校整体水平的提高。2002 年北京市开始创建"现代化标志校"，张香永校长充分利用政策，多方筹集资金，建立了 7 个国际一流的大型实验实训基地。课堂教学以专业建设为龙头，以仿真实训基地为依托，使学生的能力得到充分拓展。学校加大了课程建设力度，引进、消化、吸

食品课

收、创立符合职教规律的能力训练课程，增强了核心竞争力，把原来单纯的技术培训改为提供规范的能力课程，融入学校已有的以岗位能力为目标的模块课程体系，获得了专家和用人单位的广泛认同。在当时，不少单位对"创建现代化标志学校"或是疑惑不解，或是无动于衷，尚在徘徊之中。而我们则早已闻风而动，意识到这是学校实现跨越式发展所面临的千载难逢的好机遇，并在最短的时间里拿出建设现代化标志校的方案。学校在全国职教领域有了名气，各种现场会、交流会不断，国内外参观者络绎不绝。张校长以开放的胸怀欢迎来宾，让更多的人了解学校，并以此作为相互交流、展示自我的窗口，从而客观上达到了宣传学校、强化自我的双重目的。

2007 年，北京生源开始减少，生源质量下降，面对"三难"（招生难、教学难、管理难）问题，张校长带领全体教职工积极探索职业教育的育人模式，创建了适合学生发展的教学体系、评价体系以及校园安全管理保障体系，克服重重困难，科学管理，圆满地完成了教书育人的任务。

北京召开奥运会，为确保奥运安全，张校长建立了中层干部巡视制度，从而促使全体中层干部全面了解教学、服务教学。祖国 60 年华诞，他主动向二商集团请缨，将国庆游行任务承担下来，通过国庆游行训练，强化学生的爱国主义精神和集体主义精神。

在创建职教名校的过程中，张校长率领大家以做课题的形式，探索职业

教育的发展规律，探讨有利于职教生发展的评价考核体系和符合职业教育特点的全员育人体系。他以学校为研究主体，总结十余年来成功的经验、存在的问题，研究怎么补救漏洞、完善规章制度等，增强了全员的精品意识，也在校内形成了进行研究型学习的好学风。

机遇都是给有准备的人。这些年来，学校之所以激流勇进，源于张校长对地区经济发展、人才需求的调查和预测，对各种事物进行辩证客观的分析，对各种机遇的把握。同时，这也反映了学校管理工作到位，教职工面对困难和机遇具有良好的心理素质和精神准备。

二、不断超越梦想，成就事业

职业是人们用以谋生的手段，事业则是一个人的精神寄托，是人一生执著追求并为之献身的目标。张校长把他的职业当做事业来追求，他以强烈的事业心将一盘散沙凝聚成坚石。

他对职业和事业曾有过这样一番精彩的描述："对于所有人来说，开始进入职教领域是为了养家糊口、安身立命，这就是我们通常讲的就业。但仅仅就业不行，还必须完成历史使命，成为一个合格的职教职业人。要把我们的安身立命与孩子们将来的安身立命结合起来，这就是我们的职业。职业的要求和标准就是要把学生培养成自食其力、高素质的劳动者。能够认清我们工作的职业特征和要求，清楚本身的使命，进而多了克服困难的勇气，有了将工作干好的追求，这时职业就变成了事业。我们先是一个优秀的职业人，然后才是事业心极强的事业人。面对职教的重重困难和急需解决的难题，我们在主观努力的追求下，战胜困难、解决问题、创出新的业绩，这就完成了从就业、职业、事业到创业的过程。当我们由职业人渐变为事业人后，那种对事业的热爱、追求、执著、痴迷便被人们谓之'工作狂'。"

张香永校长有五个特点：

第一个特点是对学校事业的执著追求。

十几年的跨越式发展，学校经历了由计划经济到市场经济的过渡。保持高效益，让学校富有活力是他追求的目标。他对高效益是这样诠释的：高效益对学校而言，就是在等量的教育投入中，培养出超量的合格人才，实现产出与投入的大比例，增加学校的固定资产，使育人质量不断提高。由于对高效益的不断追求，北京商贸学校 2010 年固定资产总额达到 1.8 个亿，与1997 年的固定资产总额相比增加了 15 倍，个人人均年工资增加了 7 倍多。

多层次办学使现有的现代化教学设施得到充分的利用，也使教职工有了一个充分展示自我、实现自我价值的平台。

在学校发展的历程中，免不了有人说三道四。1999 年，学校在对未来职业教育进行充分调查的基础上，自筹资金，盖了第一幢教学楼。一时间校内议论纷纷，有人甚至直接找校长，提出不如将盖楼的钱发给职工，还有的人视这项工程为政绩工程。随着学校招生人数增加，教师的课时量由最初的 6 课时逐渐提高到人均 22.5 课时，工作量的增加也在教师队伍中引起过种种议论。后来学校实行聘任制，一些改革新举措的出台又遭到各种各样的反对，一些人的利益受到了影响，于是写信告状，在底下搞小动作，妨碍了学校正常工作。面对这些，张校长始终咬紧牙关不放松，顶住压力搞改革，始终坚持不争论，一心一意搞建设，坚持"发展是第一要务"。2000—2003 年，学校扩大招生规模，新建的三座教学楼、一座女宿舍楼和一座实训楼立马派上用场。教师的薪酬直线上升，那些非议也销声匿迹。群众对他所分析的职教发展趋势及未雨绸缪的行动由衷地表示钦佩。直至今日，商贸人开始享受改革所带来的成果时，才体会到作为当家人的张校长当初内心的滋味。

第二个特点是以校为家，率领全体教职工无私奉献。

十几年来，张校长以他高度奉献的精神感染并带动着北京商贸学校的每一个人。众所周知，在人员高度密集的校园里，安全是头等大事，特别是学生放学后这段时间，这是校园安全最关键的时间段。他自己长年坚持在这个时间段坚守，带动着其他中层干部在这个时间段坚守岗位，不敢懈怠放松。

在学校招生最困难的时候，他一马当先，亲自坐镇。在整理评估资料时，他与大家一起熬夜、加班加点；在出访英国、与合作学校商谈合作办学的日子里，他在飞机上也从未停止工作。每年的寒暑假，周末休息日，常常能在寂静的校园里看到他和他的管理团队成员的身影。学校从 2001 年开始创办现代化标志校，盖楼、旧楼外装修、实训基地建设等，连续几年寒暑假，后勤、实验中心的干部没有休息过。学校内部有个不成文的规定，岗位职责规定的工作没有完成，延长工作时间是不给加班费的。管理干部在学校的建设中已习惯了这一点，只要是学校的工作，随叫随到。奥运会前期，为确保校园安全，学校建立了干部巡视制度，从早 7 点到晚 7 点，干部们工作非常辛苦，没有任何报酬，这种工作状态一直持续了一年。

第三个特点是永不满足、不断进取。

和张校长相处时间长了，教职工发现，他是一个永不满足的人。2000

年，学校跨入全国重点校行列，大家想喘口气歇歇。他又领着大家继续深化改革，使学校成为北京市改革试点校、现代化标志校，成为北京市职业教育先进单位。2004 年，学校在全国已小有名气，参观、登门取经的人络绎不绝，内部改革已大见成效，生源足，教职工干劲也足。但他依然没有满足，一贯关注和研究首都总体经济规划和第三产业发展趋势的他，又在开展企业人才规格调查、行业发展趋势调查和继续教育的培训调查。通过调查，他发现企业人才缺口很大，职业教育有着很大的就业市场。他随即从我国经济、社会形势的变化中归纳出职业教育改革的三大发展趋势：单一全日制向"全日制＋各类培训"发展，单一中等职业学校向中高职结合发展，单纯的学校办学向与企业合作办学发展。他认为，随着科技的进步和社会的发展，"白领"与"蓝领"是可以相互转化的，身份的决定因素将是职业能力。因此，职业学校必须端正人才观念，深化教学改革，必须按照企业的岗位规格建立课程结构。一场以优化课程模式为核心、以能力培养为目标、应用现代化教学手段的教学改革在校内展开，此后的商贸学生手中就多了一本毕业生能力手册。学校在这本手册中将不

学生技能训练

同专业的岗位需要多少种能力、所需要的知识点和技能进行了分解，并据此开发课程。学生对能力要求有了明确认识，进而能够自觉学习、主动进取。于是就有了毕业生实习前的技能强化训练，就有了技能赛事频频的校园课余活动，就有了"让毕业生成为学校的名片"的教育理念。2006 年教师节，张校长向温家宝总理汇报工作时又描述了他的新梦想，要把北京商贸学校建成中国的职教名校……尽管在这之后遇到了很多的困难，如生源不足、学生质量下降、教师上课畏难情绪严重等，但他仍然怀揣着梦想，率领他的团队，一步一个脚印地勇敢前行。

"面对瞬息万变的经济发展形势，必须要随时进行动态调整，必须要在创新、发展中探求生存之道。"这是十几年来张校长在开学伊始必须要讲的话题。他说："我们不要满足于现在的自己，世上没有最好，只有更好，当你用更好、更高的愿望激励自己，时时努力超越自己，就会创造一个更美好的人生。"

学校从人事制度管理、教学改革与研究、学生管理、实训基地和校园环境建设等方面突出强调创新。他经常鼓励年轻人："人生在世，只要做事，就会有成功、有失败。成功固然好，失败也并非全是坏事，失败是成功之母，失败是成功的前奏。继续下苦功，不达目的，绝不罢休，就能转败为胜。"正是在他的创新精神的感召下，当年的人事制度改革在本市乃至全国职教领域都开了先河。

对于实训基地建设，他提出的要求是：实训基地在全国同类学校中，3年领先，5年不落后。第一批建设的实训基地，从功能、使用效果、仿真模拟程度等方面均排在全市前列。在设计饭店实训基地时，他考虑到训练学生托盘站姿，因此利用消防安全中的红外线设备，创造性地建立了简洁的测试仪器。

在本市许多银行尚未具备计算机系统工作程序的情况下，金融财会实训基地在全国同类学校里率先建立起设备先进的实训基地，引得国内外职业院校纷纷效仿。

第四个特点是性情随和。

同他并肩工作了十余年的老同志对他的性情最为了解。大家都还清晰地记得一幕场景：2006 年，在学校跨越式发展中，我们终于还清了政府的贷款，张校长宣布这一消息时满脸的灿烂，深深地打动了在场的每个人，也赢得了全场经久不息的掌声。

一个走上工作岗位的毕业生回校看望他，当获知学生在企业升职、加薪奠定了坚实的事业基础时，他喜不自禁，多次在会上举例。他常说："我们首先要把学生培养成为能够自食其力的劳动者；其次要使他们能够靠劳动完成赡养父母的任务；最后，要使他们可以通过自己的努力，回馈社会。"因此，学校在建设中把有利于学生成长作为第一要素。

十余年来，毕业生分配率均达到100%，许多学生在岗位上表现突出，提高了学校的声誉，成为学校的"名片"，这是他最感欣慰的事情。

2006 年教师节，张校长向温家宝总理汇报了北京商贸学校改革发展的巨大变化。2010 年春节前夕，温总理邀请张校长就国家教育发展规划

温总理接见张香永校长

进行座谈。回校后，教职工在他的脸上看到了欣喜，更看到了凝重，还看到了一种对未来的无限憧憬和一种历史责任感。

学校曾有个别教师在课堂上不履行职责，他知道后严肃地说："家长花钱送孩子受教育，我们做事要有良心，要对得起这份工资。"

职工们过生日时，他会非常诚恳、真挚地举杯祝酒。每年的团拜会上，他总是像个小孩子那样带着顽皮的笑容抽出大家格外关注的特等奖。

一幅幅生动的画面，让商贸人看到了他的"性情"，于是大家敬佩他、喜爱他、尊敬他、效仿他、追随他。他热爱学校的事业，并把这份事业做到极致。

第五个特点是宽容真诚。

中国传统文化提倡"重德、崇仁、尚义"。在学校的管理工作中，张校长注重结合中国传统文化，身体力行、严于律己、宽以待人。他以求真务实的工作态度赢得了教职工的信任与拥护；又以真诚宽厚的胸怀营造了宽松、宽容的校园环境，使各种潜在的积极性和创造力得以激活和发挥，各类人才迅速成长；更以唯物辩证的方法指导学校工作，化解各种矛盾。

学校两次人事制度改革，涉及方方面面，对每个人的思想都是一种冲击。当个人利益与学校的总体思路发生冲撞时，当人们对学校的发展感到困惑时，他总是循循善诱，从职教发展的现状，到市场经济体制下职教所面临的形势，再到学校未来的发展，引导大家站得更高、看得更远。同时，他也经常设身处地地站在对方的角度看问题、客观分析。

校内有个教工，因为私事与前任领导发生冲突，张校长了解情况后，主动找这个教工推心置腹地谈心，客观分析矛盾产生的原因，指出问题所在，使其心服口服。这位教工开始认真做好本职工作，承担工作重担，表现比较突出。

在工作中，有人出现失误，他总是当面提出批评，事后又总是关注对方的情绪以及工作状况，体谅对方的心情，理解对方的难处。对一心想干事业的人，他倍加赞赏，千方百计地搭建平台，让大家尽情地展示自己。同事之间出现矛盾时，他又适时加以提醒、点拨，有时还要亲自做工作，用他的话来讲就是："我要起到胶水的作用，把大家黏合到一起。"

对于营造和谐校园，他强调的是"公平、公正、公开"的原则。

他多次告诫中层干部："日常工作的奖励、惩罚、职位升降、福利照顾均要依照有关的规章制度。该奖的一定要奖，该罚的一定要罚，该给的一定要给，不该给的一定不能给。不以远近亲疏为界，要以实绩、规定为限。"

学校出台新政策，向上级机关推荐先进人物，都要向教工公开，都要听取一线教师的意见，也都要在班子会上就上报材料进行讨论。教师出国留学、全校岗位聘任等所有的信息都要公开。由于公平、公正，全体教职工在学校各个岗位上展示自我、努力拼搏，形成了既积极向上又和谐稳定的校园氛围。

张校长合理有序地规范和协调学校诸要素的关系，按客观规律办事，合理配置各种自然资源和社会资源，实现了学校的可持续发展。十余年的时间，人还是原来这些人，但学校却由一所基础薄弱的学校发展成为全国职教校的排头兵，这不能不说是张校长的功劳。是他把自己的办学理念、对职教的思想认识、充满唯物辩证的方法论以及对这份事业的浓浓情怀变成了商贸人的具体行动，学校才有了蓬勃发展的今天。把自己的思想变成全员的行动，是张校长改革成功的秘诀，也是学校平稳走到今天的根本所在。

三、刚强、坚韧、求实锻造出的人格魅力

作为职业学校的校长，他所承受的来自学生、家长、社会的压力都很大，这就需要他具有刚强、坚韧的性格，能够承受多重压力，能够在压力之中寻找动力，能够找到问题解决的契机。

第一，他有着刚强的意志，百折不挠。

回顾学校发展的十余年，学校经历了大大小小的事情，无论多难，大家心里感到最踏实的就是有张校长在，没有过不去的坎儿。

学校最初没有钱、没有地，但建设蓝图付诸实施，必须有经费支撑，必须有足够的空间。他跑政府、跑财政、跑委办局，认真研究有关教育政策，解决了经费和占地问题。

他紧接着又主动出击，走出国门，考察发达国家的职业教育，先后与英国多家教育学院合作办学，强化师资队伍。2008 年，我们在办学方面积累的成功经验引起了英国教育同行的关注，英方一方面邀请我们走出国门，向英国的职业教育学院介绍我们实训基地的建设经验，另一方面登门取经。

学校改革是一项牵动每个人利益的大事，方方面面的问题都要考虑并妥善解决。改革每到一个关口，都会有打退堂鼓、懦弱的人，也有不顾学校大局做"好人"的现象，还有"拿着不是当理说"的匿名信等，这时候的张校长始终保持着清醒的头脑，以学校大局为重，用道理说服班子、说服中层、

说服教职工。"咬住青山不放松",这是他挂在嘴边的话,用来鼓励自己,也来激励大家,更佐证了他的性格。

随着现代化大都市的发展,北京生源逐年减少,面对这种情形,各类学校的表现五花八门:有的无可奈何,牢骚满腹;有的不惜饮鸩止渴,搞小动作,搞乱中专教育招生的秩序;还有的等、靠、要,完全把希望寄托在政府身上,盼望政府解救自己。面对生存压力,张校长更多的是开辟新路。他坚持学历教育、培训教育一起抓,坚持两个

全国家政大赛

轮子一起转,走出一条具有北京特色、具有发达地区特点的现代职教发展之路。2008年底,学校建成家政服务实习实训基地,2009年初又主动申请,承担起对本市家政服务人员进行职业技能免费培训的工作。两年时间里,学校共培训家政服务员3700余名,经考试取得上岗证书的服务员3500余名。学校也分别获得北京市人力资源和社会保障局、北京市总工会、市商务局首批认定的"家政服务职业技能""家政服务工程"培训单位的资质,在社会上留下了良好的口碑。

职教学生自我约束能力较差,安全成为至关重要的问题。因此,张校长明确要求全校一盘棋,按区域、时间段确定管理职责、安排活动内容,重点部位严把死守。严格的管理制度,内容丰富的课外活动,以及我们积极、主动地开展工作,把有可能发生的问题消灭在萌芽之中。几年来,校内没有出现重大人身事故。

面对瞬息万变的市场行情,必须要有忧患意识,以不变应万变不行。张校长常常告诉大家:忧患意识是一种紧迫感、责任感和使命感。越是形势好的时候,越要有忧患意识。顺境中往往潜伏着危机。2006年,张校长提出创建职教名校,许多人不以为然,认为我们已经取得了成绩,没有必要把自己整得太累。然而,从2007年开始,北京生源急剧下降,考生在报考院校时,看中的是学校的硬件环境、教学水平、就业率以及在社会上的口碑,这个时候,人们不得不从心底再一次佩服张校长的未雨绸缪。

第二,他有着坚韧的性格,不达目的绝不罢休。

创建职教名校，在国内尚属首次，没有经验，没有标准。但一旦是他认准了的事情，他就一定要认真去做，这是他一贯的性格。

他不断地在教育实践中探索，先后就为什么创建职教名校、职教名校与示范校的区别何在、创建职教名校有哪些内容、中国职教名校的内涵及标准等方面与大家进行了深层次探讨，并在学校管理中大胆实践，不断丰富内容，使学校管理水平得到明显提升。

他在每一个时期都提出了学校阶段性的、具体的发展目标，为了实现这个目标，他注重把握进程，制订详细目标并确定实现目标的时间段和线路图。尽管这其中遇到了许多难以想象的困难，有过来自方方面面的干扰，但他总是排除干扰，坚守这份事业，坚守着当家人的岗位，坚守着职业的操守。2008 年，学校提前完成了"四个一、一个七"的阶段性目标，教职工看到了学校发展的新面貌，也品尝了改革发展的劳动成果。

在短暂的十余年时间里，他不断地率领大家走向新的辉煌，但他在更多时间里是处在沉静的思考状态。有人说，大凡有成就的人都能脱去浮躁，耐得住寂寞，张香永校长就是如此。随着学校在外界的知名度越来越高，张校长思考的问题就越多。在相当多的时间里，他都处在对教育规律的不断认识和探索过程中。每个学期下来，在中层干部培训班上，他的发言总给人们提供很多新思路，也揭示了职业教育规律、发展中出现的种种问题及其解决办法。

他提出：

在市场经济条件下，提高生产效率是公办学校发展的动力。

学校应为弱势群体提供优质的教育服务，让学生有立身之本。

要创建和完善适合职教学生发展的评价体系；创建和完善适合学生发展的教学体系；创建和完善具有职业教育特点的育人体系。

阅读张校长这些年的讲话稿，你会发现，这里面包含了哲学中的认识论、矛盾论、辩证法，你会逐渐明白，他是在用心思考学校发展中遇到的每一个问题，并认真地寻求解决问题的方法。

"昨夜西风凋碧树，独上高楼，望尽天涯路。"张香永校长以他高屋建瓴的办学理念使北京商贸学校走向辉煌，一个个阶段性目标呈现在每一个商贸人面前，雄伟瑰丽的目标更像一面旗帜引领着商贸人奋力前行。领航人张校长把职教事业当做自己生命的一部分，学校的发展是他最大的追求。激情与梦想、勤奋与思考勾勒了他的职业生涯最深邃的本质：他是一个纯粹的职业人，是一个愿意为理想和事业献身的人。

教育学家陶行知说："校长是一个学校的灵魂，要想评论一个学校，先要评论他的校长。"

今天的北京商贸学校，有一位敢为人先的优秀校长；有一个能打硬仗、团结协作的领导班子；有一支爱岗敬业、乐于奉献的中层干部队伍；有一支勇于探索、开拓进取的教职工队伍。他们共同参与了一个奇迹的创造，共同目睹了一个学校走向辉煌的历程。

今天的北京商贸学校成为众多学生的首选，有无数的学子怀揣着梦想走进校门。毕业生以综合素质好、专业基础知识扎实、适应能力和实操能力强受到社会的青睐，始终供不应求。北京商贸学校在学生、家长、用人单位心中已成为一个响当当的优秀品牌。

张香永校长常说："学校是一棵树，学生是这棵树上结出的果。"他用学校的改革成果，告诉大地，根有多深；告诉蓝天，干有多高；告诉社会，成果有多么丰硕。

每一簇繁花茂草，每一处深院层楼，每一块牌匾，每一个奖杯，每一张证书，都记录着商贸学校的光荣。

梅花无意留香永，桃李芬芳自成蹊。一个人之于一所学校乃至整个教育事业，诚然是渺小的；但当他将自己生命的全部意义与这一事业紧紧地联系在一起的时候，他的名字也会与之共存。

反思拓展

在首都职教界，同仁们都将张校长称为"老大"，不仅仅因为他是职教界前辈，更因为他实实在在的改革举措，使众人得到很大的启发。商贸学校取得了令人瞩目的成果，但背后是张校长孜孜不倦地努力与探索。他常说，人生常常处于焦虑紧张之中，欢愉只占很少一部分。在享受了成功的短暂欢愉之后，他又要马上投入焦炽的奋斗当中，为享受下一个欢愉做准备。多年的改革探索就是遇到问题、解决问题、预知问题、再解决问题的循环过程，在这个过程中他从未停止过思索。在介绍经验时，张校长都会很坦诚地表示，在我们改革的过程中，遇到过很多情况，但最关键的问题，就是人的问题。改革的过程，实际上就是更新人的观念、转变人的看法、充分调动人的积极能动性的过程。

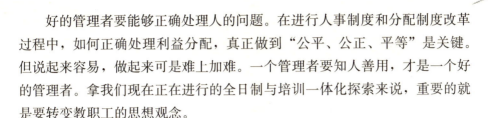

好的管理者要能够正确处理人的问题。在进行人事制度和分配制度改革过程中，如何正确处理利益分配，真正做到"公平、公正、平等"是关键。但说起来容易，做起来可是难上加难。一个管理者要知人善用，才是一个好的管理者。拿我们现在正在进行的全日制与培训一体化探索来说，重要的就是要转变教职工的思想观念。

目前，学校又面临着国家示范校建设这一发展机遇，以此为契机，学校将会迈向一个新的台阶。我们教职员工的思想观念只有达到一个新的高度，才能确保学校健康、持续不断地向前发展。而现在，学校的员工也正在经历新老更替的时期。新的发展时期，新的师资情况，新的职教大环境。新教师们思想超前、精力充沛，有极大的热情，但同时，他们又是生活在新时代，"80后"占30%，他们急于求成，眼高手低，理论水平强，但实践能力弱。只有充分调动青年教师的积极性和创新性，我们的目标才能实现。张校长认为，对于青年教师，我们同样要解放他们的思想。这个思想解放是基于发生了变化的形势。职业教育是要建设学习型社会、学习型城市，实现终身教育的主要支撑服务体系，我们未来不仅要承担全日制教育，也要承担职业技能培训，还要承担终身教育的责任。只有解放思想，从过去的观念和做法中跳出来，才有可能把工作做好。原来是在课堂教学生，岗位是课堂，在未来，岗位可能是在课堂，也可能是在企业。过去我们面对的是15—20岁的青少年，任务是引导教育。今后我们面对的可能是与我们年纪相仿或比我们大的学生，任务是让他们几天就能掌握一门技能，是以服务为主。因此，引领青年教师转变观念，与时俱进、科学发展将是学校下一步管理的重点。

十余年的改革探索，最难以逾越的便是体制问题。张校长认为，职业教育现在遇到的最大问题就是中职和高职的分离，造成技能培养上的同质化。高职和中职如何有效地对接，这是需要认真探讨的一个问题。张校长认为，根据学生的成长规律，合理设计理论课和技能课，科学地按岗位需要、要求进行设置、安排、培养。我们的课程培养体系和技能培养体系都应该是从实践中总结出来的，岗位要求应该是教学的要求，岗位需要应该是毕业生未来发展的需要。如果中高职一体化，就避免了两个问题：一是避免了在培养过程当中技能同质化的问题，二是避免了两次分流，毕业生受到两次伤害。而且关键在于，学生可以根据自己的需要，掌握一定技能以后先就业，同时为就业后的继续深造提供了更多的渠道。中高职一体化可以作为我们国家特别是北京的一种尝试。张校长多次在各种会议和场合呼吁这个问题，并将我们学校在这方面进行的探索经验向温家宝总理汇报。但是由于体制及政策的原因，我们的探索仅仅停留在艰难的试验阶段，没有取得大的突破。

当前，党中央、国务院对发展职业教育高度重视，经济社会发展对职业教育的需求空前迫切，职业教育面临着难得的发展机遇。与此同时，《国家中长期教育改革和发展规划纲要（2010—2020年）》文本中提出要大力发展职业教育，明确在今后一段时期，职业教育的发展重点是提高质量和促进公平，从而形成能够适应我国发展方式转变和经济结构调整要求，符合终身教育理念促进中等和高等职业教育协调发展的现代职业教育体系。作为公办职业院校，要以落实《国家中长期教育改革和发展规划纲要（2010—2020年）》为契机，要进一步解放思想、不断探索、深化改革、敢于实践，把职业教育推动经济发展、促进就业、改善民生的任务落在实处，创建出具有中国特色的职教体系，办出让人民满意的职业教育。

 专家点评

1. 动态管理，创新出实效

北京商贸学校实施"全员目标绩效管理法"，以能力取代身份进行全员人才选拔，实行全员竞聘，这是对用人制度改革的有效尝试。从学校形成的"人员能进能出，职务能上能下，工资能高能低"的动态管理局面可以看出，改革取得了实效。这种动态管理的优势在于人力资源始终保持在活跃状态，不被身份所阻隔，极大地调动了教职员工的工作积极性。人力资源优势得到充分发挥，学校推进的全员育人体系得到很好的落实，学校整体工作必然呈现蓬勃向上的局面。

2. 转变观念，开发新资源

职业学校的发展形式是多元的，如何开发与整合各种可利用的资源，首先要有观念上的明确认识。北京商贸学校从全日制办学观念转向全方位开放办学，积极推进技能培训、学历培训两轮转；横向在劳动力市场寻找新资源，纵向进行中高职一体化试验，多渠道资源汇合形成的资源群为学校发展提供了新的空间。职业学校发展与社会经济发展是密切相关的，该校结合大环境挖掘可利用的资源，进行合理有效的开发与整合，对职业学校的发展至关重要。

3. 明确方向，找准突破点

北京商贸学校"一个中心、两个服务、三个面向"的办学指导思想为职校发展明确了方向；以提高职工收入为突破口，制订"三步走"的发展目标，把学校发展远景和个人发展愿景紧密结合起来，多方利益有机融合，凝聚起团队的力量，使学校发展成为大家共同的目标。在明确学校发展方向后，如何寻找突破口准确切入是非常重要的。北京商贸学校选择理顺学校发展与提高教职员工福利的关系入手，最终达到学校发展目标的做法值得借鉴。

4. 理性思考，寻找规律

职业学校在发展中所遇到的问题纷繁复杂，因此冷静分析与理性思考必不可少。北京商贸学校根据对学校发展动力的理性思考，明确了提高劳动生产率是公办学校发展的动力。学校定位为弱势群体提供优质的教育服务，让学生有立身之本，遵循他们的学习特点，创造性地运用职业教育规律，创建并完善了适合职教学生发展的教学体系、评价体系和育人体系，不仅为学生提供了从业成才的舞台，也为职业学校发展摸索出可借鉴的宝贵经验。

管理学家认为，人们希望不断提升自己，为此他们需要培训指导和鼓励，学校应该为他们提供发展机会，而管理者最重要的工作就是培养人。北京商贸学校多元化、多渠道地为各类学生、教职员工和社会人员提供了发展机会，为社会发展作出了积极的贡献。

（点评：胡嘉牧）

坚持『以人为本、和谐共生』理念，创建『多元成才』人才培养模式

——北京市商业学校

名校／名校长简介

北京市商业学校于 1964 年创建，占地 200 余亩，建筑面积 10 万平方米，现有在校生近 8000 人，是"国家级重点中等职业学校""全国教育系统先进单位""全国德育先进集体""北京市现代化标志性学校""职业教育教学研究基地""北京市依法治校示范校""首都文明单位"。2010 年，学校被教育部确定为"国家级中等职业教育改革发展示范校建设计划第一批立项建设学校"。

学校共开设了 21 个专业，其中，会计、宝玉石鉴定与加工、眼镜配制、物流管理、电子商务、旅游服务与管理等专业在社会上有广泛影响，是学校的重点专业和特色专业。学校年招生 1200 人以上，毕业生就业率始终保持在 99% 以上。

学校现有教职工 300 余人，专任教师 205 人，其中具有高级职称的有 52 人，具有中级职称的有 102 人，市级骨干教师 26 人，有博士生、硕士生学历的教师 63 人，"双师型"教师 112 人，兼职教师 51 人。

学校教学设备先进，生活设施完善，校园环境优美宜人；建有现代化多功能实训楼、图书馆、体育馆、国家二级体育运动场，学生公寓可满足 5000 多人住宿，生活设施一应俱全；建有 21 个现代化的实训基地，其设备一流，操作实习功能齐全，学生"上学如上班，上课如上岗"。

学校开展成人学历教育，设有专科、本科、研究生班，与中国地质大学、中华女子学院、北京广播电视大学合作开办成人高考大专课程班，面向全国招生。积极开展校企合作、国际合作办学，与近百家大中型企业建立了合作关系，是百家企业的培训基地，为学生学习、升学、实习、就业奠定了坚实的基础。

史晓鹤，女，1963 年生，北京市商业学校校长，高级职称，国家职业指导师，全国中职教育教学改革咨询委员会成员。

20 多年来，她始终坚持"以人为本、和谐共生"的办学思想，坚持为学生健康成长服务，为教工事业发展服务，为首都经济社会发展用人需求服务，为政府服务；努力加强学术文化建设，注重战略研究，积极推进改革，坚持"依法治校、科研兴校、质量立校、特色强校"的办学宗旨，打造中职"旗舰校"，使学校跨入全国教育系统先进行列。她锲而不舍地追求"校风正、条件好、质量高、有特色、创一流"的办学目标，营造出了"快乐工作、幸福生活、事业有成、彼此成就"的良好氛围。

核心管理思想

北京市商业学校在以史晓鹤校长为核心的领导班子的带领下，强化发展意识，以创新机制统筹全局，积极推进各项改革发展工作。

学校领导坚持"以人为本、和谐共生"的办学思想，重视学校文化建设，努力把学校建设成为师生员工事业共同体、利益共同体，使学校成为一列"和谐号动车"、人人有激情、"节节"有动力；要求全员"理性思考，用心工作"，"同心、同向、同调"；在学校文化建设上倡导"彼此支持，成就彼此，共同成就事业"的团队精神。

学校坚持以育人为本、德育为先，全面推进素质教育，加强和改进德育工作，着力培养学生的职业道德、职业技能和就业创业能力，满足经济社会发展对高素质劳动者和技能型人才的需要，不断提升学校服务首都、服务现代产业建设的能力。

学校坚持"面向人人、尊重学生、关爱学生、服务学生"的教育理念，坚持"热情关心、科学教育、严格管理"的教育原则，把学生"成人、成才、成功"作为培养目标，以培养"德能兼备"的面向首都现代化服务业的高素质、应用型人才为具体目标。

学校坚持优质服务理念，"为学生服务、为用人单位服务、为教工服务、为政府服务"，办让"学生喜欢、家长放心、企业欢迎、教职工认可、政府满意"的好学校，让每一位学生快乐学习、健康成长，让全体教工快乐工作、幸福生活、事业有成，让学校成为和谐的学校，成为师生员工共同发展的精神家园，成为现代服务业优秀人才的培养培训基地。

学校坚持多元办学格局，以为现代服务业服务为宗旨，围绕区域、行业和农村的需求，围绕企业对高素质人才的需要，大力开展各种教育培训工作，实现职教、成教与培训并重，中职与高职、国内联办与国际合作办学共同发展；坚持以人为本，实现集体与个人和谐共生，实施人才兴校战略，不断加强师资队伍、干部队伍和职工队伍建设，坚持品牌发展战略，实施"特

（特色鲜明）、宽（多元开放办学）、高（高质量、高品位）"策略，不断增强学校的综合实力，努力提高学校的核心竞争力。

在"以人为本、和谐共生"办学思想的指导下，学校借鉴多元智能理论，转变教育观念，形成了人人成才的学生观、人才观，即："教师眼中无差生。""人人有才，人无全才，扬长避短，个个成才。""行行能成才，人人争成才，学习助成才，实践促成才。"也形成了"使教育在每个人身上得到最大成功"的教育观及"成功的教学在于使每个学生成为有效的学习者"的教学观。

在此基础上，学校创建了"多元成才"的人才培养模式。学校在尊重学生、分析学生、研究学生、服务学生方面狠下工夫，结合社会需要，创设了具有商校特色的"多元成才"的职业教育人才培养模式，"因才、因需"制订培养方案，面向人人，尊重差异，开展个性化教育，通过多维指导、多元分析、多元选择、多元培养，使学生"群体的多元成才"成为可能，也使每个学生"成人、成才、成功"得以实现。

在"以生为本"的校园文化环境中，相当一部分曾经目标不明确、精神不饱满、做人不自信的学生逐渐明确了目标、体验了成功、找到了自信，开始了自信、健康、阳光的生活。北京市商业学校成为学生重塑自我、确立目标、多元成长的乐园。

确立"多元成才"的职业教育人才培养模式后，学校通过推行多元、立体的学生培养方案，构建多样的课程体系和教学内容，创设丰富的教学手段，为学生打造了兼顾就业和升学的"立交桥"，提供了满足"个性化服务"的菜单。北京市商业学校已成为学生成人、成才、成功的摇篮。

在共同探索实践的过程中，学校结合各系部的专业建设和发展，出台了相应的政策，对教师资源的内部流动和整合给予支持，鼓励每个系部树立兼顾教学、教研、育人的多元目标，在人员搭配上提倡多元、多角色定位，培养教师间的协作精神，形成了优势互补、资源共享、结构合理、可持续发展的师资队伍。教师之间通过智能优势的互补，体验到了"彼此支持，成就彼此，共同成就事业"的快乐，形成了事业共同体、利益共同体、价值共同体，这进一步引导和促进了教师团队的良性发展。北京市商业学校已成为教师实现职业生涯多元发展的舞台。

北京市商业学校由一所名不见经传、条件简陋的普通中专校一跃成为一所生机盎然、充满活力、国内领先、国际一流的现代化职业学校。

学校概貌

一、借鉴多元智能理论，转变教育观念

商校的发展不是一帆风顺的，曾经也面临着困境。作为一所建校 47 年的"老中专"，学校办学思路的改革与调整，始于我们的职业教育面临空前的机遇与挑战并存之时。

一方面，政府高度重视职业教育，史无前例地加大对职业教育的投入，职业学校的各种硬件设施建设不断升级，教师队伍的建设得到大量的资金支持。而此时的人才市场对基层技能型人才的需求量也激增，随着大中型城市的服务业、旅游业、信息产业等现代服务业的迅猛发展，相应的人才始终处于供不应求的状态。国家政策为职业教育带来了前所未有的发展机遇。

另一方面，伴随着"两高"扩招，职业教育也面临着生源结构的变化及由此引出的一系列问题。学校录取的大多数是北京市区的学生，这为首都的经济建设发展培养了大批的骨干人才。但自 1999 年高校和普高扩招后，我校开始面临生源数量和质量"双下降"的问题。巨大的落差不仅使教师难以按照以往的教学方式组织教学，更是让不少教师开始对自己的职业信念产生怀疑，其职业理想、职业激情和职业信心受到很大打击。尤其是近 10 年，与生源质量下降相伴而生的是中职教育社会地位大幅下降及部分职教人对自我价值的否定。那时候，不少一线的老教师都经历了从"喜欢上课"到"不想上课"再到"恐惧上课"的过程。

面对这样的局面，学校改革势在必行。只有改，才有可能扭转局面；只有改，才有可能继续发展。不改，学校只有死路一条，被时代淘汰出局。

在集体阵痛之时，我们的一线职教工作者并没有放弃希望和信念，依然坚持探索破解职教发展难题的方法。恰逢此时，"多元智能理论"开始在职业教育领域推广，使正处于职业困惑中的职教工作者们豁然开朗，特别是在如何看待学生、分析学生、服务学生、培养学生、提高职教质量、办出职教特色等方面，找到了发展的突破口。

学校大力开展学习多元智能理论的活动，教职工的教育思想和育人理念发生了变化。多元智能理论让老师们换了一种眼光看待学生，这是标志性的转变，因为这直接促使我校新型人才观的形成，以及之后教育观、教学观、评价观等一系列教育观念的转变。可以说，全体教职工正是在全新学生观、人才观的引领下，不断加深对终极教育目标的理解，对自己所从事的职业教育的职责和使命日渐清晰，对教学目标、任务的定位和方法的选择更符合学生的特点和需求，并最终推动了"以生为本"理念的确立。

通过学习和借鉴，根据多元智能理论所倡导的积极、平等、乐观的学生观，结合中职学生的特点，史校长提出了"教师眼中无差生""人人有才，人无全才，扬长避短，个个成才""行行能成才，人人争成才，学习助成才，实践促成才"的新型学生观和人才观。

在这些新观念的引领下，教师和教学管理人员开始用另一种眼光重新认识学生——用欣赏的眼光看待学生的优点，用发展的眼光看待学生的缺点。在此基础上，充分肯定每个学生的优势智能、学习风格和发展特点，正视学生之间的差异，尊重差异，善待差异。渐渐的，老师眼中的"问题生""困难生""学习障碍生"少了，原来的"笨孩子""闹孩子"变得可爱了，许多老师也开始认识到，曾经是某些老师眼中的"偏才""怪才"或许恰恰就是某种智能的超群者，如果加以正确引导，都会成为对社会有用的人才。

多元智能理论强调，对学生的培养应该是突出个性化的过程，而不是像工厂流水线上生产标准件一样。这真正体现教育对人的尊重，在多元智能理论指导下的教育是真正意义上的"以人为本"的教育。在全新学生观、人才观的引领下，学校全体教师进一步树立了"使教育在每个人身上得到最大成功"的教育观及"成功的教学在于使每个学生成为有效的学习者"的教学观。

学校全体教师深刻认识到，教师应从"培养立足于世的人"的角度，担负起帮助者、引导者、服务者的责任。尤其是从事职业教育的教师要充分了解每个学生的心智特性，教学方法应尽可能与学生的智能特点相结合，讲求因材施教、因势利导，提倡多元评价，推广赏识教育，采取多元化的教学手段和方式，促进学生优势智能的发展，激发和提高学生的弱势智能，并将二者有机地结合起来，最终让每个学生都能看到自己发展的希望，从而打开他们智慧的大门，让他们拥有自信、找到目标，帮助他们成才。

二、以生为本，创建具有商校特色的"多元成才"的人才培养模式

我们不能仅仅转变观念，还要将观念转化成实际行动。在"以生为本"理念的引领下，学校在尊重学生、分析学生、研究学生、服务学生方面狠下工夫，结合社会需要，创设了具有商校特色的"多元成才"的职业教育人才培养模式，"因才、因需"制订培养方案，面向人人，尊重差异，开展个性化教育，通过多维指导、多元分析、多元选择、多元培养，使学生"群体的多元成才"成为可能，也使每个学生得以"成人、成才、成功"。

（一）进行多维指导，引导学生理性选择

客观来说，职业学校的学生因受到个体、家庭、生活环境等多方面因素的影响，而且往往缺乏自信，有挫败感，目标不明确，没有学习兴趣和动力，在未来职业方向进行选择时，缺乏理性的把握和选择。

为了帮助这些大多数在传统教育下属于弱势群体的学生成才，我们认为，首先要解决的问题是对学生进行客观而全面的分析，指导他们做好人生发展方向的阶段性选择，让学生及其家长由直觉选择变为理性选择、有效选择、科学合理地选择。为此，学校通过对学生个性特点、智能类型、成长规律、意愿发展变化的调研、分析，为学生提供了多种选择、多次选择的机会，真正为学生搭建了多元发展、多元成才的立交桥。同时，充分发挥学校各级、各部教师的指导作用，使学生面对选择时都能进行较为客观的选择，都能随着自身发展过程中不同阶段的意愿转变及时调整自己的发展方向，选择合适的学习方式和内容，从而实现对学生的个性化服务。

在商校，学生的多元选择机会和教师的多维指导主要体现在以下几个阶段：

（1）入学报考前。学校将分析和指导学生的服务工作前移：一方面，调动所有专业教师的力量，让教师走出校门、走近考生，为其提供咨询，给予一对一的指导；另一方面，加大对考生的服务力度，设立"全天候开放日"，增设班车接送考生到学校现场参观，使考生对学校各个专业的教学情况有直观感受。此外，还利用电话、网络等媒体为考生提供服务，拓宽服务考生的范围，使考生在报考志愿时能尽可能选择自己喜欢并适合自己的专业，使学生在未来的学习中因为爱专业而学专业。

（2）入学初期，通过入学教育、个体访谈与观察、综合能力分析、意愿申报、语数英测试、教育教学联席会议等方式，帮助学生做好学习初始阶段的发展方向选择。这次选择既包括就业、升学或留学的选择（分别进入实验

班、专业班或国际合作班），也包括各专业之间的调配选择（课改实验班是我校为有升学意向但在中考时无升学实力的学生提供发展补救的机会）。学校帮助学生选择适合自身智能类型及发展需要的专业和培养模式，以利于学生健康成长。

（3）在校学习阶段。由于年龄特点，在此阶段内学生的个人意识逐步觉醒，他们开始对专业进行重新审视和评判，对专业学习和个人发展有了较为明确的目的或方向。针对学生的这些变化，学校以关注学生成长为核心，围绕培养目标，通过基础平台课程、专业课程、实训课程、综合课程、活动课程及各类选修课程、实践活动等，充分发挥显性课程与隐性课程的育人作用，提供丰富的"校园文化生活菜单"，直接服务于学生个性发展的多元化需要，让学生在校学习期间有接触各类知识、活动、专业的机会，逐步发现自己的智能优势。

对于在成长过程中逐渐明确方向的学生，学校也本着对学生发展负责的态度，再次为学生补充选择机会，引导学生发现自我、展示自我，进而对自己的选择做出调整。

（4）毕业前夕，为学生安排离校前最后一次选择机会（见下图）。班主任、专业教师经过观察、分析后给予学生指导建议，不管学生是选择就业还是升学，均给予不同的强化指导。对于选择就业的学生，学校加强岗前强化训练，安排"综合素质达标验收"考核，做到"不达标不出门，不合格不上岗"，提高学生就业的竞争力。同时，召开校园招聘会，为学生与用人单位之间搭建"双选"的桥梁，尽力做到为学生选择适当的岗位，为用人单位选择合适的学生。对于选择升学的学生，学校为其提供高考辅导。对于曾经选择实验班又因为各种原因不愿或不能继续升学的学生，再次给予就业的机会。对于有其他需要的学生，学校也尽力提供帮助。

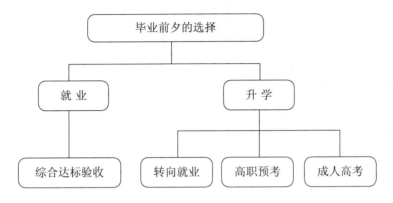

（二）依据多元选择，创设多元培养模式

针对学生在中职学习阶段所表现出的多元化发展需求，学校提出了"多元成才"育人模式，不仅为学生提供多元选择的机会及多维指导，同时，还根据学生多元选择的菜单提供了培养方案。

1. 设计促进学生多元成才的培养方案

在"多元成才"育人模式的引导下，学校对每个专业的人才培养方案赋予了丰富的内涵。首先，形成以德育目标为首要目标，以综合知识目标、能力目标、情感态度与价值观目标为一体的新的培养目标体系；其次，在此系统化目标的引领下，结合各专业特点，形成每个专业的学生培养方案。这些培养方案既涵盖了一体化目标体系的每项内容，又包含了符合专业特色和人才市场需求特点的教育教学计划和课程体系，还包含了我们称之为"方案之内、课时之外"的立体育人计划，充分体现出多维度、立体化的培养目标与具体培养措施结合的可操作性。

各专业的学生培养方案均兼顾了学生基础知识、专业技能、人文修养、社会适应能力、可持续发展能力等方面，同时尽可能为每个学生兴趣爱好、潜能、志向的发展预留了空间，力争为每个学生提供既有个性化服务特点又能满足其普遍需求的"菜单式"培养方案和具体内容，为学生在学习过程中进行多元选择时提供便利和现实依据。各专业在具体实施培养方案的过程中注重激发学生，让学生在学习知识与技能的同时学会"理性选择"，为学生发现自我、爱我所选、乐我所选、多元成才铺平道路。

2. 建立"多元成才"培养模式的保障机制

在巩固中专办学主体地位的同时，学校积极尝试"多元办学"，通过充分挖掘内部教育资源，最大限度地打破职业教育、成人教育、普高教育的界限，把学校办成一个"学习中心"，探索和谐共生的人才培养模式。该模式在尊重学生个性差异的基础上，兼顾就业与升学两个培养目标、双重发展方向，既为想就业的学生提供入职上岗前的系统培训与指导方案，又为有意愿、有希望深造的学生提供学习方案，同时还可将二者结合。

（三）组织立体实施，确保多元成才效果

为了确保"多元成才"模式的育人效果，学校以多元智能理论为指导，充分调动和整合内部资源，通过立体化的组织实施，将培养模式与培养方案落到实处。

1. 倡导"德能兼备"，构建"立体德育"品牌

加德纳说："如果我们能够最大限度地开发人类的全部智能并使之与伦理道德相结合，就能增加我们继续在地球上生存下去的机会，进而为世界的繁荣作出贡献。"他关于多元智能的研究是在特定价值观指导下进行的，他不仅将社会价值观纳入智能的范畴，明确将"人类价值的教育"列为学校教育的重要教学内容，而且赋予其重要的地位。这无疑是在打破"德""能"分离的二元论观点，强调在开发学生智能的同时，全面塑造他们的健全人格。

一直以来，学校对学生的素质教育高度重视，在借鉴多元智能理论的同时，根据教育部加强思想道德培养、加强职业能力训练的要求，于 2006 年将"德才兼备"改为"德能兼备"，以突出职业道德和综合职业能力在职业教育中的关键地位。在"育人为本、德育为先""德育是学校核心竞争力"等办学思想的指导下，学校始终坚持"面向人人，尊重学生，关爱学生，服务学生"的教育理念，把学生"成人、成才、成功"作为目标，贯彻落实"德育要服务于学生的全面和谐发展，要服务于社会和企业对人才的需要"的服务宗旨，提出了构建"立体德育"的工作目标和运行机制。所谓"立体德育"，即从多个角度入手将德育渗透在学校教育的各个方面，而不是将其他教育与德育分离，也不是使智育与德育脱节。

（1）整合德育课程，将培养学生的全面素质与完善学生的人格结合起来，以提高学生的人文修养。学校围绕学生成长中的问题，将课程内容重新组合，形成更适合于课堂教学的模块，使德育与学生所学专业结合、与学生成才结合、与岗位能力结合。在主体课程之外，学校还编写了既体现德育目标、专业特色、行业规范、职业特点，又体现文学欣赏性、思想性的《早读读本》，目的是使学生感悟理想、信念、目标，读出人生的精彩。同时，我们通过生活化、功能化的审美实践活动课，培养学生的审美意识；通过探索体育课的育人功能，把职业行为养成训练融入其中，将体育与就业、体育与健康、体育与健美、体育与人生有机结合，培养学生的集体主义精神、团队意识、竞争与合作意识，磨炼学生的意志品质；根据专业需求，增加了礼仪课、综合职业指导课及中国优秀传统文化课等。通过一系列德育课程的开设，我们培养了学生良好的道德情操，使他们养成了良好的职业行为习惯，提升了审美意识、团队合作意识，强化了作为准职业人的综合素质。

（2）围绕学生成长中的问题，将德育目标一一分解到各专业的基础理论课、技能训练课、综合素质课、专业活动课等课程中去，充分发挥所有课程的育人功能，实施"节节有德育"的系统工程，将职业态度、职业道德、行为习惯的培养与职业能力的培养有机地结合起来。

（3）把"人人是老师，处处有德育"作为对全体教工的要求，形成全员育人的和谐氛围，既充分体现老师对学生的关爱，又让学生体会到被尊重的温暖。教师通过以爱育爱的方式，使学生在关爱中学会关爱，在尊重中学会尊重，爱在师生间得以传递。我们提倡建立和谐的师生关系，创建和谐校园，让校园充满爱的氛围，让学生拥有真正属于自己的快乐家园。

（4）在"以人为本、和谐共生""服务于学生的全面可持续发展"办学理念的正确指导下，学校花重资建设了五个不同功能的学生心理辅导室，包括个体心理咨询室、小组心理辅导室、心理调节减压室等。

2. 深化改革，积极创新

学校在原有课程体系的基础上，依据多元智能理论、工作过程系统化课程开发理论等，结合学校专业性质、市场需求等现状，在对学生进行分析、研究后，以"为学生一生的发展搭建基础平台"为出发点，进一步深化课程体系改革，打破原来的学科体系，建立以工作过程为导向，以专业核心课程、专业方向课程、校本特色课程为主体，以综合课程和活动课程为支撑的专业课程体系结构。同时，学校将实训课程和综合素质课程有机结合，真正实现教育教学与专业岗位的对接，加强对学生职业意识、职业行为的养成教育。在多元化的课程体系中，学校除了安排国家指定的课程、专业考证课程、技能活动课程外，重点加强校本课程的开发。因为校本课程往往最能体现本校学生特点和专业培养方案的要求，也是满足学生个性发展、激活教师创新潜能、提高学校管理水平、形成学校办学特色、促进学校自主发展的有效手段。

在课堂教学内容的改革上，学校从关注学生发展的角度出发，借鉴多元智能理论，以培养"学以致用"的人才为目的，把教学重点放在对学生关键能力的培养上。而在教学方法的改革上，学校以实施情境教育、体验教育为主，推广使用项目教学法、仿真模拟教学法、任务驱动教学法、专题研讨教学法、案例教学等。在设计教学内容和方法时，教师要做到这些：一是树立学生主体观，围绕学生能力制订教学目标；二是按照学生的实际能力调整教学内容，设计课程情境与问题；三是根据职业教育教学特点与学生不同的智能特点，使用不同的教学方法；四是重点培养学生解决实际问题的能力、实践动手能力与创新精神，真正做到"教师在做中教，学生在做中学"。

在学生评价方法上，学校引入多元化的教学评价体系。例如，旅游服装系的徐东升老师，借鉴多元智能理论，在课程评价上进行了"档案袋综合评价"的尝试，以质性评价取代量化评价。这种评价方式既重视学生得出的结论，又重视学生得出结论的过程；既重视学生的个性化发展，又倡导学生在学习中的合作精神。

为了突出职业教育对学生实际操作能力的培养，学校还积极探索突出学生实践训练环节的校企合作办学模式。多元智能理论倡导学生与具有专业能力的成年人相处，因为学生通过观察与这些专业人员进行互动，可以学到很多知识和技能，对其走向社会之后获得更大的成功有帮助。这与我国目前课程改革的大方向是一致的，也与学校一贯的办学思路相同。为了更加突出学生的实践环节，加强对学生能力的培养，学校进一步挖掘企业的教育资源，以"资源共享、优势互补、合作双赢、共同发展"为目的，不仅先后与一商集团等十几家企业确立了紧密的合作关系，还创新了校企合作方式，通过开办"店中校""校中店"的方式，为学生的多元智能发展和多元成才创造了更好的条件。

以商贸系为例，通过不断努力，该系目前已经与一商集团建立了非常稳固的校企合作关系，并与大明眼镜等企业合作，在学校实训楼开设"校中店"，实现了教学与实践的零距离结合；学习借鉴台湾"格子铺"的经营方式，为学生提供校内创业的平台，加强了学校职业指导和创业教育。校企合作、工学结合的模式，不仅提高了学生的专业能力、综合素质，也为学生成功就业、未来创业打下了坚实的基础。

3. 发挥校园文化的育人功能

校园文化是学校的品牌和无形资产，也是学生成长的重要生态环境。优美和谐的校园文化环境，不仅对学生的智能发展具有良好的调节作用，而且对规范学生的行为习惯，促进学生全面素质的提高起到潜移默化的作用。学校在校园文化建设方面，一直坚持"三贴近"原则，以建设"平安校园、学习型校

舞龙表演

园、创新型校园、节约型校园、和谐型校园"为方向，以"物质文化打基础，制度文化添内力，行为文化创特色，精神文化铸品牌"为主要内容，紧密围绕"追求卓越，争创一流"、创建"国家级示范性中等专业学校"的战略目标，初步形成了"教书育人、管理育人、服务育人、活动育人、环境育人"的全员、全过程、全时空育人的格局，较好地发挥了校园文化的育人功能，让学生生活在充满爱的校园中。

在校园文化活动中，学生通过直接参与，自身的知、情、意、行得以互相影响、互相促进。这些活动的开展，使学生们能从中寻找一个岗位，扮演一个角色，获得一份感受，收获一个启迪，明白一个道理，养成一种习惯，学会一种本领，实现一次成功，感受一份愉悦，树立一份信心。学校让学生们在丰富的活动中受到教育、受到熏陶、受到鼓舞，并在活动中不断塑造健全人格，逐步实现"成人、成才、成功"。

三、和谐共生，创办一流的好学校

经过近几年的努力，商校的多元成才模式得到师生的认同，商校正日益成为学生健康成长的乐园、学生实现梦想的摇篮、社会有用人才诞生的孵化器、教师和学生共同的精神家园。

（一）商业学校——学生重塑自我、确立目标、多元成长的乐园

学生精神面貌的变化是最让全体教师欣慰的。在"以生为本"的校园文化环境中，曾经自卑的学生开始自信了，曾经消极的学生开始积极了，曾经叛逆的学生变得阳光了，曾经对自己的前途感到茫然的学生逐渐目标了。他们热情地投入学习，当他们带着热情开始了自主学习时，他们感受到了成长和进步的快乐。

在各种体验活动中，许多学生经历了人生中的第一次：第一次获奖，第一次受表扬，第一次得荣誉证书，第一次被肯定，第一次获得掌声……他们开始认识到自己的特长和优点，开始发现自己身上的潜能，开始挖掘自己身上的"财富"。很多学生在商校实现了"低头走进来，昂首走出去"的人生转变，开始了自信、健康、阳光的生活。

1. "第一次听到表扬，我激动了整整一天"

在信息艺术系的一次座谈会上，一名二年级的学生感慨地说："从小学到初中，我从来没有听到过表扬，听到的几乎都是老师对我的批评、指责和家长对我的训斥、责骂。来到商业学校，我第一次听到老师表扬我，夸我打字速度快、图表画得好，而且是当着全班同学的面。那一天，我感觉浑身有使不完的劲，激动了整整一天。"

2. "过去不知道，原来我也行"

财金系一位同学曾经在自己的日记里这样写道："今天，老师在课堂上按照我们每个人的不同特点和不同的兴趣爱好，把我们分成几个不同的学习小组，提出了不同的问题，并进行指导。我作为组长，没有辜负老师的期望，带头参加了后面的技能比赛，我们组共获得三个奖牌。看到同学们的努力和进步，我像吃了蜜一样，心里甜滋滋的，别提多高兴了。过去不知道，原来我也行。"

3. "学习并不可怕，可怕的是自己没有自信"

商贸系一位同学在自己的作文中写到："我从小就不爱学习，也不会学习，每次考试在班里基本上都是倒数第一，爸爸妈妈老骂我不争气、不成器，每次看到父母痛苦和失望的眼神，我自己也非常苦恼，甚至想……自从来到商业学校，我仿佛走入了一片神奇而新鲜的天地，从此找到了迷失多年的目标和方向。通过一年多的努力，我已经'小'有收获，每次考试不仅及格没有问题，而且有几次成绩还相当不错，可以名列前几名了。我认为，学习并不可怕，可怕的是自己没有自信。"

4. "只要自己不放弃，就一定能够到达理想的彼岸"

旅游服装系一名同学从小就对自然风光、人文景观、历史古迹充满浓厚的兴趣，而且具有较强的组织、协调和演讲能力。在参加全国中职学生"我爱我的专业"风采大赛的征文中，他谈到："选择商业学校，学习旅游服务与管理专业我从来就不后悔，因为我找对了人生的坐标，找到了我所热爱的专业，我对未来的职业充满了向往和期待。虽然我的初中时代曾经留下了伤痛的记忆，中招落榜曾让我一度心灰意冷，然而，选择商业学校又使我重新扬起了不屈不挠的风帆。我逐渐明白了，其实我的优点也很多，这个专业很适合我，只要自己不放弃，就一定能够到达理想的彼岸。"

（二）商业学校——学生成人、成才、成功的摇篮

学校既为想早日进入职场的学生提供了系统的职业教育，又为依然怀揣"高考"梦想、希望进入大学深造的学生提供了系统的升学服务。

1. 成功就业

近几年来，我校学生的就业率连续多年保持在99％以上。学校与近百家企业建立了长期合作关系，许多知名企业把商校作为招收新员工的首选学校。在每年的校企招聘会上，学生一次签约率达到89％以上，毕业生呈现供不应求的状况。学生在企业经过几年的磨炼，有的逐渐成长为企业的骨干，有的成为技术中坚，有的还走上了领导岗位。一些用人单位反映："北京商校的学生适应性强、知礼仪、懂规矩、有爱心、技能强、综合素质高，多数人能直接顶岗工作，很踏实，我们欢迎。"在人才竞争如此激烈的今天，商校的学生用自己的实际行动证明了中职生的价值，证明了中职生在社会中不但能够立足，而且可以做得更好。有的学生自豪地说："通过在商校的学习，我找准了方向、明确了目标、树立了信心，充分挖掘了自己的潜能，锻造了各方面的能力，提升了综合素质。我从一个有失败感的初中毕业生成长为一个受企业欢迎的现代职业青年。在商校里学习和生活，我感到快乐幸福，我对走向企业和社会充满信心。"

2. 成功升学

学校大专部高职预考班主要为在校经过3年专业训练的学生提供第二次选择升学的机会，与成立于2001年的课改实验班一起，成为学校为学生发展服务、创设就业升学"双目标"模式的支撑载体，10年来，为北京高校输送了大量的人才。以下是实验班和高职预考班的升学情况：

实验班（文史类）高考升学情况

	报考人数	上线人数 （300分）	录取率 （300分）	北京市录取率
2002级	76	55	72.4％	73％
2003级	60	35	58.3％	63.8％
2004级	35	25	71％	72％
2005级	34	30	88.24％	83％

2002—2010 年实验班和高职预考班（单考单招）升学情况

年份	2002	2003	2004	2005	2006	2007	2008	2009	2010
上线率	80.4%	93.1%	62%	81.6%	60.4%	62.8%	78%	99.1%	96%
北京市上线率	47.8%	58.5%	48.7%	51.4%	46.5%	42.9%	41.3%	50%（约）	50%（约）

3. 成功的国际合作与交流

学校近几年来与奥地利、英国、德国、韩国等多个国家进行了广泛的交流与合作，成为北京市职业教育涉外办学的一个窗口，不仅使学生们获得了更多的机会出国考察、学习与深造，也加强了他们与国外师生的交流，开阔了他们的眼界。

2002 年，学校酒店专业开始与英国开展国际合作办学项目。2003 年 9 月，2000 级、2001 级酒店管理专业 23 名学生赴英国海伯利学院（Highbury）进行为期 9 个月的深造学习。学生们抓住此次机会勤奋学习，最突出的是 2000 级学生褚菁华同学，他不仅完成了 9 个月的学习任务，而且已在英国完成了研究生的学业。2007 年，眼镜专业开始与英国伦敦伊斯林顿学院互派师生交流，目前正处在深入洽谈之中。

2007 年 10 月，韩国济洲女子商业高等学校与我校签署了建立姐妹友好校协议。从 2008 年 5 月至今，该校师生与我校师生多次互访，进行了专业、文化等方面的深入交流，还共同制作了课业，并完成了课业汇报。我校与该校的各种友好交流活动，不仅使参与其中的学生结识了异国的朋友，也给他们自身带来了积极的影响，让他们更加注意自己的行为举止。同时，他们对自己的未来也有了更高的要求。

商贸旅游系国际酒店专业与奥地利维也纳模都尔大学在课程体系、教学方法、实训模式等方面进行合作，不仅让学生见识了现代化的高标准西餐实训餐厅，还为他们提供了丰富的教学资料和影像素材以及外教当面授课的机会。2008 年 3 月，有 20 名学生参与了长城饭店"维也纳美食节"活动的实习；北京奥运会期间，有 25 名学生参与了奥地利媒体中心的餐饮服务，并有机会到奥地利驻华使馆参与宴会服务，2 位奥地利驻华大使还曾先后到我校视察。学生们的专业技能和英语应用能力因此均有大幅度提高。目前，我校毕业生已在北京多家国际性星级酒店就业，企业对学生素质给予了高度评价。2009 年，商贸旅游系商务助理专业又与维也纳商业学校开始合作，重点培养学生的综合职业能力，满足国际性企业的用人需求。

4. 在大赛中载誉而归

为了丰富和锤炼学生的实践活动能力，多元展示学生的素质风采，促进校园文化建设，多年来校团委与德体美教学部、基础教学部以及各系部共同组织学生参加教育部组织的全国中等职业学校"文明风采"中"我爱我的专业""职业生涯规划""flash 动

国际合作

画设计""生活中的美""从中职生资助政策想到的""我身边的诚信"等项目的竞赛活动，并连续承担了每届竞赛活动——"我爱我的专业""从中职生资助政策想到的""创业之星"三大类征文的评审工作、秘书处工作，受到组委会的高度称赞和一致好评，荣获"组委会特殊贡献奖"和"优秀组织奖"。

学校始终重视学生技能的培养，积极组织学生参加北京市举办的各级各类技能大赛，均取得了优异成绩。

学校不仅积极组织学生参加技能大赛，还积极承办各种技能大赛。2011年北京市中等职业学校技能大赛暨全国职业院校技能大赛北京预赛"百勤杯"会计技能大赛在我校举办。本届会计技能大赛的组织工作、赛场环境及公正性受到领导、嘉宾、参赛校老师和学生的一致赞扬和肯定，展示了北京市商业学校的组织能力及示范校风范。

此外，学校每年还积极推选学生参加市级、国家级专业技能大赛。迄今为止，学校已举办了七届技能大赛。每届技能大赛，各系部为学生设立近 50 个项目，以突出专业特长、促进通用能力发展，学生们八仙过海、各显其能。我们还适时地邀请一些知名企业的领导到校召开校企联谊会，观看学生的各种技能

模拟银行

展示。一方面，向用人单位展示我校学生的专业技能和良好的职业人文素质，让学生们的多元才能被社会认识；另一方面，我们也有意识地为用人单

位推荐优秀的毕业生，为学生的多元成才拓展渠道。

（三）商业学校——教师实现个体多元发展的舞台

"优秀教师团队是学校第一宝贵的资源。"从人生发展的角度来说，教师也像学生一样，需要不断开发多元智能；同时，为了更好地教书育人，教师还需在确定或调整自身优势智能的同时，不断使自身优势智能向其他智能迁移和转化，力求一专多能。最为重要的是，要想学生多元成才，仅靠个体教师的力量是远远不够的，而要靠教师团队的力量、集体的智慧。如果教师之间可以互助与互促，那么这个团队的育人能力将是巨大的。

为此，学校积极为教师个体搭建发展平台，结合本校教师的具体情况，先后出台了《教师进修培训暂行管理办法》《教科研成果及教学竞赛奖励标准》《教师考核管理办法》《教师分级管理办法》《骨干教师管理办法》《教师系列职称评审管理规定》《新教师培养管理暂行规定》等一系列政策，以促进教师个体的多元发展。对教师的培养措施具体包括：（1）支持教师与教研人员外出调研、考察、学习、参观、进修、培训，为教师提供各种提高个人素质、提高专业能力、实现个人多元发展的机会；（2）推荐教师参加各种学术研讨、校际交流、校企合作、社会培训、中外合作办学等活动，拓展教师的视野；（3）帮助教师改善实验研究的环境和条件，为其提供必要的教学研究设备设施等，在硬件上对教师的发展给予支持；（4）帮助教师进行职业生涯设计，为教师的职业发展出谋划策，鼓励教师积极参与课题研究，引导教师在课题中成长；（5）积极为教师组织跨系部、跨专业的教研活动，使教师的综合能力在活动中得到锻炼；（6）加强学校名师工程建设，着力培养、推出一批德才兼备、素质优良、广受学生和家长欢迎、在社会及行业内具有较大影响的名师，促进他们全面、健康地成长。很大一部分教师在素质提高工程中调整了理念、提升了智慧、探索了方法、积累了经验，其中一部分教师已经通过实践研究形成了自己的教学风格和特色。

在"多元成才"培养模式的探索实践中，大多数任务是要通过团队的力量来完成的。在共同探索实践的过程中，学校结合各系部的专业建设和发展现状，出台了相应的政策，鼓励每个系部兼顾教学、教研、育人的多元目标，在人员搭配上提倡多元、多角色定位，培养教师间的协作精神，形成了"优势互补、资源共享、结构合理、可持续发展"的师资队伍。教师之间通过智能优势的互补，体验到了"彼此支持，成就彼此，共同成就事业"的快乐，形成了事业共同体、利益共同体、价值共同体，促进了教师团队的良性发展。此外，学校还将创建"学习型学校"作为努力的方向，通过有效组织教师团队进行学习、互动、经验分享等活动，加强教师的团队学习意识，促进教师个体在团队中提高。

目前，在北京市中职系统新一轮的课程改革中，我校的会计专业凭借多年积累的丰富经验和育人成果而成为牵头学校；在北京市师资工程项目支持的 59 个专业创新团队中，我校的旅游团队、会计团队、珠宝团队列入其中；我校还成为全市旅游专业师资培训学校。

"办师生共同多元发展的和谐学校。""培养多元成长、成才的学生。"商校人在集体痛苦挣扎后找到了问题的答案，并积极将其践行于实际的工作中。今天，让师生有强烈的成就感和幸福感仍是商校人追求的理想，同时也在商校中变成现实。商校人用事实证明了新形势下的中职学校可以有所作为。在中职教育面临诸多困难的时候，商校领导与教职工一起冷静思考、主动出击、改革创新，终于在艰难尝试中走出了一条适合自己的可行之路，实现了学校的可持续发展。

一、实施"多元成才"育人模式的几个重要问题

这是一条符合中职教育发展规律，带领中职学校走出困境的探索之路，中职学校在实施这个模式时需注意以下几点：

（一）注重学校文化建设，发挥团队的力量

史晓鹤校长一直将学校的文化建设作为大事常抓不懈。正是她借鉴了多元智能理论，首先提出了"以人为本，和谐共生，实现可持续发展"的办学思想和"以生为本"的教育观，带领全体教职员工深入研究和实践，创建并实施"多元成才"人才培养模式，走出了具有商校特色的可持续发展之路。

教职工团队的力量是不容忽视的，在探索、实践和发展之路上，商校教职工这个集体一直秉持着"彼此支持，成就彼此，共同成就事业"的团队精神，"用心、用力、用情"，对学生科学教育、热情关心、严格管理，帮助学生"成人、成才、成功"。

（二）注重全员学习，转变教育观念

学习是一个人可持续发展的基础，更是一个学校可持续发展的能量来源。因此我校还将创建"学习型学校"作为努力的方向，以期在新时期不断

地发展创新。

学校在实施"多元成才"人才培养模式时，重点是扭转教育者的旧观念，强调以服务为宗旨办教育，让教育真正促进学生全面健康成长。所以，教师应该在充分研究学生特点、成长需要的基础上，设计、开展多元的教育教学活动，提高学生学习兴趣。需要注意的是：转变教育观念不仅是一线教师的事情，其他岗位的员工也需要不断地学习、转变观念，学会尊重学生、关爱学生、服务学生，从而形成全员教育的格局，为学生的多元成才做好服务。

观念的转变不是一朝一夕就完成的，也不是没有困难的。例如，在给不给学生升学这个选择机会时，就存在着不同的意见。有的校领导和教师认为，职业学校满足学生就业的需求就够了，升学不是职业学校的任务，学校没必要为学生提供这条路。史校长则认为，商校是地处首都的中职学校，根据首都对人才要求高的特点和学生家长的需求，应该坚持升学、就业"双目标"的培养模式，为学生继续学习、可持续发展做好充分的准备。事实证明，这是真正地为学生着想，是学生多元成才不可缺少的一条路。

（三）注重学生培养方案的制订及实施，实现学生的多元发展

学生培养方案是一个学校办学理想、办学实力、办学质量的最具体的体现。要实施"多元成才"人才培养模式，实现学生的多元发展，制订学生培养方案是必要的。

学生培养方案应是多层面的、内涵丰富的、立体的，是德育目标、知识目标、技能目标的结合体。学校必须是在"以生为本"的教育观和学生观的指导下，深入调查了解社会、企业、学生的需求，结合本校的特色和专业特点后制订学生培养方案。

二、商校继续发展的方向

北京市商业学校在以史晓鹤校长为核心的班子领导下，在"十一五"期间取得了非凡的成绩，创建了特色突出的"多元成才"人才培养模式，成为一所在国内领先的现代化职业学校，但是我们并没有停下前进的脚步，而是为自己设立了更高的前进目标。

北京市商业学校以基础能力建设为保障，以提高质量为重点，以专业建设为核心，以教育教学改革为抓手，以综合配套改革为动力，继续创新人才培养模式，不断促进学生健康成长，提高服务首都经济社会发展、服务经济结构调整、服务产业建设、服务城乡统筹的能力，大幅度提升学校教育的市场针对性、经济贡献率和社会吸引力。学校着力将自身打造成一所办学条件一流、教学质量一流、管理水平一流、办学效益一流的学校，使自身有特色、教师有特点、学生有特长，让学生及家长满意、教工满意、用人单位满意、政府满意，将学历教育与职业培训并举，创建高标准、高规格、高质量的现代化标志性职业学校，进而实现中高职一体化办学。同时，学校现在正在努力创建国家改革发展示范校，力争成为北京领先、全国一流、示范引领作用突出、具有中国特色的强势品牌院校。

我们可以用"一、二、三、四、五"来具体解释以上内容。即：确立一个目标，实现两个转变，突出三个特色，达到四个满意，实现五项工程。

确立一个目标，即"追求卓越，争创一流"，把创建国家级中等职业学校改革发展示范校，形成特色鲜明、质量过硬、各种教育市场份额不断扩大的多元办学格局，使知名度与影响力不断提升、忠诚度与满意度不断增强，作为目标。

实现两个转变，即实现办学模式与办学机制的转变。办学模式实现由计划培养向市场驱动的转变；办学机制实现由传统固化向灵活多样的转变。

突出三个特色，即学校有特色、教师有特点、学生有特长。

达到四个满意，即让学生和家长满意、让教工满意、让用人单位满意、让政府满意。学校最终是为了办好人民满意的职教，实现"共生""共荣""共赢"。

实施校园建设的五项工程，即建设平安校园、学习型校园、创新型校园、节约型校园、和谐校园。

北京市商业学校在艰难的探索中，终于走出可持续发展之路，成为特色鲜明、质量过硬、成绩突出的名校。商校人在史晓鹤校长的领导下，必将奋勇前行，用理性的思考和热情的行动创造更加辉煌的未来。

由一所拥有 47 年历史的"老中专"、一度被人们戏称为"农村中学"的北京市商业学校发展成为在校生近 8000 人、教职工 300 余人、建有 21 个现代化实训基地的中国职业教育名校，其发展历程令人称奇。该校的成功在于有一个科学的教育理念和一位勇于改革与实践的好校长。"以人为本、和谐共生"这一理念，是符合中职教育发展规律、适应学校发展需要的教育理念。史晓鹤校长的带领与坚持，强化创新发展意识，以创新机制统筹全局，

坚持『以人为本、和谐共生』理念，创建『多元成才』人才培养模式

积极推进各项改革发展工作，使得该校成为一所具有广泛社会影响力的国家级中等职业教育改革发展示范校。

理念是行动的先导。面对社会发展的快速变革和生源结构的变化，北京商业学校在实践的基础上，创造性地提出了"以人为本、和谐共生"的教育理念，并以多元智能理论为指导，结合社会需要，创设了具有商校特色的"多元成才"人才培养模式。该校"因才、因需"制订培养方案，面向人人，尊重差异，开展个性化教育，通过多维指导、多元分析、多元选择、多元培养，使学生"群体的多元成才"成为可能，也使每个学生"成人、成才、成功"得以实现。在"多元成才"人才培养模式的指导下，学校大胆进行教育教学改革，通过推行多元、立体的学生培养方案，构建多样的课程体系和教学内容，为学生打造了兼顾就业和升学的"立交桥"，提供了满足"个性化服务"的菜单。北京市商业学校成为学生成人、成才、成功的摇篮。

在"以人为本、和谐共生"理念的指导下，"多元成才"人才培养模式是以邓小平理论和"三个代表"重要思想为指导，深入贯彻落实科学发展观，全面贯彻党的教育方针，坚持以服务为宗旨，以就业为导向，以提高质量为重点，贯彻落实《国家中长期教育改革和发展规划纲要（2010—2020年)》，以提升服务国家发展和改善民生的各项能力为根本要求，结合首都职业教育发展的宏伟目标及学校"追求卓越，争创一流"、打造强势品牌学校的战略目标，坚持以发展为主题，以改革为动力，走出了一条内涵发展与可持续发展之路。这对当前的教育教学改革具有一定的引导作用。

史晓鹤校长是这场改革的灵魂与核心。她始终走在改革的前列，带领全体教职员工深入研究、实践，创建和实施"多元成才"人才培养模式，走出了具有商校特色的可持续发展之路，使学校跨入全国教育系统的先进行列。她锲而不舍地追求"校风正、条件好、质量高、有特色、创一流"的办学目标，营造出了"快乐工作、幸福生活、事业有成、彼此成就"的良好氛围。这些成就，使史晓鹤校长当之无愧地获得了一系列殊荣，当前我们职业教育事业发展迫切需要这样的创新管理人才。

（点评：孙琳）

改革创新结硕果 继往开来扬风帆

——贵州省贵航高级技工学校

名校／名校长简介

付晓刚，男，1962年生，满族，1979年参加工作，中共党员，现任中航工业贵航高级技工学校校长。

付晓刚具有较高的政治素质、较强的业务能力和先进的管理理念。2002年，他在中共贵州省委党校学习期间，撰写论文《加强采购管理，提高国有企业的经济效益》，提出的先进理念受到专家好评。付晓刚在华烽电器总厂工贸公司任总经理期间，大胆改革创新，在短期内使一个亏损公司很快扭亏为盈。

2007年5月，付晓刚调任中航工业贵航高级技工学校任校长。4年来，他把企业的经营思想与学校的实际情况相结合，提出了"产业化发展、企业化运作、军事化管理、社会化服务"的创新发展思路，对学校的管理体制进行大刀阔斧的改革，使学校各项工作在短期内取得了显著成效。

他通过一系列的改革和创新，充分调动了教职员工创业的积极性，学校各方面工作都取得了突出成绩，知名度和美誉度也得到极大提升。

近年来，贵航高级技工学校遵循"以学生为中心、以德育为根本、以技能为重点、以就业为导向"的办学理念，紧紧围绕"产业化发展、企业化运作、军事化管理、社会化服务"的发展思路，积极探索新形势下学校改革发展的正确道路。我们放飞思想、励精图治、攻坚克难、锐意进取，不断加快教育教学改革、加强各项管理，在推进教育教学改革、创新管理机制方面做了大量工作，使学校面貌焕然一新、步入快速发展的轨道，为以后的发展奠定了坚实基础。

"十一五"期间，学校不断完善各项管理制度，不断提高管理水平和管理效益，不断完善人事分配制度和考核激励办法，积极推进岗位设置和改革，采用多种方式开展校企合作，积极探索校企合作新路子，培养出让家长满意、企业满意的高技能人才。在干部任用制度改革上，基本形成了一支高素质、高效率、想干事、能干事、干成事的干部队伍。在薪酬分配制度改革上，进一步调动了教职员工的积极性。通过推行这一系列新举措，学校营造了良好的育人环境。

5年来，学校通过教育教学改革、创新管理机制，实现了从办学实力和办学水平的整体提升和质的飞跃，实现了主要培养中级技能人才到主要培养高级技能人才的战略转移。一批批优秀员工和学生通过技能竞赛脱颖而出，为广大学生树立了榜样，影响和激励他们不断钻研技术技能，也展示了学校的实力和优势，树立了学校的品牌形象，提高了学校的知名度。

"十一五"期间，贵航高级技工学校推进改革、创新管理的举措主要有以下几个方面：

一、确定"四化"发展思路，树立新的管理思想，探索改革发展道路

学校紧紧围绕"产业化发展、企业化运作、军事化管理、社会化服务"的发展思路，积极探索新形势下学校改革发展的正确道路。

1. 产业化发展

它是指学校在教学管理方面面向市场，利用市场手段扩大教育资源，利用市场机制"经营"教育的各种举措。产业化的核心是改革传统的教育体制，树立全新的教育理念，采取科学的运作方式。产业化发展是职业教育的必然选择，它有以下作用：一是有利于职业教育与经济社会的进一步结合；二是有利于吸引教育投资，可以最大限度地实现教育公益性与投资寻利性的有机统一；三是有利于克服职业教育内部无序竞争，使之逐步走上规模与效益共发展的道路；四是有助于克服人才高消费现象，减少教育资源浪费。

2. 企业化运作

它是指学校根据市场需求，进行预测和分析，参照企业的经营模式和管理经验进行一系列改革和尝试。学校充分利用和整合社会资源，解决当前迫切需要解决的问题，如通过银行贷款、资本运作、联合办学等形式来改善办学条件，利用社会资源来为学校的发展服务。同时，学校还引入竞争机制，完善分配政策和建立科学的奖惩机制，对内实行人员定岗、机构精简，实现"多劳多得、优质优酬"的分配原则，加强对教职员工竞争意识的培养，调动一切积极因素，为教职员工的平等竞争创造条件。另外，对外加大宣传力度，提升学校知名度、影响力，抓信息、找市场，为招生就业打开局面，以高就业率带动生源数量和质量的相应提高，从而创建一个充满生机活力的和谐校园。

3. 军事化管理

它是指学校效仿军队管理模式，按照学校管理学生的需要进行管理，实际上是推行内部规范化的管理方式。其目的是通过实践把军队的好作风、好思想、好经验、好传统有效地融入学校的管理当中，用军队的管理方法、管理经验来约束学生的行为，以国防教育和军事训练改变学生的精神面貌，从而改变学生的学习态度和生活习惯，将学生培养成"德技双修、知行合一"的新型高技能人才。学校倡导以军队的纪律规范学生，以军人的精神教育学生，以军营的作风感染学生；坚持思想教育与严格管理相结合，坚持学校教

育和社会教育相结合，坚持理论教育与生活教育相结合；坚持以人为本、以德育人，通过建立严格的管理机制、高效的运行机制、积极的激励机制，全面提高学生素质。

4. 社会化服务

它是指学校办学要为用人单位服务，为地方社会经济服务，为人的发展服务，总之，要变被动地适应经济建设为主动地为市场经济服务。在市场经济条件下，技工院校要在注重社会效益的同时注重经济效益，实现社会效益和经济效益的紧密结合，实现社会价值和商业成功的高度统一。学校作为中航工业所属院校，首先要为中航工业提供大量合格的技能人才，同时也要面向社会，为地方经济建设服务。社会化服务已是大势所趋，我们要顺应这种趋势和潮流。

二、大力推进教育教学改革，创新管理机制，管理工作亮点纷呈

"十一五"期间，学校不断完善各项管理制度，建立各项管理标准，召开一系列管理工作会议，在强化管理中规范行为，不断提高管理水平和管理效益，坚持依法治校，推进民主管理和科学决策；不断加强机关作风效能建设，开展创新型、学习型、服务型机关创建活动，提升党政管理、教学管理、学生管理、后勤管理的水平和服务质量；不断完善人事分配制度和考核激励办法，积极推进岗位设置管理改革；不断完善财务预算管理制度、项目管理制度、采购招投标制度等；不断加强资产管理，开展节约型校园建设活动。学校还采用多种方式积极开展校企合作，积极探索校企合作新方法、新路子，培养出让家长满意、企业满意的高技能人才。

1. 机构改革

为使学校的机构机制能够高效运行，提高办事效率，从 2008 年开始，学校对二级机构进行改革，将二级单位由 21 个减少到 18 个。

2. 干部任用制度改革

学校严格认真地做好干部选拔、培养、考核等工作，举办干部培训班，开展干部读书活动和读书心得交流活动，从加强教育、提高能力入手，加强干部队伍建设，基本形成了一支高素质、高效率、想干事、能干事、干成事的管理干部队伍。学校废除干部终身制，推行干部聘用制和任命制相结合的制度，做到能上能下，推进干部年轻化。学校通过改革，既增加了干部的工作压力，也增强了干部的工作动力，提高了干部的积极性和主动性。

中国古代寓言故事"伯乐相马",我们耳熟能详,但现代社会如果单纯用这种办法寻找人才,毕竟有其局限性。学校在改革中致力于建立科学的干部选拔任用机制和监督管理机制,推进干部工作的科学化、民主化、制度化;建立"能上能下,能进能出,选贤任能"的用人机制,创造让优秀人才脱颖而出的良好环境,变"相马"为"赛马",使贤能尽显风流。

学校干部竞聘工作分四步:第一,学校通过党政联席会议确定中层干部竞聘职位;第二,参加竞聘的教职工在人力资源部报名,由人力资源部进行资格审查,确定参加竞聘人员;第三,召开竞聘演讲会,由学校考评领导小组和本部门教职工根据演讲者的工作措施和答辩水平进行综合测评打分,其中,学校考评领导小组测评占65%,本部门教职工测评占35%;第四,学校党委按照"德、能、勤、绩"的标准进行审定并公示。

参加竞聘的教职员工经过认真准备,分别在竞聘大会上进行演讲。在演讲报告中,竞聘人员就所竞聘岗位的管理、建设、发展等阐述自己的观点、思路和措施,充分展示个人魅力。不少优秀人才在竞聘中脱颖而出,事实证明,学校只有解放思想、更新观念,用科学的方式和方法推行干部竞聘制,不拘一格选拔任用干部,才能创建新的用人机制。学校探索"公开、公正、竞争、择优"的干部聘用机制,奠定了干部竞聘选拔的基础,直至全面推行"全员竞聘"上岗的办法,逐步形成了一套完整的用人制度。

3. 薪酬分配制度改革

为了进一步调动教职员工的积极性,学校在分配制度方面进行了改革:(1)推行目标管理,根据教职工任务完成情况兑现工资奖金;(2)试行岗位工资制,按工作岗位确定工资标准;(3)奖金按岗位确定,岗位不同,奖金基数不一样,初步拉开了岗位间的级差;(4)推行"学科带头人"制度,制订学科带头人奖励措施,设立一、二、三级学科带头人,每月分别给予800元、400元、200元的学科津贴。《贵航高级技工学校薪酬方案》于2009年7月1日起正式实施。新的薪酬方案初步打破了"大锅饭"现象,起到了调动员工积极性的作用。从"十一五"初期到末期,学校职工平均工资翻了一番。

4. 推行新举措,加强学生管理

学校在2009级新生中全面推行准军事化管理。通过这一管理手段,规范了学生行为,使校园秩序有了较大改善,学生组织纪律性有所增强,违纪现象明显减少。学校开展整顿校风校纪、师德师风活动,落实"以法治教、以德治校"，校风学风有所改善，营造了良好的育人环境。

三、优化结构，提升素质，教师队伍建设成绩斐然

学校大力推进人才强校战略，认真实施人才队伍建设规划，搭建平台，使优秀教师脱颖而出；根据专业建设和发展的需要，坚持规模、结构、质量协调发展的原则，不断加强师资队伍建设；积极做好人才引进工作，强化教师培训考核，加强骨干教师队伍、专业带头人队伍建设和名师队伍建设。

2006年教职工总数306人，2010年教职工总数331人，增加0.9%。2006年教师总数110人，2010年教师总数233人，增加1.2倍。2006年高级职称人数12人，2010年高级职称人数39人，净增27人，翻了两番。

学校不断加大教师培训力度，通过培训提高员工素质。一方面，在校内开展各项培训活动，如举行教师技能比武竞赛、论文评比、教学课件比赛等；另一方面选送教师外出参加各类学习和培训。

"十一五"期间，学校加强评先推优工作，使一批优秀教师脱颖而出。其中，罗旭、关艳华被评为"全国优秀教师"，邹津平被评为"全国中等职业学校德育工作先进个人"，吕维勇被评为"全国职业教育培训先进个人"，周义获贵州省"五一"劳动奖章，并被授予"贵州省有突出贡献的高技能人才"荣誉称号。

全国优秀教师关艳华

四、提升内涵，校企合作，推进教学改革

学校始终把提高质量作为事业发展的生命线，不断深化教育教学改革，强化内涵建设，彰显装备制造特色，致力于培养"德技双修、知行合一"的高素质应用型技能人才。学校立足航空工业，拓展相关专业，确立了以数控加工为龙头的机械加工特色专业，走"适当规模、内涵发展"的路子，不断促进课程体系和特色专业建设。学校十分重视学生综合职业能力的培养，不断加强实践性教学环节，积极探索工学结合的培养模式，全面实施"3＋2"教学模式，改良实验实训设施，加强校内外实训基地建设，广泛开展多种形式的校企合作。

1. 校企之间实现"零距离接触"

2007 年，学校从各企业反馈的信息中得知，许多大中型企业数控设备维修高级技工极为短缺。我们通过市场调查，请专家进行评估论证，觉得有必要开设这一新专业。2008 年，数控设备维修高级技工专业开办后，原定招收50 名学生，开设一个班，由于报名学生较多，共招收 110 多名学生，后来开办两个班。

2. 校企资源共享

几年来，学校在贵航集团所属二十余家企业挂牌，开展校企合作。学校和企业拉近了距离，实现了资源共享，达到了双赢的目的，大大促进了高技能人才的培养。

3. 顶岗实习，提升学生的实际操作水平

学校的学制为 3 年，一年级是学生学习基础知识和专业理论阶段；从二年级到三年级上学期，学生将专业知识应用到实际操作过程中，初步掌握操作技能；三年级下学期为顶岗实习阶段，即学校安排学生到企业生产车间顶岗，真刀真枪地进行实习、加工生产，这有助于学生技能水平的快速提升。

4. 实行"定单式"培养，为企业培养急需的高技能人才

学校在确定专业和制订教学计划时，邀请企业专家共同进行充分讨论，使教学突出高起点、高要求、针对性强的特点。同时，企业将所需产品放到学校，供学生观摩、拆装，并安排高级技师授课、讲解，定期接收学生到企业参与生产，形成了多种技能人才培养的模式和思路。

5. "走出去，请进来"，提高学生的技术技能

为了使毕业生适应企业要求，缩短毕业生从学校到工厂进行实际操作的周期，学校安排学生到工厂进行实训，又将企业的部分生产线引进学校。如我们与贵阳市金达电子公司合作，派出 25 名电工专业学生到该企业进行短期实训，而企业投入设备与技术，并在学校内建设生产装配线车间。第一批学生实训结束后，返校投入校内装配线，正式生产产品；第二批学生继续前往企业进行实训，然后再回学校生产产品。这样既降低了课题训练的成本，又提高了学生的技术技能。

五、加大设施设备投入，完成"6S"达标，办学条件大为改观

在基础较为薄弱、投入相对不足的情况下，学校克服重重困难，大力推进基础设施建设，加大教学设施设备投入，实现了学校面貌和办学条件的根

本改观。

"6S"包括"整理、整顿、清扫、清洁、素养、安全",是进行现场管理的行之有效的办法。其目的就是通过对生产要素、工作现场加强管理,保持其正常秩序,来提高工作效率,保障员工安全。

"十一五"期间,学校按照"6S"达标要求,对校舍进行修缮与改造:新建了数控、钳工、焊工等多个实习厂房和十多个电教室、实验室;安装了多媒体教学设备,在两校区建立了无线网络全覆盖系统,教学软件平台得到了更新和优化,数字资源的使用更加方便、快捷,利用效率大大提高,较好地满足了学校教学、科研和专业建设的需要。学校进行校园网络建设,建立了学校网站,同时建立了两个电子阅览室和学校内部 OA 网,实现了网上无纸化办公,更新了电化教学设备,投入资金对两校区环境进行改造,安装防盗监控设备,保护学校和师生员工的安全。

学校 5 年来投入 1500 多万元,购买各种数控、机械加工实习教学设备150 余台(套)。2006 年,学校固定资产为 1682 万元,而 2010 年则达 3014万元,增幅为 78%。

学校坚持以人为本的办学理念,努力创建平安稳定、优美文明、和谐幸福的校园环境。"十一五"期间,学校领导始终把安全稳定工作放在首位,进一步健全安全工作管理机制,实施三级值班制度,构建"平安校园"的全方位防控体系,确保了学校的稳定有序发展。

六、拓展办学渠道,强化辅业建设,培训工作成绩显著

短期培训是我校的一大辅业,是学校主要的经济增长点。"十一五"期间,学校培训项目逐步扩大,培训人数逐年递增。培训处充分利用学校的教学资源和社会资源,积极开展培训工作,先后开展了班组长培训、高技能人才培训、特种作业工种培训、兼职技安员培训、农民工培训、企业富余人员转岗培训等,同时进行技能鉴定,收到了较好的社会效益和经济效益,取得了显著成效。

1. 农民工培训稳步推进

近年来,党中央、国务院明确提出,要加强农民工职业技能培训,提高农民的就业能力和外出适应能力,支持各类职业技术院校开展农民工职业技能培训,使其接受正规职业技术教育。实施新型农民教育工程,是一件功在国家、利在农民的大事。2008 年以来,学校与地方政府合作,取得了当地政

府部门的支持，积极开展农村劳动力转移培训，如"阳光工程""雨露计划"，充分利用学校培训资源，积极拓展市场、精心组织、稳步推进，真正做到用就业带动脱贫致富。

2008—2010年，学校共举办农民工培训62期，参加培训人数达3470人，通过职业技能鉴定的人数有3330人。其中，举办"阳光工程"培训班6期，参加培训人数210人；举办"雨露计划"培训班5期，参加培训人数215人。培训工种涉及焊工、电工、钳工、木工、水电工、架子工、钢筋工、保安员、电子装配工、餐厅服务员、计算机操作员、计算机维修工等13个专业（工种）。

为进一步落实各项相关政策，激发和调动农村青年学习技能的热情，努力转变他们的创业就业观念，学校在培训宣传方面做了大量的工作，专门配备了宣传车辆，组织全体老师深入各乡镇进行广泛宣传。2010年3月20日，清镇市卫城镇的贺龙广场人流不断，数百名农民工及其亲属聚集在这里，参加贵州省农村开发扶贫促进会与我校联合举办的"送岗位到卫城"培训活动。老师们为农民工提供咨询服务，并为130多名新生进行了常规体检。《贵州日报》、贵州电视台对此活动进行了采访报道。

建筑行业是农村劳动力从事的主要行业，对农民增收起着重要的作用。学校在小河"龙湾国际"商业住宅小区施工现场进行技能培训宣传，当即有200余名工人报名参加培训。学校培训处开设了钢筋工、架子工、砌筑工、木工、水电工等专业，聘请了理论知识丰富、有较强实践经验并有一定培训经历的老师进行授课，这些老师采取理论与实践相交叉的方式进行讲授，提高了培训质量。学校开展的建筑行业农民工技能培训班，报名人数2000余人，已培训人数为260人，培训合格人数254人。学校还将继续在贵州省城乡住宅建设厅的指导下，充分利用自身的资源优势，进一步开展培训工作，使更多的农民工充分享受优惠政策。

为了使培训不流于形式，真正学以致用，学校根据农村青年的实际特点，围绕课程设置、师资配置、培训管理等方面制订出详细科学、规范可行的培训方案，为接下来的培训工作打下了坚实基础。在班级管理上，配备了专职班主任、教官及食宿管理员，班主任负责学员的思想教育、班级管理，教官负责军事化管理。培训课程以实践为主，按实践课60％、理论课40％的比例划分，学校结合用人单位提出的具体技能要求展开培训。为改变农民工的懒散性及随意性，学校在农民工入校后，先安排他们进行一周的军训，培训期间严格按军事化方式对他们进行管理，统一出操、统一就餐、统一作息、统一入厂就业。经过严格管理，广大学员具有较强的纪律性和自觉性，受到用人单位的好评。

通过各项培训工作的全面实施，学校加强了对农民的职业教育和技能培训，提高了农民的科技文化素质，坚定不移地走科学兴农、人才强农之路，全面促进农业发展、农民增收和农村繁荣。

2. 加强外派劳务培训基地建设

外派劳务技能培训基地建设工作的开展，对增强技工院校的综合办学能力具有明显的促进作用，拓宽了毕业生的就业渠道。技工院校要扩大办学规模，就必须千方百计地做好毕业生的就业工作。外派劳务培训工作的开展，有利于减轻技工院校的就业压力，开阔了学校的办学视野。外派劳务培训基地一方面加强了学校与商务部门的联系与合作，另一方面为技工院校发展搭建了国际平台，不仅对学生有利、对家长有利、对社会有利，而且对技工院校自身的发展壮大也十分有利。

劳务输出不仅给外派人员带来有形财富，更重要的是带来了知识、观念等无形财富。劳务输出既促进了剩余劳动力的有序转移，同时又使一批有超前思维的人通过学习成为实用型技术能手。劳务人员通过在境外企业的工作、锻炼，拓宽了视野，提高了市场意识、效率意识和竞争意识，从而提高了自身的整体素质，也推动经济社会更好更快地发展。

2010年12月8日，学校被贵州省商务厅定为首家贵州省外派劳务培训基地，填补了省对外劳务人员输出培训的空白。"贵州省外派劳务培训基地"在学校挂牌后，学校高度重视，成立了由校长挂帅，副校长分管，培训处、教务处、学生处、招生就业处等部门共同参与，培训处具体负责日常工作的外派劳务技能培训机构；建立健全宣传、招生、培训、外派等相关工作机构和各项管理制度，求真务实，规范运作；完善外派劳务服务网络体系，提高服务水平；与相关公司全力合作、密切配合，推动外派劳务技能培训工作的顺利开展。

七、奋力作为，稳中求进，招生就业发展态势良好

学校注重教育教学工作的科学发展，保持办学规模适度和稳定发展，优化各种结构关系，不断提高办学水平和办学实力。学校办学规模不断扩大，合作办学范围不断延伸，招生就业工作稳步推进。

"十一五"期间，学校全日制在校生人数不断攀升，从初期的2000多人上升到4000多人，实现了办学实力和办学水平的整体提升，实现了从主要培养中级技能人才到主要培养高级技能人才的战略转移。全校上下统一思想、坚定信心、积极行动，招生就业工作呈现良好态势。

学校稳定的教学质量、良好的专业优势和办学声誉，以及98％以上的就业率，吸引了广大的学生和家长。学校与南昌航空大学、贵州广播电视大学联合办学，拓展了办学空间，使学生实现了技能学历双丰收。国家相继出台的扶持政策，更为职业教育发展添了一把旺火。"知识改变命运，技能成就人生"成为学校最引人注目的标语。

学校始终把招生工作视为持续发展的生命线，每年在春季开学之后，学校领导就未雨绸缪，一方面抓教学改革和军事化管理；另一方面认真谋划秋季招生，不断完善、创新招生机制，积极参与省里组织的技工院校招生宣传活动，并组织全校召开招生工作会议。负责招生的工作人员奔赴全省各地，冒着高温，顶着酷暑，深入农村、学校、街头、厂矿，以及学生家庭，大力进行招生宣传，收到了良好效果。

学校在学生就业方面做了如下工作：第一，建立全校毕业生就业工作目标责任制，明确就业工作目标、就业工作责任，并对这一制度进行认真的贯彻落实。第二，采用了就业率月报制，对毕业生就业情况实行全程监控，对毕业生就业率进行定期统计、定期发布，了解未就业毕业生情况，及时采取相应对策、解决问题。通过毕业生就业率的动态反馈，促使部分班级改变了工作拖拉和就业率统计不到位、不完整的现象，有效提高了就业率统计的准确性。第三，收集企业信息，逐步建立自己的就业企业数据库；清楚明了地统计学生就业情况，并可依此分析学校的就业趋势及各专业的就业情况。第四，对毕业生进行就业指导，收集用工信息并对用工单位进行考察，向学生发布用工单位的用人信息，组织学生报名参加面试并进行双向选择。面试合格的学生签订用工单位、学校、学生三方就业实习协议或意向书，并按协议书或意向书要求的时间办理离校手续，到厂实习。老师进行跟踪服务，学生毕业后办理正式录用手续。

经过多年的努力，学校形成了以贵航集团为依托，立足贵州，辐射长三角、珠三角的毕业生就业安置网络，为毕业生就业拓宽了渠道，提供了大量的就业机会。

八、推行就业准入制度，提高技能鉴定质量，扩大技能鉴定规模

贵州省第三国家职业技能鉴定所设在我校。1994 年，经贵州省劳动厅考察审核批准，我校在建所以来，在省职业技能鉴定中心的领导下，高度重视职业技能鉴定工作。经过不断加强建设，职业技能鉴定所职业资格（技能）鉴定条件大为改善，鉴定能力大为提高，现拥有设施先进、齐全的实习实训室和厂房十余个，并在校外企业开辟了数十个实训基地，培养了一支合格的"双师型"职业技能鉴定队伍。

"十一五"期间，贵州省第三国家职业技能鉴定所在省人力资源和社会保障厅及省职业技能鉴定中心的正确领导下，以邓小平理论和"三个代表"重要思想为指导，以科学发展观为统领，以培养高素质技能人才为目标，不断解放思想、开拓进取，以推行就业准入制度和国家职业资格证书制度为抓手，努力服务就业和再就业工作，引导企业健全完善以能力为核心的技能人才评价体系，进一步扩大鉴定工种的范围，提高鉴定质量，提升社会影响力。

鉴定所认真贯彻执行"全国职业技能鉴定工作座谈会"会议精神，紧紧围绕年初制订的工作目标，在创新技能人才评价方式、加强考评现场管理和提升技术服务水平等方面做了大量工作，超额完成了全年工作任务。鉴定所领导高度重视职业技能鉴定工作，将责任分配到人，并现场指导工作，实行目标管理。鉴定所的工作人员具有开拓创新精神，不断探索鉴定工作领域的新情况、新问题，努力提高鉴定质量，技能鉴定人数逐年稳步增加。鉴定所从 1994 年成立至 2010 年的 16 年间，已为贵州省各大中型企业鉴定人数14658 人，发放证书 11541 个，合格率达 90％以上，受到了社会和用人单位及鉴定对象的广泛认同。

近年来，鉴定所不断扩大技能鉴定工种范围，包括各专项能力及初级工、中级工、高级工、预备技师、技师和高级技师。鉴定所严格执行国家职业技能鉴定各项规章制度，技能鉴定工作规范有序，年检质量评估合格，受到省职业技能鉴定中心领导的好评。同时，鉴定所不断完善技能鉴定的各项规章制度，建立健全了考评员工作责任承诺书、考评员诚信档案，并加强对考评员的培训。除了对本校学生开展技能鉴定工作外，鉴定所还积极为贵航集团、中烟公司、开磷集团公司、詹阳动力公司、黔阳人防公司、贵阳电机公司、贵州险峰机床厂、贵州石油化工机械厂、贵州成智重工科技公司等单位进行技能鉴定考评工作，实现了历史性突破。

鉴定所狠抓学生技能鉴定质量关，确保学校学生就业率。在每次技能鉴定前都要成立技能鉴定领导小组，由所长担任领导小组组长，并亲临现场督考和指导工作。领导小组下设理论考试小组和实操考试检测小组，分别由分管校领导担任小组长。考评小组

技能大赛开幕式

成员由贵航高级技校各专业、各工种学科带头人组成。每次鉴定考试实行考前抽签排序，确保技能鉴定考试的公正性。由于领导重视、措施得力、安排周全，职业技能鉴定的质量得到了保证，这促进了学校的就业工作，使学生就业率连续8年保持在98％以上，受到省内外用人单位的广泛好评。

鉴定所采取灵活多样、实用有效的技能鉴定方法，扩大技能鉴定范围，为经济社会发展服务；依托国家高技能人才培训基地、国家高技能人才培养示范基地的优势，与息烽县政府、开磷集团建立了长期的合作关系，采用"订单式培训和技能鉴定"新模式，连续几年为贵阳市息烽县小寨坝镇培训和鉴定了500余人，真正实现了"培训一人，鉴定一人，合格一人，就业一人，脱贫一户"的目标，受到小寨坝镇政府和开磷集团息烽重钙厂的好评。

鉴定所大力推行以就业为导向的"定岗培训和技能鉴定"新模式，为企业排忧解难。2010年，国家安排一批转业军人到贵州中烟公司，鉴定所按照中烟公司职业岗位标准和要求对他们进行培训，增强培训的针对性和有效性，在强化职业技能培训的同时，又加强了职业道德、法律法规意识等职业素质的培训，提高了他们的技能水平和综合素质。后来，这批转业军人均取得了职业技能鉴定资格证书，并顺利地被安置就业。近几年，鉴定所先后为贵州中烟公司鉴定合格人员400余人，为贵州中烟公司产业发展储备了一批后备人才；为中航工业贵航集团培养鉴定合格技师30多人；为贵州詹阳动力公司培养鉴定合格的中、高级技能人才200多人；为贵州开磷集团重钙厂、宏盛公司培训鉴定合格人员100多人，促进了贵州省的经济社会发展。

鉴定所加强职业技能考核评价和竞赛选拔，建立健全技能人才培养评价标准。首先，充分发挥职业技能鉴定所在职业培训中的引导作用，严格按照国家的相关规定和要求，为广大考生提供及时、方便、快捷的职业技能鉴定服务；其次，完善企业技能人才评价制度，引导各企业结合国家职业标准和企业岗位要求，开展企业内职工技能鉴定考核评价工作，推进和完善学历证

书与职业资格证书"双证书"制度，大力宣传"双证书"的重要性；最后，充分发挥技能竞赛在技能人才培养中的积极作用，选择通用性广、技术含量高、社会影响大、从业人员多的工种和职业，开展多层次的职业技能竞赛。仅在 2010 年，学校就先后举办了

第三届全国技工院校
技能大赛（贵州赛区开幕式）

"毕节力帆杯"贵州省装备制造业职工职业技能大赛、第三届全国技工院校技能大赛（贵州赛区）和本校职工技能大赛。本校学生参加全省技能大赛也取得了优异成绩。这些重大活动，扩大了鉴定所的影响力和知名度，吸引了更多的人员到鉴定所进行技能鉴定考试。

贵州省第三国家职业技能鉴定所由于在工作中取得了突出成绩，2010 年被评为贵州省职业技能鉴定先进单位。

九、加强对外联系交流，不断促进学校发展

学校通过不断努力，进一步处理好自身与外界的关系，争取良好的外部环境，为今后的发展创造了一个有利的环境，也得到了社会各界的大力支持。

学校注重发挥自身的资源和功能优势，面向社会提供服务。2010 年 12 月，贵阳市小河区职业教育中心在我校挂牌，政校携手联合办学，实现了资源共享和优势互补。学校积极加强与上级、地方各级政府部门的联络，地方政府给予学校的优惠政策及资金支持日益增多，一个有利于学校发展的环境正在形成。学校与外地合作院校进行互访，在教师培训、教学交流、教学管理等方面不断加强合作，走出去、请进来，形成了良好、稳定的合作机制。

2009 年 4 月 15 日，贵州省人力资源和社会保障厅厅长何文江来学校视察，他认为我校的实习实训条件达到了省内一流水平，希望我校抓住机遇，实现跨越式发展。2010 年 3 月 26 日，国家人力资源和社会保障部副部长王晓初视察了我校，并就行业职业院校的发展作了重要指示。同年 5 月 19 日，

王晓初副部长到我校视察

贵州省总工会党组成员、副主席程安一行来我校视察；7月8日，贵州省政协副主席陈海峰一行来我校视察；8月9日，贵阳市市委副书记、市长袁周到我校开展现场调研；10月13日，中航工业资产管理事业部总经理李耀莅临我校调研。

十、举办技能竞赛，加大宣传力度，打造学校品牌

"十一五"期间，学校积极组织和参加技能竞赛、技术练兵、教学竞赛等活动，将其作为培育优秀教师和培养高技能人才的重要途径，为大批高技能人才脱颖而出创造条件、搭建平台。

青年实习指导教师付群、周义曾先后在贵航集团、贵州省、全国性技能竞赛中取得优异成绩。本校学生参加贵州省和全国技能竞赛，也多次取得好成绩。2007年9月，学校选派8名学生参加贵州省技工院校学生技能大赛。其中，蒙华获焊工组第一名；王明星获钳工组第一名；唐学江获钳工组第三名，

贵州省技能大赛实际操作决赛

并入围在广州举办的"全国技工院校技能大赛"。

2010年，学校选派13名学生参加全国职业院校技能大赛贵州赛区选拔赛，经过紧张激烈的角逐，这些学生从众多选手中脱颖而出，取得了优异成绩，获得普通车工组一等奖、二等奖、三等奖各1名，获装配钳工组二等奖1名、三等奖2名，获数控车工组三等奖2名，获数控铣工组二等奖、三等奖各1名，同时获加工中心团队三等奖。

这些优秀员工和学生了既树立了学校的品牌形象，展示了学校的实力和优势，又为广大学生树立了榜样，影响和激励他们不断钻研技术技能。

为了加大对内对外宣传力度，提升学校知名度，扩大学校影响力，学校做了大量工作：创办了《贵航技师学院报》；在贵州电视台做广告；在各地（州）、市招生办的《考生手册》上刊登招生简章；组织学生参加"多彩贵州"大赛；派工作人员到企业采访优秀毕业生等。"十一五"期间，《贵州航空报》《中国航空报》《贵州军工》《贵州日报》、"中国航空在线"等十来家报刊和网站发表介绍我校的文章共计216篇。通过多方面宣传，学校极大地提升了知名度，扩大了影响力。

反思拓展

任何改革创新都不会是一帆风顺的。学校在改革发展过程中，也必然会遇到这样那样的问题。进行教育教学反思是学校在发展过程中避免走弯路的有效方式。为此，我们立足学校实际，拓展反思的途径和形式，促进了学校教育教学和管理水平的提高。

从目前形势看，最主要的是所有的办学理念不再适应日益变化的职教形式。生源素质差是目前技工院校普遍存在的共性问题，在相当长的时间里，我们是无法改变这种状况的，这就要求我们面对现实，转变观念，转变思维方式和行为模式，与时俱进，去适应这种情况。我们之所以要进行教改、课改，就是要适应生源素质变化这一现实。

在过去的几年中，学校虽然取得了一些成绩，但在发展的过程中也还存在一些问题，主要表现在：第一，学校员工思想观念还跟不上发展的需要，凝聚力还不是很强，学习氛围不浓。虽然职工收入翻番、资产翻番、总收入翻番，硬实力有了很大的提高，但软实力没有同步发展，部分教职工工作缺乏积极性、主动性和开拓性，缺少危机感、紧迫感。另外，部分职工的工作责任心和爱岗敬业精神不强，教职工的业务能力、教学水平参差不齐，这些将会制约学校的发展，学校还需要采取切实可行的措施。第二，学生管理工作还有待进一步加强。近年来，学校的学生管理工作总体上看有了较大的进步，但仍然存在很多不足之处，如学生违纪事件时有发生，学生流失率偏高等，这对学校造成了不良影响。

面对学校在改革发展过程中出现的这些问题，我们要求教职员工进一步增强"五种意识"，即忧患意识、责任意识、学习意识、全局意识和创新意识。

1. 进一步增强忧患意识

孟子说过："生于忧患，死于安乐。"我们每个人都要居安思危，增强忧患意识。在市场经济条件下，办职业学校和办企业一样，一方面要正确认识职业教育的发展形势，用发展的眼光观察世界；另一方面，要充分认清自己在改革发展中所处的地位和作用，提升我们的管理能力和水平。

2. 进一步增强责任意识

一个没有责任心的人是做不好工作的，也是不受欢迎的人。干部要把自

己职责范围内的事处理好，同时还要管好下属：一是以身作则；二是要敢于管理，有时候要扮黑脸，如果一味当老好人，威信就树立不起来；三是办事公正、公道，这样才能服人；四是要有责任心。

3. 进一步增强学习意识

不爱学习的干部不是好干部。在现代社会，信息量大，知识更新快，一个人如果不学习就跟不上形势的发展，干部尽可能多地学习，拓宽知识面，提高工作和业务能力。孟子说："以其昏昏，使人昭昭。"自己都不清楚，怎么能让别人明白？学校提出要建设学习型校园，就是要营造浓厚的学习氛围，不仅要求干部学习，也要求全体教师更新知识，提高教学业务水平。

4. 进一步增强全局意识

学校是一个整体，是一个系统，任何一个地方出问题，都会影响全局。"事不关己，高高挂起"，毛泽东主席在《反对自由主义》中就对这种态度提出过批评。干部应有全局意识，要和其他部门协调配合。另外，干部首先要把自己的工作做好，但很多事情一个部门是干不好的，需要其他部门的配合，要加强沟通。当干部一定要有宽广的胸怀，只有这样才能得到大多数人的支持。

5. 进一步增强创新意识

时代在变化、在发展、在进步，技工院校教育的对象也发生了变化，企业和社会对技能人才的培养要求也发生了变化，这就需要学校教职员工相应地改变思维方式和工作方法。创新就是根据变化的情况来对原来的事情进行改变、改进，达到提高工作效率的目的。所以我们要有创新意识，不要墨守成规，要主动地出主意、想办法，解决当前存在的各种问题，改变那些不合时宜的方式方法。当然，创新不是要全盘否定过去的所有东西，好的东西我们要继承和发扬，过时的、没有效果的东西就要摒弃。

"十一五"期间，全体师生员工知难而进，以团结一心、追求卓越的精神，奋力作为，积极寻求学校跨越式发展，使得学校改革举措取得初步成效。我们相信，全校教职员工通过不懈的努力，一定能够克服发展中所面临的困难，不断深化改革，不断发展壮大，把学校建设成一所特色鲜明的高水平职业院校，为航空工业的发展和地方经济社会建设贡献一份力量。

专家点评

行业举办的职业学校如何发展，如何适应当前职业教育的变化形势，贵航高级技工学校进行了很好的探索，其"工学结合、推进教学改革、创新管理机制"等举措令人印象深刻，有创新、有思路、有方法，为技工学校的发展闯出了一条路子。

贵航高级技工学校一是把企业的经营思想与学校的实际情况相结合，提出了"产业化发展、企业化运作、军事化管理、社会化服务"的创新发展思路，对学校管理体制进行了大刀阔斧的改革；二是充分利用学校资源优势，开发培训项目，两翼齐飞，保证了学校各项改革的顺利实施。尤其是培训工作成绩显著，短期培训成为学校主要的经济增长点。2010年，该校共培训20000人次，培训收入650余万元，作为一个西部职业学校，这样的成绩不得不让人钦佩。贵航高级技工学校不但使学校有了较好的经济效益，也使农民工提升了技能，通过就业带动脱贫致富，社会效益不可低估。

贵航高级技工学校还充分利用贵州省第三国家职业技能鉴定所设在本校的优势，开阔工作思路，在创新技能人才评价方式、加强考评现场管理和提升技术服务水平等方面做了大量工作，以推行就业准入制度和国家职业资格证书制度为抓手，努力服务就业和再就业工作，进一步扩大鉴定工种范围，提高鉴定质量，提升社会影响力。鉴定所从1994年成立至2010年16年间，已为贵州省各大中型企业鉴定人数14658人，其中，获证人数11541人，合格率达90%以上，受到了社会和用人单位及鉴定对象的广泛认同。

我们相信，未来的贵航高级技工学校将在"五种意识"（即忧患意识、责任意识、学习意识、全局意识、创新意识）的要求下，获得更大的发展。

（点评：孙琳）

厚德博爱、知行合一

——贵州省毕节地区卫生学校

名校／名校长简介

毕节地区卫生学校由毕节卫生学校和毕节第二卫生学校合并而成。学校占地面积80余亩，建筑面积41873平方米。现有教职工221人，各类专业技术人员179人，其中专任教师154人，有中高级职称的教师占82.5%。

学校现有40余间实验室，电脑仿真生理、药理、病理试验系统5套，诊断学仿真实验系统1套，ICU（重症监护）模拟系统1套，病理陈列标本50余件，以及各种人体器官模型、教学标本、图谱等教学设备；有阅览室、图书室、电子阅览室，其中，图书室藏书3万余册；有校园局域网、校园闭路电视网等现代化的教育教学辅助设施。

学校现有在校生8000余名，其中全日制在校生5300多名，以3年制中等职业学历教育为主；开办有社区医学、护理、中西医结合、卫生保健、美容技术及护理、药剂、中药、中医骨伤、康复技术、计划生育、卫生统计等专业。

近几年，学校采取多渠道、多层次、多形式的联合办学模式，与贵阳医学院联办初中起点5年制临床医学大专、"3+2"高级护理、成人大专临床医学、高级护理专业；与遵义医学院联办成人本科临床医学、高级护理专业；与贵阳中医学院联办初中起点 5 年制中西医结合大专、成人大专中西医结合、药学、高级护理专业；与省电大联办成人本科卫生事业管理、大专高级护理等专业。通过联合办学，学校为当地在职医护人员专业技能的提高做了大量工作，同时也提高了教师的教学水平。

核心管理思想

毕节地区卫生学校以培养基层初级卫生技术人才为目标，结合基层卫生事业发展的需要，为其输送必需的专门人才。同时，作为中等职业教育学校，也和所有的中职学校一样，采取注册入学的方式接收学生，一改过去考试录取的方式，入学的学生素质与过去相比差别很大，学生的学习积极性、主动性和学习能力有很大的不同。针对这种培养目标和学生的实际，学校党委在 2007 年提出了"厚德博爱、知行合一"的办学思想，并将其作为学校的校训，要求全校全方位贯彻执行。

"厚德"一词出自《易经》："地势坤，君子以厚德载物。"我们所提倡的"厚德"包括三个方面：一是公德，作为公民和准公民应该遵守的社会公德；二是私德，即个人要修炼高尚的思想品德和家庭道德；三是医德，既然立志做一个行医者，就要修炼自己的医德，树立良好的医风。医德需要在学校开始培养学习，并在今后的实践中不断地坚持。

"博爱"源自韩愈所说的"博爱谓之仁"。而"仁"，正是中华民族几千年来所追求的品德。同时，"博爱"又是西方基督教的原生教义。我们在这里倡导的博爱有五层含义：一是爱国，二是爱社会主义，三是爱岗，四是爱人，五是爱己。作为一个医生，必须具有博爱之心，才能对病人有爱心，对自己有信心，才能在今后的工作中不断地提高自己，树立自己的职业形象。

"知行合一"是明代哲学家王守仁在谪居贵州修文阳明洞时所形成的哲学理念。在这里，我们没有用他的原义，而是用辩证唯物主义的知行观来予以解释。医学是实践性极强的科学，学医的人既需要学好理论知识，也需要在实践中运用好所学知识，更要在实践中不断地丰富和发展这些理论知识和技能。因此，学医，既要强调"知"，更要重视"行"。我们认为，"知"包含两层含义：一是做人之知，二是做事或从业之知。我们必须时刻警醒自己，这两者都不能偏废。"行"就只有一个含义，就是实践、行动，强调医学生的动手能力和实践操作技能。

"厚德博爱、知行合一。"如果将其具体化，就是"三德、五爱、二知、一行"。学校要求全体教职工自觉地按照这 8 个字的要求去丰富和完善自己，也要自觉地按照这 8 个字去塑造学生，帮助学生在 3 年的学习中自觉做到这 8 个字的要求。

"厚德博爱、知行合一"，这是学校的核心价值理念。在这种核心价值理念的指导下，学校认真分析当前中职学生与扩招前中职学生生源素质的差距和市场对中等医学专业学生的需求，不仅从专业结构上优化专业设置，而且从心理、知识、技能方面对学生进行全方位的研究，并采取了以下措施：

一、打造自信校园，提高学生学习和做人的自信心

每年新生入学，学校都要安排班主任对学生报读卫校的原因进行调查。调查情况显示，近年来学生构成几乎都是这种情况：有三分之一的学生有明确的学习目的，就是要立志从事医药卫生职业的；三分之一的学生是盲目的，家长有要求，自己也想找学校读书，而为什么读书，却没有明确的目标；三分之一的学生是因为家长怕孩子在社会上学坏，想找一所学校管管，学生学得好、学不好都无所谓。而这些学生都有一个共同的特征：就是因为义务教育阶段学习基础差，普遍都缺乏自信。这些学生在义务教育阶段由于各种原因导致学习成绩较差，经常被老师、家长甚至同学责怪和歧视，自信心受到严重的打击。他们往往不乐意到人多的地方去，不想和学习优秀的学生在一起，更不想亲属、朋友问自己的学习情况，久而久之就不愿意和人沟通，严重时连和别人说话都是低着头，不敢看对方。有的甚至有"破罐子破摔"的思想，抽烟、酗酒，游手好闲，不思进取。面对这样的学生群体，要想在 3 年时间里将他们培养成合格的卫生技术人才，首先就是重树他们的自信心，因为自信心是一个人对自身价值和能力的充分认识和肯定，是一个人自强不息、实现理想的内部动力，也是一个人成才所必备的良好心理素质和健康的个性品质。

近年来，学校根据学生的情况，把增强学生自信心作为学校实现培养目标的重要一环，要求每个教职员工都要把培养学生的自信心作为自己义不容辞的责任。每年开学典礼的第一项内容就是学校领导领誓"医学生誓词"，

然后就是医学生宣誓，这让学生第一次感受到医学教育与义务教育的不同，第一次感受到卫生事业的崇高和伟大，第一次感受到医务工作者"健康所系，性命相托"的责任，第一次感受到自己已经踏上了通往卫生事业的航程，对自己选择的专业有了信心。在接下来的开学典礼学前教育大会上，校长对学校发展史作简要介绍。校长语重心长的鼓励话语让这些经常被看不起、没有信心的学生对学校有了更多的了解，他们在认可学校的同时也暗自下决心好好学习。走进毕节地区卫生学校，每个学生的校服上都印着学校的校徽；每个学生都明白校徽上那只美丽的白天鹅的含义；每个学生都知道，只要自己努力，今天是"丑小鸭"的自己明天一定会变成美丽的"白天鹅"。在新生进校后，学校在宣传栏中宣传学校近期的优秀毕业生事迹，新生通过宣传栏就可以了解到学校毕业生的创业事迹。这些优秀毕业生为他们树立了榜样，让他们对自己的未来充满信心。为了进一步增强学生的自信心，学校还经常邀请优秀毕业生到学校作报告，让学生和优秀毕业生面对面地对话，这极大地鼓舞了在校学生学习的热情。同时，按照学校教学计划，德育课老师在新生入学后的第一次课，就给学生讲解要从实际出发，选择适合自己发展的人生道路，通过帮助学生分析自己的主观条件和所处的社会历史条件，让学生思考选择卫生学校是否正确并得出肯定的结论，从而帮助学生树立职业理想，确定今后努力的方向。

教师对学生的评价恰当与否会影响学生的情绪，如果学生的做法能得到老师及时而中肯的评价，学生就会感到自己被赏识，就会愉快、积极，从而增强自信心；反之，就会情绪低落、被动，缺乏信心。

为了增强学生的自信心，作为学生管理者的班主任，在培养学生的自信心方面要做得更细、更具体。每个班主任都全心全意地去关爱学生，把培养学生的自信心贯穿在每周的主题班会中，贯穿在日常的管理工作中。他们用赏识的眼光去对待每个学生，找准每个学生的优点，适时给予恰当的表扬，每一次表扬都会让这些没有信心的孩子增添一份自信，接着他们会表现得更好。任课教师在课堂上经常为学生创设体验成功的机会，对不同的学生，提问的内容难易度不同。对于学习努力的、成绩较好的学生，提的问题相对难些；对于学习成绩较差的，提的问题就要简单些。这样的提问既可以让学生复习知识，同时还可以让每个学生都感受到自己也可以回答老师提的问题，体验到成功的喜悦，从而可以大大地增强他们的自信心，调动他们学习、工作、劳动的积极性。不仅如此，学校还邀请河北燕赵艺术团到学校演出，让学生观看残疾演员表演精彩的节目，学习残疾演员身残志坚的优秀品质，让他们感受到，只要有决心，自己也一样能学好医学知识，也能成为社会的有用人才。

学校开展各种文体活动也是培养学生自信心的有效方式，每个人的身上不全是缺点，同样有着各自的优点，很多学习成绩差的学生在艺术方面具有一定的天赋，如果给他们一个平台，经过老师的精心指导和培养，他们一样可以展示自己，这种方式更能增强他们的自信心。

总之，重树学生的自信心，让学生产生强大的精神动力，使他们不但学习有目标、有动力，而且在人生发展道路上遇见困难的时候具有良好的心理素质，在困难面前能看见机遇和希望，勇敢地克服困难，一步一步迈向成功。

二、打造博爱校园，营造关爱社会、家庭和自身的氛围

医学教育目标的特殊性决定卫生学校的学生必须具有强烈的责任感和博大的胸怀，这是他们从事医学职业最基本也最重要的素质。针对学生的实际，学校采取了多种方法去培养学生的责任感和博大胸怀。

1. 言传身教，用行动让学生懂得爱

新生入学时首先感受到的是班主任亲切的关怀。每当学生生病或者遇见困难，班主任总是无微不至地给予关心和帮助，用具体行动让学生学会爱，用人格魅力感染学生。

2. 组织多种活动，让学生感知爱

在教师节，学校组织学生开展尊师重教活动；在母亲节，组织学生给母亲写信，组织学生学唱歌曲《感恩的心》；另外，组织学生排练舞蹈《白衣天使》，参加各种捐助活动，培养他们的爱心。我们将思想教育和社会实践结合起来，可以增强学生的实践能力，还可以激发学生关爱生命、奉献社会的热情。学校组织学生参加护理

开展义诊活动

技能比赛活动，许多学生自愿充当注射对象，培养了学生爱校、爱医学、爱集体的美好情感；组织学生参加志愿者服务活动，引导他们用自己所掌握的

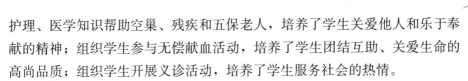

护理、医学知识帮助空巢、残疾和五保老人，培养了学生关爱他人和乐于奉献的精神；组织学生参与无偿献血活动，培养了学生团结互助、关爱生命的高尚品质；组织学生开展义诊活动，培养了学生服务社会的热情。

3. 向社会寻求帮助，帮助学生解决困难，让学生学会爱

2010 级护理班张霞同学不幸患上了白血病，由于家境贫寒，无力承担高昂的医药费，学校免除了该生的全部学习费用；贵州黔峰生物制品有限责任公司向她捐赠了昂贵的人血白蛋白和生活费用；毕节东道主食坊的员工为她提供了每年 5000 元的生活费用。2009 级助产班的张丽平同学是个孤儿，不幸患上眼疾，如不摘除一只眼球，将造成双目失明，但治疗费用对这个孤儿来说无疑是一个令人绝望的数字。班主任杨静老师把学生的病情和困难在网上发布，引起了上海某公司的关注，该公司不仅为她提供了治疗费用，还为她提供了生活费用。所有这些，毕节地区的各家媒体都给予了报道，让学生们真切地感觉到：一人有难，八方支援，关爱离自己不远，关爱就在自己身边。

4. 寻求社会支持，在学校设立奖学金，让学生得到爱

学校虽然设有校内奖学金，但我们仍感觉到中职学生缺少社会的关爱。近年来，国家加大了对中职学生的资助力度，但宽泛的资助面并没有让学生深切感受到国家的关心，他们反而容易产生这是应该得的消极心理。同时，中职学生除了有国家和学校的资助，基本上就没有其他社会力量的关心和支持。经

社会单位设立奖学金

过学校的努力，很多单位和个人都向学校表示愿意针对学生设立奖学金。毕节地区献血办每年设立 5 万元的无偿献血奖学金；毕节欧亚医院每年设立 5 万元的欧亚爱心奖学金；毕节地区医院、地区中医院等单位也表示将在近期在我校设立奖学金；等等。在这些单位和企业的支持下，学校形成了社会关爱中职学生的氛围，这在毕节地区中职学校中开了社会单位到学校设立奖学金的先河。这些关爱奖学金的设立，使在校学生感觉到他们并不是被社会抛弃的人，相反，他们所学习的知识社会需要，他们的能力社会认可，他们的付出也终将得到社会的承认。这对激发学生树立积极向上的人生观、价值观

和世界观都产生了有力的推动作用。

5. 引导和鼓励学生参加志愿者活动，让学生奉献爱

多年来，学生通过参加志愿者活动，学会了奉献。2005 级学生张应晶，成为毕节试验区百名模范公益人士候选人。该生在校学习期间，积极参加学校团委组织的各项活动，尤其是在无偿献血活动中作出了突出贡献。她参加无偿献血达 6 次，还是全区捐献血小板的第一人。张应晶同学因此还获得"全国无偿献血先进个人"称号。毕业后，她仍然在关心和参与社会公益事业，还注册了一个贴吧，与在校学习的学弟学妹们进行交流，关心他们的成长和进步。张应晶同学是我校学生中的典型代表，但全校向社会奉献爱的学生其实比比皆是。2008 年 5 月，四川汶川地震后，学校学生社团自发组织举办了一次赈灾义演，将同学们捐赠的 5524 元钱交到地区红十字会。工作人员接过一张张的零票和一个个的镍币时，眼睛湿润了。这难道就是人们认为是"差生"的孩子们的所为？这难道是那些父母管不了而送到学校来的调皮学生的所为？是的，正是这些人们眼里的"差生"，向社会奉献着他们的爱心。5524 元，这是一个多么准确而又多么令人感动的数字。钱不多，但是爱心却是这么重、这么沉。是啊，爱心是不能用金钱多少来衡量的。谁能说这些孩子们不能担当起肩上的责任？谁能说他们不会把爱心一程一程地传递到远方？

三、打造活力校园，创造青春的美好和靓丽

截止 2010 年秋季，学校有全日制在校生 5300 多人。这些学生大都是 15—19 岁的孩子，正是豆蔻年华，也是最充满活力的时候。学校要求学生科和团委充分发挥科室的作用，调动学生的积极性，结合学生的年龄特征和心理特征，开展各种课外活动，寓教于乐。自建校以来，学校一直实行半封闭管理，怎样才能让学生在这所不大的校园里愉快地学习、成长呢？为了解决这个问题，学校有意识地倡导学生根据兴趣爱好建立学生社团，通过社团活动，达到既锻炼学生的组织能力、自我管理能力，又活跃校园气氛的目的。学生成立的社团有文学社、舞蹈社、口语交际社、书画社、篮球社等，社团同学之间互相帮助、鼓励，社团与社团之间相互交流，他们或自办刊物，或组织比赛，或举办展览，或互相帮扶，使课外活动精彩纷呈。近年来，在课外活动时间，如果你走进毕节地区卫生学校，你会感觉这不是一所卫生学校，而是一个艺术学校。有人在看过我校学生表演完一场晚会后这样说：

"毕节地区卫生学校应该改成艺术学校。"这句话足以说明我校学生的表演精彩,不比艺术学校的学生差。

根据青年人好动、活泼的特点,学校在建设活力校园上狠下工夫,凡是有关学生文体活动的经费,一律发放到位,为学生的文体活动提供了经济保证。每天下午第三节课结束后,安静的校园就变得欢腾起来,有各种兴趣爱好的学生纷纷参加学生社团活动。学生在校园里除了学习专业知识,还可以根据自己的兴趣爱好参加社团活动,提高自己的艺术修养等综合素质。

除此之外,学校团委和学生科每学期都要结合学校、学生的实际情况,在重大节日开展学生喜欢的文体活动,如新生广播体操比赛、拔河比赛、红歌大赛、舞蹈比赛、篮球运动会、演讲比赛等。这些大型活动让每个学生都动起来,学生们在赛场上展示自己的才华和学识,校园充满了生机和活力。

四、打造文化校园,用先进文化和特色文化塑造学生

有人说,学医的人只要学好医学技术和理论就行了,何必要学人文科学。有些学校甚至一度在课程设置中砍掉人文学科,美其名曰"保专业学时"。其实,这是一种片面的教学思想。近年来,学校在确保专业教学学时的同时,适当规定了人文学科的课时,并在此基础上把校园文化建设放在重要的位置。培养医学生的专业素养是卫生学校的天职,但在学生专业素养提高的同时,提高学生的人文素养也是职业学校的天职。"厚德博爱、知行合一"要求职业学校把学生的专业素养和人文素养结合起来,培养一个心智健全、德艺双馨的职业学生。因此,加大校园文化建设的力度,让学生在学会专业理论和技能的同时接受人文知识的熏陶与影响,在潜移默化中得到一种心灵的净化与提高。

这些年来,我们实行了外在形式与内在教育相结合、老师教与学生做相结合的校园文化建设模式。所谓外在形式,主要是指在校园环境建设中,结合励志教育、生命教育,将名家语录、名言警句贴在墙上,让学生于不经意间得到大师的教导;同时开展各类主题活动,让学生利用办黑板报、开展社团活动,根据主题活动的要求,自己找材料,自己设计,并进行自我评价。所谓内在教育,是指充分发挥德育教师、学生科、团委的作用,精心设计德育课程,把理论讲授与生动活泼的形式结合起来,按照"三德五爱"的要求开展形式多样的教育活动,使师生在校园文化建设中充分互动。同时,利用医学生的宣誓、护理授帽仪式、专业技能大赛等形式,让学生既学习专业素

养，又学习医德医风。这些内容的完美组合，锤炼了卫校独特的校园文化内涵，形成了独特的校园文化氛围。走进校园，校训、校徽、医学生誓词、教师誓词、各种雕塑、独特的校刊长廊、党团支部专刊、宣传橱窗、各班教室里的班刊、墙上的名人名言等都反映出学校高雅向上的文化氛围，学生在耳濡目染中，心灵自会得到净化，品行自会得到提高。

五、打造实力校园，让学生学到真本领

一所学校的实力体现在其办学条件，更体现在其教学质量。近年来，学校注重从以下几个方面加强管理，不断提升办学实力。

1. 打造"双师型"教师和"科研型"教师

学校要求专任教师必须在规定的时间里完成执业资格考试，按时取得执业资格。经过努力，"双师型"专任教师比例已达 75％。目前，学校有专任教师 154 人，高级讲师、高级实验师 71人，共占 46.1％；讲师、实验师 56人，占 36.4％。不仅如此，学校还打破了教师中长期存在的"中专教师教好

校本教材及校刊

书就行了"的顽固观念，创办了《毕节卫校学刊》，促使教师不断加强科研工作。学刊目前已出 13 期，刊载各类学术文章 200 多篇。学校还帮助教师申报地区科研项目，仅 2011 年就申报了 18 项地区科研课题，我校是全区中职学校中申报课题最多的学校。在鼓励教师干好本职工作的同时，学校还鼓励教师走出去，参加全国中职卫生学校的教材编写和学术会议。到目前为止，我校教师在国家级、省级刊物发表论文 300 多篇，主编教材及教辅书 34种，参编教材及教辅书 94 种，1 人获"国家级政府特殊津贴"，4 人获"毕深教育奖励基金奖"，1 人获"全国优秀教师""地区拔尖人才"荣誉称号。另外，列入地区医疗事故鉴定专家库人员有 25 人，执业医师教官库教师12 人。

2. 打造骨干专业

建校 53 年来，经过几代卫校人的无私奉献，学校已具备开设社区医学、护理、助产、中西医结合、卫生保健、美容技术及护理、药剂、中药、中医骨伤、康复技术、计划生育、卫生统计、检验、影像技术等专业的能力。其

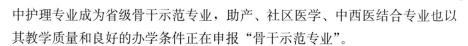

中护理专业成为省级骨干示范专业，助产、社区医学、中西医结合专业也以其教学质量和良好的办学条件正在申报"骨干示范专业"。

3. 把教学质量的提高作为学校工作的重中之重

学校历来重视教学质量，认为教学质量是一所学校生命线。改革开放以来，学校教学质量逐年提高，得到了省内外同行的一致赞誉。1981—1984年，护理、社区医学两个专业的学生在全省11所卫护校统考中夺得"四连冠"。1991—1992年，贵州省中等医学教研会对全省15所中等卫（护）校的护士、医士两个专业的学生进行了4门课程的连续统考，我校学生4门课程集体总分全省第一名。1999年6月，贵州省教委组织省内80多所中专学校进行数学、英语统考，我校学生数学平均分98.5分、英语平均分97.5分，全省成绩最好，两门成绩均高出全省平均分20多个百分点。2007年，全省10所职业院校组织了"科学出版社杯"护理技能大赛，我校获高职组一等奖1名、三等奖1名，中职组二等奖2名、三等奖1名，并获集体二等奖。2011年5月，我校两名学生参加贵州省首届中职学生护理技能竞赛，获得一个一等

获奖学生

奖、一个二等奖的好成绩。这些成绩仅仅是我校教育教学工作的一个简单缩影。良好的教学质量必然会受到用人单位的赞许。建校以来，我校已培养了28867名毕业生，毕业生就业率达到95％，用人单位评价良好，相当一部分学生已成为省内外基层卫生医疗机构的技术骨干。如今，我校毕业生已经遍布毕节地区，全区各乡镇卫生所的主要负责人和工作人员多数是我校培养出来的学生，他们为毕节地区老百姓的身体健康作出了巨大贡献。

由于办学成效显著，学校2005年被教育部认定为"国家级重点中职学校"，多次被国家、省、地区有关部门表彰，2010年获得贵州省"省级示范性中职学校"。

六、打造公平校园，让学生感受公正

国家加大了中等职业教育发展的力度，无论是政策还是资金上，都体现出对职业教育的关注与重视。尤其是2007年开始实行的助学金和免学费政策，更为中职学生尤其是西部贫困山区的学生创造了极好的条件。为了使学

生感受到国家的关怀与温暖，也为了把助学工作做好、做细、做实，学校根据国家的有关政策，制订了学校申报与发放助学金的有关规定。所有学生在参与的过程中，认真学习和领会国家关于助学金和免学费的政策，了解申报的程序，整个申报、评审和发放过程体现了公开、公平、公正原则。自 2007 年开始实施助学金和免学费工作以来，学校享受助学金的学生达数千人，占全部在校生的 90% 以上，享受免学费的学生 2000 多人，占全部在校生的 30% 以上。几年来，我校发放助学金和免学费清退资金 2000 多万元，没有出过一分钱的差错，通过了国家、省、地级财政和教育部门的严格检查，得到一致好评。

学校不仅在助学政策的执行上严格按照公平的原则进行操作，在中职推优上更是严格贯彻公平的原则。每年一次的中职推优，采取学生申请、成绩和操行认证、公示推荐的方式，让每一个要求推优工作的学生都能看到自己和别人的情况，随时掌握推优的进展，感受到整个推优过程的公平与公正。

打造公平校园，让学生在学校就树立公平的意思，这对学生人生观、世界观、价值观的塑造具有积极作用，对学生参与班级管理、增强民主意识和维权意识，以及提高思想的成熟度也具有积极的意义，同时也对学生正确地认识社会和将来进入社会有帮助。

七、打造安全校园，让家长和学生放心、安心

"安全责任，重于泰山。"在日常的安全管理工作中，学校始终坚持"重在防范、管理到位、保障有力"的原则，不断创新工作机制，实实在在地把学校的各项安全工作落到实处。

在抓好教学工作的同时，我们不断加强对学校安全防范工作的落实，建立健全安全工作组织机构。

学校成立了校园安全工作领导小组，组织调研并拟定了系统、完整、科学、有效的学校安全工作制度，落实责任，定期进行安全检查，排除隐患。学生科每两周组织班主任召开一次主题班会，对学生进行教育，让学生写出学习心得、体会；与学生及家长签订安全和住宿的自律协议，明确学校、学生和家长的责任；组织学生会、班委参与安全、就寝纪律的管理检查工作，培养学生的自我管理能力。保卫科有计划地开展安全宣传教育，配置全校必需的消防设施设备，开展"防火救灾能力培养""灾害逃生自救""法纪教育"等活动，坚持日常的安全保卫检查工作，很好地与综治办、公安派出所

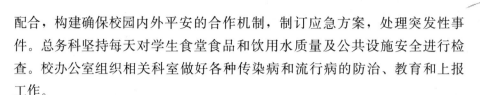

配合，构建确保校园内外平安的合作机制，制订应急方案，处理突发性事件。总务科坚持每天对学生食堂食品和饮用水质量及公共设施安全进行检查。校办公室组织相关科室做好各种传染病和流行病的防治、教育和上报工作。

学校每学期都要邀请地区关工委老领导、法制副校长、辖区公安机关有关负责人到学校对全体学生进行安全防范和法制意识的宣传教育、交通安全教育；请本地区劳教所警官带因吸毒、打架斗殴被劳动教养的劳教学员对学生进行"现身说法"，用生动的事例和亲身体会教育学生；通过校园广播、校刊、宣传专栏、法律知识竞赛等形式，营造法制宣传教育氛围，引导学生广泛深入地宣传和学习《刑法》《民法》《治安管理处罚法》《未成年人保护法》《预防未成年人犯罪法》等与学生日常学习和生活密切相关的法律、法规，真正做到使学生知法、懂法、学法、用法，做遵纪守法的合格公民。

学校实行半封闭式管理和 24 小时值班制，除配备专职安全保卫人员外，还由校级领导、中层干部和责任心强的教师组成值班组，加强校园安全巡查力度，处理突发事件。学校大门处聘请专职保安进行管理，校园内学生公寓、教学大楼、实训大楼等各重点部门均有专人全天候管护，形成了点面结合、齐抓共管的安全管理格局和安全防范的强大合力。学生除双休日外，非特殊情况一律不允许外出，外来人员和车辆凭有效证件登记方能进入校园，杜绝不法人员进入校园寻衅滋事。学校与公安机关等有关部门密切配合，大力整治校园周边环境，严厉打击一切侵犯师生员工的违法犯罪行为，保护师生员工的合法权益，防止各种不良社会风气侵蚀校园，净化校园环境，维护学校良好的教学生活秩序，努力创建平安和谐校园，使学生安心、家长放心。

由于不断地创新工作体制，2007 年以来，学校安全工作效果显著，学生违纪率明显下降，犯罪率为零，全校无安全事故发生，被地区综治办及公安机关评为"安全防范先进集体"，受到上级领导部门、广大群众、家长和学生的一致好评。

反思拓展

"厚德博爱、知行合一"已经成为我校的核心思想，在这一核心思想的指导下，学校近年来逐步打造出了自信校园、博爱校园、文化校园、活力校园、实力校园、公平校园和安全校园。学生和家长一句"管得好"的评价，凝聚了全体卫校人所付出的艰辛和汗水。学校拥有教职工221人，管理着5300多名全日制在校生和3500多名成教生，工作量之大可想而知。但全校教职工按照"厚德博爱、知行合一"校训的要求，切实增强卫校人的主体意识和责任意识，兢兢业业、踏踏实实地工作，使学校一直在毕节地区中职学校中成为办学的先锋。建校53年来，学校已为毕节地区医疗战线输送合格毕业生2万多人，很多人都已经成为毕节地区医疗战线的骨干力量，为全区人民的身体健康作出了突出的贡献。正因为学校取得了丰硕的办学成就，学校的社会形象才有了全面提升，品牌效应逐步体现。

反思办学取得成就的原因，我们觉得有三点：一是有一支坚强的师资队伍。他们不屈服于环境的限制，始终坚持"诚信敬业，自强不息"的卫校精神，开拓进取，不断地克服困难，尊重教育规律，关爱学生，把知识和技能传授给学生，这是办学能够持续的基础。二是围绕"厚德博爱、知行合一"的校训努力营造快乐的学习氛围，使学生在卫校能够快乐地学习，感知学习的快乐，自觉不自觉地把"厚德博爱、知行合一"的校训牢记在心，在学习过程中逐步掌握做人与做事的本领。这是学生能够乐于学习、有所收获的保证。三是认真思考、紧密关注、深入拓展学校的发展空间。无论是专业设置还是对学生的关爱，无论是对学校未来发展方向的把握还是市场的需要，全校上下都在积极探索，多方争取支持，使全校形成了"团结、求实、创新、进取"的校风。这是我校办学能够有所成就的关键。有了一支坚强的团队，再大的困难也能克服；有了一群自信的学子，再差的环境也能育出英才；有了一个不懈追求的理想，再远的目标也能逐步实现。

然而，在取得成就的同时，我们也有不足。"厚德博爱、知行合一"，蕴涵着对学校教职工自我修养的要求，也蕴涵着对学生成长的期望。要真正做到每个教职工、每个学生都达到这一校训所包含的要求，我们还有很多需要深化和创新的空间。比如，在德育课程中完成必需的要求之后还应该增设"三德讲堂"，组织学生听专题讲座，开展主题教育活动；在采取多种形式打造博爱校园的同时，进行经验总结，开创新的形式，让每一个学生学会爱、学会感恩、学会同情与坚强……所有这些，都需要我们在今后的教育教学实践中不断地探索和完善。让学生在3年的求学生涯中学会服务社会的本领，学会做一个有爱心、有健全人格的人是我们的根本任务，一句话，我们的最终目标是让学生具备做事和做人的素质。而要完成这一任务，需要我们不断地努力，因为教育是一个漫长的循序渐进的过程，同时也是一个周期性循环的过程，这就要求我们既要有耐心，又要针对每一个学生的实际，不断创新、进取，避免老生常谈、故步自封。

2011年，我校迎来了最好的发展机遇。一是省级示范性中职学校的建设将会改善我校的办学条件；二是毕节地区职业教育城的打造将从根本上改变我校办学环境问题，在不远的将来，一所崭新的学校就会矗立在黔西北大地上；三是教育部安排上海市卫生学校对口支持我校，我校在教师、管理人员和学生

对口支持学校签约仪式

培养培训方面将会得到先进发达地区优质教学资源的支持和帮助；四是国家新一轮的西部开发，尤其是毕节"开发扶贫、生态建设"试验区的建设，将为我校的发展带来许多新的支持和帮助。所有这些，都让我们看到了美好的发展前景。我们相信，只要我们坚持"厚德博爱、知行合一"的核心办学理念，尊重教育教学规律，注重学生智力与非智力因素的开发，两眼看市场，双足踏实地，开拓进取，努力拼搏，毕节地区卫生学校在不远的将来，一定可以形成品牌，成为国家级示范性中职学校。

专家点评

1. 教育定位准确，保障措施有力

毕节地区卫生学校以"厚德博爱"为教育原点推进学生"知行合一"的教育无疑是正确与精准的定位；把医务工作者"健康所系，性命相托"的职业责任作为教育的主旋律凸显了学校的职业特色；把培养一个有爱心、有技术、有健全人格和良好职业道德的从业者作为学校的根本任务，推出"三德、五爱、二知、一行"的方案与措施，把"厚德博爱"变成学生可践行、可检测的"知行合一"的日常行为标准，大大提升了卫生学校特色教育的实效，使教育工作有了恰当的抓手，学校整体工作得到有力的保障。

2. 创设职业环境，提升教育内涵

环境育人可谓老生常谈。如何创设具有专业特色的教育环境，则需要学校精心设计与实施。毕节地区卫生学校打造"七大校园"的做法可谓是创设

职业育人环境的成功范例。学校引导学生从"医学生誓词"宣誓开始建立自信校园，扩展到博爱、活力、文化、实力、公平、安全校园等七个维度，校园空间环境的扩展无不渗透着卫生职业特点，教育环境的职业指向性鲜明突出。毕节地区卫生学校将职业意识教育渗透在学生学习的全过程，做实了环境育人工作，使学生随时随地都能感受到卫生工作者的职业责任，凸显了卫生职业教育的特色，提升了学校教育的内涵。

3. 凝聚团队力量，打造学校品牌

毕节地区卫生学校的教职工团队以"诚信敬业，自强不息"的精神，在各个工作环节都凸显出主体意识和责任意识，使学校整体工作平稳高效，最终成果体现在培养出了一批批受到用人单位欢迎的卫生专业毕业生。学校逐步树立起专业特色鲜明的社会形象，形成了学校品牌，并产生了良好的社会效应，受到学生和家长的追捧实为必然。

4. 树理念，重实践，建团队，创品牌

一所成功的职业学校不仅需要正确的理念，还需要有一套能将理念付诸实践的措施和制度，更需要一个团结实干的精良队伍，脚踏实地，才能创造出具有职业教育特色的品牌学校。

（点评：胡嘉牧）

抓核心，重实效，讲民主，创品牌

——河南省商务学校

名校／名校长简介

　　张士平，男，汉族，中共党员，研究生学历，财经专业高级讲师，会计师。现任河南省商务学校校长、党委副书记，河南省"五一劳动奖章"获得者，河南省首批职业教育专家，荣获中国职业教育杰出校长、河南省优秀教育工作者、河南省职业教育先进个人等荣誉称号。

　　张士平同志自担任河南省商务学校校长以来，改校名，使学校与市场接轨；抓班子，打造坚强领导集体；抓队伍，培养学校建设中坚；抓硬件，改善办学条件；抓管理，提高学校运转效率；抓教学，提升学校办学质量；抓学生，使校园文明和谐。短短几年，就使一个年招生不足百人、濒临倒闭的干部培训学校成为国家级重点中专、全国精神文明建设工作先进单位、河南省人民政府重点建设百所示范性职业学校之一、省级文明学校、省教育系统先进集体、河南省商贸职教集团牵头学校，连续4年被评为"河南省行风建设先进单位"，连续4年招生人数在全省同类学校中居于前列，连续4年学生就业率为99%。学校办学规模达到12000人，从一个毫无名气的干校跃居河南省职业教育名校、强校行列，获得了经济效益和社会效益双丰收。中国教育电视台、河南电视台、《大河报》《教育时报》等多家新闻媒体来校采访，并对学校进行了专题报道。近5年来，已有100多所学校前来学习我校办学经验。

河南省商务学校从 2000 年招生不足 100 人，濒临倒闭边缘，到 2010 年招生 3400 人，在校生规模达 12000 余人，毕业生供不应求，走出了一条在绝境中起步、在夹缝中求生、在艰苦中创业的辉煌之路。学校之所以有充足的生源和良好的社会形象及越来越大的社会影响，应该说得益于张士平校长所倡导的"特色立校，特色兴校"的理念。学校在发展建设中不断探索实践，逐步形成了一套独具商务学校特色的管理体系，无论是办学方向、队伍建设、教学与学生管理、校园文化，都紧密结合职业教育特点，特色鲜明，这使学校在竞争激烈的中职办学领域得以突出重围、独树一帜。

1. 鲜明的办学方向

学校倡导"创特色学校、育精技人才"。"创特色学校"就是指在激烈的中职教育竞争中，要想站住脚跟、做大做强，必须彰显自己的个性，人无我有、人有我优，才能始终走在前列。"育精技人才"则是指体察社会对人才的需求，体现职业学校育人的目标。

2. 班子建设特色

学校领导班子以"团结、廉政、高效、勇于开拓、敢于碰硬"为建设目标，以"民主集中制原则、管理回避制原则、校务公开民主理财原则、分工协作原则、以身作则原则、三个正确对待原则"为和谐运行的六大原则；倡导"大事讲原则，小事讲感情，出门讲形象，关门找差距"；牢记"相互补台，好戏连台；相互拆台，全部倒台；团结出政绩，团结出干部，团结出战斗力"。

3. 专业设置特色

学校贴近市场，紧紧围绕用人单位的需求，通过做好市场调查论证来优化专业设置；通过加强专业设置指导来沟通产学渠道，使专业设置与行业、企业需求相衔接；通过校校联合、校企合作的方式打造品牌教学专业。目前，学校已形成了以财经、工科专业为主，艺术和三产服务并举的多专业格局。

4. 教学管理特色

学校要求教师全部采用现代教育技术授课，开展了八项内容的"教学革命"：完善专业实验室建设；建立"双师型"教师队伍；加强专业建设；实行学科带头人制度；全面修订教学计划和改革教材；实行学分制和分层次教学；探索新的教学方法，实行教学手段现代化；开设技能拓展课，提高学生的综合素质。

5. 学生管理特色

（1）军训是我校学生的必修课。学校针对中职学生素质特点，在新生入学时对其进行为期 40 天的军训，以达到四个目的：一是培养学生的纪律意识与适应未来社会竞争所需要的合作意识和团队精神；二是培养学生顽强的意志、永不服输的精神；三是培养学生适应环境、适应社会的生存能力，培养学生的文明礼貌习惯，使其在军训中学会做人；四是培养学生的国防意识和爱国精神。除入学军训外，以后每学期还有一周的常规军训，让学生假期放飞的心得以收回、良好的行为习惯得以保持。

（2）加强四项教育。一是理想道德教育；二是法制安全教育；三是行为规范教育；四是诚信教育。

（3）搞好两项活动，即校园文体活动和社会公益活动。通过活动增强学生的凝聚力，培养其团队意识和竞争精神，提高其审美情趣，使其在潜移默化中得到品格和情操的陶冶，形成健全心理和人格。

6. 后勤服务特色

学校以学生为中心，满足学生的一切需要。各行政后勤科室贯彻服务宗旨，以学生为本，以学校发展为本，为学校师生提供最优质的服务。

7. 校园文化特色

（1）校风：文明、和谐、健康、发展。"文明"是行为，全体师生都要有文明的行为习惯。"和谐"是氛围，是全校师生干事创业的基础。在商务学校，领导班子、每个科室、每个班级都是一个和谐的整体，整个校园是一个和谐的校园。"健康"是理念，商务学校的师生追求身心健康。有健全的人格，有健康的体魄，才能完成个人和学校最大的目标，那就是"发展"。

（2）校训：砺志、明礼、勤学、精技。这一校训引导学生在理想、志向、品德、行为、作风、学习等方面得到全面的发展和进步。

（3）鲜明的育人理念：要学会做事，首先要学会做人。

（4）教师的责任意识：把学校当家庭，所有事情都尽心去做，就会多一些责任感，少一些冷漠；把事业当生命，就会不断追求，永远站在本专业的前沿，就会多一些执著，少一些敷衍；把同事当亲人，就会和大家和睦相处，情同手足，亲如姐妹，就会多一些和谐，少一些纷争；把学生当子女，就会时刻把学生的学习和生活情况放在心上，就会多一些关爱，少一些放任。

实践应用

河南省商务学校隶属于河南省供销合作总社，成立于1951年，前身是河南省供销合作社干部学校，职能定位为面向供销系统进行干部和专业技术人员培训。在计划经济时代，学校依靠系统资源，无生计之忧，教职工工作轻松，生活安逸。步入市场经济时代后，落后的观念、僵化的机制使学校在激烈的竞争中迅速衰败，许多人丧失了信心，学校濒临倒闭的边缘。2000年8月，张士平受命接任河南省商务学校校长，学校当时被教职工自嘲地称为"北大荒"：风刮满天沙，校园长荒草，负债190万，教学设备没几件，收入不足400万，勉强够吃饭。学校教职工90人，当年招生不足100人。更为严重的是教职工人心涣散、丧失信心、缺乏斗志。面对困境，是不思进取，熬到任期，让学校在苟延残喘中走向灭亡，还是忠于职责、励精图治，带领学校走出窘境，这是摆在张士平校长面前的抉择。对此，张校长掷地有声地说了一个字："干！"是的，不干就没有出路，不干就没有希望。但是，光凭热情和蛮劲挽救不了一个学校，最主要的是要找到学校发展的症结所在。

经过深入调查，张校长发现，尽管学校困难重重，但最大的问题还是人的问题。重新凝聚人心、振奋士气，打造一支目标明确、团结和谐、敬业高效的优秀教育团队，是他决心走好的第一步棋。

教育界有一个公认的说法：一个好校长就是一所好学校。张校长对这句话有着自己的理解：一个好校长必须带出一个好班子，进而带出一支好团队，才能建设一所好学校。"一把手应该做什么？抓班子，带队伍，出主意，用干部，拓展生存与发展的空间！"张校长对自己的角色定位十分明确。

面对校园里纷乱复杂的人际关系，张校长针对学校领导班子、中层管理干部以及一线教职工等群体存在的不同问题，实施了具有针对性的整合措施，提出了不同的工作要求。

一、抓好班子，明方向，聚人心，强士气

领导班子是各种决策的制订者，是管理团队的核心，其胆略与见识、作风与能力是学校各级管理者的标杆，是"抓班子、带队伍"需要首先解决的问题。

团结奋进的领导班子

面对具有不同个性、不同思路的班子成员，要想把大家拧成一股绳，必须明确一个共同的奋斗目标。有了明确的目标，才有努力的方向；有了鲜明的特色，才能谋得发展。学校将班子建设的目标定位为"团结、廉政、高效、勇于开拓、敢于碰硬"。团结是干事创业的基础，团结是氛围，团结才有凝聚力，团结才有战斗力；廉政是形象，公生明，廉生威；高效是能力，出色地组织、协调，果断地决策、指挥，才能实现高效率，创造高效益；勇于开拓是精神，不满足现状，不故步自封，不断超越，不断创新；敢于碰硬是作风，不怕歪风邪气，不怕艰难险阻，才能勇往直前，无往不胜。

目标确定后，还要有规范的制度，正所谓"没有规矩，不成方圆"，有了完善的制度，才能使学校实现法治而非人治。学校建立健全了《党委会议制度》和《校长办公会议制度》，规范了班子工作程序，把班子建设纳入制度化、规范化的轨道。在班子的主持下，学校组织各部门先后修订各项规章制度330余项，涵盖了学校行政、教学、后勤、学生管理等各个方面，每一项工作都有章可循，每一项措施都有据可查，每一个人的工作都要在规章制度许可的范围之内，这样就保证了工作的规范性，杜绝了盲目性和随意性。

商务学校的班子成员有十人，这样一个庞大的领导集体如何减少内耗、高效运转，形成合力和凝聚力，需要带头人的智慧。张士平校长曾经和新到任的学校党委书记进行过推心置腹的谈话："学校出了问题，一定是班子出了问题；班子出了问题，一定是校长、书记出了问题。因此，班子和谐不和谐，关键在两人。不要去争论谁是一把手、谁是中心、谁说了算。我们是党政一把手，但学校不是校长的学校，党委也不是书记的党委，我们应该时刻从学校大局出发看问题，心往一处想，劲往一处使。你说的就是我说的，你

说了算，我说了也算。否则，各吹各的号，各唱各的调，相互制约，谁说了也不算。"

在班子成员的共同努力下，学校明确了班子和谐运行的六大原则：一是民主集中制原则。人、财、物重大问题必须提交校长办公会或党委，进行集体研究，任何人不能凌驾于班子之上。每个成员在会上可以畅所欲言，但形成决议后都必须无条件执行。二是管理回避制原则。班子成员郑重向全体教职工承诺：不在学校安排一名子女或亲属，不给学校推销一件商品，不给学校介绍一个工程队。三是校务公开、民主理财原则。首先是健全内部控制制度，凡涉及财务问题，均由两个部门或两个以上的人员参与，互相监督；其次是大型工程、购买大型设备等均成立各类招标小组，公开向社会招标。在招标过程中，分管领导牵头，相关科室负责人、教工代表、老干部代表参加，纪委书记全程监督。校长、书记不参加或插手任何一次招标。四是以身作则原则。要求班子成员做到的，校长、书记首先做到；要求中层干部做到的，班子成员首先做到。俗话说得好："喊破嗓子，不如做出样子。"因此，大到参加教职工军训，小到打扫卫生，班子都要亲力亲为、以身垂范。五是分工协作原则。工作中要明确责任，更要合作。学校倡导五个相互：相互关心，相互支持，相互补台，相互包容，相互担待。六是三个正确对待原则。即要从学校大局看问题，正确对待组织，正确对待他人，正确对待自己。同时，学校要求班子正确认识"真诚是团结的基础，沟通是团结的桥梁；误会是产生矛盾的前提，自私是产生矛盾的根源"；倡导"大事讲原则，小事讲感情；出门讲形象，关门找差距"；让大家真正明白"相互补台，好戏连台；相互拆台，迟早垮台"的道理。

张校长说，班子成员能在一起工作是一种缘分。每年"三八"妇女节、母亲节，他都记得给班子成员的夫人们发个信息；过年的时候，也总不忘记请班子成员的夫人们吃顿饭，感谢她们默默承担了家庭的重担，为班子成员解除了后顾之忧。这些富有人情味儿的做法，是班子团结的黏合剂。

随着经济的发展、社会的进步，国家对职业教育的重视程度不断增强，如何在风起云涌的改革和发展浪潮中始终保持正确的方向，紧跟时代的步伐，对于决策者来说非常重要。学校制订了周密的领导班子成员学习制度，班子成员自觉用马列主义、毛泽东思想、邓小平理论、"三个代表"重要思想和科学发展观武装头脑、指导工作。班子成员认真学习职业教育理论，把握职业教育发展方向，抓大局，议大事，不断提高自身驾驭全局的能力。几

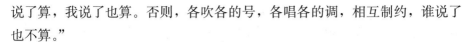

年来，学校班子成员都参加了省直党校的处级干部培训班，尤其是张士平校长，他在繁忙的工作之余，挤出时间参加了教育部组织的骨干校长培训班、职成教管理人员高级研修班、中职校长改革创新战略专题研究班。通过学习，他掌握了职业教育改革和发展的最新动向。学校还组织班子成员到全国各地有特色、发展好的职业学校参观学习，通过交流，借鉴了先进学校的办学和管理经验。因此，谈起学校的发展，张校长有一个观念，就是：发展取决于思路，思路取决于观念，观念取决于不断的学习和见识。

10年间，班子成员根据不同的形势，针对学校实际，不断调整发展目标，确保了每一个决策的正确性。

2000年，学校濒临倒闭的边缘，学校班子审时度势，提出了"创特色学校，育精技人才，多形式、多层次、多种经营，全面发展"的办学宗旨。在自主招生的基础上，积极扩大联合办学，提高办学效益。

2002年，面对学校硬件落后、缺乏竞争力的被动局面，学校班子提出了"确保工资，不降低福利，学校快速发展"的目标。在当初负债190万、年收入不足400万元的情况下，学校班子果断决策，投资750万元兴建综合教学楼，改变了学校落后的面貌，使教学和办公条件有了显著改善，学校形象大大提升。

2004年，针对教职工思想陈旧、观念落后、缺乏责任、作风懒散的现象，学校班子作出了"45岁以下教职工到部队军训"的勇敢决定，在全省乃至全国开创了先例，至今已连续7年。

2005年，当学校招生取得重大突破时，学校班子迅速提出了"实现我校工作重心由招生向严格教学管理、提高教学质量的转变"。要招得进，还要管得严，只有教得好，才能留得住，这才是解决中职学校学生流失严重的根本办法。

2006年，当学校办学规模达到5000人，结束了靠联合办学过日子的时候，学校班子又作出了"加大力度，全力以赴，务必做好学生就业指导和就业服务工作"的决定，提出"让学生满意、家长放心，不仅要招得进、留得住，还要送得出"。

2007年，学校的中专办学层次已达到辉煌顶峰，学校班子冷静思考，面对当前中职招生市场的无序竞争，面对3年后中专生源锐减的趋势，笑迎挑战，寻找对策，作出了"升高职，征地500亩，再建一个新校园"的大胆决策，得到了全体教职工的一致拥护。

2008年，学校一方面积极为升高职而努力，同时紧紧抓住省政府与教育部共建职业教育改革试验区和实施职业教育攻坚计划的机遇，联合其他学校和企业，成立了河南省商贸职业教育集团，以服务为宗旨，以就业为导向，面向社会，面向市场，走产学研相结合的集团化发展道路。

2010年，学校开始探索"依托专业办产业、办好产业促专业"的发展之路，计划依托幼儿教育专业开办河南省商务学校附属幼儿园，依托数控专业开办加工中心。这一方面为学生提供了更真实的实训环境，另一方面也可以促进专业的建设和发展，减少学校的经费投入。目前，幼儿园和数控加工中心都在紧张的筹备中。

10年来的磨合和建设，使得领导班子成为学校改革发展的核心领导力量，他们不但思想上同步、观念上同步，而且决策上也同步，在全体教职工中具有很高的威信，凝聚了人心，鼓舞了士气。在每年的考核中，他们均被教职工评为优秀干部，并成为省供销社直属单位中最和谐、最团结的班子，连续7年获得"省供销社优秀党委"称号，两次被河南省省直工委评为"优秀党委"。

二、用好干部，转观念，拓思路，强管理

中层干部是学校管理团队的中坚力量，是联系领导班子与教职工的桥梁与纽带，是领导班子决策的执行者，是教职工的直接管理者，他们的素质、能力、作风、理念对学校的发展至关重要。10年前，商务学校的中层干部队伍还是以前干校的老班底，人员年龄相对老化，观念相对滞后，进取心和责任心都亟待提高。张校长对刚来学校时中层干部的情况记忆犹新，当时他给一位中层干部安排一项工作，这位中层干部当即说："我不知道咋办，也不知道找谁，咱们学校从来没这个习惯。"这让张校长深切地感到，一个学校，如果没有一支有头脑、有思路、办事雷厉风行、责任心强的中层干部队伍，发展只能是一句空话。因此，改善中层队伍年龄结构，增强其活力、干劲，提高其责任意识，成为当务之急。

对于中层干部的选拔和任用，首先要把握好标准。学校对中层干部的选拔，坚持德才兼备、用人所长的原则，不拘一格选人才，不唯资历，只重能力，不问年龄，只重干劲。从管理学的角度看，任何单位经过两年必须重新洗牌，否则人员就会满足现状、缺乏动力、缺乏创新意识，甚至形成阻力。因此，学校从2000—2008年这9年间进行了4次人事制度改革，打破了论

资排辈、一成不变的僵化的用人体系，推行"竞争上岗、双向选择、定岗定薪、岗变薪变、唯才是举"的用人机制，把每一个中层、职工都放在了最合理的岗位，发挥他们的特长。学校实行中层干部聘用制，正科两年一聘，副科一年一聘。在正职的选用上，实行"个人申报、竞职演说、民主评议、校长提名、党委研究、学校聘任"的程序；在副职的选用上，实行"个人申报、分管校领导和科室正职商议提名、党委研究、学校聘任"的程序。科学严谨的程序杜绝了人为操作，真正做到了"能者上，平者让，庸者下"，使一部分能力强、有责任心的年轻人脱颖而出，迅速成长起来。我校最年轻的正科是 25 岁，有很多毕业不满两年的大学生就因有热情、有能力、有方法而走上了中层岗位，给我校的管理队伍吹进了清新之风，也给一些老正科增添了压力和动力。对于中层干部的工作，还要有相应的评价与考核机制，学校对中层干部的考核评价始终坚持工作业绩与群众公认相结合的原则，采取个人述职、考察工作业绩、领导班子与群众民主评议的方法，给每一位中层干部的工作以客观公允的评价。同时，还实行中层干部轮岗制度，使中层干部有机会在不同岗位上积累工作经验、拓展工作思路、增强创新意识、调动工作积极性。

在知识经济时代，打造学习型管理团队已成为单位生存和持续发展的迫切需要。学校要营造一种学习氛围，形成能不断学习和适应环境变化的学习型团队，使团队整体通过不断学习产生出色的成果，从而提高管理水平，实现不断创新和可持续发展。有一句话说得好："思路决定出路，眼界决定境界。"几年来，学校克服人手不足的困难，让所有中层干部到省直党校参加了干部培训班，接受新知识、新理念的熏陶。这些中层干部在学习的过程中也结识了来自省直各单位的朋友，为学校的发展扩展了人脉资源。学校曾在

学校为教职工选的学习书目

2005 年派 4 名中层干部到上海化工学校挂职锻炼，深入学习名校的管理经验，并多次组织中层干部到上海、四川、湖北、东北等地的职教名校参观学习，让他们回来后写考察报告，并向全体教职工汇报。为提高中层干部的思想认识和管理水平，学校有针对性地选了《没有任何借口》《你在为谁工作》《细节决定成败》《责任》《高效

能人士的七个习惯》等9本教材。通过学习，中层干部们的观念、思路、境界有了新的拓展，确立了六大意识：规矩意识、创新意识、责任意识、服从意识、大局意识、服务意识；树立了一个观念：把学校当家庭，把事业当生命，把同事当亲人，把学生当子女。

学校一些中层管理者受计划经济体制和原来干部培训经历的影响，习惯于墨守成规，缺少开拓创新的意识，这样的工作作风显然难以适应新形势的需要。因此，学校对中层干部提出几点要求：一是问题到此为止。找领导汇报工作的时候，不但要提出问题，还要带着解决问题的方案和思路。二是有超前思维。领导没有想到的，中层干部要想到，领导想到的，中层干部要做到。三是要"眼高手低"。无论干什么事情，都要从高处着眼，高标准、高起点；要从低处着手，踏踏实实，把每一环节的工作都抓好做实。四是转变思想，更新观念。先换思想后换人，不换思想就换人。在这四大要求的鞭策之下，中层干部更有进取心，更有开拓意识，工作也更加积极主动了。

学校各项工作、各项决策的有效执行必须依托管理团队的合力，拳头只有在紧握的时候，才能将力量发挥到最大。一个团队也是如此，只有激活整个团队，才会众人一心，最终获得成功。因此，必须增强中层干部的大局观念和整体意识，强调"整体利益为先导"，明确分工合作，共担风险和责任，充分发挥管理团队中每一个成员的作用，使其形成合力，学会及时沟通、互相扶持。

从2000年以来，学校工作强度之大、工作时间之长、工作进度之快，远远超出以前几十年。很多中层干部都没有节假日的概念，只要学校需要，大家"没有任何借口"，一切以大局为重，任劳任怨，无怨无悔。可以说，学校已建设成一支敢打硬仗、善打硬仗、团结敬业、无私奉献的中层干部队伍，为今后的发展奠定了坚实的思想基础和人才基础。同时，学校中层干部素质之高也为大家公认，几年来，学校先后有6位中层干部走上了省供销社系统副处级、处级领导岗位。他们即使走出了学校，也都非常怀念在学校工作的日子，有的还深情地说："是商务学校锻炼了我们，造就了我们。"

三、带好队伍，塑精神，铸品牌，树形象

在干校时代，由于班子不团结，教职工也分成了几派，学校就像一盘散沙。面对这种情况，以张士平校长为首的新一任班子针对不同的群体，出台了很多有创造性的举措。

1. 通过军训培养团队精神和合作意识

2004 年，学校研究决定，45 岁以下的教职工每年和新入学学生一同进行全封闭军事训练和集中学习。这个决定非常大胆，因为这在全省乃至全国的学校中还没有先例。全封闭军训 15 天，与学生同吃、同住、同训，过惯了舒适日子，同时肩负工作和家庭双重负担的教职工能否接受，这是个问题。但是所有的疑虑，所有的困难，在学校发展的大局面前都要让路。

每年的军训都在暑期，天气炎热，蚊虫叮咬。但没有一位教职工叫苦叫累，更没有一个当逃兵。无论骄阳酷暑，还是狂风暴雨，大家都能按要求参训，做到不迟到、不早退，保质保量完成军训任务。有几位年龄已经超出军训要求的教工，不仅主动请缨参加军训，而且善始善终。有的教工带病坚持训练，轻伤不下火线。还有几位同志不顾孩子尚小，将孩子寄养他人，毅然走进军营。不仅如此，他们以自己严格军训、不辞辛苦的作风为学生树立了榜样，切实起到了表率作用。当学生家长看到军营中师生同吃、同住、同军训的场面后，动情地说："把孩子交给商务学校，交给这样的老师，我们放心。有这样的老师和我们的孩子在一起吃苦训练，我们无话可说。"

在军训之初，也并不是没有非议，尤其是 2004、2005 两级师生全部拉到部队军训，食宿条件都比较差，也有些教职工有畏难情绪。但看到校领导的所作所为，非议的人闭上了嘴，退缩的人安定了心。军训中，学校领导均以普通兵为标准，与师生同吃、同住、同训，处处高标准、严要求，以身作则，率先垂范。张士平校长在繁忙之中坚持训练，与教工们同住一室、同吃一席、共同训练。在 2006—2008 年军训中，他不但全程参加了第一批军训，而且参加了第二批的所有拉练活动和拓展训练。在 2007 年的军训拓展训练中，已经 54 岁、患有腰椎间盘突出的纪检书记李瑞民坚持不坐索道，在炎夏酷暑的 8 月与大家一起攀登险峻的神农山，并始终冲在最前面，他的精神感动了所有的教职工，大家都说："连李书记这么大的年纪都能坚持，我们还有什么借口！"张小妹副校长在 2006 年军训中不慎摔伤，小腿肿胀淤血，但她仍坚持到军训结束，给全体教职工树立了榜样。其他班子成员虽因年龄原因无需参加军训，但都多次亲临现场，看望受训师生。校领导以身作则的工作态度和平易近人的工作作风，起到了良好的示范作用。

从 2006 年开始，学校又在军训中引入了以"提升合作意识，熔炼团队精神，挑战身体极限，激发自身潜能"为主题的拓展训练。活动内容丰富多彩，有夜间越野拉练、骑自行车登邙山、漂流、乒乓球比赛、排球比赛、跳绳比赛、包饺子比赛等。8 米高空断桥跨越，使大家有了高空一小步、人生一大步的体验；攀登毕业墙，每一位参训教工踩着同事的肩膀艰难翻越 4 米高的墙之后，都泪流满面，对同事之间的合作与友谊有了更深的理解；伊河漂流，小船在大家的共同努力下冲过激流险滩；攀登神农山，全体教工用了 4 个小时就走完了正常情况下

教工拓展训练

7 个小时的路程。艰难时大家互相扶持，疲劳时大家互相鼓励，胜利时大家一同欢呼，汗水和泪水一起流淌，欢乐和幸福一同分享。通过拓展训练提高了职工队伍的团队精神、合作意识、服务意识和沟通协作能力，以及自我激励和自我超越能力。

每年秋季军训汇操的时候，教职工都会组成一个方队，走在全体学生方队的前面，他们动作标准、精神焕发，既是为了汇报军训成果，又是为了给学生树立标杆，更是为了商务学校教职工的形象和荣誉。每一个来学校参观军训汇操的领导和来宾都说："商务学校有这样的教职工，还有什么困难迈不过去，还有什么荣誉争不过来？"

2. 建设高素质教师队伍，铸造学校品牌

学校的竞争归根到底还是办学实力、教学质量的竞争，一支适应职业教育特点的高素质教师队伍是学校的品牌和实力之所在。我校本着"以德为先，以能为本"的要求，在师资队伍建设方面出台了很多举措：

（1）针对青年教师实行青年教师导师制

学校为每位青年教师指定一位高级讲师做导师，采用以老带新、新老互助、教学相长的方式，让青年教师从老教师身上学师德、学作风、学教学方法，以促进青年教师的成长和成熟；同时也让老教师从青年教师身上感受热情、活力、创造力。学校近几年因为办学规模迅速扩大，引进了一大批青年教师，

优质课比赛

他们在老教师的传帮带下，迅速成长起来。目前，教研室主任中有 8 位是 30 岁左右的年轻人，他们凭借着热情、干劲和钻研精神，在各自的专业领域都做出了一定的成绩。文化教研室主任朱晴和本教研室老师带领学生参加 2010 年河南省职业教育技能大赛，获得了 9 个一等奖、5 个二等奖。电子商务教研室主任薛聪和计算机教研室主任张明全都成为河南省教师现代教育技术能力培训主讲教师，负责全省职校教师的培训工作。机电教研室的孙彦博老师大学毕业刚一年，就在河南省教育厅组织的优质课大赛中获得一等奖。看着青年教师崭露头角，老教师们都欣慰地说："孺子可教，后生可畏。"

（2）针对骨干教师实行学科带头人制度

一个拔尖人才，可以带起一支学术梯队，形成一门优势学科，创出一个名牌专业，因此学校实行了学科带头人制度。学科带头人负责学科建设、课程开发，同时也为教师们指明了努力的方向。目前，我校有省级职教专家 1 名，省级骨干教师 6 名，省学科带头人 3 名，省学术技术带头人 9 名，数量在全省中职学校中居于前列。

（3）打造"双师型"教师队伍

职业学校人才培养的特殊性决定了师资队伍的特殊性，"双师型"教师队伍是保障职业教学质量的基本条件。学校将"双师型"教师队伍建设与职称评审挂钩，规定申报职称时，必须取得相应级别的职业资格证书或技能证书；同时制订了《商务学校教师参加实践锻炼制度》，规定了不同类别、不同专业的教师参加实践锻炼的时间和方式，并将教师的实践锻炼与职称评聘、量化考核挂钩，调动教师参加生产活动实践、提高专业技能的积极性。目前，我校"双师型"教师比例已达到 60%。

（4）推广现代教育技术，实施"教学革命"

2007 年 6 月，经省教育厅批准，我校成为第一批河南省中等职业学校教师教育技术能力培训基地。我校教师先后接受了两次教育技术培训，每一位教师都把所学到的现代教育技术合理地整合于自己的教学中，更好地为学生的学习服务、为教育教学服务。学校在所有教室中都安装了投影，给每位教师都配发了笔记本电脑，要求实现教学手段现代化。我校教师目前都使用课件教学，运用声、图、音、视等多媒体手段全方位激发学生的兴趣，再加上案例教学法、课堂讨论法、项目教学法等生动活泼的教学方法，极大地调动了学生的学习积极性。

2008 年 10 月，由省教育厅主办的"河南省职业学校百名校长现代教育技术研修班观摩教学活动现场会"在我校隆重举行。省教育厅职教处、成人教研室、电教馆有关领导、北京师范大学现代教育技术研究专家及100多所国家级重点中专的校长参加了现场观摩活动。观摩教学采用了现场电视直播方式，我校年轻教师薛聪勇挑重担，在多媒体网络机房运用现代教育技术讲授《电子

中职学校校长现代教育技术研修班

商务》课程，专家和校长们在报告厅通过投影同步观看。先进的教学设备、新颖的教学模式、以学生为主体的教学理念、活跃的课堂气氛给各位校长留下了深刻印象，也展示了我校教师现代教育技术的应用能力和课堂教学水平。

我校教师观念新、业务精、能力强，在教科研成果方面走在全省中职学校前列，每年在全省的优质课评选、教学论文评选、教学成果评选、课件制作比赛中都能获得几十项一等奖；在全国"高教社杯"说课比赛、全国中职学校信息化教学设计大赛中也取得了不俗的成绩。尤其是2010年，我校26位教师带领33名选手参加河南省教育厅举办的中职教育技能大赛，一举获得15个一等奖、9个二等奖，24名教师获得"优秀辅导教师奖"，这个成绩在全省中职学校名列前茅。

3. 狠抓班主任队伍建设

学生是学校生存的基础，学生的质量关系到学校的生存与发展，学生对学校的评价关系到学校的形象和声誉，而良好学风、校风的形成，学生文明素质的形成很大程度上依赖于班主任的管理。

选拔一支德才兼备的优秀班主任队伍至关重要。随着我国教育体制的改革，中职学校实行注册入学，生源质量严重滑坡，管理难度越来越大。而这些学生又正处在世界观、人生观、价值观形成的关键时期，作为班主任，其人格修养和管理水平直接影响到学生中专3年甚至今后一生，而其一言一行也会直接影响到学校的声誉和形象。因此，学校在选拔班主任的时候，慎之又慎，只有德才兼备的教师才能进入班主任队伍。班主任选定后，还要对他们进行集中的培训和教育，由校领导、学生科科长和有经验的班主任讲授班主任管理方法和艺术，并提出具体的行为规范和要求。

学校以考核和激励机制调动班主任的积极性和工作热情。班主任所从事的工作非常辛苦，他们每天从学生早操忙到学生就寝，即使是节假日也要随时准备应对各种突发事件，始终有较大的工作和精神压力，因此，他们更加希望得到鼓励与尊重。为了调动他们的积极性，学校在多次征求多方意见的基础上，制订了详细的《班主任管理办法》，将班主任工作与班级工作挂钩，实行优绩优酬、多劳多得。

张士平校长经常思考：为什么在短暂的军训期间，部队教官能和学生结下深厚的情谊？为什么教官一声令下，学生就能做到步调一致？为什么学生和教官分别时，那样难舍难分？思考之后，张校长要求各班班主任必须向部队学管理，向军人学作风。学什么？三个字：一是学习"爱"字，学习部队首长爱兵如子的作风。没有爱就没有情，班主任只有像爱护子女一样去关心、爱护学生，才能和学生结下深厚的师生情谊。二是学习"先"字，学习部队首长身先士卒、官兵平等的作风。要求学生做到的，班主任要首先做到，真正地体现为人师表，当好学生的表率。三是学习"严"字，学习部队严明的纪律和顽强的作风。宽是害，严是爱。班主任要严于律己，同时对学生要做到严格要求。

在这三个字的要求下，很多班主任表现出强烈的责任心和爱心。2009年秋季，甲型 H1N1 病毒流行，我校有一些学生也被感染。班主任们冒着被传染的危险，不分昼夜，带着学生一趟趟往医院跑。特别是 2009 级幼儿教育专业的两个班主任，都是 20 多岁的年轻女孩，面对传染性极强的病毒，她们没有退缩，把所有的关心和爱都给了学生，吃在学校，住在学校，随时关注学生的健康状况，最后她们两个也先后病倒。学生们感动地说："我们家里人听说我们得了甲流，都不敢让我们回家，可我们的班主任却天天陪着我们！"付出爱，就能收获学生的理解与信赖，我校学生对班主任都有很深厚的感情，每当教师节，总能看到许多班主任的桌子上放满了学生亲手制作的卡片。很多学生毕业后还经常回到学校看望自己的班主任。

我校班主任辛勤工作，体现了学校对学生的关心和爱护，促进了良好校风的形成，保证了学校和谐稳定的局面，使我校在社会上树立了良好形象。

10 年辛苦不寻常，我校从困境中突围到今天的品牌重塑，取决于全体师生的共同努力，而学校发展的核心就是打造团队、聚积人心、重塑精神。这也是张士平校长的智慧所在。在学校内部，他率先垂范、有效沟通，极力营造"家"的氛围，让广大师生紧紧团结在一起、艰苦创业；在学校外部，他勇于摆脱权力思维，靠人格魅力、创业激情和改革策略赢得社会各界的支持，从而带领全体师生创造了学校破茧重生、走向辉煌的奇迹。

反思拓展

在市场经济大潮中，有一些中职学校甚至是知名的中职学校都走向衰败，招生逐年萎缩，发展举步维艰，而河南省商务学校却从一个濒临倒闭的行业干部培训学校起步，成为河南省职教界的名校和强校。这其中凝结着商务学校领导班子和教职工的心血、智慧，是大家同心同德、励精图治、共同缔造了学校事业的辉煌。

回顾 10 年来的发展历程，我们最大的感受就是，一个单位要发展，"人"是最关键的因素，"人心齐，泰山移；人心散，摊子乱"。商务学校的今天也是取决于有一个团结、廉政、高效、勇于开拓、敢于碰硬的领导班子，有一批敬业奉献、开拓进取、责任心强的中层干部，有一支有凝聚力、有战斗力、有高素质的教职工队伍。

当然，要想达到打造团队、聚积人心、重塑精神的目的，我们认为应该做到以下几点：

1. 管理者要有独到的理念与思路

一个学校要想在众多同类学校中脱颖而出，赢得社会的关注，重要的是特色与个性。一个学校的特色在一定意义上说是校长个性特征的外显，它不仅体现着校长独特的理念和价值取向，而且彰显出校长自身的威望和行为风格。诚如教育家陶行知先生所言："校长是一个学校的灵魂，要想评论一个学校，先评论它的校长。"一个成功的校长，应该在学校的办学方向、培养目标、管理模式上有自己独到的理念与思路。商务学校的办学方针紧贴市场需求，体现了职教特色；育人理念注重学生的品行、习惯和今后的可持续发展；而通过军训来塑造教职工的团队精神，更是在全省乃至全国开了先河。张士平校长认为，独特的理念与思路来自于对教育理论的深入研究，对职教政策的全面把握，对市场需求的正确判断，对先进学校的合理借鉴，对学校情况的深入了解，对发展方向的明确引领。

2. 管理者要有垂范意识与人格魅力

张士平校长经常说："其身正，不令而行；其身不正，虽令不从。喊破嗓子，不如做出样子。"他是这样说的，也是这样做的。学校所有的规章制度，他都严格遵守；所有的活动，他都走在前面。10 年时间里，他大部分时间都在学校，每年大年初一的值班他都要求排自己，好让其他同志回家团聚。为了工作，他牺牲了很多，放弃了很多。教职工军训的时候，他总是以普通士兵来要求自己，在队列中一丝不苟地站军姿、练动作。在拓展训练的时候，他跟大家一起跑 10 公里甚至 17 公里。他的工作热情和干劲鼓舞了士气，带动了班子。张士平校长对自己要求严，对教职工要求也很严，他不做"好好先生"，对教职工工作中的错误，他批评起来总是不留情面。但是在生活中，他对教职工却是关心有加。作为学校的校长，他从没有将自己凌驾于班子之上，更没有利用手中的权力为自己谋取任何私利。因此，张校长在教职工中既有号召力，又有亲和力。张士平校长这样要求自己，也这样要求班子成员和中层干部。正因为如此，商务学校的人心才特别齐，氛围才特别和谐。

3. 管理者要知人善任，用人所长

一个学校发展的关键在人，人力资源管理学中有一句名言："没有平庸的人，只有平庸的管理。"每个人总是有长处的，只有知人善任，才能发挥人的潜力，调动人的积极性，管理者必须明白这一点。所谓知人，包括知人所长和知人所短；所谓善任，就是要用其所长而避其所短，把每一个人放在合适的位置。"千里马常有，而伯乐不常有。"一校之长必须学会当伯乐，学会知人善任。而欲知人，就要关心教职工，关心他们的生活、工作，了解他们的需要，只有通过平等的、经常的情感交流，才能真正做到知人。知人还要容人，"金无足赤，人无完人"，如果我们不能容人，就难以用人。人都有缺点，但只要不是原则上的、根本上的错误，管理者就应该多一些理解、少一些苛求。管理者是钢琴家，只有熟悉每一个琴键，运用好每一个音符，才能弹奏出美妙的乐章；管理者是棋手，只有运用好每一粒棋子，才能下出一盘好棋。张士平校长就非常善于用人之长，他根据每个人的性格特点、专业特长、责任意识来安排最合适的位置，真正做到了扬长避短，发挥出每个人最大的潜能。

4. 管理者抓好各项规章制度

几年来，为进行制度化、规范化的管理，做到科学治校、依法治校，我校结合实际，组织人员对行政、后勤、教学、学生等各项管理制度进行修订和补充，涵盖了工作的各个方面、各个环节，形成了一整套完整的管理体系。但制度的制订仅是规范管理的基础，关键还是在于落实和执行。一些单位管理不善不是由于制度不完善，而是在执行制度时，有的有章不循、有规

不依；有的蓄意改变，选择执行；有的双向标准，对人不照己；有的奖惩不明，监督乏力。这些使得执行制度出现了"雷声大，雨点小""制度写在文件上、贴在墙上、念在嘴上"的现象，就使制度失去了约束力，教职工也失去了对制度的敬畏，不再遵守。英国哲学家培根曾说过："有制度不执行，比没有制度危害还要大。"因此，我校在制度的落实上下大气力，"盯住不落实的事，追究不落实的人"，对违反制度的进行严格的责任追究，对遵守制度、工作有成绩的落实各项奖励。几年来，学校先后有几个科室和教职工因违反制度被通报批评，也有更多的科室和教职工因严格遵守规章制度、表现突出而得到相应的物质和精神奖励。这样就使不干事的人有所失、有所畏，使干事的人有所得、有所获，保证了制度行得通、管得住、用得好，整体提升了制度的实效，推动了学校的工作顺利开展。学校严格要求每个班子成员和中层干部增强制度意识，树立制度面前人人平等的意识，带头学习制度，严格执行制度，自觉维护制度。这既是制度建设的基本要求，也是提升制度执行力的关键。

5. 管理者要进行有情管理

制度是刚性化、原则化的，如果在学校管理中只是刚性使用制度，就难以体现以人为本的原则，而冰冷、僵化的环境也必然会扼杀师生的个性与创造力。所以在管理中应该营造宽松民主的和谐氛围，创设互相尊重的工作环境。我校的校风"文明、和谐、健康、发展"就很好地体现出制度中的人文精神。10年来，商务学校给全体师生的感觉不仅是一个学校，更像是一个温暖的大家庭，在制度的规范下，师生可以尽情张扬自己的个性。正因如此，也才有了学校的飞速发展。

经过10年的拼搏和奋斗，学校在张士平校长和管理团队的带领下，在全体师生的共同努力下，从低谷中崛起并走向辉煌，成为河南省职教界的一面旗帜。但奋斗永无止境，发展永不停步，在国家对职教事业越来越重视的大环境下，借河南省职教攻坚计划的东风，商务学校将向着更高的目标不断迈进。

 专家点评

1. 抓核心，抓干部，善于"弹钢琴"

管理工作很像弹钢琴，运动的是10个手指，但弹什么、怎么弹，关键是指挥中心"大脑"。学校工作林林总总，抓什么、怎么抓则在于学校领导

审时度势地进行理性思考和科学判断。河南省商务学校把"一把手应该做什么"作为核心问题,把"抓班子、带队伍、出主意、用干部,拓展生存与发展的空间"作为主要途径,取得了明显的工作成效。一把手工作的准确定位,干部队伍的角色定位,员工队伍的工作到位,使学校工作平稳有序、链接顺畅、实效突出。河南省商务学校抓核心、抓干部,把工作的"钢琴"弹奏得和谐动听,奏出了学校快速发展的优美旋律。

2. 思路清,作风硬,注重实效性

对管理中遇到的"硬"问题采取的处理态度往往会影响管理的实效,而决定处理态度的主要因素之一是工作的思路。河南省商务学校以"团结、廉政、高效、勇于开拓、敢于碰硬"的清晰思路,对人事安排的"硬"问题作出明确规定,"能者上,平者让,庸者下",打破论资排辈的束缚,极大地释放了教职员工内在的工作能量,调动了人力资源中最积极活跃的因素,有效提高了学校工作效率,提高了工作实效性。

3. 讲民主,善公开,讲求树楷模

公开民主、高效廉洁、奉公自律的作风始终是凝聚人心的不二法则。河南省商务学校在管理中不仅提出"喊破嗓子,不如做出样子"的口号,更以"三个正确对待"等六大原则作为领导班子的工作保证,在学校工作中搭建民主管理平台,善于公开管理工作,强化监督机制,加强干部队伍的楷模教育,建立起一支有头脑、有思路、办事雷厉风行、责任心强的干部队伍,促进了学校的发展。

4. 定方向,抓特色,重在创品牌

办学方向和办学特色是决定学校持续发展的关键所在。河南省商务学校"创特色学校,育精技人才",通过市场调查论证、优化专业设置,以财经和工科专业为主、艺术和三产服务并举为方向,形成了技能拓展、军训必修、后勤保障、亲情链接、和谐发展等特色,创出了品牌,驶上了有序从容的"塑精神,铸品牌,树形象"的快速发展之路,成为河南省职教界的一面旗帜。

"管理学大师"彼得·德鲁克说:"管理者必须卓有成效,而卓有成效是可以学会的,卓有成效是一种习惯,是不断训练出来的综合体。"作为学校的领导,具备准确辨别工作中的核心和重点,紧紧抓住工作关键点和影响全局的大事件的能力是非常必要的。河南省商务学校管理者的实践说明了这一点。

(点评:胡嘉牧)

据正治校，科研兴校
——江苏省扬州商务高等职业学校

名校／名校长简介

周俊，江苏省扬州商务高等职业学校校长、党委书记，职业教育研究员，同时兼任其他多项职务。

2002年4月23日，周俊来到江苏省扬州商业学校（江苏省扬州商务高等职业学校前身）担任校长、党委书记。面对校园面积不足十亩、教职工不足百人、学生不足千人、教学设施简陋、专业设置单一的现状，他带领一班人走访政府部门，调研行业企业，挖掘扬州地域文化特质，明确以传统服务业、传统手工业的改革、创新、提升为重点，以发展现代服务业、现代商业、信息技术为方向，立足"三产"，联动"二产"，确立了"政府满意、企业满意、家长满意"的办学理念，并以超常的责任感、智慧、战略，不辞辛劳地团结一切力量，以超常的速度，将一个处在危机中的学校打造成江苏省职业教育名校。

9年来，在周校长的领导下，学校实现了"九大跨越"：办学层次实现了由以中专为主到以高职为主的跨越；办学规模实现了由不到千人到万人的跨越；办学区域实现了由国内到国外的跨越；办学特色实现了由单一到整体的跨越；师资数量实现了由两位数到三位数的跨越，高级职称由单位数到两位数的跨越；

学校面积实现了由 10 亩地到 350 亩地的跨越；办学方向实现了由单一技能教育到素质能力融合的跨越；就业基地实现了以市内为主到全省全国的跨越；内部管理模式实现了由一级到二级（校、系）管理，由管事、管人到以人为本的跨越。

我校依据职业教育规律和市场需求状况，紧密结合学校资源，围绕高素质劳动者和技能型人才培养目标，不断探索，创新管理理念，构建现代职业学校管理模式，走上特色发展之路。

在探索过程中，我们形成了"据正治校"的管理理念，即以正确的理念、正确的方法做正确的事。"做正确的事"和"正确地做事"是一个学校发展的关键所在。做正确的事是前提，事一旦选错了，我们就会在错误的方向愈走愈远，但如果正确的事我们没有正确地去做，也注定只能是无效劳动。因此，"正确"既是战略，也是战术；既是效率，也是效果。

"据正治校"解决了两大问题：一是做正确的事，二是正确地做事。要达到预定目标，两者缺一不可。学校战略目标的制订解决了"做正确的事"的问题，管理机制解决了"正确地做事"的问题。从目标制订来说，要有正确的办学理念和明晰的培养目标；从管理机制来说，要有规范的制度设计和科学的绩效评价。"据正治校"的管理哲学及其各种管理实践都恰好印证了管理学大师德鲁克的理论："管理是一种实践，其本质不在于'知'，而在于'行'；其验证不在于逻辑，而在于成果；不但要正确地做事，更要做正确的事。"

"据正治校"是一种追求卓越的管理哲学，也是一种核心价值观，在这种价值观的引导下，整个学校师生员工为了共同的目标工作和学习。核心价值观和正确的理念是学校的灵魂。柏拉图说："若神不在，一切皆无。"这种价值观和理念把全校上下凝聚起来，使大家心往一处想、劲儿往一处使，形成了强大的合力，为学校事业发展提供了永不枯竭的动力。这说明做事不能"盲"，要把握正确的方向，方向对，事情才可能做对。当以正确的理念、正确的方法去做正确的事后，普通就变成了不普通，平凡就变成了不平凡，优秀就变成了卓越。

"据正治校"是将态度、能力和责任结合在一起的管理哲学。首先，做正确的事与正确地做事是一种态度，做事的态度就是做事业的态度。我校强化引导，注重导向，带领教职员工为成就一番事业而做事。其次，做正确的事与正确地做事是一种能力，这种能力要在各种制度和评价监督过程中培养，虽然在决定成败的多种因素中态度是第一位的，但缺乏能力也不可能达到预定目标。学校通过多种途径，采取多种措施，强化能力锻炼，特别是强化学校中层干部执行力的培养。最后，做正确的事与正确地做事是一种责任。我们以做事业的态度去做事，把工作变成一种责任，无论遇到什么困难，都坚定不移，通过制订切实可行的计划，分清事情的轻重缓急，加强监管，强化绩效考核，将责任落到实处。

"据正治校"是适应环境变迁、追求创新的管理哲学。学校面临的环境随时都在发生变化，社会对人才的需求也在不断改变。这就需要管理者应时而变，如果对环境变化和社会需求视而不见，那就会影响学校发展。创新理论的鼻祖熊彼特指出，经济发展的根本动力在于创新，同样，学校事业发展的根本动力也在于创新。做正确的事和正确地做事都应当有一定的创新性和超前性。创新不是随意的，而是在正确理念指导下的创新；创新不是主观的，而是在社会需求导向下的创新。无论在办学理念上，还是在人才培养目标的确立上，无论是在内部管理制度上，还是在运行机制上，我们都秉承着创新思维，从宏观的视野、战略上对学校事业进行系统的分析，在学校与社会之间建立良好的互动关系，从而为学校事业发展奠定坚实的基础。

实践应用

在多年的职业教育管理实践中，我们逐步形成了具有鲜明个性的管理思想，强调用正确的理念、正确的方法做正确的事，强调要重视学校精神的铸炼、核心能力的培养和良好风气的形成。

"据正治校"就是指以正确的理念、正确的方法做正确的事。"正确"既是目标，也是起点；既是标杆，也是依据；既体现在终极评价上，也体现在过程之中。以正确的理念、正确的方法做正确的事，就是要求管理者能从正确的理念出发，采取科学的方法，把好事办好；就是要重视管理者、施教者自身形象对教育结果的影响；就是要重视管理手段的科学化、规范化、人文化；就是要用正确的理念引导人，用规范的制度要求人，用科学的方法培育人，用公正的机制评价人；就是要重视在工作过程中对管理者、施教者自身的培养、塑造、提升。具体需要强调五点：一是正确的办学方向。即学校要严格执行国家的教育方针和政策，红灯不闯，擦边球不打。二是认真的工作态度。认真是成功的关键，能培养坚韧执著的毅力，能激发顽强拼搏的勇气，能造就为事业而献身的精神。三是科学的管理依据。管理依据科学与否决定了教育教学管理工作能否达到预定目标，因此，学校必须充分发挥制度在教育教学管理活动中的作用。四是扎实的基础能力。基础是事业的根本，拥有厚实的基础才有可能造就巨大的成功。能力建设不能玩空手道，特别是职业教育，没有实实在在的基础条件、实训条件，实现不了人才培养目标。五是公正的评价体系。教育教学的评价结果固然重要，但评价过程对教育教学的作用更大，没有一个完整的评价体系，该奖不奖，该罚不罚，其消极作用不仅影响到教育教学本身，对正直者的健康心灵也是一种伤害。

"以正确的理念、正确的方法做正确的事"，体现在办学理念上，就是要坚持"强化引导、注重导向"的原则，采取多种措施对师生进行理想信念教育，使他们确立正确的人生观和价值观，从而培植学校可持续发展的精神动力。我们通过规定读书内容，检查和评比读书效果，引导教职工认真学习科学理论。每学期结束时，学校都要检查全体党员的政治理论读书笔记，检查行政管理干部的政治理论、管理理论笔记，检查党务干部的政治理论、管理理论、党建理论笔记。我们依据政府、企业、家长"三满意"的目标，加强专业市场调研，追踪企业用人动向，强化技能教学。我们依据可持续发展原则，重视学校的内涵建设，重视师德、师智、师能建设，重视学生的身心健康教育。

"以正确的理念、正确的方法做正确的事"，体现在人才培养目标定位上，就是要坚持"育人先于教书、素质优于能力"的原则，引导师生努力践行"理想正、目标正、做人正、干事正"的行为准则，激励师生诚实做人、踏实做事。选拔干部时，注重工作能力，但更重视人品；评奖评优时，重视工作业绩，但更重视思想品德。学校每年都进行"感动商校"人物"技能标兵""科研之星""教学能手""优秀班主任""优秀管理工作者""十佳学生""十佳共青团员""十佳学生干部""十佳班主任助理"等的评比，并将其先进事迹张榜公布、宣传学习。

"以正确的理念、正确的方法做正确的事"，体现在教育教学管理过程中，就是要坚持"规范程序、注重引导"的原则，高度重视制度建设，重视按规范做事，重视基础能力的培养，重视工作过程的引导。学校每布置一项重点工作，总是先制订规则，然后按规则进行检查、组织评比。学校高度重视办学基础设施的建设，特别是实训基地的建设，多方争取资金，按标准化、系列化、精品化的要求进行建设。同时，学校高度重视对系科工作的引导，一学期对系科党务、教学、学生等工作进行两次检查，如发现不足，就从制度设计角度分析缘由、寻找缺陷，通过完善制度，把可能的事故消除在萌芽状态。学校每月对系科的党务工作、教学工作、学生工作进行累计积分排名，并及时通过相关措施进行激励和引导。

"以正确的理念、正确的方法做正确的事"，体现在工作评价上，就是坚持"育人先于做事，过程优于结果"的原则，检查每一件工作，不仅要考虑工作效果，还要考虑干部、教师在这一过程中素质有没有得到提高，能力有没有得到加强。对于一些表面成绩不错的人，如果其动机不良、思路不佳、手段不正，不但不予表扬，还要进行批评和引导。

但"据正治校"不是关门办学，不是制度唯一，不是"见物不见人"，不是忽略人文关怀。只有将"据正治校"的"刚"与"人文管理""例外管理"的"柔"有机融合，才能达到现代学校管理的理想境界。由于学校办学成绩突出，周梭校长受到国家主席胡锦涛的接见。

一、一个都不能倒下去

新校区建设，是历练人、培养人、发展人的过程，但也存在腐蚀人的危机。因新校区建设而引发违法犯罪的案件时有耳闻。那么，我们在新校区建设中如何不重蹈覆辙，真正地做到关心人、爱护人、帮助人？

人是最宝贵的资源，我们本着"据正治校"的管理理念和"以人为本"的人文精神，切实做到"大楼竖起来，人不倒下去"。在认真研究了社会上新校区建设违法犯罪的案例之后，我们决定在建新校区过程中，实行"阳光工程"，着力构建预防和惩治腐败体系，以"廉洁建新校区"为主题的教育活动贯穿全过程，并做到日常化、全员化和制度化，建立健全监督制度，加强对新校区建设工作中重要事项的监督。

1. 建立防范机制

学校与所有参与新校区建设的干部和工作人员签订《新校区建设廉政责任书》《新校区建设廉政承诺书》，与各监理单位签订《工程项目监理廉政责任书》，并且建立了项目负责人廉政档案，实施 2000 元（含 2000 元）以上经费审计制度，并定期进行民主考评，有效地增强了项目领导人员的廉洁意识，提高了建设的透明度。

我们主动向上级部门申请委派人员跟踪监督、审计，坚持做到"四个到位"：一是建设项目前期准备工作监督到位，将建设项目立项、设计、招标等工作全部纳入审计视野。二是审计宣传到位，使建设单位和供货商了解跟踪审计的程序、内容和要求，自觉接受监督。三是掌握建设项目情况

关于深化改革、规范管理的讲话

到位，我们定期召开例会，及时了解、掌握建设项目的有关情况，提出审计意见。四是施工现场监督到位，审计人员吃住在施工现场，掌握工程进度和工程质量等情况，对工程款项逐一审核，严格对工程项目的预算、决算进行审计，把好造价控制关，及时核定工程造价。

2. 严格工程招投标制

学校委托招标代理公司负责新校区建设过程中大型项目的招投标具体工作，如施工单位、监理单位的确定等，力求工程招投标规范化，并成立学校招投标领导小组，从招标文件的拟定抓起，所有工程项目面向社会公开招标，确保公开、公平、公正。招投标工作小组对参加投标的公司进行认真的评议，通过检查有效证件、项目负责人或技术负责人的职称原件、单位获奖项目的证书，按照评标标准及评分办法进行认真的打分，将中标候选单位上报新校区建设指挥部审定，最后确定中标单位。对于建筑材料，坚持"多家报价，货比三家，集体决定"的原则，在考察材料厂家时，请代建公司、监理公司派人一同考察，取得一致观点后进入招投标程序。然后把 10 多家供货商的材料进行匿名编号，公开展示，请专家评审，对材料当场鉴定，依据质量排出前 5 名，这是第一步。第二步，依据报价，遴选前 3 名。第三步，进行竞争性谈判，与供货商一对一地洽谈价格，并明确优惠条件，记入合同中的廉政条款，最后确定一家供货商。在工程实施前，对进场物资实施了100％见证取样，其中，国家规定的建筑主材料送扬州市质检站检验，检验合格并经监理认可方可使用，杜绝了伪劣材料流入。

3. 严肃验收工程

新校区工程严格按照国家规范，全过程、全方位进行监督验收。按照工程项目竣工验收要求，基建处会同档案室对竣工建设项目的档案资料进行全

面细致的整理，会同审计人员进行全部单体项目的工程审计，会同财务处进行建设项目的竣工财务决算，并及时向上级领导部门进行专门汇报。

不少施工单位和材料供货商感叹："我们跑了不少码头，像你们商校这样在质量上叫板，在价格上较真，在工期上较劲，还是头一回遇到。你们从不参加我们的宴请，从不接受礼品，我们打心眼里佩服。"

我们认为，对教师、干部最大的关心和爱护，就是帮助他们学会做人，提高抗诱惑、抗干扰、抗腐蚀的免疫功能，堂堂正正做人，清清白白做事。我们在新校区建设过程中，正因为建立了廉政长效机制，构筑了拒腐蚀的心灵长城，才能够确保新校区建设的工期和质量，才能确保施工过程中无一例违纪违法行为，才能确保没有一位同志倒下。

二、谋后而定，详虑笃行

要想将一个专业打造成特色专业、品牌专业，最根本的就是按照现代职业教育和市场规律进行科学论证，贴近市场，贴紧行业，走进企业，针对市场的现实和潜在需求，拓展新专业。我校在开发"宝玉石鉴定与加工技术"（玉雕）专业的过程中，就是依据"谋后而定，详虑笃行"的原则，从而赢得了市场、提高了知名度、获得了美誉。

扬州的琢玉工艺源远流长。据相关史料记载，扬州的玉雕历史可以追溯到夏朝。到了唐代，扬州的琢玉工艺进一步发展。宋、元、明时期，扬州玉器已作为陈列品出现。清代，扬州的琢玉工艺进入全盛时期，扬州成为全国玉材主要集散地和玉器主要生产制作中心之一。北京故宫博物院珍藏的重达千斤、万斤的近 10 件清宫大型玉器多半出于扬州琢玉艺人之手。世间一直有"和田玉，扬州工"的说法，那是因为和田玉是玉中极品，扬州工是玉雕精工。现在，玉雕已是扬州市政府重点发展的民间工艺，扬州有各类玉器企业 300 多家，从业人员数万名。

1. 市场前景诱人

根据国家珠宝行业协会统计，由于人们对玉器的需求呈旺盛态势，玉器生产值近 10 年增长了数 10 倍，产业规模不断扩大，可见玉雕行业人才需求旺盛。市场对玉雕专业人才的规格要求主要是具备开料、抛光和制作技术，高层次的人才还必须具有玉器作品设计和玉器珠宝鉴定技能。

2. 明确发展路线图

面对巨大的市场潜力和光辉灿烂的前景，我们当机立断，开办玉雕专业，并确定了先办好 3 年制中职、待条件成熟后再开拓 5 年制高职的发展路线图。

3. 机遇总是垂青有准备的人

就在筹谋师资队伍的时候，我们得到意外的惊喜，扬州玉器学校（扬州玉器厂厂办学校），因种种原因寻求合作伙伴，我们在第一时间与扬州玉器厂进行洽谈，经几度磨合，最终达成合作办学协议。依据协议，我们从扬州玉器厂调入 5 名专业教师，聘请 8 名高级工艺师和国家级、省级大师为兼职教师。同时，学校还引进对口专业的研究生，加上学校的美术教师，宝玉石鉴定与加工技术专业专任教师共 20 多名。这样，我们就拥有了玉雕教学一流的师资队伍，一举抢占了全国玉雕教育教学的先机。为加强青年教师的培养，我们实施了"青蓝工程""青年教师成长导师制"，同时有计划地安排青年教师到玉雕企业定期培训，促进"双师型"师资队伍建设，建立了一支既能传承又能创新的优良师资队伍。

4. 创新校企合作新模式

一方面，建好校内实训基地，保证教学的需要。目前，玉雕专业拥有玉雕实训室两个，开料室、素描实训室、泥塑实训室、鉴定实训室、学生作品展示室各一个，高速玉雕机 126 台，吊机、电子雕刻机 8 台，开料机一台，以及配套工模。另一方面，加大校外实习基地建设，做好与市场的无缝对接。学校利用知名老字号企业——扬州玉器厂的技术优势和品牌优势，安排学生到企业实习，并逐步形成实习就业一条龙；加大校企合作的力度，利用企业的资金、技术、人才、资源等优势，"借鸡生蛋"，走出一条全新的实训基地建设路径。同时，学校与企业组建玉雕研发中心，玉雕企业在学校投资兴建教学工厂——玉雕生产车间，实施企业来料加工的运作模式，变消耗性实习为生产性实习。这样，学校节省了实习费用，学生提高了动手能力，企业降低了劳动成本，可谓多赢。

短短几年，玉雕专业实现了"三步飞跃"：第一步，从技工学校升为中专再到高职；第二步，从作坊式生产到规模化生产；第三步，首次实现技能鉴定。这促进了玉雕工艺的进步与提升，起到了引领行业发展的作用。玉器专家、中国珠宝玉石首饰行业协会副秘书长奥岩等一行前来考察我校玉雕专业办学情况，对我校的办学理念、办学规模和全新的校企合一实训模式给予了高度评价。

三、生产线与课堂同步

在就业形势严峻的情况下，有人说找工作难，找好工作更难。但好工作不是没有，而是你有没有能力去胜任，所以又有一句流行语："有人没事干，有事没人干。"

我们通过走进企业调研，找到了解决问题的路径，即学校必须与企业深度合作，建构"全程式"工学结合课程体系和人才培养模式。自 2003 年以来，我们就本着"专业需要，企业需求，合作共赢，互惠互利"的原则，针对以上出现的困境，先后引进多家企业入驻学校，形成了校内有生产线、企业中有学校的办学格局，创建合作新模式。

1. 实施工学交替模式

2005 年，经过几次的合作协谈，我们确定培养模式的合作对象是扬州玉器厂，同时确定了两个合作方向：一个是将扬州玉器厂自己办的学校兼并过来，把原有一部分技师引入学校工作；另一个方向是将该公司的部分生产线移至学校，由学校出场地，由企业出设备及加工原材料。该培养模式借鉴了德国"双元制"教学模式，实施工学交替，校企合作培养。基地同时也是企业生产车间，学生用企业提供的原材料，在技师的指导下进行玉器制作，成品由企业负责带走并销往市场。具体包括以下三项：一是企业技师和教师对学生进行岗前培训，主要包括产品知识、生产工艺、安全教育、企业文化等。二是实施企业化管理，学生在上课期间也是在顶岗生产阶段，同时也是企业的员工，企业按员工要求对其进行管理，并进行考评与奖惩。三是同工同酬，学生与企业的正式员工同工同酬，享受同样的待遇，可计件取酬。这种人才培养模式突破了传统的教学模式，使学生的学习内容更接近实际，学生在真实的企业环境中感受了企业、了解了企业，缩短了步入社会后的适应期。

2. 实施共建共育模式

我校电子类专业学生，虽然很受欢迎，但工作不够稳定，该专业经过摸索构建了共建共育模式。专门从事精密电子及元器件生产的川奇光电科技（扬州）有限公司，2004 年开始与我校洽谈。最初，该公司只接受学生实习见习任务，这种合作方式，未能充分挖掘企业的资源优势，也未能充分调动企业培养学生的积极性。经过商谈，对方与我校达成共建电子类专业的共识，签订了共同培养电子电工专门人才的协议。合作方式有四种：一是共同招生；二是合作培养，教学计划在政策允许下共同制订，文化课、专业基础课由学校承担完成，专业课、实践课由企业承担完成，实习指导教师、实训室所用设备由企业和学校各提供部分，培养方式采取半工半读的人才培养模式；三是学生安置由校企共同负责，以企业为主，学生入校即与相关企业签订就业意向，实施班级冠名班并提供奖学金和助学金；四是风险共担，利益共享。共建共育培养模式，能够使理论与实践得以有机结合，受到学生及其家长的欢迎。

与意大利合作学校签署协议

3. 实施专向培养模式

为了充分挖掘"扬州三把刀"文化的品牌效应，发挥学校的专业优势，我们极力促进校企紧密合作。学校与人民大会堂机关服务中心、中共中央组织部机关服务中心、财政部机关服务中心、外交部机关服务中心等中直机关联合签订培养协议，协议强调把我校作为这些中直机关服务中心的人才培养基地，这些机关服务中心每年接受我校一部分毕业生。这不仅极大地提高了教师的教学能力，锻炼了教师队伍，扩大了学校影响范围，而且为企事业单位创造了良好的经济效益。

与中组部机关事务局领导签订用人协议

4. 实施双进互动模式

为加强师资队伍建设，发挥企业技术人员在专业建设、人才培养等方面的作用，近年来，我们在校企人才交流方面也进行了积极探索，初步形成了双进互动的人才交流模式。主要做法如下：一是成立专业建设专家指导委员会。专家委员会的成员包括企业技术专家、高校教师及学校的部分骨干教师，主要任务是围绕课程设置、学生能力培养、实习实训安排、专业拓展等进行研讨，为专业建设提供智力支持。二是聘请企业有关专家和富有实践经验的师傅为特聘教师或实习指导教师，对于符合教师任职条件且企业与本人愿意的人，将其调入学校从事教学工作；三是分期分批选派专业教师到企业进行实践锻炼。学校与企业、教师与技师的双进互动，有力地促进了学校教师队伍建设，加强了校企合作关系，对实现学校人才培养与企业人才的零距离对接发挥了重要作用。

实践证明，校企合作是学校发展的生命线，是学校生机与活力的根源所在，是职业学校发展的必由之路。

四、中专生也能当小老板

中专生能当小老板吗？毕业后能找到工作就不错了！我们在学校提出要开辟学生创业园，开设专业课程指导学生创业时，许多人都持怀疑态度。现在，经过几年的实践，人们不但消除了疑虑，而且学校创业教育也开展得如火如荼。

1. 赢在起跑线上

学校成立了顾问团队，对学生创业进行全程具体指导。在项目申报之初，专业老师即引导学生寻找与专业相关的项目，以减少其陌生感。项目进行过程中，首先，学校组织本专业的专家对有创业兴趣的学生进行每月一次的培训，在创业指导思想上给予理论支持；其次，学校指导学生在制订创业计划书时，严格按照公司的章程逐步办理，必须有公司名称、标志、管理制度、财务制度、组织结构、应急预案等；再次，指导教师对每一个创业项目进行跟踪指导，即时调整方向，解决学生遇到的难题。我们通过以上三个方面，让学生赢在起跑线，为学生创业工作保驾护航。学校还成立了创业沙龙，让全校创业者及有志创业的同学进行交流，分享成功的战略举措，剖析失误的环节，并且让各创业指导教师和创业负责人谈创业的关键及体会，学生们在分享中增加了丰富的理论知识，为日后走上社会自主就业或创业奠定了坚实的理论基础。

2. 扶上马送一程

学校明确了对学生创业工作给予大力支持的政策，将各系发动学生创业工作纳入学校的量化考核，支持各系鼓励学生创业；同时全面鼓励学生创业，将"评优评先"与创业挂钩。此外，对进入创业园区的创业项目，学校不收取租金，从经济上支持学生创业工作。

凡经过审核的创业项目，学校均给予资金上的扶持，以帮助学生做大、做好、做强。学校首先免除房租，解决了创业公司运营成本中最大的一笔投入。其次，专门安排人员与社会企业联系，以帮助他们筹措启动资金。再次，对一些前期投入较大的创业公司，学校则提供一些桌、椅等办公设备，以减轻资金压力，确保运转；对一些运转较好、产生一定社会效益的公司，学校还给予专项奖励。

3. 在市场的浪潮中磨炼

学校对学生的市场意识、社会适应能力非常重视，对以学生创业为主的技能创新活动非常关注和支持。学校各部门都高度重视学生创业工作，在每个学生创业项目立项前，由校领导、专业骨干教师和企业专家组成的小组进行项目审核，并且制订了严格的进园规则，定期对各创业公司进行考核评估，按市场化模式进行管理。

经过几年的发展，学校形成了专门的创业区域——"创 yi 生活园"。"创 yi 生活园"由各具特色的不同区域组成，共有 30 家创业实体，这是学生的创业家园，也是全省首个职业学校学生创业园。"yi"是"意、谊、益、异"的统一。"意"指学生创业对国家、社会、学校、本人都非常有意义；"谊"指学生创业要创出友谊，创出情谊，学会合作，创出团队精神；"益"指创业对学生有益处，对构建和谐社会也有益处；"异"指职业学校学生创业具有与众不同的特点，是标新立异。

江苏省教育厅副厅长殷翔文在参观"创 yi 生活园"后感慨："我去过很多学校，你们学校的创业教育是最具特色的！"江苏省教育厅厅长沈健视察"创 yi 生活园"后，高度肯定我校为学生提供创业实践机会的做法及所取得的创业成绩，连声夸好！中国职教学会管委会成员在学校视察时，也对学校的做法予以了肯定。

中国职教学会管委会成员视察我校

五、教育科研是学校发展的第一生产力

朱永新教授在《享受教育》一书中说："学校发展的第一生产力是什么？我认为是教育科研。"对此，我们深信不疑。5 年前，学校提出"科研兴校"的口号，很多同志不理解，甚至有人说："职校教师搞教育科研是不务正业。"而现在，写论文、做课题在我校已蔚然成风。近几年，全校教师发表论文 700 多篇，在江苏职业教育创意论坛上获奖的有 226 篇，连续 4 年保持

江苏省职业教育创意论文获奖数量全省第一的纪录并蝉联"创意论坛"组织奖。另外，学校开发校本教材近 40 部，正式出版教材 28 部，出版专著 1 部；立项课题共 20 多项，有 8 个课题已结题。学校荣获 2009 年"江苏省职业教育主题教研先进学校"称号。抚今追昔，我们感慨万千。

1. 强力推进教科研工作

由于我校在 2002 年才从技工学校升格为中等专业学校，3 年后又跨入 5 年制高职学校行列，学校的跨越式发展凸显出诸多方面的"短板"。比如，教科研能力薄弱，没有一项课题，教师发表论文屈指可数。这样的教科研水平显然与 5 年制高职学校不相匹配，对学校的专业建设与课程改革的发展也极为不利。但由于历经长期的技工教育，很多教师只重视技能教育，教育科研意识相当淡薄。在不少人看来，教科研深不可测、遥不可及，那是专家、教授所从事的工作，作为普通教师，只要上好课、教育好学生就行了。还有人认为，每天备课、上课、开会、批改作业、管理班级，一天下来，强力推进，哪有时间搞什么教科研……针对这些"声音"，我们利用各种场合跟他们讲：社会在变化，教育对象也在变化，倘若仍然依样画葫芦，工作效率可想而知；我校脱胎于技工学校，专业建设和课程改革非常薄弱，如果不重视教科研，学校将没有出路；教育科研不仅能加快教师的成长，推动专业建设和课程改革，还能提升学校的核心竞争力。

事实证明，当初强力推进教科研工作是正确的决策。5 年来，学校专业建设快速推进，课程改革深入发展，3 个专业被评为优秀专业，11 个专业成为省级示范专业，能取得今天的成绩，归功于教科研。

2. 让教育科研步入正常的轨道

2008 年，学校成立教科所，出台《科研工作条例》，规定教师科研基数与相关责任，并对 50 岁以下教师在一定时期内必须完成的科研任务作了规定，这一规定极大地调动了广大教职工参与教科研的积极性和主动性。

2009 年，学校实行"人人写论文，个个有课题"的战略，要求每位教师必须严格按照条例规定的基数完成科研任务。除已参与国家、省、市及联院课题的主持人之外，所有中高级职称以上的教师都要参与校级课题申报和研究。

3. 尝到教育科研的甜头

我校共开发了《热菜工艺教程》等 6 册校本教材，建立了"主题筵席设计"精品课程网站，有 7 篇论文公开发表并获奖，进一步构建了烹饪工艺与营养专业实践教学体系。

王国维在《人间词话》中所谈到的人生三境界——"昨夜西风凋碧树，独上高楼，望断天涯路""衣带渐宽终不悔，为伊消得人憔悴""众里寻他千百度，蓦然回首，那人却在灯火阑珊处"，正是我们从事教育科研所经历的迷茫、探索、顿悟的三重境界。相信只要有"衣带渐宽终不悔"的信念，我们定会找到属于自己的"灯火阑珊处"。

六、这是一所有文化的学校

"这是一个有特色的学校，是一个有文化的学校，是一个有精神的学校。"这是教育部王继平司长在江苏某一学校考察时发出的由衷感叹！

这是哪一所学校呢，是像南京大学、东南大学这样的高校呢，还是像金陵中学、南师附中这样的名牌中学呢？

不是，都不是！这是一所职业学校——江苏省扬州商务高等职业学校！

职业学校？不就是培养学生技能的吗？把学生技能教好就不错了，也讲"文化"？能有什么样的"文化"？

不错，这正是社会上不少人对职业教育的一种误解，对职业学校的一种误读，对职业学校学生的一种误判。

问题出在什么地方呢？怎样解决这些问题呢？

校、系领导班子经过认真反思、讨论，认为问题就在于"素质"二字。这二字我们知道，但思想上还不够重视；措施有一些，但只局限于文化知识的灌输，方法和手段还不够新鲜、不够有效。怎么办？大家认为最有效的途径就是发挥校园文化这一隐性载体的育人功能。

1. 打造优秀的环境文化

学校按照园艺理念设计，强调点、线、面结合，追求自然与人文的融合，建设了中心广场、庭院、亭台、林荫步行道、水体等，增加了广场绿地、院落绿地和运动绿地等绿色景观，促进了绿色校园、生态校园的形成。同时，细化局部文化布置，在教学楼、办公楼的过道两旁布置内容丰富、格调高雅的优秀学生作品；在实验实训中心悬挂大师、名师的感言、警句；在教室中布置各具特色的班级名片、团员阵地等；在寝室里强化干净整洁、温馨雅致的环境意识；在草坪上设置"小草青青、脚下留情"等提示语言；在楼梯、电梯口张贴"上下楼梯靠右行"等温馨提示；在宿舍区围墙上打造"文化墙"，布置各种道德漫画；厕所里，张贴有关节水、讲究卫生的幽默故事……用无声的语言提醒师生，打造文明校园。

2. 打造高尚的精神文化

通过反复讨论、总结提炼，我校形成了"天道酬勤"的校训、"崇尚卓越、超越自我"的校风、"博学善诱、严谨求真"的教风、"手脑并用、德艺双馨"的学风。同时，通过校报、校刊、校内广播电视、校园网等加大宣传力度，通过举办演讲会、报告会，开展"感动商校人物""奉献之星"的评选活动，努力形成浓郁的学习氛围，使"三风一训"成为激励师生奋发进取的重要精神力量。

3. 打造科学的制度文化

一方面，以落实三大规范为契机，对学校党群、纪检、组织、人事、教学、学生、招生、就业、后勤、基建、财务、图书信息等各方面的工作职责和制度进行梳理和完善，编印《江苏省扬州商业学校管理制度》，使各方面工作有章可循、有据可依；另一方面，通过强化机制创新，根据"校本""生本""师本"的原则，结合学校现有资源特点，制订《学生手册》《学生行为百分考核手册》《学生实习就业手册》《班主任手册》《教师手册》《导师手册》《学生入党必读》《班主任工作条例》《教师聘任制》等，强化教育引导，提升学校科学化、人本化、规范化、特色化管理水平。

4. 打造特色的专业文化

学校将相关专业的历史典故、知识、名言警句、导师寄语、教学操作与成果展示、用人标准、专业模拟场景、企业图片展示、市场人才需求信息、行业与专业的发展趋势、业内成功人士的资料、"双基地"（实习就业基地、人才培养基地）、优秀毕业生介绍、教师挂职锻炼介绍、领导参观访问照片等，利用各种形式，进行大型展贴宣传。同时，积极鼓励各系学生组建专业协会及学生社团，结合专业特点开展为民服务活动，结合职业岗位开展技能比赛活动，营造浓厚的专业文化氛围，引导学生加强专业技能学习。

5. 打造先进的企业文化

按照职教规律，营造企业氛围。我校所有的实训室都仿照真实的企业生产场景进行设计，从设备安装、生产操作流程、生产区和教学区的划分以及环境的布置等方面，无不高度模拟真实的企业生产环境。学校制订了严格的实验实训工作纪律、管理制度、安全和卫生规范等，要求学生根据企业的工作要求进行实训，穿工作服，戴工作帽，排队进出实训室；积极探索和推广"双百分"教学模式，不仅对学生生产的产品进行考查，还对学生生产的过程进行评价；通过"真刀实枪"地进行动手操作与训练，使学生熟悉企业生产、经营和管理的工作规范和流程，提升其职业意识和职业素养。此外，在校企合作方面进行积极探索，吸引企业在学校建立冠名班，进行来料加工，组建"教学工厂"，推进产、学、研一体化，让学生进企业，让企业进学校，在校园中形成浓厚的企业文化氛围，为学生将来走向社会、适应岗位打下良好的基础。

6. 打造丰富的活动文化

学校结合重大节日或重大主题，开展形式多样的活动，对学生进行爱国主义、集体主义、理想信念、遵纪守法、传统文化、国史党史、学校历史和学校精神等教育，以提升学生思想文化素养；结合职业岗位开展技能比赛活动，结合就业开展职业生涯设计比赛，结合专业特点开展为民服务活动，在活动中提升学生的专业技能，培养其专业兴趣，增强其专业意识，提高其专业素养；加大社团建设力度，扩大志愿者队伍，成立舞蹈队、合唱团、摄影兴趣小组、球迷协会、书法兴趣小组、英语兴趣小组、古筝兴趣小组、文学爱好小组以及男女篮球队、排球队等，开展主题演讲、文艺表演、大合唱比赛、辩论赛、动画美术作品大赛和计算机编程成果展、网页设计比赛、棋类比赛、漫画展、小品原创比赛、手抄报比赛、模特礼仪展示、英语情景剧比赛、课本剧比赛、技能竞赛等，提升学生综合素质；实施阳光体育工程，坚持全校师生课间练太极或跳"三十二步"舞，促进师生身心健康。

7. 打造文明的行为文化

学校加大对学生行为的引导力度，利用国旗下讲话、主题班会、主题活动，积极引导学生认识自然、社会、人生，追求理想；充分发挥校报、报廊、板报、电子屏、校园网、广播站的作用，潜移默化地影响学生；开展早读诗文、晚自习练书法、课间练太极活动；实施读名著、诵名篇、赏名段、品名画、唱名歌的"五个一工程"；开展企业文化名片、班级文化名片、班主任文化名片的设计与展示活动；提高学生文化素养，培养其儒雅的气质，使其举止文明、行为规范，为他们未来发展奠定良好的基础。

学校独具特色的校园文化已成为师生员工的精神支柱，成为学校发展的动力，有力地推进了各项工作的顺利开展。

七、染于苍则苍，染于黄则黄

多年来，学校始终坚持以经济发展需要为前提，以培养"综合素质优、专业技能强、文化品位高、就业（升学）创业能力优且具有一定特长"的人才为目标，培养高素质劳动者和技能型人才，为经济社会发展提供智力支持、技能支撑。

人力资源市场需要什么、不需要什么，已成为办好职业教育的重要依据。曾有教师抱着"一技能走天下"的传统人才观，认为技能好了，素质自然而然就会好，用人单位只注重技能，而市场的回答却是"不"。

用人单位对员工的素质要求不断提高。在 2007 年暑假期间，学校组织部分教师兵分几路奔赴大江南北，了解市场需求，走访用人单位，对毕业生进行跟踪调查，进一步掌握企业对人才规格的新要求。我们发现，越来越多的企业管理者转换了经营理念，从重视传统资本效用到重视人力资源开发，由做产品到做文化，由家族式管理到职业经理人管理。企业品位不断提升，企业对员工综合素质的要求也在不断提高，企业看文凭，但更重视员工的素质与能力。返校后，我们从走访调研反馈的信息中了解到，各企事业单位对我校学生的技能水平非常满意，但在诚信、守时、守纪、人文素养等方面对学生提出了更高要求。具体要求是：素质要高，有较好的思想品质和人文素养；敬业爱岗，有吃苦耐劳的精神；诚实守信，严守商业秘密；协调沟通，妥善处理人际关系。

为此，我们组织全校上下进行反省与思考，举行了专题分析会、座谈会、报告会、反思会，达成了学生技能和学生素质同等重要、素质要优先于技能的共识。而现实情况却是职业学校的学生普遍具有"形象思维活跃，抽象思维缺乏，自我约束不严，行为习惯不良"的特点。在初中学习阶段，他们是失利者，家长的失望、社会的歧视、教师的放弃，在不同程度上打击了他们的自尊和自信，使他们在心理和行为上不同程度地存在偏差。为了把他们培养成适合经济社会发展的高素质劳动者和合格公民，我们着力建立了以素质能力为中心的学生评价模式和由学校、行业、企业等多种社会组织参与的学生评价机制，其中最有效的抓手就是"行为百分考核"。

1. 推行"行为百分考核"的目的

实施"行为百分考核"的目的在于提高学生服务国家、服务人民的社会责任感、勇于探索的创新精神、善于解决问题的实践能力，重点培养学生"尊重劳动，尊重劳动者"的核心价值观。具体方式如下：一是注重过程性教育、过程性评价、过程性管理，引导学生在技能学习、知识学习的过程中，不断矫正自己、完善自己，养成良好的行为习惯，更好地适应企业和社会的需要。二是将学生行为考核素质分与学分有机结合,构建学生学业学分、素质学分的整体评价体系,改进学生素质报告单的内容和形式,增加促进学生成长的素质评语,强化激励与引导。

2. "行为百分考核"的实施

"行为百分考核"由各部门、班主任、全体教职工、学生共同参与考核。学校学生工作委员会对"百分考核"进行监督和解释;各系负责宣传、指导并组织师生实施本方案;各班成立由班主任及学生代表组成的行为百分考核小组,班主任任组长,全面负责考评工作,详细记载本班学生加、减分数的日期与原因。考评小组将每位学生的得分情况每周汇总并公示一次,并及时录入学生行为百分考核系统,每两周组织学生写半月反思,由班主任点评小结一次。根据学生入学时的综合情况,每个学生每学期定基本分60分,在此基础上,根据其日常表现,对照加分扣分项目,本着公平、公正、公开的原则进行加减分。期末统一结算,结算结果为学期实得德育分数,若积分超过满分100分,仍以100分计。每学期学生德育积分在90分以上者为优秀;76—89分为良好;60—75分为合格;60分以下者为不及格。学期末,班主任将"学生行为百分考核量化统计表"交系部存入班级档案,并填写告家长书,将学生的综合评定结果告知家长。本考核结果是学生学期操行等级评定的重要依据,并直接与学校的集体和个人评优评先、贫困补助、入团入党、就业等所有切身利益挂钩。

3. "行为百分考核"初见成效

从细节着手,从小事做起,"行为百分考核"是全面、完整、动态地记录学生的成长档案、德育档案,全面记载学生的学习、生活、活动、人际关系、遵章守纪、好人好事等方面的行为,同时进行量化考核、综合评价。"行为百分考核"突出学生在过程中的积极体验,培养学生的自主意识和自控能力,促进学生思想品德发展,确保行为习惯的养成教育落到实处,提高了德育工作的实效性,搭建了一个师生和谐发展的平台。

八、让学生活起来、笑起来、动起来

在新一轮课程改革中,探究、促进学生全面而有个性发展的课堂教学新模式,切实提高课堂教学效率,全面提高教育教学质量和水平,为社会培养和造就高素质劳动者和技能型人才等问题,摆在我们面前。

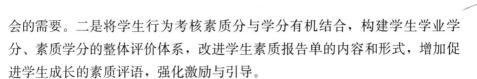

1. "主题教学模式"的由来

2010年8月，我校组织教学管理干部到兄弟院校参观学习，在听取有关学校关于"任务单、活动单"导学的课堂教学模式介绍之后，我们很受启发。经过学习讨论，我们觉得目前通用的教学方法主要有两大类：一类是项目式教学，侧重于按照工作流程整合知识内容，以项目的形式进行教学，但这种教学方法只是偏重于学生"会做"，忽略了学生综合素质的提升，特别是忽略了对学生自主获取知识能力的培养；另一类是"任务单、活动单"导学模式，侧重于对学生自主学习能力的培养，挖掘学生潜能，教会学生学习的方法，但这种教学方法并不适用于所有课程，特别是职业学校专业种类繁多，技能项目复杂，"任务单、活动单"导学无法做到通用性。如何将二者整合起来？大家集思广益，最终开创了适合职校发展的"主题教学模式"。

2. "主题教学模式"的内涵

该模式是为方便学生学习，将教学内容整合成若干主题，按照主题组织学生开展学习的教学模式。它主要培养学生自主学习、自我管理、合作互助的能力，使学生在各种主题活动中建构知识，生成自主学习的能力，为学生未来就业、转岗、升学、留学等培养可持续发展的能力。

3. "主题教学模式"的主要教学环节

该模式的主要环节为：自主学习→互助探究→展示交流→多元评价→能力生成。在具体的教学组织中，可根据教学内容和活动进程，围绕主题，在主要教学环节中增加新的环节，如插入教师讲解、引导等。其特点为：先学后教，以学生自学为主；以学定教，只讲学生不会的；以教导学，尽量让学生通过互助解决问题。

陶行知先生曾说过："教是为了不教。""教会孩子怎样学习"应该是教育的最高境界。

4. 推进工作的一波三折

教学模式定下来之后，接下来就是如何实施的问题。学校制订了推进工作方案，并在不同的层面上为教师开展讲座、宣传教学理念，同时要求教务处处长率先在全校范围内开设示范课。

"主题教学模式"在推行之初，受到了来自各方面的阻力。首先是教师，特别是老教师，他们多年来养成的以教师"讲"为主的教学习惯很难改变。青年教师也不情愿，因为备课不仅要准备教案，还要准备学案；不仅在课堂上"教"，更要在课余时间"导"；备课时间延长了，工作量加大了，讲课有

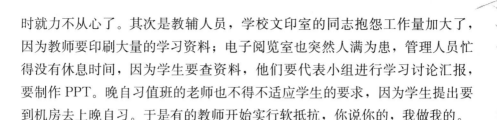

时就力不从心了。其次是教辅人员，学校文印室的同志抱怨工作量加大了，因为教师要印刷大量的学习资料；电子阅览室也突然人满为患，管理人员忙得没有休息时间，因为学生要查资料，他们要代表小组进行学习讨论汇报，要制作 PPT。晚自习值班的老师也不得不适应学生的要求，因为学生提出要到机房去上晚自习。于是有的教师开始实行软抵抗，你说你的，我做我的。

面对这种压力，我们没有退缩，坚信自己的理念是正确的，坚信最终会得到老师们的理解，同时采取了"一正一反一导"三种政策：正面的是激励，提高实行主题教学模式的教师的课时津贴，并大力宣传，将评奖评优、职称晋升、外出培训与之挂钩。反面的是冷处理，如召开学生座谈会，请学生畅谈在本班实行主题教学模式的好处，谈教师一言堂的弊端；组织学生进行教师满意度测评，定期考核，考核结果也与评奖评优、职称晋升、外出培训等挂钩。引导措施是发动各党总支做教师的思想工作，耐心解释教师的职业道德。事实上，哪有教师不希望自己的学生学好呢？通过上述措施，教师的怨言减少了，他们开始积极主动地投身于课改。

5. "主题教学模式"初见成效

目前，教师根据主题教学模式，在备课过程中不仅考虑如何教，更重要的是考虑采取何种手段让学生自主地学，让学生喜欢自己的课。如今，学校每学期都推出一部分实行主题教学模式的教学能手，展示学校新时期教师的独特风采。

教师的视线从讲台转向了学生，学生也突然发现自己在一天之中获得的知识是如此之多，收获是如此丰厚。由于在自主探究和小组讨论中发现了自身被忽略的潜力，得到了教师的认可，学生心情愉悦了，笑容展开了，能力提升了，自信心增强了，觉得学习也变得更有意思了。

"玉在山而草木润，渊生珠而崖不枯。"在学校实现可持续发展过程中，最重要的是学校的战略管理。随着时代的发展，战略管理已经成为管理学校的至宝，战略管理对促进学校发展的作用越来越直接，对提升学校发展的势态越来越关键，对提高学校发展的效率越来越明显。

职业学校的战略管理，从宏观来讲，是指从学校现有资源出发，致力于抢抓机遇，求得和谐发展，在动态中求平衡、科学的发展，在非均衡中求整体协调发展。从微观来讲，是指从战略角度促进学校可持续发展，在"人"与"事"的处理上把"人"放在首位；在发展与稳定问题上把发展放在首位；在素质与技能发展上把素质放在首位；在制度与措施取舍上，把制度放在首位。同时，确立"有所为，有所不为"的意识，把主要资源、主要精力、主要力量放在积聚有限资源、构建特色专业、打造特色团队、建设特色学校的平台上来。

基于这一认识，我们在学校发展过程中确立了"三本"理念，即"学校以发展为本，校长以教师为本，教师以学生为本"；确立了"以人为本、以仁为体"的德育理念；确立了"尊重个性、珍爱灵性、提升德性"的德育原则；确立了"民主管理、科学决策、据正治校、情感关怀"的管理理念；确立了"先制订游戏规则，后做游戏"的管理原则。

在发展路径上，我们把学校日常工作的处理、日常问题的解决与学校长远发展、制度建设、整体形象结合起来，有效克服"单打一""急就章"的思维弱点。在表与里、破与立、形与质、整体与局部、重点与一般的结合上做好工作，从大处着眼，从实处着手。

1. 就校长而言，抓好三个方面

（1）理清发展的思路。校长要从"科学合理、切实可行"原则出发，围绕"超前性强、针对性强、操作性强"的目标，理清工作思路。理清发展思路并不容易，需要校长做到四点：一是头脑清醒，视野开阔，目光敏锐；二是审时度势，捕捉机遇；三是把握重点，谋划全局；四是集思广益，博采众议。

（2）妥善解决发展中的难题。对于学校发展过程中的难题，校长要做到四点：一要正视，二要知难而进，三要沉着应对，四要找准突破口。只有这样，才能不乱阵脚、不乱方寸、保持清醒。

（3）努力创造发展的环境。校长要把创造有利于学校发展的内外部环境作为自己的重要职责。具体要做好四个方面的工作：一是努力营造有利于加快学校发展的政策和制度环境。二是光明磊落，公正无私，律己待人，既要坚持原则，又要虚怀若谷；既要承担责任，又要不揽功、不诿过；努力用人格力量艺术化地解决矛盾，使所有同志在平等、宽容、团结、和谐的环境中奋发进取。三是做好选能任贤工作，把坚持实干、政绩突出、群众公认的干部选拔到重要管理岗位上来。四要身体力行地埋头苦干，不事张扬，不急功近利，不搞政绩工程。

2. 就学校工作来说，努力实现六个结合

（1）日常工作的处理与学校核心发展力的培植相结合。在学校发展过程中，一项工作完成了，新的任务又出现了，如果把主要精力放在应对不断涌现的日常工作上，就有可能忽视学校发展的大局和整体，特别是对学校生存发展具有决定性意义的核心发展力的培植。战略管理要求我们在重视现实工作的同时，不能忘记抓大事，要做到抓小不忘大。

（2）日常问题的解决与学校制度的完善相结合。从理论上讲，战略管理就是从整体推进工作的思路出发，统筹兼顾各个层面的问题，多维度解决问题。遇到具体的问题，既要采取有针对性的措施加以解决，又要把解决问题的措施列入制度体系之中，通过制度的建构从根本上予以解决，也就是先制订游戏规则后做游戏。

一些出现概率比较大或对师生影响比较直接的问题，从制度层面予以解决。

（3）重点工程的强化与学校整体工作的协调相结合。任何一所学校，都有重点工作，对于重点工作要重视，对学校发展方方面面的工作都不能忽视。我们要把重点工作的处理与学校整体工作结合起来，学会在抓住重点时不忘记一般，在处理一般问题时围绕重点。抓重点并不意味着对一般的忽视，学校在抓一般时应注意突出重点，学会从整体出发解决局部问题。

（4）顺境时的发展举措与困境时的应急对策相结合。任何发展客观上都会遇到顺境和困境，学校发展也是这样，也存在顺境与困境。所以，处于顺境时，不能忘乎所以，而应居安思危；处于困境时，要看到光明，要有信心，懂得"物极必反，否极泰来"的规律，学会在无路可走的时候拐个弯。市场竞争的现实告诉我们，顺境更值得警惕，更要引起我们的警醒。作为学校，在顺境时更要谨慎，想到困境时的对策。作为个人，要懂得进退，知道在什么时候应个人服从集体、局部服从全局、舍小利求大利。

（5）基础设施建设与文化学校的打造相结合。要提高职业教育的吸引力，加强学校文化建设是重要路径。一些戴着有色眼镜的人认为，职业学校只注重技能、比较务实，但素质低下、缺少文化品位。这样一来，有些人得出职业学校是"没有文化的军队"、是文化缺失者集合地的结论，从而削弱了职业学校的吸引力。为此，我们要实功虚做，既要加强技能教育，又要注重文化修养；既要加强基础设施建设，又要注重文化校园的打造。同时，要引导学校所有教职员工从面临的机遇和挑战中寻求激情，增加忧患意识、使

命意识，形成"逆水行舟，不进则退"的紧迫感，找到差距，不甘落后，保持豪迈的激情和昂扬的斗志，拒绝平庸，追求卓越，开拓进取，奋力争先，创造一流专业、一流学校。

一位有识之士曾经这样说："文化不是抽象的东西，它的核心其实就是我们的日常生活方式，并且从我们的床、我们的餐桌和我们的阅读方式开始。"这就启发我们要努力做到三点：一是宏观把握学校发展全局，把办学理念落实在学校发展目标和培养目标上；二是坚持在传承中创新，体现时代要求，实现自身价值和社会价值的统一；三是彰显品牌特色，使学校文化入脑、入心、入岗位，找到文化岗位的落脚点。

（6）结果考核与过程评价相结合。在学校发展过程中，要注重结果，更要注重过程，不能只考虑眼前的发展而给学校的持续发展埋下隐患。我们在学校管理过程中，采取月度积分方式，引导系科管理者注重问题的解决，要求基层管理者在工作过程中"多尊重、多引导、多示范、多鼓励"。

从战略管理角度我们得到这样的体会：学校不是用最好的人，而是用最适合的人；管理者要超越自己，去完成单个人无法完成的使命，这需要勇气与雄心，同时又要通过他人去实现目标，这需要谦逊与包容；每一种文化都蕴涵着对管理的理解，因此我们要学会兼容并蓄；马不打不快，事不逼不成，千里马也需要马鞭，保持适度的压力是有利于成功的；运用常识时要和大家保持一致，否则就难以被群体接纳；十样会不如三样好，三样好不如一样绝；在平常的群体中关注出众的人，在出众的群体中关注平常的人。

江苏省扬州商务高等职业学校在办学方向上实现了由单一技能教育到素质能力融合的跨越；在就业基地上实现了以市内为主到全省全国的跨越；在内部管理模式上实现了由一级（校）到二级（系）管理的跨越；教育理念实现了由管事、管人到以人为本的跨越。这使一所学校的品牌和影响力得到了全面提升。

1. 引科学理念，"据正治校"贯穿始终

正确的指导思想永远是行动最有效的指挥棒。在不断的探索中，该校逐渐形成了"据正治校"的管理思想。"正确的办学方向、认真的工作态度、科学的管理依据、厚实的基础能力、公正的评价体系"不仅是学校贯彻"据正治校"的全面体现，更是对这所职业学校办学理念的最佳诠释。无论是人才培养目标的定位，还是教育教学管理过程，或是工作评价，"以正确的理念、正确的方法做正确的事"的"据正治校"理念一直贯穿始终，为学校的跨越式发展奠定了科学的思想基础。

2. 贴市场需求，办学模式不断创新

职业学校必须要有自己的专业特色，必须贴近市场、贴紧行业，针对市场的现实和潜在需求，建立自己的品牌。因此，江苏省扬州商务高等职业学校立足当地琢玉工艺的比较优势，贴紧市场需求，定位于玉雕专业人才的培养，通过培养一批优良玉雕专业师资及校企合作新模式的实施，使得玉雕专业实现了"三步飞跃"，成功打造了学校的特色和品牌。"工学交替、共建共育、专向培养、双进互动"办学模式也有效地促进了教师队伍建设，密切了校企合作关系，成为学校发展的生机与活力所在。

3. 重文化积淀，教育科研蔚然成风

"综合素质优，专业技能强，文化品位高，就业创业能力优且具有一定特长"是学校的人才培养目标。在这个目标的引领下，学生们不仅技能强、素质高，而且就业与创业能力也得到充分的挖掘，很多学生通过创业教育当上了小老板，在市场的浪潮中磨炼、成长。染于苍则苍，染于黄则黄，江苏省扬州商务高等职业学校以周俊校长为领导的集体，带领全体师生充分发挥了校园文化这一隐性载体的育人功能，打造环境文化、精神文化、制度文化、专业文化、企业文化、活动文化、行为文化，为提高学生文化素养及未来发展奠定了良好的基础。同时，为了增强学校发展的可持续性，学校提出"科研兴校"，使学校理论研究与实践教学互相促进，进一步推动学校的发展，这对开启职业学校的科研风气也具有一定的示范意义。

（点评：李梦卿）

创新管理，成就卓越风采

——山西省潞安矿业集团职业高中

名校／名校长简介

赵书通，中共党员，获清华大学 MBA 硕士学位，自 1976 年起从事教育事业，至今已历经整整 35 年。在教育战线上，他孜孜不倦地耕耘，勤奋不息，从一名普通的数学教师到校团委书记、政教主任，再到副校长、副书记、校长，这一路走来，赵书通所付出的，是一名教育工作者所能付出的全部心血和汗水。2000 年，赵书通临危受命，担任了潞安集团职业高中校长。他以过人的胆识和勇气亲手改写了这所学校的历史，造就了今日的辉煌，同时也造就了一位长治市著名校长的人生辉煌。

在赵书通校长的科学管理下，潞矿职高全体教职员工团结协作，努力拼搏，终于使潞安矿业集团职业高中于 2004 年 6 月通过国家级重点职业高中验收。从 2004 年起，学校面向潞安集团招收订单培养中专生，先后开设了焊接、化工、矿山机械、洗煤、配发电、煤化工、井上电钳、电焊、井下机电、煤矿安全、地质等专业，为企业发展培养了大批实用型技术人员。从 2007 年起，学校结合企业发展需要，先后开办了多种员工培训班，如煤炭行业特有技能鉴定考评员培训班、社会化质量考评员培训班、铁路行业特有职业技能鉴定培训班、新员工岗前培训班等，培训涉及50多个工种，培训人数累计达到10000余人，在潞安集团发展壮大的关键时期，适时建立起了稳定的企业员工培训基地。

潞安集团职业高中始创于 1988 年，到 2000 年时，由于内外部主客观原因制约，办学遇到瓶颈，全校全年只招到 60 名学生。2000 年底，潞安集团领导慧眼识才，任命赵书通同志担任校长。

赵书通同志上任之后，审时度势，在学校发展的不同时期，先后对学校进行了一系列人事制度、工资制度、管理制度改革，使学校走出了办学的困境，潞安矿业集团职业高中的教育教学工作逐步步入健康发展的轨道。

在管理方面，赵校长首先是注重全员参与，学校所有涉及教职工切身利益的事情，学校党政都要经过充分思考，并认真组织教职工学习讨论，广泛征集教职工的建议与意见，确保了管理层决策的民主性与科学性。赵校长还进一步疏通了校领导与教职工、学生的沟通渠道。他主张：创建和谐、宽松的工作环境，形成和谐的人际关系，满足教职工精神上的需要；在和谐的氛围中加强领导班子的建设，在班子内发扬民主作风，形成团结和谐的良好风气。

随着潞安集团的不断发展壮大，由普教向职教的顺利转型成为潞安集团职业高中最为重要的工作。赵校长确立了"立足潞安办职校，办好职教兴潞安"的发展战略，坚持"兴素质教育，创职教品牌"的教育理念，使学校逐渐形成了培养多种技能人才的职业技能培训基地。同时，他根据学校一贯的办学思路，总结以前的培训经验，结合学校的实际情况，制订了一套成熟有效的职工培训管理办法。

近年来，随着学校的成功转型，赵校长逐步确立了学校的培训指导思想：抓基础培训、专业培训、岗位技能培训。学校按照"以人为本，安全为天"的培训理念，踏实做好培训工作，为潞安集团公司提供了技能人才保障。学校以"面向潞安，适应潞安，服务潞安"为基点，走校企合作之路，创新培训管理模式，建立合作培训模式多样化运行机制，开拓培训工作新局面；以"紧扣专业、科学规划、强化培训"为特点，造就可持续发展人才，提升员工为企业服务的能力，实现标准化、规范化作业，提高工作效率；以"协调、服务、管理"为特点，全面提高服务意识和管理水平，确保培训工作组织有序、实施有效、管理有度，促进学校转向内涵发展。

赵校长还提出，学校要定期开展培训工作科务联席会，规范程序、严控流程，确保培训"入口""出口"工作零误差，使培训工作科学化、制度化、规范化。接到培训任务后，校各级领导召开培训会议，对培训前期准备工作进行安排部署，涉及任课教师、班主任选拔、课程安排、学员资料整理、培训资料管理服务等方面。各个部门相互协调，做好培训"入口"工作，培训期间，定期召开培训小结会，对培训中出现的问题进行深层次剖析和整改。

他主张，要适应学校转型发展需要，整合师资资源，打造"双师型"教师队伍。在培训授课方面，他去企业生产一线中聘请具有实际工作经验且具有一定职称的员工作为培训教师，还外聘专家到校进行专题讲座，同时邀请技术员到厂房指导实践。在校内，他还采取在校教师随堂听课形式，积极开展"传、帮、带"技术比武活动，在全校掀起"比、学、赶、帮、超"的热潮。

通过师资整合，学校在教育教学力量方面有了足够的保障，办学水平得到了较大的提高。

在赵校长的领导下，潞矿职高晋级为国家级重点中等职业学校，跻身于名副其实的上党名校行列。

10年的沧桑巨变，10年的足音盈耳。对赵校长来说，潞矿职高的成功是他用汗水浇灌、用心血培育的，这是他毕生最大的幸福与快乐！

一、惊涛拍岸，卷起千堆雪

赵书通，山西潞安集团赫赫有名的改革人物，秉承着潞安集团光荣的传统，在他的身后留下了一串串闪光的足迹。

2000年底，山西潞安集团率先在集团教育系统进行人事制度试点改革，这场改革可谓摧枯拉朽、前所未有。改革采取公开选拔、平等竞聘、登台演讲、民主评议的形式。"赛马"——集团领导层一个开明的决策使赵书通脱颖而出，走上了潞矿职高校长的领导岗位。从此，这所学校起死回生，翻开

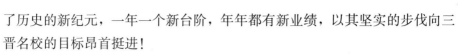

了历史的新纪元，一年一个新台阶，年年都有新业绩，以其坚实的步伐向三晋名校的目标昂首挺进！

有谁曾想，2000 年前，潞矿职高却是另一番景象：寂静荒芜，人心涣散，120 名教职员工围绕着 60 名新招的学生，出现了严重的教学倒挂现象，大批矿工子弟纷纷投亲靠友、转学择校……赵书通上任后，痛下决心，大刀阔斧，猛治沉疴，先后进行了精简机构、人事制度和工资分配制度改革。能者上，庸者让，多劳多得，按劳分配。短短一年多时间，赵书通的成功改革赢得了民心，激活了学校每一个管理环节，使一所濒临倒闭的学校重新焕发青春！

这是一组沉甸甸的数字：

年招生人数一下子就扩大了 5 倍，由 1999 年的 60 名猛增到 2000 年的 300 名，2007 年达到了 800 名。

生源质量：2000 年所招学生的中考成绩平均分不到 200 分，2007 年所招学生的中考成绩平均分超过 450 分。

高考成绩：2000 年为零，2009 年本科达线 120 多名。

在校生人数：2000 年 300 人，2009 年 2200 多人。

教职工人均工资：2000 年 5000 元，2010 年超过 50000 元。

潞矿职高连续几年都被评为长治市模范学校、山西省教育先进单位，2007 年被评为"全国十佳创新校园"。

走进如今的潞矿职高，你会感到一股清风扑面而来，更会感到那花团锦簇、干净整洁、窗明几净、文明向上的一流的育人环境。2007 年，一位老专家应邀来我校指导，他惊叹地说："你们学校的环境完全达到了全国一流，无论软件还是硬件都非常出色。"

的确，潞矿职高那高标准的学术报告厅，现代化的电脑室、图书室、语音室、实验室，高标准的学生食堂，一流的健美操训练馆，一流的灯光球场，壮美的声控喷泉，一尊尊精美的雕塑……特别是校园里数千盆四季盛开的鲜花，更是学校独有的景观。

赵校长说，鲜花是师生们凝聚爱心的一种体现，他们分班分片共同栽种、共同呵护，既营造了学习氛围，又美化了校园环境，既凝聚了人心，又促进了校园和谐，使学生不自觉地养成了一种公德和美德意识。

在潞矿职高，没有随地吐痰、乱扔纸屑杂物等现象，一种特有的洁静令人赏心悦目、叹为观止！

地处郊外的特殊环境，准军事化的封闭式管理，以及从全国各地高薪聘请来的 10 多位教学精英都变成了学校独有的发展优势。

整洁的校园环境

大刀阔斧的改革，为潞矿职高后来公平合理的工资分配制度的顺利实施和推进奠定了基础。在赵校长的带领下，由相关劳资人员组成的改革小组经过多次调研、反复比较和测算，于 2002 年 11 月制订了一套较为完善的工资制度改革方案。2002 年 12 月，在集团二中召开的第七届二次职代会上，这一方案被正式投票通过。

这次的工资改革，以国有企业内部人事劳动分配制度改革意见为指针，实行"按劳分配、效率优先、兼顾公平、岗转酬变、收入能增能减"的分配原则，打破了档案工资，公开了量化标准，增加了透明度，充分调动了教职工的工作积极性。工资改革后，全体教职工收入都有所增加，但提高幅度不同，其中提高幅度最大的是年轻骨干教师，而不是行政领导；工资最高的是在教学一线中承担工作量最多的教师，而不是管理人员。工资改革后，请假的少了，主动工作的多了，教职工的工作热情空前高涨，出现了教师争着代课、职工抢着干活的良性竞争局面。

第二次工资改革方案在广泛征求全体教职工意见的基础上，也已于 2004 年 12 月 26 日经学校职代会正式通过，并于当月起施行。这次工资改革考量了每个岗位的工作量和技术含量，真正体现了重实绩、重贡献的原则，从而大大增强了教职工的岗位责任感，起到了促进工作、提高绩效的作用。

二、走进大山，情系贫困生

走进潞矿职高，如果留意，你会发现，在这所学校中有两类学生，他们的肤色、表情、举止、语言都有很大区别。他们一类是矿工子弟，一类则是来自大山深处的山里孩子。这些山里娃，就是曾和他们有过相同命运的赵书通校长从太行山的旮旯沟里接来在此上学的"小客人"……

"安得广厦千万间，大庇天下寒士俱欢颜。"赵校长要把他所领导的中学办成一所广济太行山区贫困学生、关爱低保家庭贫困学子、托起大山希望的爱心学校……

于是，上任不久，他便开始将那些贫困但又渴望求学的山里娃们一个个接了过来，使他们能够在潞矿职高开始崭新的生活！

为了使太行山一带广大优秀贫困学生能够重返课堂，赵书通在担任校长后，每年暑假期间，总是自己驾车，和同事们在太行山寻访，有时会一连30多天马不停蹄地走访十几个县城的几十个乡村。有时候，天色晚了，他便住在深山里，在那些贫困孩子的炕头上与他们一起探讨人生、谋划美好未来，也曾苦口婆心地去说服那些孩子们的家长，鼓励他们让子女上学。油灯下，孩子们的家长流泪，他也流泪，孩子们和家长微笑，他也微笑。吃着那农家的酸菜、玉米面"圪垯"，他心里总是浸润着一种品不尽的甜意……

一晃10年过去了，赵书通领导的潞矿职高10年间共培养了上千名太行山贫困地区的学生，让他们得以完成高中学业，其中大部分学生考入了大学。每当这时，赵书通就会感到满足和欣慰。

太行山里四乡八邻的乡亲们，一传十、十传百，口口相传，他们十分感激这位爱心校长。每当收获的季节来临，乡亲们总会用他们特有的表达方式将自己家中的大山土特产送到学校，让赵校长尝鲜。赵书通也不推让，就将这些东西收下来，分给学校的教职员工们……他说："一定要收下，不能推，如果推掉了，就等于推掉了乡亲们的一份情意，就会伤害乡亲们的心。这份情意会激励我们更加悉心体味教书育人的责任！"这种情意使学校有了一种凝聚力，也更有了一种奋发向上的勃勃朝气……

三、烛泪无声，焕得少年智

从2001年开始，赵校长在潞矿职高设立了一个"校长信箱"。这在潞矿职高学生中产生了不小的反响。他每天都能收到学生们的信，这些信的内容大到学校管理，小到吃喝拉撒；上到教学改革，下到同室矛盾……这个信箱开设10年来，已经收到学生们5000多封来信。赵校长件件有答复、事事有交代，他对不同问题作出不同分类和处理，使潞矿职高达到了一种空前的民主、和谐氛围……

设立校长信箱源于一次去宿舍查房。一天夜里11点钟，看到一间学生宿舍的灯还亮着，赵校长推门而入。当他了解到，由于家庭生活贫困，那些被他免去学费之后在此读书的几百名学生中还有相当一部分学生生活费也特别困难，他们每天的生活费不足两元钱，甚至每天只能吃一顿饭，有的时候只是吃一袋方便面了事，他十分痛心，也感到了自己的失察和责任。就在这次查房的第二天，他设立了这个能让每个孩子诉苦、求救的"校长信箱"。同时，他又为那些贫困生发放了补助救济金，为他们排忧解难，这使他们不禁热泪盈眶。校长的答复张贴在学生来信"回音壁"专栏上，"校长信箱"一下子拉近了校长与学生们之间的距离，赵校长一下子成了学生们的贴心人。随后，他又号召师生们成立了爱心基金会，他和学校班子成员每周还开设"校长接待日"，使和谐校园充满了温暖的阳光。

2003 年，当一个贫困生成为潞矿职高第一个考取本科的大学生时，这位爱心校长的脸上露出了会心的笑容⋯⋯

韩晶，是赵校长从平顺县大峡谷接来的特殊贫困生。在她 3 年学习生活中，一切费用全免，除去了她家庭的烦恼。当她接到大学通知书后，交不起学费，又是赵校长发动学校教职员工捐赠 3000 元，点亮了韩晶的心灯。当然，在潞矿职高读书被免除学费，考上大学后又得到学校捐赠的贫困学子还有许多，如来自五阳矿的农民工子女张娅茹、张晶晶等。这些贫困学子一批批走进来，又一批批被送出去。在他们每个人心中，都有一种母校情结，因为母校对他们的关怀。

上任 10 年来，赵校长对上千名贫困学生实行全免费，仅 2007 年来到潞矿职高的全免费生就达 200 多人，10 年总计达 500 多万元。但又有谁知道，赵校长资助贫困生的举措，付出了多大的代价？他担任 10 年校长，学校建设最初是靠老师们集资的 30 万元起步的。10 年中，他的教学设施都是靠一件件赊回来的，他 10 年中连年还旧款、连年欠新债。但就是在这种情况下，他仍不改初衷，肩负着义务免费招收和培养优秀贫困生的社会责任。他现在还背负着近 200 万元的外债。皇天不负苦心人，赵校长和他领导的学校负重前行，义务培养贫困生，终于换来了今天巨大的社会效益！政府表扬他，人民尊重他，潞矿职高也有了全新的面貌和意义！赵校长被上党人民投票评选为"长治市感动校园十大人物"，同时，他还获得长治市十大名校长、山西省教育系统先进工作者、全国煤炭教育系统百名优秀校长、全国十佳卓越创新校长等荣誉称号。

荣誉当之无愧，暖流涌动校园。

四、关心教工，激发兴校情

10 年来，赵校长带领潞矿职高改革，教学质量快速提升，赢得了潞安集团领导的信赖和关爱，因此在潞安集团的大力支持下，潞矿职高 10 年来用于改善教师办公、生活环境的资金高达千万元，所有办公室都配备了电脑，宿舍环境特别好。

为了丰富老师们的生活，学校花钱让一名老师专程去北京体育大学学习瑜伽，再回校进行传帮带。2010 年，学校利用自身开设的铜管乐队专业优势，启动教职工组成教师铜管乐队。赵校长说："这个举措可谓一举多得，一是演奏人员相对固定，流动性小，不像学生，刚刚练习差不多了，就到了毕业的时候；二是丰富了教师们的精神生活；三是教师可以练就一技之长，辅导学生。"

为了提高教师们的整体计算机操作技能，学校出资派人到北大、清华进行专门培训。这些人学成归来之后，利用每天下午的课余时间对全校教师进行辅导，使得全体教师利用信息化进行教学的水平快速提高。2010 年 11 月，语文教师关志淳在参加全国中职教师课件选拔赛中获得山西赛区第一名，并代表山西参加全国比赛，获得优秀奖。

为了提高教师们的业务水平，学校让教师们分批分期赴北京、太原等地听课，并高薪聘请名师来校指导。

为了培养教工的团队精神，10 年内学校组织班主任、中层干部两次赴北京怀柔生存岛进行拓展训练。

10 年来，潞矿职高没有进行模范评比，而是通过推荐向上选送，这在很大程度上减少了内耗，有利于工作，使教师们和谐友爱、团结进取、努力拼搏。

学校让所有的代课教师每周做一道高考题，期末考老师，对前三名进行奖励，对最后一名进行诫勉谈话，但不公布其姓名，连续三次考倒数第一名，自动下岗，这已经成了一个不成文的校规！

所有教职工亲人病故，无论路途多远，学校领导都要亲往进行慰问和吊唁。所有女教师生子，每人 3000—5000 元的接产费全部予以报销。

学校每个学年根据考试成绩向老师们发放质量奖，最高的可以拿到10000 元。

物质生活在不断提高，精神生活在不断丰富，还有一方教书育人的独特天地，老师们怎能不奉献自己的青春与激情？

五、特色奇葩，当惊世界殊

潞矿职高的铜管乐专业和健美操专业为两张含金量颇高的学校名片，它们使学校插上了理想的翅膀！

2004年1月11日，对于潞矿职高铜管乐队的学生来说，是一个值得永远铭记的日子。他们第一次在神圣的天安门广场亲眼看到五星红旗冉冉升起，把自己的心和祖国紧紧贴在了一起。

在天安门国旗护卫队营地，师生们与护卫队官兵同台联欢。寒风凛冽，却丝毫不减同学们心中激动的火焰，铜管乐队的同学们为全体官兵吹奏《国歌》，铿锵澎湃的乐曲回荡在北京的上空。学生们精彩的独唱、热情奔放的健美操、活力四射的街舞、招式精美的武术等，把潞矿职高的形象留在了国旗护卫队全体官兵心中。

这一年的1月12日，在"第四届全国校园春节联欢晚会"现场，铜管乐队一出场就以宏大的气势赢得满堂喝彩，他们身披"中国潞安走向世界"的醒目彩带，演奏着《迎宾进行曲》，喜迎各方宾朋，还激情演奏了《双鹰旗下进行曲》，高亢的曲调、磅礴的气势震撼了晚会现场的每一个人。正如央视著名主持人张泽群所赞："这样完整的一支铜管乐团，很难相信他们竟然来自一个煤炭企业的中学。"晚会组委会的领导也给予他们高度评价："你们虽然是一支学校乐队，却具备专业乐队的水平。"赵书通校长从教育部领导手中接过奖杯时，激动之情，溢于言表。潞矿职高的学生用行动证明了自己的实力，向世人展示了他们的风采。

瑰宝陈之华堂，方能夺人眼目。这支铜管乐队用自己的方式，在北京把"中国潞安走向世界"的凯歌奏响。

铜管乐队能有如此不俗的成绩，源于赵校长的改革。

2001年4月，赵校长毅然把目光转向特色教育上，那就是开设铜管乐专业，成立军乐团。他顶住压力，积极协调，到长治，上太原，购买或赊来乐器，请来教师，经过艰辛努力，不到一个月，一个拥有60多名队员的铜管乐队终于成立了。乐队成立之初，条件艰苦，辅导老师和学生们克服困难，每天起早贪黑，利用节假日训练。经过大家的不懈努力，铜管乐队现有队员200余人，拥有圆号、萨克斯、长笛等管乐器100余件。已成为一支纪律严明、素质过硬、团结协作、具有较高演奏水平的大型管乐演奏团体。

乐队成立后，多次参加省、市大型文艺演出。2001年7月参加长治市军民联欢晚会。2003年参加山西省"广场文化艺术节"和庆祝"神舟五号"载人飞船成功庆典仪式。2004年以来，连续参加山西省历届人大、政协会议开、闭幕式等。队员们娴熟的演技、饱满的激情、乐于吃苦的精神受到社会各界的广泛赞誉。

潞矿职高铜管乐团，奏出了中国潞安的品牌和气势，被行家们评定为"有国旗班战士整齐的队列，有潞安人勇争第一的气概，有专业水准的经典技巧"。

潞矿职高铜管乐队

2007年暑假，赵校长带领乐队踏上了从天津港开往韩国的巨大海轮，他们在甲板上眺望日出，感受海风的气息，与船员们共同联欢，同享快乐之后，在首尔的校园艺术节上一展中国风采。

在2009年寒假里，赵校长带领铜管乐团踏上东南亚的土地，来到新加坡这个华人的世界，看了来自中国的表演，许多观众流出了激动的泪水。

2010年的暑假，又是这支来自太行山一个矿区中学的铜管乐团，走进上海东方卫视节目录制现场，参加世博会。这一世界盛会的电视节目录制，把他们的绚丽风采留在世界各国人民的美好记忆之中。

特色是奇葩，特色是品牌，潞矿职高的特色多样发展、竞相吐芳、争奇斗妍。

骄人的成绩赢得了学生家长的好评和上级领导的充分肯定。

为使学校的健美操形成品牌，学校曾两次安排老师到北京进行系统学习，从而开创了长治市教育领域的先河。学校健美操队在第二届山西省健美操比赛中获2金、2银、3铜的佳绩。2005年，健美操队、舞蹈队还应邀赴香港、澳门参加文化艺术交流活动，学生们精彩的表演，令港澳同胞称赞不已。

健美操队

近年来，学校仅铜管乐队就有70余名队员被山西大学、长治师范学院、晋中师范学院、淮北煤炭师院录取；健美操队王芳、许雨顺等6名同学先后被广州体育学院录取，还有数百名学生考入其他高等院校深造。许雨顺同学曾代表广州体育学院，赴美国参加国际体育大赛，并取得好成绩，为长治及潞安增添了荣誉。

一所地处山沟的学校，一所以培训为主的中等职业学校，用特色打造品牌，用品牌构建和谐！

六、转型发展，迈开新步伐

2007年，由于国家教育改革和政策调整，取消普职并存的办学模式，厂矿企业的中小学一律由社会接管，潞矿职高属企业办学模式，只好忍痛割爱，取消普通高中教育。这给在普通高中教育中刚刚崭露头角的潞矿职高带来了巨大的创伤。但是，赵校长并不气馁。在他的思维中，不利的因素给他带来的只是挑战！

其实，早在2004年，也就是潞矿职高普职并存期间，赵校长就已经找准了职业教育的办校模式，在取消普通高中教育之后，他便更有机会腾出手来对他构思的模式加以完善。

第一，向企业要订单。也就是对学生进行订单培养，实现定向就业。企业需要什么人才，学校就开设什么专业，培养什么人才。2004年以来，潞矿职高共开设了洗煤、配发电等十几个新兴热门专业，共为企业培养了2000多名专业技术人才。

第二，大力开展企业员工培训。赵校长审时度势，主动出击，联络相关单位、企业，对其员工进行成分批培训，2006—2011年，共培训在岗员工近10000人次。另外，先后举办了新员工待岗培训、煤矿机电工培训、各种技能鉴定、技师晋升职称培训等大门类的培训项目，深得受训人员和委托企业、单位的

员工技能培训

好评，为潞安的职工队伍素质提升和跨越发展奠定了基础。

目前，"品牌培训，惠及潞安"的口号已经在潞安的企业中传开，潞安职校实现了"立足潞安办职教，办好职教兴潞安"的目标。

潞矿职高在多年的改革实践过程中，总结出了一套符合自身实际的管理方法和经验，这套管理方法和经验在过去对学校的发展起到了不可低估的作用，使得学校能够克服困难、渡过难关，扩大了学校的招生就业渠道，拓展了办学路子。经过10年的改革发展，我们也看到，这套管理方法在实践工作中也是存在一定问题的，并不是尽善尽美，可以通过进一步的改善，使其更有效地发挥作用。通过反思，我们对管理中的经验教训进行了系统的总结，以便于在今后的工作中避免可能发生的错误，进一步改进教育教学工作的战略方法。

大力发展职业教育是当前和今后一个时期我国教育工作的战略重点和教育事业改革发展的战略突破口。

进入21世纪以来，党中央、国务院把发展职业教育放在更加突出的位置。国家在2002年、2004年、2005年三次召开了全国职业教育工作会议，国务院在《关于大力发展职业教育的决定》中提出把职业教育作为经济社会发展的重要基础和教育工作的战略重点，明确了今后一个时期职业教育发展的目标任务和政策措施，对加快发展职业教育、培养高素质技能型人才提出了新的要求。因为没有足够数量的高素质技能型专门人才和高素质劳动者作支撑，就不可能实现工业化和现代化。我国经济社会发展的实践也证明，资金、技术、少数尖端人才可以引进，但生产服务一线的高素质劳动者和技能型专门人才只能靠自己培养。目前我国生产一线的高素质劳动者缺乏，技能型专门人才紧缺，这个问题十分突出，不能适应新兴工业化发展和社会主义新农村建设的迫切需要。所以，实施科教兴国战略和人才强国战略，把我国从人力资源大国建设成为人力资源强国，必然要求我们要更加重视和加快发展职业教育。

就业是民生之本。当前我国就业和经济发展面临着两个大的变化：一是社会劳动力需要加强技能培养，提高就业能力和创业能力；二是产业结构优化升级需要培养更多的高素质技能型专门人才。

我国职业教育事业正在一个新的历史起点上，经济社会发展对职业教育提出了新的要求，人民群众对职业教育发展有了新的期盼。我们要进一步解放思想、更新观念，提高对职业教育在新时期经济社会发展中的战略地位和重要作用的认识，努力办好人民满意的职业教育。

基于以上种种因素，作为一所职业高中，要进一步明确以服务为宗旨、以就业为导向的职业教育改革发展方针，积极探索"工学结合、校企合作、顶岗实习"的职业教育人才培养模式；面向社会、面向市场、面向企业办学，全面推行素质教育，深化教育教学改革，培养学生良好的职业道德，切实加强学生动手能力和职业技能的培养，使职业教育办学质量显著提高。我们可以做好以下几点：

1. 要深化教育教学改革，合理地调整专业设置，加强课程改革和教材建设，改进教学方法，实行定单式培养，推进弹性学习制度。要加强对学生的职业指导和就业服务工作，促进学生顺利就业。

2. 要大力推进"校企合作、工学结合、顶岗实习"模式。中等职业学校要完善"一年学基础，一年学技能，一年顶岗实习"的人才培养模式，这种三段式的人才培养模式是最近几年职业院校特别是中等职业学校在实践中探索出来的，符合中国的国情，有中国职业教育的特色，有利于培养技能型人才。所以我们要大力推

企业员工培训

广这种人才培养模式，要切实加强对学生职业技能的培养，促进学生在取得学历证书的同时，获取职业资格证书。

3. 要加强职业学校教师队伍建设。当前职业学校师资队伍的问题比较突出，没有高素质的教师，就不可能有高水平的职业教育专门人才。目前，在教师队伍建设中，有两项工作非常重要：一是面向社会，广泛吸引专业技术人员、高技能人才，特别是有专业技能的工程技术人员到学校任职，这是建设"双师型"教师队伍的重要举措。二是建立职业学校教师定期到企业学习的制度，教师必须在规定的时间到企业去学习，了解企业的思想，了解企业的技术和管理，了解当今经济社会发展的新情况。

4. 要加快体制机制改革创新和相关制度建设，提高职业教育管理水平。我们要积极地推进职业教育办学思想的转变，从计划培养人才向市场推动人才培养转变。在实际的教育教学工作中，也需要两个转变：一是从传统的升学导向向就业导向转变，二是从学科本位向职业能力本位转变。

5. 加强人文素养和职业道德教育，是职业教育不可或缺的重要内容。人文教育对人的综合素质的形成，具有不可替代的作用。事实上，无论是普通教育还是职业教育，都不应忽视人文教育。职业教育强调技能培养，绝不是不要人文教育。在突出技能性和职业特色的同时，职业教育应当摒弃功利主义的目标取向，把体现职业特色的人文教育列入整体规划之中，建立和完善职业人文素质的评价体系。只有把"就业"和"做人"统一起来，职业教育培养出来的人才不会是"工具人"和"单面人"。

 专家点评

在山西潞安矿业集团职业高中校长赵书通10年的创新和改革中，彰显了一个名校长人性的光辉和魅力。

1. 教育的魂

10年中取得的成绩浸润着他的教育理想和职业教育理念。作为一所国家重点职业学校校长，赵书通确立了"立足潞安办职校，办好职教兴潞安"的发展战略，坚持"兴素质教育，创职教品牌"的教育理念，逐渐形成了培养多种技术、技能人才的职业技能培训基地。赵书通积极争取培训任务，按照"以人为本，安全为天"的培训理念，抓基础培训、专业培训、岗位技能培训，创新培训管理模式，建立合作培训模式多样化运行机制，开拓了培训工作新局面。

2. 职教的根

职业教育服务于学生和当地经济的功能是职教的根基。赵书通情系太行山贫困地区的孩子，他立志要把这所学校办成一所广济太行山区贫困学生、关爱低保家庭贫困学子、托起大山希望的爱心学校。他足迹遍及太行山区，使太行山广大优秀贫困学生重返课堂；他设立"校长信箱"、学生来信"回音壁"和"爱心基金"，为学生排忧解困；他为贫困生减免学费并号召全校师生为困难学生捐款，成就了一个又一个贫困生的大学梦想。为了服务潞安集团公司的发展，学校按照"以人为本，安全为天"的培训理念，踏实做好培训工作，为潞安集团公司提供了充足的技能人才保障。学校以"紧扣专业、科学规划、强化培训"为培训工作重点，定期开展培训工作科务联席会，规范程序，闭合流程，确保培训"入口""出口"工作零误差，培训工作科学化、制度化、规范化。

3. 校长的本

作为一名校长，赵书通校长善于管理和经营。2000 年，他通过公开选拔、平等竞聘、登台演讲、民主评议，走上了山西潞安矿业集团职业高中校长的工作岗位，先后对学校进行了一系列人事制度、工资制度、管理制度改革，让教师参与管理，调动他们的积极性。他还特别设立了校领导接待日，与广大师生进行面对面交流。他领导了两次工资改革，实施课时（岗位）工资制，以"重实绩、重贡献"为原则，真正考虑到每个岗位的工作量和技术含量。他注重打造"双师型"教师队伍，设置在校教师随堂听课形式，积极开展"传、帮、带"技术比武活动，在全校掀起"比、学、赶、帮、超"的热潮。他善于经营，以特色立校、强校。学校以培训为主业，结合企业发展需要，开办多种员工培训班，培训涉及 50 多个工种，培训人数累计达到10000 余人。他注重特色教育，让学校的铜管乐队走向世界，健美操专业享誉三晋。

4. 学校的彩

在赵书通的带领下，这所年轻的职校绽放出异彩。一组组数字背后书写着学校 10 年的改革历程：在校生人数从 2000 年的 300 人提高到 2009 年的2200 多人；教职工人均工资从 2000 年的 5000 元提高到 2010 年超过 50000元；一栋栋挺拔的建筑述说着学校的辉煌：高标准的学术报告厅，现代化的电脑室、图书室、语音室、实验室，高标准的学生食堂，一流的健美操训练馆，一流的灯光球场，壮美的声控喷泉，一尊尊精美的雕塑……特别是校园里数千盆四季盛开的鲜花，更是这所学校独有的景观。

（点评：佛朝晖）

以人为本，走外向型办学特色道路

——山东省青岛旅游学校

名校／名校长简介

  青岛旅游学校（原青岛第二十九中学）于1958年建校，1986年开始从事旅游职业教育，1994年被正式批准定名为青岛旅游学校，迄今已经走过了20多年的职业教育历程。

  20多年来，学校始终坚持以就业为导向，立足区域经济特点，确定了"着眼国际劳务市场，培养现代服务业人才"的办学目标。同时，狠抓外语教学和品德教育，加强学生核心能力与综合素质的培养，在职业教育实践中走出了一条"外向型办学"的特色道路。迄今，学校已累计输送2900余名学生赴境外实习、工作、留学，其规模和质量均居全省职校前列。

  学校的办学实践得到了学生、家长和社会的普遍认可，学校也因此被评为国家级重点职业学校、全国教育系统先进集体、全国首批中等职业教育德育工作实验基地、山东省教育教学示范校、青岛市文明单位标兵、青岛市德育先进集体、青岛市教育外事工作先进单位等，形成了较有影响力的职业教育品牌。

  目前，学校开设"三二连读"5年制大专和3

年制职业中专两种学制，10 余个专业。主要有：涉外旅游、民航商务、商务日语、国际商务等 5 年制大专专业；旅游服务与管理（导游）、航空服务、旅游日语、旅游英语、国际商务、商务韩语等 3 年制职业中专专业。

一、以人为本

以人为本就是要以人为中心，重视人的发展，充分发挥个人的主动性，真正做到人尽其能。对于学校管理者来讲，就是要以提高教师的职业幸福感为突破口，以实现学生的终身发展为目标，实现学校管理的人本化和教育本色的回归。

要树立"人本立校"的理念，做到"尊重人、关心人、依靠人、为了人"，把以人为本作为工作的指导思想。要形成"人本立校"的氛围，充分发扬民主，把以人为本作为基本的工作方法，体现在学校各项工作当中。要建立"人本立校"的机制，努力提高教师的职业幸福感，最终实现学生的终身发展。

1. 建设一个团结的领导集体

为实现学校发展目标努力工作，这样一个领导集体是学校团结战斗的核心，是教职工的表率，是事业成功的关键。

2. 建设一支进取的师资队伍

学校要不断强化师资队伍前进的动力，为其成长和发展提供和创造各种条件，对其取得的成绩及时给予肯定和激励。在安排任用上，力求做到人得其所、才尽其用。

3. 把学生终身发展作为素质教育的主要任务

学校要真正把学生当成人来教育培养，自觉、积极地实施素质教育。只有真正做到以人为本、发扬民主、重视教师及学生的发展，学校工作才会上通下达、落实到位、沿着正确的道路健康发展。这是教育工作的基本出发点，也是最终的奋斗目标。

二、以德为先

育人为本，德育为先。学校工作与社会其他工作最大的区别就是首先要育人，而育人首先要育德。

学校打造了立体的德育工作系统，形成了"修身·立人"的德育品牌。

1. 观念引领

"适合的才是最好的""在做事中学会做人"等已成为学生耳熟能详的教育理念。

2. 制度规范

学校制订了《诚信公德修养档案》《人才储备库制度》等，将学生个人发展与自身表现相结合，实现制度化管理，走可持续发展道路。

3. 活动促进

学校实施《值周班制度》，在值周期间有计划地组织学校领导与老师探讨学校发展问题；实施《新闻发布会制度》，每隔一周发布学校发展情况，邀请部分家长参加，真正实现学校、家长、教师、学生多方互通，促进学生参与学校管理，提高其个人主人翁意识和沟通交流的能力。

"理念先行，制度规范，活动实践"，这是青岛旅游学校立体化德育体系的主要架构。

三、以研促教

教学工作是学校的中心工作，而教学研究是提高教学水平的重要手段。教育科研可以使学校充满浓厚的学术气息和人文气息，创设良好的育人环境可以使学校各个方面充满生机和活力。

1. 干部带头

干部走进课堂，能够对教师的日常教学工作起到很好的促进作用，也能促进干部自身发展。学校通过一系列活动，形成了浓厚的教研氛围。

2. 成立教科研室

学校成立了教科研室，邀请校外专家参与教学研究与评价，探讨适合学校发展的教学特色，帮助教师完善课堂教学设计，引导教师形成自己的授课特点，培养一批专家型教师。

3. 加强师资培训

学校实行"走出去、请进来"的办法，加强师资培训，增长教师的"见识"，明确"见识"的重要性，与发达地区、特色名校、专家学者进行紧密联系，以提高教师的专业化水平。

四、以特色立校

尊重教育的本质，促进人的完善与发展，是学校办好教育的基础，而办出特色是学校发挥教育功能的重要途径。

我校把"面向市场，实现学生高质量就业；面向国际，引领学生境外发展"作为办学的重要策略，立足国内，占领优质高端就业岗位，向航空公司、豪华邮轮、中南海等输送大批现代服务人员；放眼国际，积极开拓国际市场，引领学生向境外发展，迄今已经向境外输送学生 2900 余人，形成了突出的"外向型办学"特色。

1. 突出外语教学

学校十分重视外语教学，特别是注重口语训练，引进高水平外教，加大对教师专业化的培训，鼓励学生参加外语俱乐部，积极参加各种竞赛，以赛促学，组织学生考取各级证书，为学生境外发展打好基础。

2. 积极开拓境外发展道路

学校积极开拓境外发展道路，通过研修、留学、访学、工作等形式，引领学生走出国门、了解世界、开拓国际视野，以"移动力"增强学生的"竞争力"。

在十几年的外向型办学发展历程中，学校成就了众多学子，改变了他们的人生命运，也树立了良好的社会形象。

实践应用

在十几年的发展历程中，学校经历了理念和制度的逐步完善过程，以创新、开拓的精神打造了职业教育的一张名片。

根据学校和学生发展的实际情况，我们逐渐提出并确定了自己的教育理念——适合的才是最好的，在做事中学会做人，能力加机遇改变命运。这三条教育理念不仅是学校教育学生的指导思想，并且成为他们步入社会后的人生信条。

第一，适合的才是最好的。普通高中不是成才的唯一道路，职业学校可能是广大学子更需要的。普通高中注重理论知识的学习，通常把教学重点放在对课本知识的掌握上，考试成绩是师生追求的最终目标。职业学校除了参照学生中考综合成绩外，更注重他们的特长爱好、技能水平和才艺表演等各方面的专业潜能。我校以就业为导向，注重培养学生的专业技能和实践能力，在学习文化课的基础上，展开丰富多彩的以社会就业需求为方向的专业课学习。那些初中时文化课成绩不好、兴趣爱好广泛、动手能力强的学生都在我校得到了较好的发展，在这里，他们找到了更适合自己的发展道路。学校以质量求生存，以外向型办学谋发展，培养的学生步入社会后懂礼貌、精专业、肯努力，真正成为有用之才。学校给学生提供了很多外派项目和实习的机会，通过众多参加外派项目学生的成功案例，帮助学生树立信心、确立目标。

第二，在做事中学会做人。学生走出校门，踏入社会，接受的第一个考验就是如何做人，学生的诚信和公德素养直接影响着其生存和发展，而如何做人是在"做事"中学会的。学校首先明确了"做人"的标准，制订了《青岛旅游学校学生"做人"标准27条》，提出了学生在家庭做个好儿女、在学校做个好学生、在社会做个好公民的基本标准。学校建立了诚信档案，注重引导学生在"做事"中学会更好地"做人"，使他们形成良好的品德，提高人际交往能力，因此培养的学生受到国内外各大企业的一致好评。

第三，能力加机遇改变命运。在当今世界经济一体化及"打造山东半岛蓝色经济区"已上升为国家战略的背景下，青岛作为山东半岛的龙头，已确定了旅游、港口、海洋三大经济支柱，需要大批具有复合文化背景的旅游、商贸基础专业人才。为此，学校确定了明晰的办学方向和目标：面向国际，引领学生境外发展；面向市场，实现学生高质量就业。学校通过研修、实习、就业、留学、文化交流等五种途径引领学生向境外发展，为学生搭建更高的发展平台，通过引进国内外薪酬待遇高、工作环境好、发展潜力大的项目，实现学生高质量就业的目标。

为了引导学生提升自身能力，顺利地抓住这些机遇，学校调动了"两股力量"，引导、激励、督促学生确立目标、努力学习：一是以优质的毕业出路作为吸引力——学生毕业咨询指导办公室定期通过家长会、新闻发布会、项目说明等宣讲毕业出路、学生的成功案例和各个项目的最新发展情况，引导学生根据自身情况确立发展方向和目标，并且主办了《旅校家长报》，定期介绍学校毕业出路、教育理念（制度）、学习方法指导等，积极争取家长对学校工作的支持和配合。二是以"成才四要素"作为强制力——"成才四要素"是我校学生耳熟能详的：诚信档案达A级以上，修满规定的学分，没有校纪处分或处分已撤销，外语水平达标。当有了好的就业信息的时候，学校会优先考虑推荐达到"成才四要素"标准的学生。"成才四要素"是学生入选项目的基本条件，作为强制性因素，在实际学习生活中已转化为学生实现自己目标的积极性因素。

这些特色理念和制度是学校在不断的探索和前进中形成的，得到了实践的检验，适合旅游学校的实际情况和发展需求，并将随着社会和学校的发展而不断得到完善。纵观我校的发展历程，会发现学校投入了大量的人力、物力，致力于教学、德育和外向型办学三大方面，并取得了显著的成就。综合来看，我校能取得今天的成绩，主要得益于以下几大措施：

一、建立并完善与办学理念相适应的教学管理体系

1. 积极推进课程改革

职业学校的学生容易有厌学倾向，这与知识经济时代对人才的要求背道而驰。要实践学校的办学策略，必须打破常规，设法使学生重视学习，为此，我们推行了适合社会发展需求和青岛旅游学校特点的课程改革。

（1）积极探索和实行学分制改革，逐步建立适应本校特色和专业要求的教育、教学评价体系

职业教育的特殊性质决定了学习者需要的多样化，只有根据不同专业、不同的实际需要，实行灵活的学制和学习方式，才能满足受教育者的愿望，培养出符合现代社会需要的复合型人才。2002年8月，学校引进了先进的教学管理软件，安装了学分制软件并完成了全员培训，开展了学分制教学；加强了选修课体系的建设，在2002级新生中开设了选修课，尝试开展弹性学习制度，先后开出了30余门选修课，为推行学分制迈出了实质性步伐。选修课的开设对学生专业课的学习起到了很好的补充作用，为学生将来就业增加了砝码。

与此同时，学校出台了《班主任考核细则》《教学奖励制度》等一系列措施，力求建立起符合学校实际的教育教学评价体系。因为在近年来的实践中，我们愈来愈发现旧有的全市统考、会考已经不能正确地反映教师的教学质量和学生的实际学习效果。这种大一统的考核方式依然沿袭普教的传统，忽略了职业学校的巨大差异，妨碍了各个学校根据自身特点灵活调整课程设置，也限制了学分制等弹性学习制度的推广，成为制约职业学校发展的瓶颈。在这一点上，还需要上级部门加大体制改革的力度，为职业学校的发展创造更为宽松、自由的发展空间。

（2）进一步完善学历教育和职业资格证并重的教育体制和教法改革

根据"部分教学质量高、社会声誉好的中职学校开设的主体专业，经劳动保障部门和教育行政部门认定，其学生在获得学历证书的同时，可视同职业技能鉴定合格，取得相应的职业资格证书"的政策，我校导游、饭店服务等骨干专业已经具备了这些条件，我们将积极协调有关部门，促成上述事项达成，同时，积极推进在我校建立相关专业的职业技能鉴定站和导游资格考试机构，加强职业教育与劳动就业的联系。

学校在专业课教学中推行先进的教学方法和教学理念，建立"工艺单"项目教学模式，并不断丰富完善，提高了专业课的教学质量。同时注重学生的技能操作训练，组织学生参与专业技能比赛、外语口语比赛、计算机技能比赛。

2. 提高骨干专业的知识技术含量，加大设备投入，加强师资培训

学校重视骨干专业的建设。其中，我校饭店服务与管理专业是全国、省、市三级骨干示范专业；旅游服务与管理是省、市试点骨干专业。2009年，学校又将商务专业纳入骨干专业的建设当中，加大投入，引进优质师资，积极建设实习基地，全面推进学校专业建设。学校积极建设调酒室、化妆室，提高学生的实际操作能力，扩大了学生的知识面，以适应现代酒店对学生专业技能的需要。学校还与"台湾"、加拿大合作建立模拟导游室，实现专业的自动高效运行，提高专业教学的科技含量。

（1）在教师培养方式上，走"校企结合、产学研结合"的路子

学校安排专业教师到国内的饭店、旅行社及国外的宾馆、饭店挂职学习、工作，充实其实践知识与经验，把解决教师理论脱离实际的问题作为提高教师素质的突破口，聘请企业资深人员作为兼职教师来校任教，壮大教师队伍，改善师资结构，逐步形成学校与企业相互渗透的教科研队伍。此外，进一步加大教师境外培训的力度，除

学生在澳门实习

派英语教师参加 GAP 项目及赴澳大利亚进修，派商贸组教师参加亚美欧商务英语培训外，还将继续派送专业教师赴境外研修基地学习国外先进的职业教育理论，提高其专业知识与技能。

（2）成立教科研室，科学进行课堂教学评价

为促进教学改革的进程，改善课堂教学中"教"与"学"的关系，科学地量化和评估教师课堂教学能力与水平，从而整体提升教师的教育教学能力，学校于 2010 年 9 月成立教科研室，建立"课堂教学评价"领导小组，领导小组以"推门听课"的形式进行听课，在课后与任课教师沟通交流，进行客观评价，并将交流内容纳入教师个人量化评定中。

二、形成并发展与办学理念相适应的德育机制

职业教育最不可忽视但又最容易忽略的就是对学生的品德教育。良好的公德修养和行为习惯是学生把握机遇、发展提升的关键因素，是学校形成教育品牌的基本保证。我校是一所具有外向型办学特色的学校，累积已有 2000 多名学生在境外实习、研修、工作。在这些学生当中，不断出现离开宿舍不关灯、洗漱后不关水龙头、代别人打出勤卡等现象，在校生欺瞒师长、抄袭作业、考试作弊等失信行为也是屡禁不止，学生诚信面临失范失控的危机，因此，必须建立起一种良好的评价教育机制，加强学生的诚信公德修养。近年来，学校在学生的思想品德教育方面进行了持续有益的探索，坚持以人为本，以学生为主体，遵循中职学生身心发展的特点和规律，丰富德育内容，提升育人水平，不断增强针对性、实效性、时代性和吸引力，建立了学生思想品德教育的有效机制。

1. 以正确的思想观念引导学生

学校以"适合的才是最好的"作为校园文化的核心理念。美国著名心理学家、教育家加德纳在 20 世纪 80 年代就提出了多元智能理论。十几年来，我校众多学生的成功发展充分证明，无论选择普高还是职校，最重要的是看能否与自身的条件和需求相适应，两种教育并无高下之分，适合自身特点和需求的教育才是最好的教育！因此，"普高"不是唯一的成才道路，"旅校"可能是更正确的选择！我们通过众多外派项目学生的成功案例，帮助其他学生树立信心、确立目标，教育他们对自己的行为负责、对自己的前途负责。

从日本、澳门、新加坡等众多外派项目的经验教训中，我们总结出"在做事中学会做人"的教育理念——如何做人是在"做事"中得以形成和体现的。学校建立了诚信档案，注重培养学生在"做事"中学会更好地"做人"，形成良好的品德，培养人际交往能力，并将学生日常表现与毕业出路挂钩，所培养出的学生受到国内外各大企业的一致好评。

十余年的对外办学，学校共引领2000余名学生实现境外发展，其间有众多的成功案例，也有失败的教训，这些都汇集成学校宝贵的教育财富。学校坚持对毕业学生进行跟踪调查和个案分析，总结提炼其中的经验教训，选取典型案例，汇集成《青岛旅游学校优秀毕业生风采录》，发至各

赴日留学说明会

班和全体教师。同时，通过主题班会、邀请毕业生回校座谈等方式组织宣讲学习，使教育活动更加生动实际、贴近学生。

自2004年始，在《青岛晚报》等媒体的支持下，学校开展了"适合的是最好的""旅校学生在海外""知识＋机遇＝改变命运"等系列案例介绍。通过分析学生的成功发展经历和经验，介绍学校的优质毕业出路，使社会、家长、学生了解学校的办学优势、办学亮点，引起了强烈的反响，在一定程度上纠正了社会对职业教育的偏颇认识。更可喜的是，系列典型案例介绍激发了旅游学校学生的自豪感，对在校学生起到了巨大的激励作用。

2. 开展校园文化建设

为进一步发挥典型案例的教育功效，学校自2005年起开展校园文化建设，投资建设校园文化墙和电子显示屏，营造文明和谐的隐性教育氛围。文化墙不仅介绍了丰富的典型案例，而且还涵盖了学校的办学目标和方向、教育理念、发展历程、毕业出路、小故事大道理等。师生在日常学习工作中可以随时随地得到启发，受到教育和熏陶。

电子显示屏主要显示古今中外名人名言及学校的动态信息等，提升学生的素养，随时提醒学生纪律观念，并使其及时了解学校的动态。

3. 实施有效的沟通机制

学校领导重视与学生、教师、家长的沟通交流、信息传递，现在已基本建立了领导、教师、家长、学生四位一体的有效的创新沟通机制。

学校继续推行新闻发布会制度。2004年，学校建立新闻发布会制度，每两周通过校园电视台向全校师生播报信息，内容包括教育教学、毕业出路、学生案例和有关校务。学校领导现场回复学生对学校工作的意见、建议，同时就学生中存在的问题，结合案例分析宣讲，进行思想观念的教育。在校园中建立新闻发布会制度无疑是一项创举，这在全市范围内是绝无仅有的。校

园新闻发布会具有时效性、互动性等特点，是师生交流和学生展示自我的平台。通过新闻发布会，学校各部门能够及时向全体师生传达学校动态，使信息渠道畅通无阻；学生和学校领导面对面交流，共同解决问题，学生参与管理学校事务，主人翁意识得到提高；学校定期邀请家长代表参与，增进了家长对学校的了解，增强了家长对学校的信任；学生代表定期进行汇报，提升了综合。

4. 建立科学的评价体系

在长期的外向办学实践中，我们通过正反两方面的经验教训深刻认识到：在做事中学会做人、良好的行为习惯和公德修养是学生把握机遇、改变命运的基本保证。学校出台了《诚信档案》《研修生十条规定》《青岛旅游学校人才储备库制度》等，将品德修养与个人利益直接挂钩，有效地促进了学生良好行为习惯的养成。

2003 年，学校依据《公民道德建设实施纲要》《中学生日常行为规范》，在全市率先推出了《青岛旅游学校学生诚信公德修养档案制度》，将品德修养与个人利益直接挂钩，给学生带来了巨大的压力和动力。同时，全校强化监督，量化管理，使全体教师都成为该制度的执行者，切实履行教书育人的双重责任。

《青岛旅游学校学生诚信公德修养档案》管理制度于 2002 年制订，共分为三部分。

第一部分：评价标准。评价标准中详细具体地列出了 27 条学生容易出现的行为现象，并附以相应的分值：A 类（10 分）是较严重的违纪行为，共 7 条；B 类（5 分）和 C 类（3 分）共计 20 条，具体内容已经在班级悬挂。

第二部分：成绩认定。诚信公德修养档案满分为 100 分，学校每学期根据学生的日常表现采取倒扣分的形式，累积确定本学期的诚信公德修养分数。95—100 分为 AAA 级，90—94 分为 AA 级，85—89 分为 A 级，80—84 分为 B 级，80 分以下为 C 级。

第三部分：管理办法。学生管理处对每一名在校生建立诚信公德修养档案并以学期为单位进行分数统计。只有等级为 AAA、AA、A 的学生才享有以下资格：

（1）参加校级及以上三好学生、优秀学生干部、优秀团员等荣誉的评选；

（2）申请学校奖学金、助学金；

（3）申请学校助学贷款；

（4）申请赴日本、德国、新加坡、澳门等国和地区的研修、留学项目；

（5）获得学校的"推荐就业书"，向用工单位推荐就业；

（6）报名参加学校的高考辅导班；

（7）参加学校组织的境外学生访学团活动；

（8）申请接待境外学生访学团定点家庭。

学生诚信公德修养档案制度实施以来，学校已累计纠察违纪行为两万多人次，嘉奖四千余人次。学生从被动接受到主动遵守，从而养成了良好的行为习惯，现在，见面微笑问好、行路右行、礼让等文明行为在我校已蔚然成风。这极大地调动了教师完成教书育人双重任务的积极性和责任感，使德育工作成为一项全校性、全员性的工作。

学校根据赴日研修的经验教训总结了《研修生十条准则》，罗列了研修生活中常见的问题和思想认识上的误区，让每一个研修生熟稔于心，张口能诵，从而在思想深处形成认同感。此外，学校利用校园文化墙、电子显示屏等宣传平台，结合毕业出路选择，介绍毕业生案例，营造旅游学校外向型办学的文化氛围，逐渐使"面向市场，实现学生高质量就业；面向国际，引领学生境外发展"的办学目标成为全校师生的共同追求。

另外，学校建立《青岛旅游学校人才储备库制度》，促进学生完善自我。每届学生自高一第二学期初开始建立"XXX项目人才储备库"，学校所有优质毕业出路，如赴日研修、国际邮轮、澳门酒店、韩国交流、航空公司等项目均纳入项目储备库管理，同时，学校根据

获得优质出路的毕业生

《诚信档案》、班主任和任课教师评议、项目分管主任和学生处主任评议、出勤和外语成绩、体育达标等方面确定分值。项目储备库每学期期中和期末滚动管理一次，每次入库或留库均按上述条件程序进行，从而使库内库外的学生都能保持一定的压力和动力，学生在德、智、体等方面的表现和成绩直接决定个人的利益。不达标、不能进入项目库的学生就不能参与竞争了，从而真正使学生把命运掌握在自己手里。

2007年，我校被教育部确定为"全国中等职业学校德育工作实验基地"，

这对我校的德育工作是极大的肯定。

三、探索并建立与办学理念相适应的外向型办学模式

当今，劳动力跨国流动的数量越来越多，形成了一个庞大的国际劳动力市场。发达国家由于人口老龄化、高技能人才大量短缺以及利用外籍廉价劳动力提高企业竞争力的需要等原因对国际劳动力需求强劲。巨大的就业压力使许多发展中国家将境外就业作为一项国策大力推行，同时比劳动者个人预期更高的出境就业劳动报酬

赴美留学的学生

也是境外就业的主要推动力。旅游学校一直坚持以就业为导向，把"面向市场，实现学生高质量就业；面向国际，引领学生境外发展"作为办学的重要策略。因此，我们适应社会需求，率先开辟了赴境外研修工作项目，为毕业生提供了众多高质高薪的就业渠道，实现了众多毕业生人生的飞跃，这成为青岛职业教育日趋走向成熟的重要推动力。

在全球经济危机的背景下，我校继续坚持外向型办学道路，积极调整办学思路，在保持优势外派项目的基础上，加大对商务类专业的建设，积极探讨"三二连读"办学模式。总的来说，青岛旅游学校共走了以下几步：

1. 实行"集团化办学"，保障外向型发展

职业学校集团化办学是一种新型的办学模式，相对于单体学校的办学模式而言，集团化办学能整合包括资金、人事、管理、信息在内的更多的教育资源，这些资源有助于增强职业学校的办学实力，提升办学质量，从而为职校学生的就业创设更好的条件和更多的机会，为企业的发展提供更多高素质人才，为区域经济、全国经济乃至世界经济的进一步腾飞奠定良好的基础。

在市教育局的关心、帮助和指导下，学校于 1998 年牵头成立了青岛旅游产教集团，集团由岛城几家知名的旅游企业（主要是涉外星级饭店）和多所开设有旅游专业的岛城知名职校组成。一方面，多所职校的联合能解决旅游人才储备的问题，满足岛城旅游企业对旅游从业人员日益增大的需求量；另一方面，组建集团后，为集团内部校企之间的全面合作搭建了一个很好的平台，企业参与学校的教学设计，学校也不再是"关着门搞教育"，可以在

充分了解企业需求的基础上实施有针对性的"订单"培养，为旅游企业输送合格的服务型人才。这一举措，也切实贯彻落实了"职校办学坚持以就业为导向，增强职业教育主动服务经济社会发展的能力"的精神。

青岛旅游产教集团是一个地区性的职教集团，集团的成立密切了我校与岛城的许多职业学校及知名旅游企业之间的联系，在集团内部出台了一些合作协议。在集团成立之后的几年中，旅游学校的学生毕业后能比较容易地获得旅游企业的就业机会。

在认真总结经验和分析市场的基础上，学校于 2002 年 6 月开始酝酿、筹备一种崭新的办学模式。2003 年 4 月 16 日，由青岛旅游学校倡议发起的"东西部百校联合办学协作会"正式成立，首批会员学校 39 所，覆盖宁夏、安徽、黑龙江、辽宁、吉林、河南、河北、山西、广西、山东 10 个省区。协作会主要通过会议的形式来加强和密切各成员学校间的联系与合作。截至 2005 年，我们已经先后组织召开过三次大型的会议，形成了"东西部百校联合办学协作会"章程。目前，"东西部百校联合办学协作会"的成员已达到 130 个，分布在全国各地的 19 个省市，真正实现了"百校合作"，同时也形成了一个巨大的"人才蓄水池"，以覆盖国际劳务为主的境外就业项目。"东西部百校联合办学协作会"这一办学模式开创至今的几年实践证明，这种办学模式是有一定生命力的。

为了进一步加强合作，提高输出毕业生的质量，创出集团的名牌效应，我校于 2006 年 3 月 22 日在"东西部百校联合办学协作会"的基础上牵头成立"十校集团"。"十校集团"是在百校内部选取办学质量高、合作意愿强的十所全国重点职业学校组建而成的，是在"东西部百校联合办学协作会"的基础上形成的集团化办学的核心力量，成立大会在我校召开，共有来自 8 个省市的 25 位职校领导参加。

"十校集团"的成立是我校在集团化办学探索过程中迈出的新的一步，其积极意义在于：第一，有助于合作的深入，进行多元化合作试点；第二，发挥示范效应，夯实"东西部百校联合办学协作会"的基础；第三，使集团化办学在组织管理和日常运行中形成一套系统、完善的标准，建设名副其实的高质量职教集团；第四，促进校企合作、城乡合作、区域合作，进而促进经济发展。

2. 进一步加强与企业的合作，扩大学校的办学自主权

近年来，我校利用多种形式与企业合作办学，取得了一定的成绩，建立了几个实体，但在人员聘用，尤其是校外人员聘用方面还受到现有体制的制约，缺少用人自主权。我们认为，只有打破"单位人"的旧有观念，切实落实关于扩大办学自主权的精神，才能真正加强与企业的合作，增强学校自主办学和自主发展的能力。因此，学校准备建立由合作办学企业及兄弟单位的有关人员组成的顾问委员会和专家委员会，让他们参与学校重大问题的研究与决策，促进职业学校与社会、企业的紧密结合。

3. 积极开拓境外实习就业和留学项目，拓宽学生出路

1996 年，学校在全国率先开辟了赴日本宾馆研修项目，并以此为契机，先后开发了赴新加坡、澳大利亚、美国等国家和地区工作、实习的项目以及赴日本、韩国、法国等留学项目，涉及四大洲十余个国家和地区，输送学生 2900 余人。我校的境外发展项目可以分为以下两种：

（1）境外合作办学

为实现职业学校学生出国深造的愿望，培养高层次职业人才，学校探索实施了多种形式的国际教育合作项目，目前主要有两种合作模式。

①紧密合作型。学校先后与日本等国的企业开办了合作学校，以此突破原有专业设置的限制，拓展了办学方向和途径，实现了教育资源和市场资源的优化整合，为外向型办学搭建了良好的平台。

②松散单一型。即与境外学校在某一专业、某一方面开展某种合作。如我们与日本多所语言学校建立了姊妹校关系，这些学校管理规范，教学质量好，高考入学率高，费用较低，能帮助学生顺利实现国内教育与国际教育的接轨；与韩国的数所大学建立了合作关系，主要面向有志于出国留学的高三毕业生，进行韩国语强化教学，学生在旅游学校预科学习结束，成绩合格，直接升入韩国正规大学就读，并取得正式学籍。此外，学校还与法国拉罗什尔旅游学院、加拿大圣力嘉学院建立了合作关系。

我校已经为为数不少的学生获得过出国留学的机会，这为他们学业的深造提供了有利条件，为他们将来事业的发展打下了坚实的基础。

（2）境外研修、实习、工作

这些项目有：日本宾馆研修项目、勤工俭学项目，新加坡实习项目，以及美国迪斯尼乐园文化交流项目。

这些项目中，开展最早、外派人数最多的是日本宾馆研修项目。该项目为日本法务省的实验项目，由旅游学校与日本友好宾馆协会在全国率先开办，是中国职业教育外向型发展的一大创举。该项目自 1996 年开始实施以来，已经连续输送了15批共866名学生赴日，是旅游学校外向型办学的龙头项目，培养了大批既具有国际酒店管理、服务经验，又能熟练使用日语的旅游服务人才，受到青岛市政府和教育局的高度重视。

赴日研修的学生

除已有的外派项目外，学校不断地开拓学生境外发展的空间。从市场规模看，我国劳务输出最集中的地区是韩国、日本、中东，而输出到韩国的劳务人员人数增长最快。从地域经济来看，作为山东半岛龙头的青岛市在对韩经贸往来中具有无可比拟的优势，韩资企业在青岛市的迅猛发展和大批韩国人的涌入充分证明了这一点。所以，我校近年来倾力于开拓韩国项目，今年的赴韩项目又有了新进展，韩国诚庵中学与我校就互派学生一事达成协议，韩国某酒店也决定每年在我校招收6—10名迎宾员。

（3）调整学生培养标准

在良好的办学形势下，学校领导班子以前瞻性的眼光、忧患的意识，居安思危，未雨绸缪，对传统的职教学生培养标准进行了重新调整，把提高外语能力作为增强毕业生市场竞争力的抓手，以满足现代服务业对人才的技能要求。这既符合青岛市创建国际化都市的区域经济走势，也体现了经济全球化和中国入世后对高素质劳动者的必然要求。

①加强外语教学

学校实施了一系列促进外语学习积极性的办法。如开展每周5句外语学习活动，师生互查、互学，外语学习风气形成；实施外语达标证书制度，将外语学习与参加学校境外项目及就业、升学机会相结合；积极引进高水平外教，丰富外语语种，开设日语、英语、韩语等多种外语必修课和选修课；派遣优秀青年教师赴境外深造，强化语言，学习发达国家和地区的先进管理理念、方法。目前，已有几十位教师先后被派往日本、英国、澳大利亚等国家和地区。

②实施诚信教育

学校结合思想品德教育，出台《研修生十条规定》等规章制度，使学生养成良好的行为习惯、形成职业道德、牢固树立"在做事中学会做人"的观念。

③加强就业服务建设

学校已经建立了就业咨询指导办公室，专门研究和解决学生的就业问题，并对学生就业后的情况进行跟踪。今后学校将继续发挥就业办公室的作用，为学生就业提供咨询指导和其他便利条件，以充分体现服务学生的办学原则。

十几年来，我校形成了较强的特色和优势，但学校的发展并不是完美无缺的，它对境外劳动力市场和留学研修市场及政策也产生了较大的依赖性。2008 年，国际金融危机的发生及其向经济领域的蔓延，对我校办学形成了较大挑战，部分境外就业项目受到经济危机的影响。如加拿大酒店就业项目、国际豪华邮轮就业项目均时间推迟、人数减少。同时，低学历也给"引领学生境外发展"造成障碍。相对于大学生，中职学生基本素质低、外语水平差、社会经验少、自我约束能力弱。如举办 15 年的赴日研修项目对学生的选拔标准日趋提高，除我校外，其他学校均需是大专层次。目前，本科学段的学生也加入研修的竞争行列，中职学生面临着强大的竞争压力。再如，留学的台阶呈不断抬高的趋势。国外院校更多是选择普高学生，对职业学校的毕业生提出了限制。另外，受经济危机的影响，国内外资企业、商贸企业市场疲软，经营不景气，对商贸专业的实习就业也产生了影响。

面对新形势，2008 年以来，学校坚持"以服务为宗旨、以就业为导向"的原则，总结梳理了影响学校发展的办学问题，着重从加强外向型办学、商务专业建设、"三二连读"办学三个方面，深入分析研究制约学校发展的问题，积极采取措施，对外向型办学定位和策略进行了调整。一是继续坚持外向型办学的定位和"面向国际，引领学生境外发展；面向市场，实现学生高质量就业"的策略不动摇，通过与国外学校进行形式多样的教育合作，为学生搭建出国留学的平台。二是筹划学校外向型办学的信息平台、校企合作园和项目培训基地，引进优质研修实习、境外就业、留学深造、访学交流等项目，将学生输送到较高的发展平台，实现外向型办学的扩张。三是在部分就业项目受到影响的情况下，为适应学生的发展需求，积极与境外职业院校合作留学项目、发展语言培训项目，加大留学引导力度（迄今，境外发展 2900多名学生中，留学生占 1/3），包括发展新西兰职业院校培训项目、澳大利亚语言专项培训项目。学生不仅获得了学历证书，而且获得了国际认可的技能证书，同时，还能获得勤工俭学的机会，减轻了家庭的负担。四是继续扩大

与北京、上海等外派公司的联系，着眼于经济危机复苏后的国际市场需求，培植储备项目。五是加强教育教学改革，提高学生素质和外语水平，重点加强外语教学，主要抓好三项工作：首先，采取境外培训和外聘高水平外语教师等形式提高外语师资水平，2008 年组织英语教师到外语培训学校进行了全员培训，选派了 5 名英日韩语教师出国培训；其次，尝试外语教学方法的改革，组织网络语言伙伴，强化学生外语听说能力训练；最后，针对对外项目开展外语培训，加大外语课时量，争取周课时 20 节以上。六是积极联系开辟国内就业市场，寻求适合学生发展的项目。

    "世易时移，变法宜矣！"通过学校这些年的改革实践，我们得出这样的结论：职业教育不可能有固定不变、一劳永逸的模式，职业教育要发展，必须根据社会的变化做出及时而准确的调整，只有这样，才能找到生存的土壤、发展的途径。只有职业教育真正做到了与时俱进，才能拓展出一方广阔的天地！

    跨入 21 世纪，不断面临着经济知识化和经济全球化洪流的严重冲击，中国经济将进入大调整、大转折、大变化、大发展时期。青岛作为我国东部沿海发达城市，不仅需在产业经济及产业结构上不断创新、持续增长，同时对部分特色产业（旅游业等）也应给予极大的关注和重视。因此，在变化性大和竞争力强的知识经济时代，教育必须采取主动、积极和创新的策略，才能培育有创新思维与创新能力的人才，从而不断提升国家的竞争力。职业教育是一个全新的事业，没有现成的模式和经验，与其他教育相比，创新的需要更迫切，创新的空间也更大，包括办学思想和观念、办学体制、管理体制和人才培养模式以及教学制度都要不断改革与创新。我们要以不断创新来创造特色，针对地区的实际需要确定不同的教学内容和质量标准，突出人才培养的特色，使中等职业学校的创新与拓展随着经济的发展稳步向前。

    坚持教育创新与管理创新是我们教育的根本出发点，社会需求不断地在变化，学校管理如果不能以新的方式提供新的产品，仍是墨守成规、因循守旧，则无法应对挑战，也无法取得管理的效果，甚至有可能因内部竞争的冲击而被淘汰。因此，学校管理的定位直接决定着质量意识、经营意识、竞争意识的引入和强化，这是对传统教育观念、学校管理的突破！

一、教育的重要地位决定了学校创新管理的重要性

学校创新管理要着眼于培养具有创新品质的人，而具有创新品质的人正是社会创新的原动力。传统的教育，注重的是将教材的知识传授给学生，让学生明白就行，从而造成教学中的理论化。针对传统教育教学中存在的弊端，我们必须正确分析和研究传统教育中的积极和消极因素。学校既要运用现在成功的经验和办法，又要大胆地进行尝试和创新，只有这样，我们在学校管理中才能充分调动师生的积极性和主动性，使创新管理得到实施。

学校创新的基础是社会创新，只有社会的进步与发展，才有教育规模的扩大和教育水平的提高。教育是人的社会化的重要手段，只有学校培养的人具有现代意识，适应现代社会发展，能够创造美好未来，这样的人才会有利于促进社会创新。

二、加强学校创新管理的现实意义

学校管理应体现"以人为本"的理念。学校在管理过程中要充分贯彻"以人为本"的思想，营造有利于创新能力培养的学校教育环境，从优化德育环境、优化教育环境、优化活动体系、优化评价机制及它们的互动效应入手，探索有利于学生创新能力培养的学校教育创新体系。

在学校创新管理工作中，学校必须建立起一支能起模范带头作用的师资队伍，为人师表，教书育人，敬业爱生，有渊博的业务知识和终身学习的自觉性，掌握必要的现代教学技术，积极参与教学科研、广闻博取、深思熟虑，具有创新意识，以形成具有竞争力的管理模式。

三、学校的创新管理对职业教育的影响

专业特色、专业品牌的打造，是职业学校特色建设的关键。办职业教育，要讲究特色，学校要有专业特色。职业学校，尤其是中等职业学校，在专业设置上一定不能一哄而上，而应该各具特色。一方面，要围绕市场不断调整专业，不能因循守旧；另一方面，要保持专业设置的稳定性和延续性，最大限度地发挥自身优势，选准一两个专业发展方向，切实规划建设，形成独到的特色和品牌。只有这样，才能形成职业学校的竞争力。

我校多年来在专业品牌建设、办学特色等方面，已形成了具有一定竞争力和示范带头作用的骨干专业、示范专业。作为国家级重点学校，学校将始

终坚持专业特色的建设和创新。同时，也会与青岛市乃至全国兄弟学校不断交流，因地制宜，共同制订专业建设方案，一校一专，不贪大而全，力求小而精。每所重点学校都有自己的专业和品牌，在某个专业意义上，每所学校都是强手。这样，校校联手，形成强强联合、优势互补的态势，职业教育的区域竞争力就能得到大大加强，并且形成一批有活力、有潜力、有竞争力的品牌专业和特色学校。

四、学校创新管理的发展方向

1. 坚持以服务为宗旨、以就业为导向，落实创新管理的理念

以服务为宗旨、以就业为导向是职业学校的定位和方向。以就业为导向进行创新，将会给职业教育带来新的面貌和深刻的变化，必须坚持下去。学校要实行更加灵活的学制，要及时调整专业结构，深化教学内容、教学方法改革，注重提高学生的就业和创业能力，要努力形成职业教育课程体系和教材体系。同时，要切实注重职业道德教育、就业观教育、养成教育，提高学生的综合素质，使之成为适应社会发展的自强自立的复合型人才。

2. 创新管理体制，加强教育创新

加强对学校教育创新的管理，制订教育教学和办学水平评估标准，重点要解决在管理中遇到的问题和困难，改善陈旧理念。加强学校内部的管理，学校的管理工作要着重抓好教育教学、教师队伍建设、学生管理、行政后勤、就业招生宣传五项工作，管理既要人性化，又要有严格的执行纪律。

3. 深入落实品牌工程与个性评价

学校逐渐建设品牌工程，充分展示教育教学、管理体制等方面的优势，打造具有特色的个性品牌。同时，注重执行评价标准，通过"师德水平""教学水平""管理水平""个人素养水平"四块的管理运作，以自主建制为依托，以相应的机制作保障，引领职业学校的个性专业发展。一切伟大的创新，都源于发展需求、市场需求，正是时代赋予了学校、教师、学生发展的使命。

4. 学校创新管理的切入点——培养有责任心的学生

教育是面向现代化、面向世界、面向未来、面向孩子的。为此，国家构建和谐社会的发展理念，实施素质教育，推行了新课程改革这一重大举措。在此基础上，我们的办学思想逐步沉淀为"一切为了每一个孩子，为了每一个孩子的一切"，形成以学生发展为本、把学生看做具有鲜活个性和巨大潜

能的教育教学理念，夯实"修身·立人"的德育品牌。

走创新之路，建特色职校，是职业学校一项系统的建设工程。职业学校办学特色的形成，必将经过一个比较长期的积累和沉淀的过程，每一所学校都要有自己的办学理念和发展目标，都要有自己的品牌专业和教学特色，都要有自己的办学模式和文化品位。有特色，才有生命力；有特色，才有竞争力；有特色，职业教育的明天才会更加辉煌灿烂！

专家点评

多元化的职业发展决定了职业教育的多元性，学习者需要的多样化与特殊性使职业教育也有别于一般教育。根据不同的区域经济特征，依照学校特殊的资源优势，从不同的实际需要出发，实行灵活的学制和学习方式，以满足受教育者的不同教育愿望，培养符合现代社会经济发展需要的复合型人才，是职业学校发展中必须要审慎考虑并周密设计实施的重要环节。

青岛旅游学校在发展中充分考虑所在区域"打造山东半岛蓝色经济区"的经济特点，依照学校的优势，确定了"着眼国际劳务市场，培养现代服务业人才"的办学目标。以特色立校，以外语教学和品德教育为特色和重点，全力加强学生核心能力的培养及促进综合素质的提高，在职业教育实践中走出了一条以外向服务为主的"外向型办学"的特色道路。

1. 以特色立校，关键在人

用"以人为本"的理念，创建和谐的机制和氛围是学校发展的重要推动力。青岛旅游学校的领导班子把以"尊重人、关心人、依靠人、为了人"作为工作的指导思想，把握住人的因素，以民主作风推进工作，重视提供和创造各种条件，促进教师发展，致力提高教师职业幸福感，并将结果延伸到学生的终身发展中。"在做事中学会做人"的"修身·立人"德育品牌，奠定了品德教育特色的思想基础，成为学校创出特色的关键因素。

2. 以特色立校，途径多元

该校依照资源优势确定了"外向型办学"特色和多元途径。一是重视外语教学，突出口语训练，引进高水平外教，强化教师专业化培训，帮助教师形成自己的授课特点，培养一批专家型教师。二是开拓境外发展道路，"面向国际，引领学生境外发展；面向市场，实现学生高质量就业。"通过研修、留学、访学、工作以及境外合作办学等形式，引领学生走出国门，以"移动力"增强学生的"竞争力"。三是创建与特色相匹配的教学实施与评价体系，将学历和职业资格证并举，进行产学研结合的集团化实验，建立学校教育基金会，形成领导、教师、学生、家长四位一体的信息沟通机制等，使创学校特色之路越走越宽。

青岛旅游学校带给我们深刻的启示：职业学校的发展需要创出特色，特色的形成受内在因素与外在条件的制约，特色是学校在长期发展过程中积极主动与外部环境逐步契合而形成的，是一个主动建立而非被动发展的过程。有特色，才有生命力；有特色，才有竞争力。

（点评：胡嘉牧）

加强管理，文化治校

——山东省肥城市高级技工学校

名校／名校长简介

郭泗东，男，1961年生，现为肥城市高级技工学校法人代表，肥城市职业教育中心校校长、书记，高级讲师。

从事职业教育20多年，他注重加强学习，自觉把学习当成一种责任、一种工作方式、一种生活态度，努力做到工作学习化、学习常态化；学政策、学法规、学理论、学管理，以学习促提高，以提高带学习，并以自己的示范带动、引领全校师生营造读书氛围，建设书香学校。

在办学实践中，他不断思考、探索职业学校办学模式，遵循经济规律、教育规律、育人规律，积淀、提炼、升华办学理论，形成了"以人为本，立足学生，依靠教师，服务经济建设"的办学思想；提出了"创建促进社会进步、适应学生发展的教育，办政府放心、人民满意的职教名校"的核心价值观；树立了"以育人为本，教学生做人；突出能力本位，教学生做事；以教师为本，突出教师主体地位，彰显教师发展成就"的"双本办学"理念；提炼了"立本、至诚、格致、精微"的校训。他探索推行民主治校、学术治校的新路子，坚持不懈地加强学校文化建设，形成了富有特色的制度文化、管理文化，全校上下精神认同感强，工作凝心聚力，事业发展风正帆劲。

多年来，他以创新型、专家型校长和教育专家为追求目标，以对学校的热爱之情和干事创业的激情为动力，对学校发展定位准、思路明、目标高；带领全校干部教师开拓创新，以特色兴校，使学校由小到大、由弱到强，成为山东省富有特色的职教名校。学校先后被评为"国家级重点职业中专""国家级重点技工学校"。

核心管理思想

学校管理是一项复杂的系统工程，既有一般单位管理的共性，又有其自身的特殊性。经过多年的实践摸索，我校着眼于长远发展，从人出发，以人为本，结合职业学校办学定位，形成了"战略领导，目标管理，机制创新，制度保障，文化提升"的管理思想。

战略领导是指对学校在一定时期统领性、全局性、长远性的发展策略的掌控、引领。我们把"以人为本、遵循规律、和谐持续"作为办学的战略思想，在实践中认真贯彻，引领学校发展；以追求师生幸福作为办学的最高目标，坚持以育人为本，教学生做人做事，为了学生终身发展奠基；突出教师在发展中的主体地位，彰显教师的发展成就；坚持遵循经济发展规律、教育规律、人才成长规律，按规律育人、办学；努力营造"和"的氛围，以和谐融洽的校园人际环境，保证民主宽松的工作环境、育人环境以及和谐的校内发展环境。

清晰可控的目标为学校发展指引方向。根据经济社会发展需要和学校实际情况，我们确定了"省级重点学校——国家级重点学校——高级技校（全国职业教育示范校或特色校）——职业技术学院"四步走的发展规划。在这一规划目标的引领下，学校发展一步一个脚印，已成功跨入高级技校行列。在这一过程中，我们既以发展愿景凝聚人心，也以具体的年度目标推进愿景的实现，同时明确每个岗位的职责和规范，便于调动每个科室、每个岗位工作者的积极性，分解落实整体目标，增强各项工作的计划性。

创新是持续发展的不竭动力。学校坚持进行机制创新，激发学校活力，增强了学校的竞争力。一是理顺运行机制，健全完善了三个体系，即论证决策体系、执行落实体系、考绩奖惩体系，保证了运行机制的最优化和工作效率的最大化。二是完善管理机制，设立了专业部（系），推行学校——部（系）——专业三级管理，明确各层人员的职责，调动各层人员的积极性。三是优化培养机制，在加强文化知识、专业理论与技能的基础上，更加注重学生综合素质培养，提高学生的职业能力。另外，成立心理指导中心，进行心理健康教育；设立图书阅览中心，有计划地组织学生开展读书学习，打造书香校园；重视学生就业工作，注册成立了学生技能人才推介中心，专门服务学生就业。

战略领导的践行、目标管理的落实、机制创新的成效，都要靠制度来保障。我们根据学校实际，按照人本思想和民主秩序，健全学校各项规章制度，汇成《制度汇编》，形成了基本完备的制度体系。制度的生命在于执行，我们在工作中坚持用制度管人、管事、管思想，公开、透明、到位，做到制度面前人人平等。同时，加强对制度落实的督查，定期进行通报，让师生监督制度的执行。

学校文化作为一种软实力，对提高育人质量、办学水平和办学品位有不可估量的作用。我们立足学校实际，培植师生广泛认可的价值观，以发展愿景凝聚人心，用学校文化统一思想，增强广大教师对学校文化、学校精神的领会和认同，引导广大教师自觉践行办学理念，努力培育师生的精神家园、幸福乐园。

 实践应用

成就来源于发展，发展离不开管理。

多年来，学校坚持科学、准确的办学定位，高目标跨越发展；实行人性化、精细化、规范化管理；不断丰富内涵、创新体制、完善制度；建设学习型、创新型团队；提升办学文化品位，形成了科学、规范、充满活力的管理模式，谱写了学校发展的新篇章。

一、战略定位：确保管理和发展的前导性

苏霍姆林斯基说，领导学校，首先是教育思想上的领导，其次才是行政上的领导。校长是学校的管理者，更是学校的领导者和决策者。

办学多年来，作为学校领导班子的核心，郭泗东校长深刻认识到：办好学校是一项事业，事业的生命在于持续稳定发展，而事业的成功根植于管理；要把管理作为一种科学，把握规律，究其内涵；要把管理作为一种艺术，协调引导，激发活力，凝聚人心，从而形成和谐的教育氛围，达到"无为而治"。

为确保对学校管理的战略领导和科学决策，郭校长带领学校领导班子到名校参观考察，参加国家级教育管理培训，到企业调研，听取专家建议，开会研讨，全面学习、理解国家政策，紧跟职业教育改革发展动向，准确把握办学规律，深入探讨管理思想……

高瞻方能远瞩，博智才能多谋，多谋而后善断。

1. 把握规律，准确定位办学特色

职业学校的根本是教会学生学好技能，让学生健康成长、全面发展。因此，管理者要遵循学生成长规律育人，遵循教育发展规律管理。

"没有一流的技工，就没有一流的产品。"学校立足于实际，确定了以适合的专业培养操作能力强、技能水平高的技术技能型、知识技能型、复合技能型高中级技能人才的育人目标。

坚持走实走好"五四三二一"的发展路子，即：充分发挥党、政、工、青、妇五个部门的作用，使之相互推动、形成合力；夯实教师队伍、教学

学生练习技能

设施、文化建设、教育教学科研四个基础；健全论证决策、执行落实、考绩奖惩三个体系；拓展办学层次和品牌建设两个系列工程；巩固国家级重点学校的地位，实现把学校办成起示范带动作用的国家级职教名校的一个目标。

2. 战略决断，确定远景目标

从普通职业中专到省级重点、国家级重点，再到高级技校，学校事业步步壮大，社会地位步步升高。面对成绩，郭校长并没有止步，他又陷入了深深的思考：如何追求学校事业发展的最大化？如何更好地为社会发展培养更高层次的技术人才？

他认真分析了学校师资队伍、专业建设、实训条件、育人特色、办学质量上的优势，于2009年年初提出了《2009—2015年学校发展规划》。规划确定了学校发展的总体思路，明确了学校的发展目标，即建成辐射鲁西南、省内一流、全国知名的职教名校，在创建全国职业教育改革发展示范校、特色校的基础上，积极创办技师学院，再进一步办成职业技术学院、本科学院。

目标的制订，既立足于学校的办学实力，又紧贴当地教育资源，适应市场对人才的需求，保证远景目标根植实际、有条件逐层提高，从而很快地促

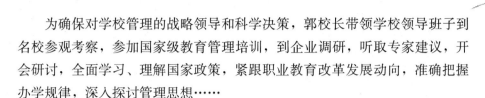

进教职员工达成共识，调动了他们的积极性。

3. 制订章程，确保持续、稳定发展

学校要可持续发展，必须形成自己独特的文化底蕴和优良传统，而这些都应是学校在发展过程中长期积淀的产物，这种积淀无疑是漫长的。

为使学校发展有章可依，避免朝令夕改的现象，学校借鉴名校发展经验，经过反复修改、讨论及教代会表决，制订了《学校章程》。内容包括：教育形式与办学模式、办学思想、管理体制与运行机制、教育教学与人员管理、学生管理等方面。

对校内而言，《学校章程》的制订，在促进学校民主管理、保障教育改革发展、提升依法治校水平上发挥着积极的作用。它使学校的运行和发展有了基本依据，使各项管理行为得到了约束与规范，学校持续健康发展获得了有力的保障，增强了办学的特色与竞争力。

对校外交往而言，《学校章程》则又是办学主张和规则的纲领，是学校塑造自身形象的宣言。

4. 以人为本，引导发展活力

2011 年 1 月 18 日，新学期开学第一天。

5 位刚刚参加工作的年轻教师第二次坐到了郭校长办公室。郭校长详细了解他们工作以来的工作和生活情况，并鼓励他们积极投入工作，提高业务能力，尽快成长。这只是郭校长关心教师成长的一个缩影。

教师是管理对象，更是学校发展的主体。几经整合，学校有教职工 535 人。人员多了，如何凝聚人心，形成发展合力，更是考量管理的艺术。郭校长一直秉承"以人为本"的管理思想，坚持"关心人、依靠人、发展人、成就人"的原则，从而凝聚了党、政、工、青、妇的力量，引发了学校的发展活力。

他倡导"学校是我家"的思想，增强全体职工对学校发展、对学校事业的认同感，让教职工分享学校发展带来的福祉；引导教职工加强对办学文化的学习，增强认同感；坚持民主治校，以公正、公平、公开的原则赢得人心；坚持发展依靠教师，突出教师主体地位，促进教师专业化发展，彰显教师发展成就，激发其工作积极性，关心教师疾苦，解决其后顾之忧；积极稳妥处理合校遗留的问题，温暖人心；开展各种活动，促进人员有效融合……

郭校长善当管理者，更当好了领导者。

二、目标管理：将总体目标细化分解、落实，成效显著

实行目标管理，就是以学校长远发展目标为指导，明确年度目标，并细化落实、高效完成这些年度目标。

1. 引导全体教职工领会学校总体目标和工作重点

学校实行《学校重点工作包保责任制》，把总体目标细化分解，落实到班子成员、各科室、各专项工作小组以及学校的每一个成员身上。每一名教职工与各科室签订目标责任书，所有目标方向一致、环环相扣、相互配合，形成了协调统一的目标管理网络和逐级负责、逐级问责的岗位目标责任体系。

走进每间办公室，印有照片、姓名、岗位职责、承诺目标的桌牌端正地摆在每位党员干部桌上。目标任务层层分解后，就要制订任务分解落实表，内容包含细化目标、推进措施、完成时限、责任人等，这样的表格明确而形象，一目了然，有利于检查、对照。

2. 进行任务进展情况调度

学校通过召开调度会、交流会或点评会等形式，进行目标的阶段性评价与督查，将实现目标的进展情况进行反馈，提出指导性意见、建议，以便责任人及时调整工作策略、思路和方法，保证实效。

目标管理重视结果，但并不等于可以忽视过程。由于形成了目标体系，一环失误，就会牵动全局，丝毫的懈怠和疏忽大意都可能导致严重的后果。因此，加强目标进展过程的管理尤为重要。学校通过多种方式跟踪每一个目标的进展，以过程的有效督查，促进和保证目标的实效达成。一旦发现教职工有困难，就帮助解决；发现有问题，就及时处理，完善工作方法，确保目标运行方向正确、进展顺利。

3. 目标管理重视成果

在参训师生的勤奋努力和学校的大力支持下，2010年，学校参加省、市级技能竞赛都取得了优秀成绩。参赛人员中，有3名学生在山东省大赛中获奖，4名教师在泰安市技能大赛中获一等奖，充分展示了师生高超的专业技能。学校于2010年11月30日召开技能大赛总结会，兑现了目标奖励，激发了广大师生苦练技能的积极性和主动性。

每学期、年度结束，各责任人对目标完成情况进行自我评估，提交书面报告，然后，学校严格按照目标管理方案或项目管理目标，对完成情况逐项

进行考核并作出结论。评价的方式多种多样，或采用师生满意度调查，或采用全体教师、学生家长的评分考核，或依据各类量化结果考核。学校对目标完成度高、成效显著、成绩突出的责任人进行奖励，否则，责任人需说明原因并接受处罚。然后，再以约谈的方式，细究原因，理顺情绪，指导方法，使其获得提高。

目标管理，对于激发教职工工作积极性、提高学校管理水平和教育教学质量起到了积极的推动作用。

三、机制创新：发展和管理的不竭动力

学校管理需要机制保障，高效快捷、良性运行的机制是学校发展和管理的必要基础与前提。

1. 深化改革，创新管理模式

对学校而言，好的机制是发展的活力。

一所中等职业学校如何奠定创办高等级院校的基础？如何实现与高等级院校的有效接轨？如何及早完成教职工在接受管理理念上的转变？

郭校长深入思考，广泛进行调研、座谈、交流、研究。最终，《关于实践科学发展、强化落实责任、提升办学质量的意见》出台，他将学校内部管理模式确定为"学校—部（系）—专业"三级管理层次，全校设立5个教学部（系），将管理权下放、管理重心下移。各基层部门工作职责、目标、内容明确，学校更侧重于宏观调控、协调和考核。

管理模式改革，不仅搭建起了学校大发展的平台，更进一步激发了各部（系）主动谋划、干好工作的积极性。各部（系）从教师课程安排、实习安排、设备管理、学生管理等方面，全面谋划，主动作为，摆脱了依赖学生科管学生、教学科管教学的思想。

有的部主任在早晨学生还没起床就到了学校，晚上直到查完学生宿舍才回家。为增强发展活力，专业部内部搞活动，组织竞赛，把教师团结起来，形成了"你追我赶，积极竞争，共同发展"的局面。

商贸部积极承担进企业授课任务，为不耽误企业生产和学员的工作，他们选择周末等空闲时间安排教师授课，并主动研究，确保授课内容适合岗位需要、工人需要。同时，把就业乐业教育、创业意识等渗透到课程中，深受企业欢迎。

其他各科室同样你追我赶。2010年招生科创新招生方式，在做好常规招

生工作的同时，实行"校校联合、校企联合""校外班、零学费"，多种模式综合运用，招生数量超过了年度任务目标的64％。为给学生提供更好的就业服务，就业推介中心人员不辞辛苦，全面综合考察用工企业，最后确定了三角集团、莱钢永锋钢铁公司、海尔电机等企业作为学生实习就业单位，保证了学生满意、家长放心。公共培训科牵头承担的2010年全市农民培训任务，于11月份提前完成……

作为三级管理的最基层，各专业办在工作中更是冲锋在前。为完成学校下达的市级以上技能竞赛目标，专业主任带头承担任务，指导技能训练，暑假加班加点……超额完成了竞赛预定目标。获得2010年泰安市职业技能大赛电工组一等奖第一名的教师吴荣祥说："面对目标，只有把它变成现实，心里才更踏实。"

2. 建立科学、公平、公正的激励、评价机制

对教师而言，好的机制是干好工作的动力。

激励，体现在突出教师的主体地位上。

在考核、评优选模、培训进修等方面向专任教师倾斜，充分肯定教师对学校的贡献；促进教师专业化发展——通过各种培养、锻炼、学习、进修、科研等手段，鼓励教师在为学校发展作贡献时，不断提高自身素质，实现个人事业成功；落实各项待遇——在技能大赛、招生等工作中取得突出成绩的教职工，享受评优、考核等方面的表彰奖励和物质奖励；发挥教职工参与学校管理的积极性——召开教代会表决重大事项，公示各类奖励、评选结果；召开座谈会谈心交流、征求意见，让教职工代表参与对学校中层干部的评议……充分体现教职工作为学校主人的地位。

变化，体现在教师的工作态度上。

原来，考核优秀指标一来，有的教师钻门子、找关系，千方百计地要指标，而不是平时积极承担工作任务。现在，争着要优秀指标的少了，要课、要工作任务的多了；上班闲聊的少了，积极钻研业务、苦练技能的多了；工作满足于能过得过的少了，积极参与课改、争当名师的多了；小病大休的少了，忘我奉献的多了……

一位上级领导到学校检查指导工作时，和老师们座谈后说："真没想到，老师们的干劲这么足，工作热情这么高涨。"

多种机制的出台，使教职工队伍的精神风貌、奉献意识、主人翁责任感空前提高，全校教职工思想统一、人心稳定，一家人的意识进一步深化。

四、制度保障：学校管理和发展的基础

制度是要求大家共同遵守的办事规程或行动准则，"无以规矩，不成方圆"。

郭校长认为，健全制度才能避免管理的随意性，才能避免管理过程的人为因素，才能促进民主管理，从而依规治校，促进学校协调发展。

1. 健全制度——精细化

翻开学校印发的《制度汇编》，每一位教职工都能将自己的工作标准、职责、规范和书中相应内容进行对号入座。现在，《制度汇编》已成为每个科室、每位教师的工作必备手册。工作过程中，有对学校管理不清楚、不明白的地方，遇到工作中有争议的管理问题，翻开《制度汇编》一查便知。

《制度汇编》作为近几年学校管理制度的汇总，内容包括章程、规划、行政管理、部门职责、岗位职责、教学教研管理、学生管理、后勤管理等各个方面的制度 263 条，各部门职责 143 条，各岗位职责 181 条，成为学校落实管理的教科书。

精细化，不仅表现在学校制度健全，还体现在一件事情在不同时段的管理过程中。《"分时段，明主体"学生管理问责制》中，将学生一天管理按早操、三个饭空、上课、自习、宿舍休息，划分得清清楚楚，做到了 24 小时无缝隙化管理。每一时段有专门的管理人员，职责要求明确，方式方法清楚，确保了学生安全和良好的学习、生活秩序，促进了和谐校园的建设。《"限时段，明责任"后勤服务与管理问责制》同样对全天后勤服务的方方面面作出了明确要求，确保了及时、高效服务，保障了教学活动的顺利实施。

规范化是制度建设的标准。比如，学生实训管理，从着工装等防护装备、工具材料、设备预热，到操作程序的规范，再到完工后设备停用、废料清理、成品排放、设备保养等不同环节的要求，全部按企业生产管理规范、明确、细化，确保学生养成良好的实习习惯，成为受企业欢迎的技术工人。

规范化，还表现在制度标准的数字化。学校考核方案、职称评聘方案、教学常规管理、班级管理、工作量等，所有能量化的方面，全部分层级进行量化，使每一位教职工更加明确工作标准，明确自己需要达到的目标。

目标管理的最终结果，通过落实制度的每一个细节、环节来体现。学校化强制为自觉，避免了矛盾激化和秋后算账的尴尬和冲突。

2. 落实制度——问责化

只有问责，才能体现制度的刚性，才能体现落实制度的决心，才能推进依法治校的进程。不仅学生管理、后勤服务管理需要问责，学校行政管理、教学管理等各方面均需要问责。《责任到人制度》《首问责任制》《问题管理制度》等，进一步对各分项工作的问责管理进行明确和强化，表明了对不负责任的人、不思进取的态度、不干事现象问责到底的坚决。

问责，必须要让全体教职工的认识到位。首先，要求学校干部加强对制度、职责的学习，形成统一的认识，带头做好工作，如有失误，绝不含糊。其次，把执行规章制度、干好工作的意识推行到教职工中去，经过培训教育、学习和干部带头，使教职工们充分认识到学校的规范管理和长远发展必须从最简单的事做起、从细微处入手，做任何一件事、任何一项工作都不能忽视细节，都不能掉以轻心，养成自觉遵守制度、自觉履行职责、高标准完成任务的习惯，形成自觉发挥学校管理主人翁作用的良好风气。

问责，就必须督查到位。督查考核办公室是督促、检查学校各项工作落实情况的职能部门。学校以该科室为主，成立了由校领导任组长、相关科室主任参与的行政督查组，每天检查学校工作的方方面面，督促相关重点工作进度，对检查结果一周一通报、一月一汇总，作为印发工作月通报的重要依据之一，兑现问责奖惩。行政督查组集体行动，避免了检查过程中的"开绿灯"现象。

学生考试考风考纪督查，是最能体现问责和制度落实成效的事例之一。

一些学生文化基础差，接受新知识的能力差，学习积极性不高，学风考风差。在进一步改革教学内容、完善教学方式的同时，郭校长提出了抓学风先从抓考风做起的要求。考试期间，成立考风考纪督查组，对作弊的学生进行处分，对整理考场不到位、监场不严格的教师予以严厉的处罚。

现在，考风考纪已经彻底改观。每次考试再也没有作弊的学生了，监考教师也不再为管理不好考场秩序而紧张了。

管理好教师、学生课堂接打手机现象是落实问责、管理细化、规范的又一个事例。

为有效禁止教师上课接打手机、学生玩手机现象，学校制订了专门的规定，要求教师不能带手机进课堂，学生在教室不能开手机。对此，每节课都要进行检查，一次不行，检查两次；通过教育、批评、通报、表扬，集中整治一周之后，效果非常明显，进课堂不带手机已成为师生的自觉行为。

3. 完善制度——人性化

制度管理的过程，也是制度不断丰富、完善的过程。制度只有不断修改、丰富、完善，才能更适应人的需要，深入人心，体现对人的关心和尊重。

随着制度管理的步步推进，制度保障的成效也一步步体现出来：工作有序，成效提升，氛围和谐，人人思进。"学校是我家，发展靠大家"，郭校长当初提出的口号，已在每位教职工身上体现出来，"家"的观念日益深入人心。全体教职工已将遵守制度化为习惯，化为自觉行为，以追求事业成功和实现个人价值、自觉维护大家庭利益作为自己的人生追求。此时的制度已由建立之初的刚性化转而体现出它的灵活性、人性化。

郭校长主张，要在时间的推进中，在事业的发展中，不断修改、补充、完善制度，使之与时俱进、深入人心，成为每位教职工思想的一部分。修改后的《教职工管理补充规定》《专业技术人员届满考核，竞聘上岗记分办法》等制度，更符合现在教职工的思想、工作实际，更能全面反映教师们的业务成绩和精神需要。

以考勤为例，原制度规定迟到、旷工、病事假均要扣款，并要通报批评。修改后的补充规定，对迟到只通报不扣款，事假超过两天，按规定从当月绩效工资中扣款，而因病住院的则不再扣款。

各项制度的落实，有效促进了学校健康有序发展，为提升管理层级奠定了精神基础。

五、文化提升：实现无为而治

现代管理之父彼得·德鲁克说："管理的最高境界是无管理。"在中国，这叫做"无为而治"。所有的员工都不用管了，各司其职，都能自动、自发、自觉干着自己的活儿。

郭校长认为，要实现管理的"无为而治"，在于以文化和精神引领，把全体人员打造成利益共同体、价值共同体、事业共同体和生命共同体。

从文化的角度来看，一所学校代代传承的，是它的精神和内涵。而精神和内涵则是以文化为外在表现形式，在发展历程中不断概括、总结、提炼出来的。

基于以上认识，郭校长认为，学校管理不能停留在事务的重复中，必须提到精神层面，将文化作为学校发展的核心竞争力和灵魂，以文化引领发展，以文化凝聚人心，以文化提升管理，以文化彰显特色；将文化作为代代相传的精神财富，让它在历史长河中愈久弥香。

1. 文化提升——以尊重人的个性为切入点

作为管理对象——教师，他们有自己的思想、感情，有独立的人格，有实现自身价值的渴望。正视人的这些特性，树立以人为本的管理理念，关心人、尊重人、培养人、成就人，从而建立和谐的人际关系，创造和谐的环境，体现教职工的人生价值。

在注重管理科学化、制度化的同时，加强学校文化建设，实施文化管理、提升学校管理境界已成大势所趋。

郭校长认为，文化管理即"人化管理"，就是以人为出发点并以人的价值实现为最终管理目的的人性化管理。它以文化为基础，以发挥人的能动性、自觉性为根本，以价值观、团队精神、文化氛围、管理艺术为要素，以提升精神归属感为目的，从而实现间接、隐性的管理。

2. 文化提升——在于团队精神理念的统一

文化是学校发展的核心竞争力，是学校发展的灵魂。通过学习、引导、内化，在让教职工充分认同办学目标、育人目标、办学理念的过程中，郭校长更注重让大家深化对学校核心价值观的理解，明确自己肩负的责任。

"忠诚、责任、国家、荣誉"，挂在学校会议室里的这8个字，深刻体现了学校对大家的要求和期待；确定校歌、校徽、教师誓词，把校徽印制在相关物品上，让大家时时领悟它的内涵；举办校史展，让教职工了解学校的奋斗史、发展史、光荣史；组织校友会，让教职工感受历届校友对学校的深厚感情和美好祝愿，增添干好工作的热情。

3. 文化提升——在于物质文化的熏陶

学校将文化符号体现在建筑颜色、建筑名上，体现在宣传版面、牌匾中，体现在校园里的一草一木中。春天盛开的灿烂鲜花，夏天铺开的片片绿地，秋天缀满枝头的鲜红石榴、金黄柿子，冬天的雪景，无不让每一个教职工在漫步校园时，都沉浸在浓浓的校园文化氛围中，自觉融入学校文化中，成为其中一个和谐的音符。

学生在车间实训

职业教育与经济社会联系最密切，要使培养的高素质劳动者和技能人才具有适应社会发展、被社会认可的优良品质，具有适应社会的基本能力，具有着眼未来、可持续发展的基本方法，具有敢质疑的自信心、创造力、发展力和责任意识，学校就必须和社会接轨，和企业文化接轨。将企业文化引进学校、引进课堂、引进实习车间已成为必然。走进每一间实训室，醒目的标语、规范的要求、整齐的现场、整洁的工装，像置身于现代化的生产车间，每一位实习指导教师都像生产企业的管理者，娴熟操作，严格要求。

4. 文化提升——学习型团队是保证

对于一个人来说，只有学习，才能丰富知识、开阔视野、提高能力，才能不断修正自己的思想、言行，不断进步。

对于一个团队来说，也只有学习，才能提升整体素质，提升凝聚力和战斗力。丰厚的学校文化，是感召学生的力量。

学校每年均拿出 10 余万元购买各类书籍，订阅报刊；投资数百万元更新了计算机等信息化设备，建立了校园网，装配多个电子阅览室、多媒体教室，以推进办公条件的数字化进程；图书室坚持全天开放，方便师生借阅。

学校设立"干部讲坛"，要求每人每年为《文摘选刊》推荐 5 篇文章，为《教育与教学》撰稿，并要求一线

优良的信息化设备

教师每年均要有教学论文、调研报告在报刊上发表；举办读书沙龙，评比读书笔记，督促教师们积极学习。

学校制订《学校文化建设实施方案》《书香校园建设实施方案》《教师研究生学历进修和技能培养奖励办法》等规定，指导教师们学习提高。对获得各级荣誉、奖励、成果的教师，报销一定的购书费用，为名师订阅专业杂志，让他们在获得精神食粮的同时，也得到物质奖励。

5. 文化提升——加强学术氛围

制订《学术委员会章程》，成立学术委员会，把学术方面的问题探讨、教师专业化能力提升方面的问题交由学术委员会办理，避免行政干预。真正让学校成为知识的殿堂，成为学术的殿堂。

成立专业发展专家委员会，不定期邀请省、市高校、教学研究部门、专业协会的专家、学者来校指导专业建设，提升专业发展层次。

印发内部资料《校风》《教育与教学》《文摘选刊》，在内部网站开辟教师博客，举办读书论坛、各类征文演讲比赛，为教师进行学术交流提供平台。

专业建设座谈会

邀请校外专家、大学教授来校举办专题讲座，学校领导干部举办"专题讲坛"，开阔教师们的治学思路，提升其治学境界。

鼓励教师专业化发展，不仅要把教书看做一种职业，更要把研究、探求所教学科看做一项学术活动，要做行家，做专家学者。

组织教师参加各级专业培训班、教学比赛、技能比赛，引导他们学习新知识、新方法，提高专业技能。

组织骨干教师积极承担上级立项课题研究，把教研与教学实践结合，使之相互促进。

实施名师递进培养工程、人才培选工程，让优秀教师逐步提升，成为名师。每年选派10名骨干专业教师、10名年轻干部到知名企业、高校学习锻炼，提升专业能力、管理能力，壮大名师团队。

组织名师公开课、观摩课、研究课、报告会，发挥名师的引导、带动、促进作用，推进学术治校进程。

在当地电视台开办专题栏目，宣传名师，展示名师风采，增强名师的成就感。

在专业领域里发展，在学术殿堂里探讨，追求新的成就，做名师、成专家，已成为教师们的追求。每年都有数十篇教师专业论文在国家级杂志上发表，学校有近百名教师已获国家级教学成果奖、课题研究奖，或成为省级教学能手，市级首席技师、名师。

当每个人的精神诉求上升为共同的价值追求，当文化信仰已成为一种自觉行动的时候，学校就逐渐实现了管理的"无为而治"。

学校文化，以它的创造力、发展力提升常规管理的同时，使学校内涵更丰富、发展底蕴更充实、发展后劲更足。

文化管理，真正加强了广大教职工的精神归宿感、生活幸福感和事业成就感，学校已成为师生工作、生活的幸福家园、精神乐园。

经过多年的努力，管理思想逐步付诸实践，制度建设不断完善，学校管理日渐规范，文化底蕴越来越深厚，队伍素质稳步提升。回顾管理实践经验，我们主要是把握住了"几个到位"：

一、办学思想到位

没有理论指导的实践是盲目的实践。有一套符合学校实际又能被广大师生认可的完整办学思想，是引领学校持续发展的关键。

在办学思想的形成过程中，我们立足学校实际，贯彻以人为本的理念，关注师生的幸福和发展，依靠教师，以学生为主体，明确学校定位，形成服务经济社会的办学宗旨。办学思想确立后，我们在办学实践中认真落实，并通过多种方式和途径广泛宣传，引导广大师生充分领会、积极践行。

学校提炼形成了"创建促进社会进步、适应学生发展的教育，办政府放心、人民满意的职教名校"的核心价值追求，树立了"以育人为本，教学生做人；突出能力本位，教学生做事；以教师为本，突出教师主体地位，彰显教师发展成就"的"双本办学"理念，提炼出"立本、至诚、格致、精微"的校训，引导干部自觉实践"忠诚、责任、国家、荣誉"；出台《学校章程》，成立学术委员会，构建以人为本的民主管理体系；制订科学合理的《2009—2015年学校发展规划》，明确了"到2015年，依靠各级大力支持，发挥各方积极作用，将学校打造成省级示范职教名校、辐射鲁西南的职教航母和高、中级技能人才的成长地、集散地，进而创办技术学院"的办学目标。

围绕办学思想，扎实开展系列活动。以学校20年校庆为契机，举办校史展；开展校标、校歌、校徽、教师誓词的征集评选活动；定期出版《校讯》《教育与教学》《文摘选刊》等校内资料，供师生交流互动；举办师生读书论坛、师德演讲比赛；邀请校外专家、学校领导干部举办讲座；组织教职工进行篮球比赛、素质拓展等活动。学校的办学思想、价值观念被师生员工逐步内化为一种自觉行动，成为学校文化的重要部分。

二、制度措施到位

制度是保障学校良性发展的生命线，制度规范行为，行为形成习惯，习惯培育传统，传统积淀文化，文化塑造灵魂。依规矩，定方圆；建制度，聚人心；促发展，显和谐。学校一直把"制度治校"作为学校管理的重要一环，不断构建制度大厦，用制度捍卫公平，用制度聚拢人心，让制度形成力量，让制度升华文化，让制度"携手"人文，"制度治校"铸就了学校的"钢铁团队"，使学校驶入了发展的快车道。

构建现代学校管理制度，首先，用科学的管理体系保证办学定位，将学校的核心功能定位于服务，以制度来确保"以人为本"的学校文化的建立，并引导教职工建立明确的工作、价值、利益观念。其次，以提高育人质量、实现学校的可持续发展为中心，实现学校的全面、全员、全程管理，形成完整、互动、系统的管理制度体系。从教师的一日常规管理，到备课、说课、听评课，再到作业布置、考试、成绩考核等，事事"有法可依"，面面"有章可循"，不给管理留死角，不让制度有缺陷，逐步建立健全各种规章制度，努力做到用制度管人、管事、管思想。学校还汇总了章程、规章制度、发展规划、部门职责、岗位职责等多个方面内容，编印了《制度汇编》，在学校宏观管理、教学教研、学生教育、后勤服务等方面确定了各部门、各工作岗位。完备系统的制度体系和职责规范，奠定了学校规范化、精细化管理的良好基础。

三、执行落实到位

制度的生命在于执行，再好的制度得不到充分执行，也等于零。在学校，制度的执行没有人情偏颇，没有暗箱操作，没有远近亲疏。制度说了算，对事不对人。制度高于一切，高于人情，高于权力。制度面前人人平等，不管是谁，触碰了制度这条"高压线"，就要受到相应的处罚。制度成为捍卫公平公正的"铁面包拯"，成为打造公平校园的不可撼动的"保护神"。学校坚持公开、透明、到位原则，强化执行、监督、考评机制，保障管理制度的落实，确保管理目标的实现。

为推进制度的落实，学校注重强化遵规守纪意识，让每一位教职工明白，规章制度是大家共同的行为规范，是学校取得成功的根本保障，作为学校的一名员工，遵守学校的规章制度是天经地义的事情。另外，在全校形成了遵规守纪光荣、违规违纪可耻的良好氛围，注重加强执行力、落实力，通过开展作风效能建设、创先争优等活动，不断改进工作作风，提高工作效能，推动规章制度的落实。

四、队伍建设到位

人是事业的第一资源和核心要素，高素质的干部队伍、教师队伍是保证学校事业发展的基本条件和关键因素。多年来，学校坚持把学习型团队建设作为提高队伍素质的重要举措，运用多种方式调动广大教师学习的积极性。

首先，学习提高要有保障。完善的条件是学习提高的基础，学校设立了图书阅览中心，每年投资十余万元购置图书报刊，创办校内交流资料，开设读书论坛，从各方面促进教师读书学习，打造书香校园。

其次，进修培训要有动力。学校从制度上进行约束引导，从考核、评优、活动、经济上进行激励推动，形成人人积极主动参加进修培训的氛围；每年选派50余名教师进行培训，坚持组织教师下厂锻炼，开展技能月和技能竞赛活动。

再次，教研教改要有方向。我们经常调研了解社会、企业的需求，深入分析学校发展形势，剖析教育教学的现状，确立教研教改的专题和目标。结合发展形势，开展了学校建设及发展、专业建设、教师专业化发展和学生个性化成长四个层面的规划设计，从学生做人素养、文化基础课、专业基础课、实践操作等方面进行课程体系研究，改革课堂教学方式和实习教学模式，提高教学有效性。

最后，名师作用能够发挥。各级名师是学校的名片，是事业的中坚，是队伍建设的排头兵，发挥名师作用对队伍建设作用重大。学校成立了学术委员会，推进学术治校，组织名师开展结对子、开论坛、上展示课；实施人才培选工程，每年选派10名中层干部到高等职业院校挂职锻炼，选派10名骨干教师到知名企业顶岗锻炼。

五、文化提升到位

三流的学校看校长，二流的学校看制度，一流的学校看文化。文化是学校的灵魂，文化管理是学校管理的最高境界。学校文化不是自发形成的，需要精心培育、长期积累、不断发展。在这一过程中，要重设计、重科学、重引导、重生成。在文化建设过程中，我们首先精心规划、严密设计，立足学校 20 余年发展形成的文化传统和处于跨越大发展良好机遇期的现状，对学校文化进行科学定位，坚持以人为本、以校为本，确立符合校情的学校文化建设基本理念和思路。其次，在学校文化建设中，重视对经济规律、教育教学规律的把握和体现，突出核心价值观，学校发展目标、发展思路、发展远景要科学合理，学校精神健康向上。再次，充分发挥各种阵地的作用，加强管理，积极推广学校文化，宣传学校文化，引导广大师生认同学校文化，践行学校文化。最后，在学校文化建设中，充分尊重人、理解人、关心人，充分调动人的主观能动性，激发师生的热情，引导师生参与学校文化建设，使之成为建设学校文化、践行学校文化的主力。

发展无止境，探索无止境。校情不同，管理也各有特色。我们在探索中摸索了一些做法，积累了一些体会，也存在一些不足，需要在今后的实践中向先进学校学习，不断总结完善，不断改进提高。

作为全国重点技工学校及集职业技术教育、职业培训、技能鉴定、社会服务于一体的综合性技能人才培养基地，山东省肥城市高级技工学校的发展可圈可点的成绩很多。如"战略领导、目标管理、机制创新、制度保障、文化提升"的管理思想；"省级重点学校——国家级重点学校——高级技校（全国职业教育示范校或特色校）——职业技术学院"四步走的发展规划；根据学校实际，按照人本思想和民主秩序，建立起学校管理的《制度汇编》；等等。该校提出的"三流的学校看校长，二流的学校看制度，一流的学校看文化"的理念，及其一系列文化建设令人印象深刻。职业学校能将校园文化提升至如此高度，是非常具有战略眼光的。

学校要可持续发展，必须形成自己独特的文化底蕴和优良传统，学校文化作为一种软实力，对提高育人质量、办学水平和办学品位有不可估量的作用。山东省肥城市高级技工学校立足学校实际，培植师生广泛认可的价值观，逐步形成了"创建促进社会进步、适应学生发展的教育，办政府放心、人民满意的职教名校"的核心价值追求；提出了"以育人为本，教学生做人；突出能力本位，教学生做事；以教师为本，突出教师主体地位，彰显教师发展成就"的"双本办学"理念，提炼出了"立本、至诚、格致、精微"的校训；探索推行"民主治校、学术治校"的新路子，坚持不懈地加强学校文化建设，形成了富有特色的制度文化、管理文化，师生对学校文化、学校精神认同感强，全校上下凝心聚力，事业发展风正帆劲。学校引进企业文化要素，营造企业文化氛围，以课程文化打造课堂绿地，以发展愿景凝聚人心，用学校文化统一思想，以增强广大教师对学校文化、学校精神的领会和认同。

文化是学校的灵魂，文化管理是学校管理的最高境界。学校文化不是自发形成的，需要精心培育、长期积累、不断发展。郭泗东校长带领山东省肥城市高级技工学校，在文化建设过程中重设计、重科学、重引导、重生成。首先精心规划，严密设计，立足学校20余年发展形成的文化传统和处于跨越大发展良好机遇期的现状，对学校文化进行科学定位，确立符合校情的学校文化建设基本理念和思路。其次，在学校文化建设中，重视对经济规律、教育教学规律的把握和体现，突出核心价值观。再次，充分发挥各种阵地的作用，加强管理，积极推广学校文化，宣传学校文化，引导广大师生认同学校文化，践行学校文化。最后，在学校文化建设中，充分尊重人、理解人、关心人，充分调动人的主观能动性，激发师生的热情，引导师生参与学校文化建设，使之成为建设学校文化、践行学校文化的主力。

山东省肥城市高级技工学校的学校文化建设在提升管理层次的同时，提升了广大教职工的精神归宿感、生活幸福感和事业成就感，学校已成为师生工作、生活的幸福家园、精神乐园。

（点评：孙琳）

真情服务师生，促进学校发展
——山东省潍坊卫生学校

名校／名校长简介

山东省潍坊卫生学校是国家级重点中等职业学校，也是"三二连读"高职招生学校，已有122年的办学历史。学校占地135亩，建筑面积6.3万平方米，在校生14775人。经过多年发展，学校形成了中专、专科和本科并存，成人教育、网络教育和社会培训同步发展的办学格局，专业涵盖护理、医药、医疗、医技、卫生保健等。

刘海波，山东省潍坊卫生学校校长兼党委副书记，系副主任医师、法学硕士。1988年6月至2007年4月在潍坊市卫生局从事管理工作。这期间，担任了《健康教育》主编、《实用中医辨证论治学》编委，在《中医药管理》等国家级刊物上发表论文9篇。2007年4月，开始担任潍坊卫生学校校长兼党委副书记。任职以来，先后主编、参编专著4部，3项学术科研成果获省级奖励，在《中国教育科学研究》《中国职业技术教育》《中国卫生经济研究》等国家级刊物上发表论文6篇，被潍坊市人力资源和社会保障局、潍坊市卫生局表彰为"全市卫生系统先进个人"，记三等功一次。在刘校长的带领下，山东省潍坊卫生学校日益增长的综合实力受到了上级领导的充分肯定，也受到了业界的普遍关注。2011 年 2 月，山东省高校设置评议委员会，全票通过了潍坊卫校和益都卫校整合组建为"潍坊护理职业学院"。

2007 年，是潍坊卫校进入全新发展历史阶段的一年，在随后的几年里，学校不断总结经验，探索创新，逐渐形成了自己独具特色的管理思想，即"真情服务师生，促进学校发展"，进一步讲，就是以人为本、注重内涵、提升质量、管理创新、突破发展。围绕这一管理思想，学校上下奋力拼搏、攻坚克难，取得了很好的办学成就，并实现了六大创新。

一、创新教学模式

学校深化课程体系改革，建立了以职业能力为本位、知识传授与生产实践紧密衔接的专业课程体系，制订了符合医院、企业用人标准的教学计划和教学大纲。同时结合学校、学生实际，开发了 11 部便于学生理解、掌握和应用的校本教材；建立完善教学质量体系，制订了《外聘教师管理办法》《教学督导制度》《教师绩效考核制度》；建立了以就业为导向的教学质量评价检查制度，成立了教学督导室，定期开展教学质量检查和"学生评教，教师评学"双评活动；加强学科和专业建设，制订了学术科研奖惩制度；强化护理学科建设，引进护理硕士，新建 7 个护理实训室；加强基础学科建设，建设了人体生命馆；根据市场需求，及时调整专业设置，打造品牌专业，护理、药剂、口腔工艺技术专业实行了专业指导委员会制度。2010 年 9 月，口腔工艺专业被教育部确定为"国家级实训基地建设项目"。另外，学校积极开展技能大赛、技术比武，丰富完善学生的第二活动课堂，促使学生掌握多种实用技能，增强其就业创业能力。学校逐渐形成了以能力为本位、以就业为导向的教育教学模式。

二、创新管理模式

学校推行目标管理和质量管理，每年年初与各科室（部门）签订目标责任书，年终按目标完成情况进行奖惩，率先实施了 8S 管理（即围绕"整理、整顿、清扫、清洁、素养、安全、节约、学习"8个方面进行管理），并定期对各科室（部门）进行8S考核。实行班主任量化管理、学生量化管理和班级量化管理制度。创新安全管理机制，实行校领导总值班制、班主任轮流值班制和安全委员制。学生科设立安全员，学生会设立安全部长，班级设立安全委员，宿舍设立安全联络员，四级联动确保了学生的人身和财产安全。

三、创新实习就业模式

学校开辟部队医院"实习预就业"新渠道，与中国人民解放军二炮总医院、北京军区总医院、中国人民解放军天津252/254/272医院、沈阳军区总医院等6家部队医院签订了毕业生"实习预就业"协议。学校还探索校企合作办学新模式，与北京朗依制药、青岛华新华义齿加工厂、潍坊金通医药等12家制

校园招聘会

药、义齿加工企业签订了"订单培养"协议，实现了毕业生带薪实习并100%就业。为了拓展学生就业新途径，学校成立了鸢都卫生教育培训中心，培训毕业生赴英国、爱尔兰、新加坡、加拿大、澳大利亚实习就业。

四、创新德育模式

学校提出了"成才德为先"的育人导向，成立德育工作领导小组，聘请法制副校长，精心选拔班主任，制订实施了学生德育工作规划，鼓励和资助教师考取心理咨询师资格证书，并根据当前中专学生的特点，运用老子"上善若水"的哲学辩证思想，积极开展传统文化教育、文明礼仪教育、职业道德教育和心理健康教育，引导学生坦诚做人、持之以恒做事。

五、创新办学模式

为了拓展办学空间，学校扩大对外交流与合作，实现教学资源的优势互补，与英国贝德福得学院、坎特伯雷学院，美国纽约州立大学，乌克兰第聂伯国立医科大学，韩国大田保健大学，新加坡百汇学院，菲律宾东方大学，台湾大仁科技大学等9所医学院校建立了良好的合作交流关系。

六、创新校园文化建设

学校确立了"以制度文化建设为保障，以物质文化建设为基础，以精神文明建设为支柱"的校园文化建设总体思路，提出了"自强博爱，善学奉献"的校训、"求实创新，和谐奋进"的校风、"为人师表，敬业奉献"的教风和"尊师爱校，刻苦严谨"的学风，在办公楼、教学楼、实训楼悬挂书画作品、名言警句和技术规程。

献爱心活动

校园内修建了两处连廊、一处凉亭、一处文化长廊和南丁格尔、华佗、李时珍等名护名医雕塑，同时设立了校园广播站和校园电视台，并创办了校报。学校以此为基础，积极开展文明单位创建、和谐校园建设、党员创先争优、校园文化艺术节和志愿服务献爱心等活动。

一、励精图治，实现跨越发展

改革开放以来，潍坊卫校的发展大致经历了三个阶段：一是恢复建设阶段（1978—1990）。1978年，恢复建校后的潍坊卫校校址由人民医院迁往院校街3号，并于1990年正式更名为"山东省潍坊卫生学校"，隶属潍坊市卫生局。二是规模发展阶段（1990—2006）。这一阶段，学校扩大招生，增设专业，开办校办产业，建设新校区，在同类学校中占有了一席之地。三是内涵提升、跨越发展阶段（2007年至今）。这一阶段，学校牢固确立了办学定位、办学目标和办学思想，在教育教学、师资队伍、办学规模、办学条件、校园文化建设、内部管理改革等方面取得了突破性进展，为升格高职打下了坚实基础。学校连续3年获评"省级文明单位"，并受到了省卫生厅、省医务工会、市人民政府、市卫生局、市教育局、市财政局的通报表彰，先后获得"全省卫生系统科技教育工作先进集体""全省卫生系统工会工作先进集体""潍坊市校企合作工作先进集体""平安卫生建设先进单位""国家助学金管理先进单位""行政事业资产管理先进单位"等荣誉称号。

1. 确立办学目标和办学思想

党中央、国务院高度重视发展职业教育，胡锦涛总书记、温家宝总理对职业教育多次作出重要批示，强调指出职业教育是面向人人、面向全社会的教育，明确要求把发展职业教育摆在更加突出的位置。2007 年以来，潍坊卫校抓住国家大力发展职业教育的有利契机，不断拓宽办学思路、整合资源、加强管理、提升档次，确立了"强化内涵，提升质量，加快学校发展"的工作方针、"省内一流，国内知名"的办学目标和"以就业为导向，以服务为宗旨，培养高素质、强技能、实用型人才"的办学指导思想。

2. 加强师资队伍建设

有良师才能有良才，师资队伍建设是学校教育教学质量的第一关键要素。为培养一支素质优良、技术精湛的高水平教师队伍，学校制订了人才引进和骨干教师培养计划。2009—2010 年，学校共引进硕士研究生 8 名、本科生 20 名、外教 2 名，外聘高校教师、医院专家、技术能手 45 名，评选教学名师 6 名、骨干教师和后备骨干教师 8 名。学校加强教师培训，近 3 年资助11 名教师在职考研读博，选派 32 名教师到华西医科大学、北京协和医院、北京朗依义齿加工中心等高等学府、三甲医院、企业进修学习，选送 3 名教师赴韩国、菲律宾出国深造。学校加强"双师型"队伍建设，规定无教师资格证者不得从事教学岗位。通过不断扩大师资队伍规模，优化师资队伍结构，强化师资队伍建设，学校形成了一支能够满足现代教学需要、整体结构合理、发展趋势良好的师资队伍。先后有 4 名教师被评为"全国教学改革先进个人"，2 名教师被评为"省级优秀教师"，2 名教师被评为"市级优秀教师"，2 名教师入选"潍坊市卫生系统百名后备人才"，6 名教师被评为"潍坊卫生名师"，1 名教师被评为"潍坊名医"，6 名教师被评为"市级教学能手"，6 名教师被评为"潍坊名护"。10 余名教师先后在全国和省市说课比赛和优质课比赛中获一、二、三等奖。仅 2010 年，学校教师在省级以上刊物发表论文 26 篇，出版论著 6 部，1 项科研成果获山东省开发利用档案资源成果一等奖，3 项科研成果获市级科技进步二等奖，开发校本教材 11 部，完成校内调研课题 20 项。同时，1 名教师获国家级表彰，3 名教师获省级表彰，16 名教师获市级表彰。

3. 加大投入，着力改善办学条件

"学校变化真大"，每当有离退休老同志、往届毕业生回到学校时，他们总是这样由衷地感叹。是的，走进潍坊卫校，校园内人流如织、绿草如茵、树影婆娑，一幢幢建筑楼群掩映其中。物竞天择，天道酬勤。短短几年时间，学校变化惊人，有了崭新的篮球场和塑胶跑道，有了成套的室外健身设备和优美的路灯，有了幽静的

美丽的校园一角

人行通道和平直的林荫路，有了树影婆娑、杨柳低垂的校园环境，有了先进的多媒体和语音教室，有了开放的实验室，有了整洁和明亮的宿舍，有了藏书 9 万册的图书馆和拥有 20 万册电子图书的电子阅览室。6000 多名来自祖国大江南北的莘莘学子，徜徉在这美丽的校园当中，感受学校巨变带给他们的无穷魅力。2007 年至今，学校已投入 1500 万元加强教学设施和基础设施建设，极大地改善了办学条件，丰富了教学资源，提高了育人质量。在完善教学设施方面，学校新建多媒体教室 60 个、语音教室 62 个、电子阅览室 3 个、微机室 3 个，新装 37 寸液晶电视 55 个、LED 室内照明设备 400 套，新增液晶计算机 210 台、纸质图书 4 万册，新建实验实训室 11 个、人体生命馆 1 个，实训室配备了价值 94 万元的数字化仿真教学训练系统。在完善基础设施方面，新建校史展览馆 1 处……

4. 深化教学改革，提高教学质量

近年来，学校以就业为导向，不断深化教学改革，在专业设置上紧紧把握区域经济结构调整、技术进步和市场需求，积极开展校企合作、校院合作，实施订单培养、带薪实习和顶岗实习，使教学内容更加实用和贴近岗位需要，实现了实践教学与职业岗位标准的紧密对接。在课堂教学中，推行"模拟情景"教学法和"项目导向"教学法，将人文礼仪、职业道德和就业创业指导课程纳入教学内容，减少自习课，实现自习课小于 17% 的目标。学校严格执行教师资格审查和岗位责任制，开展说课比赛、教案评比，实施校领导听课、学科主任听课、督导组听课、教师互听为一体的"四听课"制度，实行"学生评教，教师评学"双评制度。另外，开设就业指导课及英语精品班教学、形体教学等第二课堂，培养学生一专多能的能力；定期组织开

展护理、口腔工艺技术、药剂技能大赛，营造出"人人有榜样，个个有目标，月月有大赛"的浓厚竞争氛围，保证了师生的技能操作水平同步提升。2009 年，学校在全国卫生职业院校护理操作技能大赛上一举夺得 5 项大奖，获得一等奖 1 名、二等奖 1 名、三等奖 2 名、团体二等奖的优异成绩。参赛学生全都榜上有名，大赛组委会领导、中华护理学会冯运华秘书长给予了学校极高的评价。2010 年，学校又在潍坊市职业院校技能大赛护理技术比赛中夺得中职组冠军，取得了团体第一及一等奖 1 名、二等奖 3 名的好成绩。通过采取制度建设、教学评议、信息反馈、年度岗位考核等手段和措施，学校全面提高了教学质量和教学管理水平。

5. 完善实习就业网络

潍坊卫校领导深知，实习就业工作关系数以千计家庭的切身利益，这项工作做不好，就不能让广大毕业生和学生家长满意，势必影响学校的后续发展。为此，学校专门成立了实习就业指导科，派出精干工作人员南下北上，与企业和医院人事部门洽谈，及时掌握就业信息，实地考察用人单位环境和劳保福利情况，确保推荐一个，学生及家长满意一个，毕业生就业率逐年上升。近年来，国内 34 家部队和地方医院与学校签订了"实习预就业"协议，护理专业就业率达 96%。12 家制药、义齿加工企业与学校签订了"订单培养"协议，药剂、口腔工艺技术专业学生就业率达 100%。北京、上海、广东、珠海、青岛、杭州等 10 余个大中城市的 81 家企事业单位先后来我校招聘毕业生，潍坊医学院附属医院、北京 301 医院、北京朗依制药、山东必高药业、仁德医院、潍坊市眼科医院等单位也先后来校举办就业专场招聘会，提供就业岗位 2000 多个。每次招聘会总能吸引大批学生前来应聘，有的学生同时被好几家大医院录取。除了举办就业招聘会，学校还组织举办了就业指导讲座，向用人单位发信发函推荐学生就业。为了满足学生出国就业和深造的需要，学校与英国、乌克兰、韩国、美国、新加坡、菲律宾等国家开展联合办学，搭建国际通道。2008 年，多名毕业生赴新加坡公费留学就业，圆了自己的出国梦。今天，潍坊卫校已经形成了"立足本省、面向全国、走出国门"的就业网络体系，学生无论在专业领域就业，还是寻求专业以外的发展，都能找到自己的用武之地，毕业生过硬的技能和素质受到了用人单位的好评。

6. 加强学生德育建设

潍坊卫校在办学过程中，始终秉承"明德博爱，自强不息"的办学理念，在传授文化知识和专业技能方面融入思想道德教育，在学习、实习过程中培养学生的职业道德和法制纪律观念，培养德智体全面发展的高素质劳动者和技能人才。学校先后制订完善了《学生行为规范》《班主任考核管理办法》《班级量化管理办法》等规章制度，并形成小册子，人手一份，做到有章可循。每年举办田径运动会、文艺晚会、"感恩亲情"演讲比赛、校园超级男女声大赛、文化艺术节等丰富多彩的文体活动，提高了学生的参与意识和协调组织能力。学校还利用暑假积极开展社会实践活动，组织志愿者服务队深入社区、街道和乡村开展卫生咨询、义诊。在活动中，学校建立了潍坊市社会福利院等爱心教育基地，开展志愿服务达 6000 多人次。为了发挥班主任在学生管理中的主渠道作用，学校要求班主任定期与学生家长联系，实现学校、班主任、家长的无缝沟通。学生管理工作一直处于全省中等职业学校先进行列。

7. 以人为本，着力为师生办实事

2007 年以来，学校坚持每年承诺为师生办好 10 件实事，截至目前，已先后为师生办了 40 件实事、好事，受到了师生的一致好评。这些实事主要有：为 46 名符合条件的聘用职工缴纳险金、提高待遇，使他们实现了和在编职工同工同酬；选派了 44 名师生赴韩国学习交流；重新招标了第一餐厅，开辟了第二餐厅，增设了清真餐厅和学生休闲餐厅，为职工提供自助午餐；为教学一线教师配备了手提笔记本电脑 68 台；每年为教职工免费查体 1 次；成立爱心助学基金，为110 名贫困学生发放爱心助学金 11 万元；每年发放 2 次奖学金，其中一

爱心基地挂牌仪式

等奖学金提高到 500 元，全年发放奖学金 10 余万元；投入 200 多万元维修更换学生教室、宿舍的风扇、门、窗、床、水电暖等设施；免费为 1761 名学生查体，无偿发放价值 1 万余元的防甲流药品；积极落实国家政策，及时发放国家助学金 2000 多万元；专门为来自新疆维吾尔自治区的少数民族学生聘请了清真厨师，开设清真窗口，中秋节免费给他们订做了清真月饼，国庆节组织他们到潍坊金宝乐园游玩，并为他们举办了晚会，喜迎开斋节；每年组织离退休老同志外出旅游一次……

8. 多措并举，确保学校安全稳定

学校始终把安全工作放在重中之重的位置，成立安全领导小组，加大安全管理力度，明确部门职责，层层包干，并签订安全责任书；围绕"创建平安和谐卫校"的主题，开展学生日常行为规范知识竞赛活动，开展以交通、消防、法制为主题的安全知识教育活动，组织学生观看交通安全教育片与法制教育演出；定期对教室、宿舍等重点设施进行检查；彻底改造危房、过期设施，增设消防通道，更换灭火器，消除安全隐患，最大限度地保证了在校师生的安全。学校还充分利用晨会、班会、板报等多种载体进行宣传，营造了"时时讲安全，人人讲安全，处处讲安全"的浓厚氛围，全面抓好安全工作，为创建平安学校建立了平台。

9. 深化内部管理改革

学校积极探索内部管理机制改革，不断创新管理模式。大力推行目标管理，制订年度工作任务目标，然后再逐项分解成一个个小指标，与各科室签订任务目标责任书，同时运用 ISO 理念、方法推动学校的目标管理；实施8S 管理，制订了《潍坊卫生学校 8S 管理实施意见》，定期组织检查考核，考核结果纳入年终测评范围；推进人事分配制度改革，制订了《专业技术职务岗位评分办法》《托管聘用制人员管理办法》《托管聘用制人员考核办法》《潍坊卫生学校中层干部竞争上岗实施方案》，要求中层干部上岗全部实行竞聘制和轮岗制。2008 年，学校对 8 名中层正职、9 名中层副职进行了公开竞聘，打破过去不合理的分配制度，40 名聘用制职工实现了与在编职工同工同酬，极大地调动了职工的工作积极性。为了精细管理国有资产，学校严格执行国有资产入账、审计和报废制度，将国有资产管理纳入科室考核评价目标。为了加强节支工作，学校先后制订实施了《潍坊卫校节支降耗办法》《电话费管理办法》《外印宣传材料管理办法》《外出学习与培训制度》《加班管理办法》《接待管理规定》《财务内部控制制度》《基建、物资采购等招投标管理办法》《出差审批制度》9 个节支降耗文件。

10. 突出校园文化建设，构建人文校园

要实现真正意义上的教书育人，校园文化建设就必不可少。2009 年，学校建造了展区面积 360 平方米的校史展览馆和校园文化长廊。校史馆浓缩了潍坊卫校 120 年的办学历史和取得的辉煌成就，文化长廊则涵盖了思想修养、社会法制、传统文化、民族团结等内容，两个实体文化场所交相辉映，成为教育学生的思想阵地。全校 60 个班级个个有班训，全校每一条走廊条

条有名言，办公楼、教学楼、实训楼、食堂的显要位置都张贴有宣传标语和名言警句，宿舍楼道内都张贴有安全标志。学校还在校园内建造了凉亭和连廊景观，铺设了人行通道，安装了雅致的坐椅、LED照明设备和健身器材。白天，未来的健康卫士们在如画的校园中休闲徜徉；傍晚，华灯初上，学子们尽情享受别样的宁静。为了让学生有更大的发展空间，学校还开设了第二课堂，如形体训练、礼仪讲座、法制讲座、第二职业资格课程。校园文体活动更是丰富多彩，书画展、校园超级男女声大赛、文艺会演、田径运动会，不一而足。2009年12月，《潍坊卫生学校报》创刊，为宣传校风校貌、传递校园信息、丰富课外阅读提供了很好的平台。为了给有特长的学生提供一个施展才华的舞台，学校成立了社团联合会，包括心理协会、演讲与口才协会、书画爱好者协会、音乐舞蹈爱好者协会、武术协会、篮球协会、棋类协会等，深受学生欢迎。

通过强化内涵建设，加快改革创新发展，学校在办学规模、办学条件、师资水平、学科专业建设、实验实训室建设、学生实习就业、校园文化建设等方面取得了显著成绩，招生人数逐年递增，教学质量显著提升，职工福利待遇大幅提高，校风校貌发生了明显改观，学校综合实力明显增强。近两年有27名学生被评为省级优秀毕业生，60名学生被评为市级优秀毕业生，47名品学兼优的学生发展成中共党员。

二、高点定位，展望未来

目前，潍坊卫校正面临着从中职到高职的全面转型。今后，学校将以升为"潍坊护理职业学院"为契机，转变观念，开拓创新，进一步加强内涵建设，加大投入力度，扩大学校规模，加快人才引进，提升办学层次和水平，实现学校更好更快地发展。

1. 加强师资队伍建设

学校逐年吸收引进硕士、博士等高层次人才，资助在校教师考研读博；加强学科和专业建设，培养学科带头人，提高学校教学和学术科研水平；优化教师内部结构，加强护理师资，使基础课教师与临床课教师、专任教师与兼职教师队伍协调发展；加强"双师型"教师培养，"双师型"教师占专业课教师的比例要达到80%。同时不断加强教师的德育工作能力、专业教学能力、实训指导能力建设，全面提高教师的综合素质。

2. 加大课堂教学和课程改革力度，完善教学质量评价体系

学校积极推动教学从学历本位向能力本位转变，加大专业技能课程的比重，课程内容和岗位要求紧密对接，不断补充、更新教材内容，建立完善教学质量评价制度，搭建教学网络学习平台。

3. 研究市场需求，科学设置专业

根据市场经济和社会发展需要，研究新兴产业和现代服务业，特别是医疗服务市场相关产业、行业所需要的专业和培训项目。根据产业发展规划和企业用人需要，建立专业设置的动态机制，建设国内领先的精品专业、品牌专业。细分专业方向，如中护专业划分成"老年护理""居家护理""社区护理""ICU护理"等专业方向，药剂专业划分成"医药营销""制药"和"医院"三个专业方向，检验专业划分成"食品检验""医学检验"两个方向，从而完成对专业的科学设置和对专业方向的科学编排。

4. 强化实验实训室建设

继续加大实验室建设力度，重点加强实训基地的建设，同时，充分发挥实习医院和附属医院在教育教学中的作用。

5. 打造数字化、信息化校园

学校办公、教师备课评课、教学研讨等可以逐步实现网络化；开展信息技术的研发工作，特别是开发三维技术；教师用自制的多媒体课件及网络课件给学生上课，让学生印象深刻、记得牢、记得扎实；建立图书馆管理系统及数字化图书馆开发与管理应用平台，实现图书采购、编目、查询、借还等全程信息化管理；依托校园网建立网络教学支撑系统，为教师教学和学生自主学习提供良好的应用环境。

6. 进行机构设置、干部人事和分配制度改革

按高职设置要求和学校的实际，设置一定数量的处、部、室和教学及教学辅助机构；对现有科室（部门）进行重新分配、整合，调整工作职能，减少管理层次，向扁平化管理模式转变。在干部任用上，以德才兼备为标准，把各部门人员配实配精。在分配制度上，推行绩效工资。

7. 完善内部管理

借鉴现代学校的管理理念，逐步推行扁平化管理，提高管理效能；建立健全各项规章制度，包括建立科学的教师考核评价制度、教学评价制度、规范的招生和考试制度、严格的学生管理制度、迅捷的后勤保障制度，等等。同时，建立规范的电子学籍和资产等信息系统，保证学生信息全面准确，不

断提高学校管理的规范化、现代化和信息化水平。

　　2007年以来，学校通过实施"真情服务师生，促进学校发展"的核心管理思想，取得了突出的办学成就。只有满怀真情为师生服务，才能调动教职员工的工作积极性和学生学习的主动性，进而促进学校不断发展。只有学校不断发展进步，才能更好地为师生服务，满足师生日益增长的物质文化需要，提高师生的幸福感。所以，"真情服务师生"和"促进学校发展"是相辅相成、辩证统一的关系，是科学的、可操作的管理思想。2007年4月，刘海波校长调任潍坊卫校后，对学校当时的形势作出了一个非常准确的判断，同时为学校未来几年的发展构建了一个非常清晰的蓝图。当时的情况是学校经济吃紧，收入萎缩，偿债压力很大，职工工资水平较低，并且到了发不出工资的窘境。"民以食为天"，职工的基本生活无法保障，生活质量下降，时间一长，他们对教学和业务工作产生了抵触情绪和倦怠心理。这种情绪和心理弥漫到教学一线和课堂，直接导致了教学质量下滑。在这种情形之下，刘海波校长提出了"真情服务师生，促进学校发展"的核心管理思想。在他的不懈努力下，学校终于筹措到了发展资金，不仅补发了职工工资，而且进一步提高了职工的工资基数和福利待遇，一时间职工工作热情高涨，教学质量得以保证。

　　要想保持事业稳定发展，需要狠抓内部管理，大胆改革创新，同时还要不断加强学校的硬件建设力度，以满足现代化教学和育人的需要。在学校经济运行形势稳定下来以后，刘海波校长开始着手进行各个方面的内部管理改革创新。因为他明白，人在满足了一种需要之后，如果不接受新的刺激，就很容易形成惰性心理、安于现状。他运用管理学中"鲶鱼效应"，用改革创新的手段让教职工保持一定的工作压力，使学校不断充满生机和活力。教学上，深化课程体系改革，课程安排、课程设置直接和用人市场、岗位标准相对接，使学生毕业之后能直接进入角色，突出了潍坊卫校培养实用型人才的办学导向。同时，为加强教学监管，保证教学质量，刘海波校长还提出实施了"四听课"制度及"双师型"教师培养制度、骨干教师评选制度、精品课程评选制度，并优先提高一线教师的福利待遇。一系列创新举措，使学校深化了教学改革，并使教师乐此不疲地醉心教学。在组织人事上，推行扁平化管理，减少中间环节，直接设置了就业科、审计科和招标办，这些部门直接对学校领导负责。同时还推行干部任期聘用制，如在任期之内工作有成效就继续聘任使用，否则就降级使用，避免了人浮于事。在后勤管理上，积极推行社会化管理改革，通过招投标，新开设了3个师生餐厅，饭菜花样和质量得到了很好的保证。

潍坊卫校的发展对同类学校的发展具有非常重要的借鉴意义。总结学校几年来的办学经验和体会，如果一言以蔽之，就是"真情服务师生，促进学校发展"。一要务实。教师要把学校的事业作为自己的事业，要全身心投入学校的建设和发展，不做表面工作，不搞形象业绩，一步一个脚印，踏踏实实地做好学校的每一项工作。二是真心。对市场而言，"顾客是上帝"；对学校而言，"师生则是上帝"。学校只有真心为师生服务，为师生谋利，办实事、好事，师生才能真正热爱学校，教师才能乐于"教"，学生也才能乐于"学"。三是管理创新。学校管理是一项系统而又复杂的工程，只有充分调动教师、管理者、教辅和后勤保障人员的工作积极性，学校才能充满生机活力，这就需要学校在管理上不断创新。潍坊卫校管理创新的手段和方法很多，这里只谈一点，即目标激励机制在潍坊卫校管理中的应用，希望能对广大兄弟学校有所裨益。

目标是鼓舞人们努力工作的一种有效的刺激因素。潍坊卫校从2007年开始，连续5年实施了目标管理，将年度工作任务细化分解成小项指标，分配到各科室（部门），各科室（部门）再将本科室目标分配到每名成员身上。校长和科室（部门）负责人签订责任书，科室（部门）负责人再和下属成员签订责任书，这样学校的每一名教职员工都有明确的工作目标。实践证明，目标管理取得了很好的效果。这里需要注意的是，在制订目标的过程中，要让相关人员参与到活动中来，还要在所设目标的难易度上有所界定。目标既要有难度，又要使人觉得有能够达到的可能，也就是说，目标的难度应在人们可以达到但又必须付出努力才能达到的范围之内。否则，目标就会失去其应有的作用。在推行目标激励机制的过程中，同时必须注意目标分配的公平性，要考虑到内部岗位差异大小和同一岗位员工的投入和回报的多寡，即在定员、定岗、定目标时要充分考虑个人能力的大小，同一岗位的员工，任务有轻有重，贡献有大有小，这样薪酬就必须体现出多劳多得，否则目标激励的质量就会下降，员工就会消极怠工。

　　潍坊卫生学校是国家级重点中等职业学校，也是"三二连读"高职招生学校，已有122年的办学历史，目前已实现了跨越式发展，升格为"潍坊护理职业学院"。一个学校的生命力，在于是否有发展的动力和后劲。潍坊卫生学校正是凭借着深厚的办学理念和创新管理制度，实现了这一飞跃。

　　潍坊卫生学校在办学理念上令人感受深刻的是，以人为本，着力为师生办实事。2007年以来，学校通过实施"真情服务师生，促进学校发展"的核心管理思想，取得了突出的办学成就。一是教学改革成绩突出，护理学科建设为学校的发展打下了良好的基础。学校创新了教学模式，建立了以职业能力为本位、知识传授与生产实践紧密衔接的专业课程体系，制订了符合医院、企业用人标准的教学计划和教学大纲；建立了以就业为导向的教学质量评价检查制度，成立了教学督导室，定期开展教学质量检查和"学生评教，教师评学"双评活动；加强学科和专业建设，制订了学术科研奖惩制度；强化护理学科建设，引进护理硕士，新建7个护理实训室；加强基础学科建设，建设了人体生命馆。二是创新了实习就业模式，开辟部队医院"实习预就业"新渠道，与中国人民解放军二炮总医院、北京军区总医院、中国人民解放军天津252/254/272医院、沈阳军区总医院等6家部队医院签订了毕业生"实习预就业"协议。为了完善实习就业网络，学校专门成立了实习就业指导科。近年来，国内34家部队和地方医院与学校签订了"实习预就业"协议，护理专业就业率达96％。为拓展学生就业新途径，学校成立了鸢都卫生教育培训中心，培训毕业生赴英国、爱尔兰、新加坡、加拿大、澳大利亚实习就业。学校的"真情服务师生"，激发了学校师生的热情和积极性，促进了学校发展。

　　学校的管理制度创新是保障学校发展的动力条件。学校管理是一项系统而又复杂的工程，只有充分调动教师、管理者、教辅和后勤保障人员的工作积极性，学校才能充满生机与活力，这就需要管理上不断创新。首先，学校推行目标管理，将年度工作目标细化分解成小项指标，分配到各科室（部门），各科室（部门）再将本科室目标分配到每名成员身上。校长和科室（部门）负责人签订责任书，科室（部门）负责人再和下属成员签订责任书，这样，学校的每一名教职员工都有明确的工作目标。实践证明，目标管理取得了很好的效果。潍坊卫校率先实施了 8S 管理（即围绕"整理、整顿、清扫、清洁、素养、安全、节约、学习"8 个方面进行管理），并定期对各科室（部门）进行 8S 考核，实行了班主任量化管理、学生量化管理和班级量化管理制度。其次，学校推进人事分配制度改革，推行扁平化管理，直接设置了就业科、审计科和招标办，这些部门直接对学校领导负责。同时，还推行干部任期聘用制，制订了《专业技术职务岗位评分方法》《托管聘用制人员管理办法》《托管聘用人员考核办法》《潍坊卫生学校中层干部竞争上岗实施办法》；在教学管理上，加强教学监管，保证教学质量。刘海波校长提出并实施了校领导听课制度、"双师型"教师培养制度、骨干教师评选制度、精品课程评选制度，并优先提高一线教师的福利待遇。一系列创新举措，使学校深化了教学改革。在后勤管理上，潍坊卫校推行社会化管理改革，实行招投标制度。一系列管理制度的完善与创新，保证了学校有序健康的发展。

（点评：孙琳）

 学校管理卷

加强学校文化建设，促进学校长远发展
——山东省淄博工业学校

名校／名校长简介

朱建华，男，汉族，1955 年生，淄博工业学校校长、党委书记，全国优秀教师，中国职业教育百名杰出校长。

他是一位专家学者型校长，先后参与研究了 9 个国家级课题子课题、8 个省级课题；组织、参与编写了 5 本校本教材；有 52 篇论文在《中国职业技术教育》等报刊上发表；专著《学校系统管理的理论与实践》《学校文化管理的思考与实践》由高等教育出版社出版。

他潜心研究企业文化，大力实施学校文化管理，从"物质文化、制度文化、精神文化"三个方面致力于学校文化建设，着力培植富有特色的学校价值观念体系，形成了成熟的学校文化管理模式。学校文化管理的做法在全国职教领域产生了较大影响，他应邀外出介绍学校文化管理经验达 40 多次，省内外多所兄弟学校到我校交流、学习。

在朱校长的领导下，2007 年学校牵头组建了淄博市首家、山东省规模最大的职教集团。2009 年，学校在全市各级各类学校中以总分第一的成绩被淄博市教育局命名为"首批淄博文化名校"。学校先后荣获"首批国家级重点职业学校""全国职业教育先进单位""省级文明单位"等多项荣誉。

学校文化管理是一种重视价值观教育、重视影响人内心的全新的管理方式，是一种从内到外的长效管理机制。对于学校来说，它是一种精神、一种思想，它由在校工作、学习、生活的全体师生共同创造，一旦成熟后，又反作用于置身其中的每一个教师和学生，而且这种影响是非常深远的。它不仅是学校管理的重要课题，也是实施素质教育之必需。

淄博工业学校把文化建设作为一种新的学校管理模式来研究和实践，从2002年起在系统管理的基础上大力实施文化管理，从物质文化、制度文化、精神文化三个方面进行学校文化建设，着力培植价值观念体系，经过几年的努力，在学校文化建设方面积累了一定的经验。学校文化管理在引领师生成长和促进学校内涵发展方面发挥了重要的作用。

一、物质文化方面

物质文化属于学校文化的显性结构，包括学校的建筑、景点、绿化、宣传橱窗、墙体标语等。

我们聘请有关领导、专家对学校作了科学规划，使学校的布局结构科学合理、协调优美，充分体现了其综合教育功能。校园内精心设置了140余块大小宣传牌、20余块大型文化石。办公室内、教室内和走廊上的名人名言及各楼梯上的标语等既美化了校园，又在陶冶情感、激发兴趣、塑造人格方面起到了较大作用，激励全校师生积极进取、奋力拼搏。

二、制度文化方面

制度文化就是学校的一切规章制度、行为规范。学校坚持把制度文化作为进行各种教育教学活动时必须遵循的行为准则，把它们放在一个有机的、整体的动态系统中来研究，先后制订出了《淄博工业学校目标管理体系》《淄博工业学校三年德育规划》《淄博工业学校教职工考核办法》《关于加强学生实习管理工作的规定》等一系列行之有效的规章制度，并在校园网上创建了教职工的"实力银行""成长档案"和学生"学力银行"。

学校在落实制度文化的过程中，始终贯穿人本管理这条主线，变指挥为引导，变控制为服务。人本管理成了学校健康、快速发展的新的生长点，收到了良好的效果。

三、精神文化方面

精神文化是学校文化的核心和灵魂，它集中反映了一个学校的特殊本质、个性及精神面貌。

学校近年来重点抓了精神文化建设，特别是形成了自己的一套价值观念。例如，教师价值观有事业观、集体观、人际观、绩效观、服务观等；学生价值观有责任观、学习观、活动观等。

学校的价值观是全体教职工在实际工作中理论联系实际、不断汲取经验教训、不断总结完善的智慧结晶。为了让价值观念内化为教职工的自觉行为，校长在全体教职工大会上对每一条价值观都进行了理论诠释与实例解说。目前，学校价值观念已真正融入师生员工的心里，成为推动学校持续健康发展的力量。

对创业人才的培养是世界教育、职业教育的发展趋势。新经济时代的到来，经济全球化及职业和技术岗位的快速变化，使社会岗位和就业需求日益多样化，这对传统就业观念提出了前所未有的挑战。随着我国教育改革的深入，国家十分重视学生的创业教育问题，培育学生的创业精神和创业能力是大势所趋。那么，如何营造良好的创业教育氛围，开展全程的创业教育，塑造创业人才呢？

一、创新学校管理

淄博工业学校是一所普通中专学校，是首批国家级重点职业学校、全国职业教育先进单位。学校目前占地350亩，有教职工500余人，全日制在校生8200余人，社会培训年培训人数28000余人。2007年6月18日，学校牵头成立了淄博市第一家职业教育集团。

从学校的创业史来看，学校的发展经过了两个比较明显的创业时期。

1990—1998年，学校进行了校舍改造，取得了两个全省第一的好成绩，争创了国家级重点，挂上了普通中专的牌子。这属于第一个创业时期。1998—2005年，学校在全国职业教育普遍滑坡的严峻考验下，实现了招生数量的持续增长，校容校貌焕然一新，基础条件提升了档次，打造了健康先进的学校文化，保持了"省级文明单位"称号，获得50余项市级以上荣誉称号。学校在区、市、省乃至全国的地位和声誉不断提高。这是第二个创业时期。

随着2005年底临淄区职业教育资源整合，原淄博旅游学校、临淄第二职业中专并入淄博工业学校，学校又进入了一个崭新的发展时期。我们把这一时期称为第三个创业时期，并讨论确认了该时期的目标，即：努力探索办学机制、办学体制改革；贴近社会、贴近市场，增强办学活力；适度控制外延膨胀，注重内涵提升；培

创业职业教育集团挂牌仪式

植系统完善、特色鲜明、底蕴深厚的学校文化；打造"团结协作、率先垂范、追求卓越、与时俱进"的干部队伍和"学高为师、身正为范、勤于教书、乐于育人"的教师队伍；搞好市场调研预测，不断改革创新文化课和实验实习课教学；做好社会培训工作；建立各种联合办学模式（包括中外合作办学），组建职教集团；争创中职领域全国名校。

创业目标的实现激励着全校师生不断向前，同时也是学校创新管理体系的体现。学校近几年的管理，是以系统管理和文化管理作为主要管理手段的。1998—2002年，实行系统管理。2002年起，我们又进入了文化管理阶段。现在我们把流程管理也吸纳到学校管理中来。

（一）系统管理阶段

系统管理属于科学管理的范畴。学校系统管理的主旨是用系统论的基本思想指导学校的各项管理工作，构建学校的系统管理模式，具有"三实"的特点。首先，它非常切合实际，辩证唯物主义能"放之四海而皆准"，系统论是量化了的辩证唯物主义，它自然也能够"放之四海而皆准"。其次，它非常实用，大范围能用，小范围也能用。具体到学校来讲，校长能用，他可以把学校当做一个系统来研究；教务主任也能用，他可以把学校教学工作当做一个系统来研究；班主任也能用，他可以把一个班级当做一个系统来研究；学科教师同样能用，他可以把他所教的两个班或几个班当做一个系统来

研究；等等。最后，它具有实效，长期坚持用系统论的基本思想和基本理论来指导工作，一定能收到实效。

全校师生坚持学习系统科学，坚持在工作中运用系统论的思想。它有效地改造了我们的思维，提高了我们的思维质量，让我们逐渐养成了辩证地、整体地、联系地、发展地、发散地、多角度地去看问题的习惯，把一切思考置于系统意义之上；让我们在学校教育教学管理工作中正确地处理了部分与整体、差异与统一、结构与功能、自我与环境、有序与无序、合作与竞争、行为与目的、阶段与全程等具有系统意义的问题；帮助我们解决了工作中多样性的统一、差异的整合、不同部分的耦合、不同行为的协调、不同阶段的衔接、不同结构或形态的转变等问题；帮助我们在学校发展的总体布局、长期预测、目标优化、资源配置、信息创造和利用等方面选择正确的思维方式和措施，避免了随意性和短期行为，实现了学校系统的最优化，使学校在短时间内走上了快速、健康、持续发展的道路。

（二）文化管理阶段

在系统管理基础上，我们又把企业文化管理的一些做法移植到学校管理中来，在实际工作中不断实践、不断完善，创建和完善了一套长效管理机制，使学校进入了文化管理阶段。

学校文化管理既是一种文化现象，又是一种新的学校管理模式。这种模式的基调是"人"，内容是"文化"，核心是"价值观"，法则是"柔性管理"，目标是"学校人的发展"。

我们这几年重点抓了制度文化建设和精神文化建设，形成了一整套完善的制度，把制度文化建设当做一个有机的系统、动态的整体来研究，提出了"立足长远、内涵发展、科研先导、注重特色、灵活办学、质量立校"的24字办学思路，明确了学校具体的培养目标，制订了一系列行之有效的规章制度。同时，也形成了自己的一套价值观念和文化，主要内容包括：事业观、教育观、人才观、质量观、管理观、集体观、绩效观、人际观、学校追求、学校理念、学校精神、学校作风、执行文化、服务文化等。

文化管理要求每一位管理者达到一种境界，这种境界就是"诗界"。文化管理要求每一位被管理者达到一种境界，这种境界就是"慎独"。为了让学校价值观念内化为教职工的自觉行为，学校定期进行闭卷考试，考试不及格者，允许补考一次，再不及格者就离职待岗。目前，这些价值观念已经融入教职工的心里，这对学校的创新工作是个有力的促进。

二、塑造创业人才

开展创业教育，塑造创业人才，培养学生的全面素质和综合职业能力，是中等职业学校教育的根本宗旨所在。创业人才具备创业的基本素质，能够创造新的就业岗位和职业效益。创业的本质是创新，那么怎样去培养创业人才？下面结合我校实际谈六个方面：

（一）创新观念

观念影响效果。如果教师有很强的创新意识，又有很强的创新才能，那么他所教的学生，能力低的也可能获得好成绩，能力高的则可能取得更好的成绩。但如果教师没有创新意识，又不会激发学生的创造力，那么教育活动本身就失去了创造性。为使教师转变观念，能够遵循市场经济的规律去思考和实践教学方法，创新教学模式，有效地培养学生的创业素质及实现素质教育，我们提出这样三种观念：职教观念、教学观念和学习观念。

职教观念强调职前准备、职内发展、职后提高等各个阶段的职业教育。职前准备一般是指学生在职业学校期间确立职业思想，形成职业技能，掌握职业知识以及养成职业道德等。职内发展是职前准备的自然延伸。职后提高是指在某个岗位工作一段时间后，为了工作需要，离职进行短期培训或较长时间的业务进修。

教学观念强调不仅要抓好文化基础课和专业技能课的教学与实习，还要通过各种形式的活动课程来提高学生的全面素质。在抓教书育人的同时，还要抓管理育人、服务育人和活动育人。如模拟招聘、模拟法庭、辩论对抗赛、主持人大赛、社会调查、小发明创造以及社会实践、文体活动、德育活动等。开展这些活动的时候，要注意激发学生参与活动的积极性，力争使所有的学生都参加到这些活动中来，都在这些活动中得到锻炼和提高。

学习观念是对学生的要求，要求学生积极参加各项活动，成为这些活动的主体，锻炼和提高自己。

"以就业为导向，以服务为宗旨"是职业学校的根本办学方针，作为职业学校的学生，只有时刻以就业为导向、为创业作准备，才可能培养自身的综合职业能力和全面素质。教师传道、授业、解惑都是为学生创业作准备，同时也是为自己创业作准备。学校的所有工作也都是在为学校这个集体创业作准备。创业需要一种勇敢的精神，需要一种积极的态度，是一个无止境的过程。

（二）科学研究

为了科学地培养学生，学校进行了"三创教育"的课题研究，三创是指创新、创造、创业，即"以创新指导创造，以创造奠基创业"。"三创教育"旨在用高质量的创新教育培养学生的创新意识、创新精神，旨在培育学生的创造性思维，开发学生的创造能力，从而把更多的学生培养成创造型人才，为学生将来创业奠定坚实的基础。

"三创教育"的根本是创新教育，创新教育就是以培养人的创新精神和创新能力为基本价值取向的教育。创新不是一种操作模式，不是一种具体方法，它是一种精神、一种能力、一种机制、一个系统，是一种推陈出新、追求创意的鲜明意识，是一种勇于思索、积极探求的心理取向，是一种善于把握机会的机敏和灵性，是一种积极改变自己及环境的应变能力。我校"三创教育"中的创新，具体是指通过对学生施以教育和影响，使他们作为一个独立的个体，能够善于发现和认识有意义的新知识、新事物、新方法，掌握其中蕴涵的基本规律，并具备相应的能力，为将来成为创造型人才作充分的精神准备。创造和创业是创新的有序延伸、扩展和必然结果。创新教育成功的标志是学生有很强的实践能力。有了充足的创新精神，有了很强的实践能力，学生就具备了高素质，也就为他们将来就业乃至创业奠定了全面的素质基础。

学校通过"三创教育"，更新全体师生的教育思想和教育观念，创设学校新型管理体系和教育教学模式，优化专业设置，改进教学方法，加快现代教育技术建设，培养创新型教师，培养学生个性特长，加强学校心理卫生和健康研究，加强就业创业指导教育，建立密切的毕业生跟踪调查和服务体系等，现在已取得明显效果。

（三）价值观培养

职业学校要对学生进行价值观引领，培养学生的诚信、勤奋等品质，激发学生的内驱力。陶行知说："生活、工作、学习倘使都能自动，则教育之收效定能事半功倍。"为此，我校提出了一系列价值观：

核心价值观：为创业作准备。

学习观：知识改变命运，学习成就未来。

活动观：活动中感受，体验中成长。

就业观：适合我的就是最好的。

诚信观：以诚待人，以信创业。

责任观：责任体现人品，责任重于泰山。

安全观：平安是最大的幸福。

纪律观：无规矩，不成方圆。

生命观：珍爱生命，活出精彩。

合作观：为别人鼓掌的人也是在为自己的生命加油。

感恩观：怀着感恩的心生活，生活将赐予你灿烂的阳光。

自立观：流自己的汗，吃自己的饭，自己的事情自己干。

理想观：理想是人生的引航灯。

创新观：只有创新才有活力。

挫折观：宝剑锋从磨砺出，梅花香自苦寒来。

消费观：成由勤俭，败由奢。

根据价值观的内容，学校干部轮流开展讲座，每周1—2次，使学生将价值观内化于心、外化于形，自觉自愿做到文明、自律、进取、创新。

（四）改革教材

"10年前就被淘汰的汽车电子技术、自动变速器技术，现在仍在一些教材中占相当大的篇幅，这是我们教学中的尴尬现状。"在武汉召开的全国中等职业教育汽车专业系列教材建设研讨会上，来自教育部及全国汽车教学方面的专家学者对"教材滞后"的通病发出感慨。"过时技术就像过期食品，不仅不能给学生提供营养，有些还是有害的。"事实上，教材滞后于教学实际和可操作性差等缺陷，在很多学科上都不同程度地存在，并不限于汽车专业，教材已成为制约职校教学和培养创新型人才的一个瓶颈。所以，要发展学生能力首先要解决教材问题。我们本着适应学生、适应社会和企业的原则，根据新技术改编教材，使学生学起来有兴趣、学后有用处。尤其是专业课教材，我们有全国或全省通用教材，也有校本教材，甚至师本教材，原则就是"必须"和"够用"。我校教师主编和参编的校本教材有：《汽车维修基础》《汽车发动机》《化工基础知识》《读书、思考、创新》《综合素质教育》《创新、创造、创业》《创业、就业、经营》《创新与创造》《机电新技术讲义》《实用文体写作》等。

（五）创新方法

方法能把人"教活"，也能把人"管死"，因此创新非常重要。有一个"板鸭三部曲"的说法：不管你愿不愿意上学，都要去，是赶鸭；不管你知不知其所以然，告诉你答案，叫填鸭；经过赶鸭、填鸭之后，无创新的板鸭就出炉了。我们应该在创新方面好好思考一下：怎么才能把思路打开，怎么才能使学生学会学习、学会思考，进而创造知识，而不仅仅是简单传承记忆、掌握一些知识？在教育教学过程中，我们应该重视学生的感受，运用多种方法来发展学生的创造性思维，培养学生的创新意识，这样，我们才能实

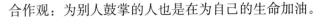

现人才创新的目的。

1. 理想课堂

我校实施"理想课堂"模块教学流程。该流程就是把专业教学划分为几个相对独立的教学模块，把模块作为教学的基本单位，形成一个相对独立完整的教学周期。一个模块教学流程包括四个阶段：模块设计、模块新授、模块训练、模块测评。在此基础上，我们结合专业特点，以专业部为单位，形成了专业部特色课堂模式：机电专业部以机电、机械等专业为主，是通过操作机器完成一定的加工任务，主要采用任务驱动教学法；经贸专业部以财会、计算机等专业为主，是通过对文字、数字、图像等项目的操作完成一定的任务，主要采用项目教学法；旅游专业部以导游、幼师、餐饮等专业为主，是通过一定的环境进行人与人之间的交流，主要采用情境模拟教学法；高职部则采用讲学稿的形式。

无论哪种模式，我们都做到让学生全员参与、全程参与和有效参与。真实、有效、生活化、开放性的课堂越来越多地呈现在学生面前，课堂教学呈现出一片生机。

2. 快乐德育

快乐德育实际上就是"以人为本"、尊重学生，是指德育的手段能使学生快乐。德育管理的实质是育和导，不是表面上的管和堵。"管"是手段，"育"才是目的。学校管理的目的，不是仅仅让学生在学校时遵守纪律、尊敬师长、文明礼貌、爱护公物、保持卫生，而是让学生在学校就养成很好的习惯。培养良好的习惯是素质教育的一个目的，素质只有化为习惯，才能成为终身受用不尽的财富。所以我们提倡快乐德育，通过体验式主题班会、校园文化艺术节等多种形式来教育学生，发展学生的创造性思维，发挥学生的主动性和积极性。

3. 创新评价

根据学生实际，我们创新考试考核方法，重视考核学生应用所学知识解决实际问题的能力，建立了科学的教学质量评价体系。

理论课考试考核办法是：建立试题库，实行教考分离。教师平时将单元测试题发送到试题库中，期末时教务处从试题库中抽取试题，统一组织考试。

实践课考试考核办法是：采用模块结业申报制度，任课教师提出申请，专业部主任签字，教务处审批，考核小组组织考试。

为促使学生勤奋学习、积极进取，学校推行了学分制改革，在校园网上创建学生"学力银行"，详细记录学生在校3年的学分、荣誉和考取的各种证书、班主任评语、实习工作经历、参加过的培训等。"学力银行"的创建，充分调动了学生的学习主动性和积极性，培养了学生的自信心，激发了其竞争意识。

（六）加强实践

1. 鼓励创造

温家宝总理曾经讲过一句话：21 世纪的竞争归根到底是知识产权竞争，是创新的竞争，是专利的竞争。为鼓励学生进行创造，我们开设创业与指导和心理健康教育课程，安排专人组织教材、上课，培养学生的创新精神和创新意识，对学生进行理论上的辅导。同时，学校成立了学生创造实践活动小组，指派优秀教师负责组织学生的创造实践活动。另外，学校负责师生专利的申报，并承担相应的费用，每个学年度都有获奖作品和专利产品，现在我校已有国家专利 29 项。

很多学生在校时积极参加创新活动，毕业后，很快因具有创新能力而得到很好的发展。例如，一位叫郭寿鹏的学生，毕业后参军到第二炮兵部队，很快就成了高科技兵中的技术骨干，多次受嘉奖。还有的学生因在学校激发了创新的火花而实现了自己的创业梦想，如 1999 级学生唐如利，在校期间经常向老师请教有关创业的问题，在淄博市首届创业设计大赛中，他设计的"二手学生书屋"获得一等奖。毕业后他开办了"如利二手学生书屋"，靠着"替顾客着想，让顾客放心"的经营理念，仅仅几年就获得了成功。这样的例子不胜枚举。

2. 创造条件

为提高学生的就业、创业能力，我们切实加强了校内外实训基地的建设，投资 3000 万元购置了国内一流的实验实习设备，强化了实验实习、职业技能训练等实践性课程和教学环节。学校现有化工、机电、汽修、旅游、财会、医护、微机等专业的 60 多个实验实习室，计算机 1500 余台，各类机床 30 余台，按教学大纲要求，

企业捐赠仪式

各类实验开出率达 100%。校内建有机械厂、汽修厂、服装厂、超市等实习基地，校外有美陵集团、齐鲁塑编集团、中轩集团等 17 家实习基地。

我们根据各专业实际情况，定时、定阶段组织学生进行上岗认知实习、

阶段实习和顶岗实习，全面提高学生的专业技能水平。一年级新生设有为期一周的认知实习，以便对所学专业和将来的就业岗位产生初步认识；二年级学生设有为期一个月的阶段实习，以便对就业岗位由感性认识提升到理性认识，熟悉企业的文化和规章制度，培养吃苦耐劳的精神；三年级学生设有一年的顶岗实习，以便能够与企业全方位接触，为顺利走向社会奠定基础。通过三种不同形式的实习，强化了对学生的职业思想和职业道德教育，生充分掌握了就业所必需的操作技能和技术经验，提高了他们的就业层次和就业质量。

通过连续几年坚持不懈的创业教育，学生的创业意识和创业能力都有了明显提高，我校每年考专业技能等级证和计算机证的学生总数和过证率都居全市第一，毕业生推荐就业工作一直走在全市同类学校的前列。2011 年除参加高考的毕业生以外，共有 1300 余名毕业生进入本地或沿海企业实习，期满就业。

中韩联合办学签字仪式

学校与合作企业实施"订单式"培养，有效提高了学生的就业满意度和就业层次，学生的一次就业率高达 97％以上。学校坚持校企合作的办学思路，在原先开辟的深圳、上海、天津、广州、珠海、青岛等外地就业市场的基础上，继续加强与省内外部分大中型企事业单位的友好合作，还扩大了与国内外办学力量的合作，与韩国庆熙大学、又石大学、全南大学结为友好学校，与韩国忠清大学签订了联合办学协议，赴韩国留学预科班顺利开班。

学校现有 3 个校区，一处驾校、一处中学生实践教育基地，社会培训年培训人数 5 万人次，组织考试 10 万人次以上。学校成人教育和社会培训工作发展迅速，有完善的大中专、本科、研究生进修班等学历教育和机电、计算机、建筑、安全、商贸、餐旅、驾驶、残疾人、农村劳动力转移等技能培训及各种技能鉴定和考证，得到社会广泛的赞誉和认可。

现在，全校师生团结一心，抓创新、求和谐、促发展，继续为学校的第三个创业目标而奋斗。今后，学校还要进一步创新学校管理，培养创新师资，塑造创业人才，让学校每一位师生都能体验到创业的快乐，实现创业的梦想，为社会作出更大的贡献。

反思拓展

　　学校文化是学校发展的核心竞争力，是学校发展的灵魂。加强学校文化建设，对提高学校办学水平、全面实施素质教育具有重要的意义。我校把文化建设作为一种新的管理模式来研究和实践，从 2002 年起在系统管理的基础上大力实施文化管理，是山东省学校文化建设起步最早的学校。学校提出了若干种师生价值观，着力培植价值观念体系，经过几年的努力，在文化建设方面积累了一定的经验，这些经验在引领师生成长、促进学校内涵发展方面发挥了重要的作用。

一、探索新型学校管理模式，构建有利于师生发展的学校文化

　　文化建设实际上是一种管理模式，即文化管理。目前世界上几乎所有的大企业、成功企业都在实施文化管理。国外的企业如微软、松下、通用、麦当劳、肯德基、IBM 等；国内的企业如海尔、联想、同仁堂、长庆油田等。淄博工业学校作为一所综合性中等职业学校，一直在努力探索管理的长效机制。

　　学校立足发展现状和实际，认真研究、谋划，制订出了科学合理的能引领学校发展的文化建设长远规划，几年来坚定不移地实施、推进，根据发展情况，把阶段性文化建设作为每学期的重点工作之一，纳入学校工作计划，并认真予以落实。学校依据文化发展策略，着力培植师生广泛认同的价值观，构建以人为本的学校民主管理体系，形成具有学校特色的各项工作流程，建设园林化、生态化、最适宜读书和生活的校园环境，营造浓郁、温馨、和谐的学校文化氛围，从而有利于师生健康和谐发展。

　　2003 年，学校响应上级号召，积极支援西部建设，在菏泽单县创建分校。分校"复制"本部文化管理模式，成为淄博工业学校在鲁西南地区的一个翻版，经过几年的努力，这种管理模式同样受到了大家的认可。2008 年 4 月 26 日，单县分校承办了由单县教育局牵头、单县政府组织的教育管理现场会。学校优美的环境、良好的教育教学条件、特有的文化管理和办会能力得到了当地教育局领导和与会人员的高度赞扬。2008 年 12 月 27 日，单县各级各类学校校长、分管教学的副校长及县教育局副股级以上干部计 350 余人参加的培训班在单县分校举行。朱建华校长应邀作了半天的关于学校文化管理的讲座，与会人员对我校的管理理念、管理过程和管理结果都给予了高度评价。今年春季招生，单县分校突破了千人。

二、以精神文化建设为核心，大力培植学校价值观体系

精神文化不仅是学校管理的重要课题，也是实施素质教育的有力助推器。精神文化的培育过程，既是一个树立形象的过程，更是一个苦练内功的过程，需要进行一系列扎实具体的工作。

为了让价值观念内化为教职工的自觉行为，学校从 2003 年起定期进行闭卷考试。除了考试之外，学校还在全体教职工大会上对每一条价值观都进行了理论诠释与实例解说。同时，学校还采取了多种措施，以强化师生对价值观的内化。

三、以制度文化建设为保障，不断提升学校工作执行力

制度文化建设不是文本制度的简单堆砌，它关注的是人们对待这些制度的态度和行为方式，其核心是学校全体成员对制度的认同、遵守和执行。制度文化要满足五个条件：一是要完善、科学；二是要依法依纪；三是要以人为本；四是要与学校价值观一致；五是要有内化和外化的过程。

多年来，学校坚持把制度文化作为学校进行各种教育教学活动时必须遵循的行为准则，把它放在一个有机的、整体的动态系统中来研究，先后制订了《学校七年目标管理体系》《学校三年德育规划》等一系列行之有效的规章制度。

学校注重教师文化建设，以师德建设为核心，分六大块（校干培训、师德培训、班主任培训、专业教师培训、新教师培训、全员继续教育培训），搭建了两支队伍（校干队伍、教师队伍）全面成长的活动平台，制订了促进教师成长的相关制度，如《首席教师评选管理暂行办法》等。为鼓励优秀教师脱颖而出，学校于 2007 年建立了电子版的教师"实力银行"，全程、全面地体现了教职工的发展成果和成长过程。

制度文化建设还不断向学生层面扩展。学校编印了《学生管理文化手册》，制订了学生价值观教育讲座计划，由校级领导和部分中层干部给学生作讲座，强化了新生入学教育和军训工作，改革了主题班会教育形式，实施体验式主题班会，完善了"学力银行""全项管理千分制"、养成教育和人生课堂等特色项目，充分利用传统节日和入学、入团、毕业等时间，积极开展主题教育活动，形成了有效的工作机制，取得了良好的教育效果。

学校在落实制度文化的过程中，始终贯穿人本管理这条主线，变指挥为引导，变控制为服务，有效提高了工作的执行力。

四、以物质文化建设为载体，着力创设良好育人环境

和谐优美的校园环境和人文景观有利于陶冶师生的情操。为创设良好的校园环境，学校聘请有关领导、专家对学校作了长远规划，使学校的教学区、实习区、运动区、生活区、风景区布局科学、合理。

学校专门设计、完善了学校视觉识别系统，制作了具有鲜明文化特色的校徽、校牌、校旗、校服等，印制了《淄博工业学校视觉识别管理手册》，并广泛应用于学校办公、环境、交通、通信、宣传、服饰、礼品等方面。每学期学校组织"校歌唱响校园"比赛，以艺术的形式表达全校师生员工的共同理想和精神风貌，彰显学校的文化特色，并促使师生更加自觉地维护学校形象，共同推动学校发展。

物质文化建设有力地促进了学校的发展，学校的校容、校貌、校风发生了翻天覆地的变化。学校规模由1998年的46个班增长到现在的130多个班，教师素质不断提高，学生在各级技能大赛、青少年科技创新大赛上表现突出。学校教科研课题总数30余个，拥有国家专利29项。学生在工作岗位上爱岗敬业、吃苦耐劳，受到企业欢迎，学校毕业生供不应求。

招聘会

2007年，学校牵头组建了淄博市首家、目前山东省规模最大的职教集团——淄博创业职业教育集团，并创建了集团网站和《集团快讯》，成员单位包括省内外48家企业和39所院校，使学校和企业在文化、设备、师资、技术等方面优势互补、资源共享。这在推动淄博市职业学校走规模化、集约化、连锁化的办学道路方面发挥了重要作用。

学校文化管理在全国职教领域产生了较大影响，多家媒体对我校文化建设进行了宣传。

学校文化建设是一个长期的、系统的建设工程，不可能一蹴而就，需要经过长时间的努力才能逐步完善，而且精神文化还会随着社会、学校的发展而发

媒体约谈校长

展，是动态的、不断发展完善的。因此我们必须未雨绸缪、通盘考虑、整体谋划，力求将学校精神文化构建成一个完整、科学、有序的有机体系，使其能充分体现学校的精神要旨，能产生一种生生不息的力量，能激励几代学校人开拓进取，从而推动学校不断地向更高境界发展。

1. 创新学校文化建设，提升学校管理内涵

淄博工业学校以建立有特色的价值观体系为核心，从物质、制度、精神三个维度创新开展学校文化建设，形成了"显性的校园人文环境，严谨的制度管理系统，有特色的学校价值观体系"，覆盖了学校管理的各个层面，渗透到学校教育的每个环节，逐步建立起"以人为本、注重内在、由内而外"的长效管理机制，使学校管理内涵得以不断提升。管理的目的在于有序和高效，持久有序在于制度但更在于自觉。以多维度学校文化建设作为学校管理的起点，逐步培养和形成群体的内省与自觉，对职业学校内涵发展非常有效，也保证了学校能持续长远地发展。

2. 藉系统论管理思想，创新发展，旨在创业

淄博工业学校以系统论思想指导学校的各项管理工作，把学校管理系统分为若干子系统，利用子系统特有的优势、创新能力和相关资源，有机协调互动，为学校创新发展提供平台。学校把创新发展的目标锁定在培养创业人才，各个子系统则承担着不同的责任。每个系统都为发展学生的创造性思维、培养学生的创业意识和创业能力提供最大帮助，以共同完成学校培养创业人才的目标。系统论的应用产生了"1＋1＞2"的实际效果，这种管理方法使培养创业人才的目标得以落实。

3. 探索新型管理模式，科学规划，长远发展

淄博工业学校以精神文化为重点，建立长效管理机制，形成了具有鲜明特色的"以人为本、价值观引领、文化充实、柔性管理、持续发展"的学校文化管理模式。该校不仅重视文化建设的长期发展规划，在学校扩张发展的进程中，也坚持推进并完善学校文化管理模式，为形成适宜且独特的管理特色奠定了坚实基础。

职业学校的管理模式不拘一格，关键在于要符合学校实际，符合专业发展，符合学生需求，符合社会需要。

（点评：胡嘉牧）

勇立潮头竞风流，踏出职教新天地
——山西省大同市第一高级职业中学

名校/名校长简介

申石柱，男，山西师范大学物理专业毕业。1982年参加工作，从事成人高等教育7年，曾担任过大同市中招办主任3年、大同市教育局基础教育科长5年。2007年因工作业绩突出，调任大同市第一高级职业中学任校长，迄今已经在教育战线工作28年。从事中职教育4年来，他坚持以服务为宗旨，以就业为导向，以提高质量为核心，以争创品牌为动力；办特色促发展，抓机遇创品牌，为实现学校规模发展、持续发展、内涵发展、和谐发展做出了不懈努力；是一位深受全校教职工爱戴的好校长、实干家、开拓者。

在他的精心管理下，学校在校生由最初的580名发展到现在的3449名，由最初的9个专业发展到现在的14个专业，学校固定资产净增近2000万元。他以市场需求设专业，按企业需要定课程，因生源状况变教法，使大同市第一高级职业中学走出困境，得到又好又快发展，社会满意度和认可度逐年攀升。

我校把握国家关于职业教育的政策脉搏，脚踏实地分析自身办学的历史和现实、传统和特色，果断调整发展方向，进行了准确定位，提出了"为学校谋发展，为教师谋成长，为学生谋出路"的"三谋"办学理念，确定了"招得进、留得住、送得好"的"三得"办学目标，以"学其所用，用其所学"的教学思想和"厚德、乐学、致用、健体"的校训来规范教育教学，成效显著。

在学校管理中，我们强调精细化，并制订了一系列措施，要求干与不干不能一个样、干多干少不能一个样、干好干坏不能一个样，体现了公开、公平、公正的原则，调动了广大教职工的积极性。

一、为学校谋发展

（一）以硬件建设为基础，改善办学条件

为使学校有规模、上层次，申校长努力改善办学条件。2007年，学校投资 36 万元建成了价值 320 万元的国家级计算机实训基地；投资近 200 万元新建多媒体教室、多功能大厅、舞蹈室、电钢室，为学生学习、生活、实训、艺术活动提供了实用场地。2008年，学校获得国家职业教育基础

校园一角

能力建设基金 300 万元，随后投资 1500 万元（学校自筹 1000 多万元）建成建筑面积 10511 平方米的新综合教学楼，该楼将彻底解决学校长期以来因教室严重短缺制约招生规模的问题。

（二）以创新谋求发展，提高竞争实力

上任以来，申校长高瞻远瞩，通过创新增强学校发展的原动力，通过搭建更为广阔的发展平台，力争在巩固原有办学业绩的基础上谋求新的发展，实现新的跨越。

1. 改革办学模式

学校广泛开展联合办学，实施"订单式"培养。一是在传统的旅游服务与管理专业的基础上，抓住大同市"转型发展、绿色崛起"，大力开发古城服务旅游业的机遇，与"和平国旅"联办了法语、德语、日语、韩语 4 个语种导游班；与市内五大四星级酒店联合开设了酒店服务管理专业。二是在原有的计算机

北大青鸟特色班

及应用专业基础上，与北京电子科技职业学院联办动漫设计与制作、服装设计与工艺专业；与北大青鸟集团联办 IT 启蒙星班。三是适应市场需求，与大同幼师联办了幼儿教育专业。四是将音美专业的教学优势渗透到综合高中教学中，开设美术实验班，圆了学生的大学梦。专业的调整，更加体现出职业学校办学的主动性和灵活性，更加适应区域经济发展的需求，为企业、用人单位与学生、家长搭起了沟通的桥梁。

2. 加快专业建设

学校采用分类管理、分层教学的方式加快专业建设。一是普职分类。职高班，选择适合的教材，以实用、能用、够用、好用为目的，以提高实训、实践能力为导向，合理设置课程。综合高中班，采用普高教材和课程设置，强化文化课。二是分层教学。综合高中实行二年级分层教学管理模式，依据成绩和个人意愿分为美术实验班、大文班、计算机对口高考班，瞄准两个高考目标，调整师资配置，强化训练，为学生搭建升学立交桥。分类管理、分层教学实施后，学生学有所得、学有所乐、学有所用，积极性大大增加，教育教学质量直线上升。

（三）以精细塑造品质，打造品牌特色

1. 学校管理重精细

一是行政管理精细化。学校坚持每周一中层干部"周反馈、周安排"制度，对学校每周较大事项进行集体汇报、讨论、拍板、落实。在推行校务公开、阳光作业、民主决策的同时，加强了上下沟通、左右协调，提高了学校行政效率。二是人员管理精细化。实施《大同一职中请长假人员管理暂行规定》，体现"干与不干不能一个样"，累计有8人因事假被扣发工资和取消福利待遇，有7人因病请假取消福利待遇。三是教学管理精细化。实施《大同一职中教师教学常规考核办法》，体现"干多干少不能一个样"。考核结果与每月结构工资挂钩并记入教师档案。4年来有63人次因未完成规定工作被扣除当月部分结构工资。四是教师评价精细化。出台《大同一职中学生对任课教师测评细则》，体现"干好干坏不能一个样"。这为公开、公平、公正评价教师提供了第一手资料。

2. 政教管理重养成

我校学生入校成绩偏低，单亲家庭的学生占学生总数的20%，多数学生在义务教育阶段属于问题生，老师放弃，家庭放任，久而久之身上习染了一些坏习惯。他们身着奇装异服，佩带首饰，留长发，染指甲，随口说脏话，言语偏激，不服管理，灰心失望，自暴自弃。针对这些特点，学校确立政教工作两步走。第一，围绕习惯定制度。领导经过认真调研，制订了"大同一职中十不准"规定，在全校形成"政教处→班主任→班长→班干部→组长→学生"金字塔式的管理结构，做到处处有人查、事事有人查、时时有人查。第二，通过活动来育人。政教处牵手团委联合开展一系列活动，并将其固定下来。比如，3月学雷锋活动；4月"文明班集体"评选；5月校园艺术文化节；6月诚信主题月；9月新生入校教育，新生军训，新生会操表演，校运会，"精神文明班集体"评选；10月中旬"文明宿舍"评选；11月班级红歌比赛；12月国旗下演讲比赛。通过这些活动，既约束了学生的不良行为，又增强了班级的凝聚力。

3. 心理疏导作铺垫

针对学生情况，学校先后出台了《大同一职中专职教师心理教育管理条例》《班级心理健康教育工作考核条例》，正式把心理教师的工作量纳入年度评优考核，明确奖励细则；制订班级心理量化考核表，建立学生心理档案，健全学生心理跟踪机制；完善了心理咨询室、心理辅导活动室，添设小团体

辅导室、心理阅览室和资料室，开设"心怡信箱"。政教处负责对一年级新生进行人际交往和沟通、良好习惯、自信心等方面的辅导；教务处负责对二年级学生进行团队建设、正确评价自我和他人、学习方法、爱的教育等方面的辅导；团委负责对三年级学生进行职业生涯规划、竞争与合作、情绪调节、应对挫折等方面的心理辅导。这些辅导内容为学生搭建了一个交流、自助、体悟、展示的平台，学校的德育工作迈出了新的步伐。

4. 学生评价重过程

学校出台了《大同一职中学业学籍管理制度》，尝试在学科考核基础上加入过程性学分和激励性学分，用全方位考核评价取代单一学科考核评价学生的模式。新的评价方式重视学生的点滴进步，关注学生的个性发展。

5. 学生社团重技能

学校将专业建设、技能提高、素质培养、校园文化贯穿于学生社团、学生活动之中；成立礼仪队、武术队、街舞队、军乐队、合唱队、篮球队、排球队、田径队、日本文化学习交流班，4年投入近6万元支持各个社团参加省市各类活动。"校园之声"广播站不仅是一道校园风景，也是编播专业学生成长的摇篮，4年来有5名"校园之声"播音员考入高等院校播音主持专业。校刊《希望》，打造校园文化品牌。2007年首创校园文化艺术节，围绕专业建设进行设计比赛和展示，参与师生达3000余人次，获奖班级68个，有近500名学生获奖励。

不经一番风霜苦，哪得梅花扑鼻香。经过4轮寒暑，学校办学模式逐渐成型，也渐显成效。我们始终坚信：只要踏着时代发展的节拍，学校围着市场转，培训围着企业转，知识围着技能转，就一定能把职业学校带到一条光明的大道上。规模初就，道路漫长，也更需要坚持不懈的执著。于是我们又把着力点放在提高教学质量上，一个专业一个专业地过滤，一门课程一门课程地推敲，创新教材教法，调整课程设置，落实实训，加强师资培训的力度。如今，学校已经形成了一套较为科学、规范、实用性强、便于操作的管理系统。

二、为教师谋成长

教师是学校最丰富、最有潜力、最有生命力的教育资源。一个学校只要拥有了一个德才兼备、充满爱心、甘于奉献的教师群体，就有了基本保障。目前我校师资力量雄厚，教师队伍呈梯次结构，体现了高学历、高素质、高技能。现有高级教师 35 人，中级教师 61 人，其中研究生 3 人。在全国、省、市组织的教师技能大赛、说课比赛以及公开课赛讲中，不少教师获得奖项，成为各学科的佼佼者、带头人。

（一）以专业成长为抓手，搭建发展平台

打造一个有后劲的教师团队，尤其是青年教师团队，是学校健康发展的重中之重。所以，学校为青年教师迅速成长安排了多层次、多方位的立体培训计划。一是每学期有计划地组织教师参加专业技能培训，让他们深入企业一线学习，增长实践才干。二是连续 4 年举办"青年教师风采大赛"，对青年教师进行选拔培养。三是

青年教师素质展示

让新老教师"结对子"，加强青年教师的基本功，提出"一年入门、二年过关、三年成熟、六年成才"的培训目标。四是坚持开展各项教学竞赛活动，如公开课赛讲、专业技能竞赛、教案评比等，创造机会让青年教师在竞争中互比互学、共同进步。4 年来，学校涌现出一批"双师型"教师、"复合型"教师。

（二）以真诚关怀教师，着力提升幸福指数

学校关心教师生活和生命质量，不断提升其幸福感和归属感：为教职工制作工作服；每年组织健康体检；教职员工生病，教职员工父母去世，派专人慰问并送去慰问金，为他们送去学校的温暖；提高免费早餐标准，从 1.5 元提高到 5 元；各类节日为教职工下发福利及慰问品；在经费极其紧张的情况下解决了几任领导遗留的问题，为校办工厂 25 人集体办理了养老保险；积极协调解决家属院物业管理，每年为家属院提供水、电、暖的维修帮助。

三、为学生谋出路

为学生服务，最根本的是为学生的未来负责，为学生以后的生存和生活奠基。学校倡导每个部门、每个教职员工同心协力为学生创造一个宽严有度、管教结合、知行合一的成长环境。申校长说："我们每年招生，把学生

招上来不是目的，目的是把他们培养成符合国家需要的合格技能人才。通过我们搭建的良好的升学、就业通道，让学生在社会中找到自己的位置，施展自己的才能，报效祖国，成为和谐社会的建设者。作为教育管理者，既要对学校负责，也要对国家负责，更要对学生负责，这才是我们办学的根本目的。"

招聘会

（一）挖掘学生潜能，实现其自身价值

孙晶晶是 2007 届平面设计专业的学生。她讲述了自己的成长经历：在学校的学习为我的美术专业奠定了很好的基础！初中毕业，不知所措的我选择了职业中学，入学后才知道职业学校比我想象中要好很多，这里教学管理非常严格，学校为我们提供机会展示各自的特长、爱好，还设定了丰富的课余生活。我在学校的两年时光是美好的！高一下半学期，我有幸被选入校礼仪队，当时的爱好为我现在的生活奠定了良好的基础。学校为我们聘请了专业的礼仪老师，每个星期都会安排相应课程让我们提高自己的内在气质，给我们安排实地训练的机会。参加一些颁奖仪式，小到教育局的颁奖，大到电视台的

礼仪队训练

晚会，让我们这些学生见了不少世面，大大地丰富了我们的阅历，使我们增加了见识、增强了自信。2008 年初，我升入高二，北京一个国家机关单位来我校选一些优秀的学生去北京工作。60 多位学生中选定 3 位，经过层层选拔之后，我居然幸运地被选中，而我们 3 个学生全是校礼仪队的，我想，正是由于受过专业培训，我们才会脱颖而出吧。第一次接受面试，也许是经常出席一些礼仪活动的缘故，我没有觉得很紧张，一直都能自信、自然、轻松地面对。我记得最清楚的就是面试人员问我有没有学过礼仪的知识，我很自信地回答我是礼仪队的队长。虽然担当队长的时间很短，但是依然很感谢老师当时给我这个机会，正是因为如此我才第一个被选中！在当时那个年纪，这种小小的成功已经让我很喜悦了。从来都没想过会去北京工作的我，开始对

北京产生了美好的遐想。就此我离开了留有很多美好回忆的学校，来到北京工作。从最初的遭遇挫折，到反思自我与充实自我，我不断成熟与进步。2010 年，我有幸成为上海世博会中国馆的工作人员。如今的我觉得自己真的长大了。闲暇时回想起这些经历，我就由衷地感谢我的母校，没有母校的培养和提供的机会，我不会有勇气一直不断地学习与提高，也不会这么快的成长。有机会回大同，我总是会去母校看看，回顾自己在母校的美好时光。

（二）为学生找准定位，让理想变为现实

姜国强，初入校选择的是综合高中班。他像许多家长和学生一样，对高中阶段教育存在认知误区，即使是自己学习有困难，也不想放弃普高学习。一年以后，随着课程难度的加大，他的学业更是难上加难，各门功课频频亮红灯。在高二进行分层时，通过老师们耐心的说服，他选择改学我校与北大青鸟联办的计算机"启蒙星"班。现在已经高三的他，正在阳光图片制作社做兼职，对于计算机一般的程序软件早已吃透。每当接下任务或是做出一张超酷 VI，他总是兴奋地跑来找老师，眼神中充满期待地说："老师，您给写一段设计说明吧，一句话广告更精彩！"看着眼前这个神采飞扬的大男孩儿，班主任白老师不由地想起了两年前的他：上课注意力不集中，厌学思想特别严重，根本不学习，最大的嗜好就是睡觉、玩手机。各科老师曾经做过很多工作去改变他，数次叫家长进行恳谈，结果是徒劳无功。在高一后半学期，姜国强基本放弃学习，虽然每天准时上学按时回家，可书包空空，课本、作业本早就丢得没影儿了。

其实，综合高中班像姜国强这样"学不进去"、厌学的学生比比皆是，上课睡觉、看闲书的现象很普遍。可是家长望子成龙、望女成凤的心理强烈，职业中学普高入学门槛低，能满足他们想学普高的愿望，说白了能给他们自己的孩子还在上普通高中的虚荣心一个安慰，所以很多学生被家长送来续普高，继续追求遥远的"大学梦"。但从学生的自身条件来讲，早已不具备基本的竞争能力了。针对这种情况，我校对综合高中班的学生实行了分层教学。姜国强就是在高二分层教学后发生了巨大的转变，因为他对操作性强的知识感兴趣。进入我校与北大青鸟联办的"启蒙星"班后，他选择了学习网络维护、网页制作，可谓如鱼得水！他上课不再睡觉，不再误课，不再懒散了。选学校就像选衣服，最贵的不一定是最好的，最适合的才是最好的。

（三）鼓励学生创业，成就美好人生

正像俗话说的"条条大路通罗马"一样，职业中学的学生，上学深造、

应聘公司是一条路，自我创业未必就不是一条路。计算机专业127班乔宁于2006年毕业，同年考上了湖南职业技术学院。2008年在湖南省大专院校举办的第一届调试员大赛中获得了一等奖，并获得学校的优秀学生奖、优秀干部奖。毕业后他回到大同，在联创工作半年，离开本地到南方发展，在重庆落脚，开始创业，但遭遇失败。他没有气馁，在同学和老师的帮助下，重新振作。2010年6月他在深圳花了2万元继续深造，之后又返回重庆，投资4000元，"领航IT"开业，并获得成功。

（四）加强教学实践，提高专业技能

2010年4月，在修葺一新的大同云冈石窟景区里，一群学生有模有样地为游客讲解云冈石窟。这是我校导游专业学生在专业课教师的带领下，进行的现场实践训练。面对身边的游客，他们落落大方，绘声绘色地讲解着，展示了职业学生的风采。

想做一名优秀的导游，第一步就是敢于说，敢于面对游客，将知道的景点知识像讲故事一样告诉游客。这一步，特别需要胆量。走向景区，面对游客，与导游职业零距离，这是强化语言训练的绝好环境。在旅游车上，从一上车的导游亮相，致欢迎词，到沿途讲解及注意事项，6位专业教师都亲自示范、一一指点。同学们也都跃跃欲试。

于燕同学，在班里学习成绩不错，但性格内向，羞于表达。这一次，她也勇敢地走到车前，拿起话筒，面向同学们开始了自己生平第一次导游讲解。她开始时有些胆怯，试了几次后，胆子大了起来，到最后语言非常流畅。她的表现，让老师由衷地欣慰，让在座的同学真心地佩服。而她自己也显得异常兴奋，眼神里平添了几分自信，可见实践活动对学生的作用是很大的。接下来，在悬空寺、应县木塔、云冈景区中，教师又请景点导游员作了详细讲解。学生们一下子从书本中走到了现实，找到了现场真实的感受。大家一边仔细听讲解，一边感叹建造者的精湛技艺，一边认真识记。在最后的自由活动中，学生们从云冈景区一号窟走到十五号窟，反复与书本知识对照，不断练习，并大胆主动为过往游客作讲解。

刘鹏燕同学，平时上课并不是特别用心，但此时，她身边一直围着4位中年游客，她讲得神采飞扬，游客听得津津有味。虽然仍显青涩，但她只是入校学习还不满一年的学生啊。讲解结束后，那4位游客特意过来向师生道谢并合影，原来他们都是中央音乐学院的教授，从他们的赞许和笑容中，透露出他们对我校职业教育模式与水平的肯定。在返校的路上，刘鹏燕同学悄

悄对老师说："老师，原来做导游也这么受人尊敬，我喜欢这个职业，回学校我一定认真学习，以后一定做一名优秀的导游。"

校外实践课是我校"学其所用，用其所学"教学思想的成果，也是我校以提高实训、实践能力为导向的教学理念的体现。我们遵从学校"招得进、留得住、送得好"的办学目标，从学生的实际出发，注意启发，加强实践，服务学生，服务社会，为社会培养有用人才。

（五）关心学困生，帮助他们健康成长

为社会育有用之才，当然要先育其心、育其德。

爱，不单纯是一种情感，更是一种能力，是一种做人的态度。多年的教学实践让老师们深深体会到：只有爱学生，才能更好地实现教书育人的目的；只有爱学生，才能唤起学生的尊敬和感情，学生才能听从老师指导，按照老师的要求去做，正所谓"亲其师，信其道"。教师对学生的爱护，会对学生的发展产生直接而深刻的影响。

职业中学的学生，多数是中考的失败者，而且在学习或家庭生活中总有这样或那样的问题，形成了自卑甚至孤僻、冷漠等性格。但这并不意味着他们没有渴望、没有期盼、没有自尊。进入职中新的班集体中，他们不知道如何得到老师和同学的信任和尊重，而恶习又经常使他们违反纪律。

一天，齐永斌老师所带的音乐班学生王敏，为了逃避钢琴课考试，逃课了。事情经过是这样的：那天上午是钢琴课，老师准备进行单元考试。快上课了，同学们都在紧张地利用考前这点时间练习着，只有王敏还没回来。齐老师在操场上、教室里找了一遍，还是没发现他的踪影。正当齐老师着急的时候，他发现王敏竟然躲在楼道的拐角处。把他带到办公室后，齐老师并没有大加训斥，而是先问他："躲在那儿冷不冷啊？为什么要跟老师捉迷藏？"王敏先是不好意思地低下了头，脸红红的。接着齐老师再询问他这么做的原因时，他的回答是："老师，我脑子笨，天生就不是弹琴的料，我一坐到钢琴前就头疼、就瞌睡，再说谱子也没背下来，考试弹不下来多没面子，所以我才……"齐老师耐心地对他说："老师知道你也爱面子，有自尊心，但是你这么做就能找回面子吗？有困难不能迎难而上，找个旮旯躲起来，同学们知道了，又会怎么看你呢？我觉得比你弹不好曲子更可笑，你说呢？你是个男子汉，你刚才的做法也只是一时之念罢了，关键就看你今后的表现了。"这时，王敏会意地点点头："老师，我错了，让您找了半天。"这时，问题变得具体化了，齐老师接着开导他说："谁都不是天才，你没下工夫练怎么知

道自己不行呢？每个人的生理条件不一样，手的灵活度也不一样，但你的乐感比别人好得多，你的通俗歌曲唱得那么棒，老师非常喜欢听。弹琴和唱歌是相通的，只要你比别人花更多时间去练习，我想你能行的！今天的考试老师给你延后两天。"等其他同学考试结束后，齐老师又趁热打铁，针对他的情况，重新布置了考试曲目，是他最感兴趣的通俗钢琴曲，又和他一起分析了乐谱、化繁为简、逐句攻克，王敏的脸上有了笑容，似乎也对自己有了信心。功夫不负有心人，之后的一段时间里，他一直学习非常刻苦。期末钢琴考试时，他已经可以与同学们一样流畅地演奏考试曲目了。

　　在职高生中，和王敏有同样心态的学生还有很多，他们有的缺少家庭的关爱，有的没有良好的学习习惯，有的知识构架有严重漏洞。而唤醒他们的唯一办法就是老师的理解和关爱。职中的老师，对于后进生的辅导，绝不是一蹴而就的，需要耐心、持之以恒，因为学生的动力会随着时间的推移慢慢减弱，会随老师的冷落而慢慢失去。所以，对于这些学生，一定要细心、有耐心、有诚心、有爱心，要经常与他们沟通，而不是等问题出现时再去想解决的办法，趁他们心灵还没有冬眠的时候，用更多的爱心温暖他们。

　　抚今忆昔，大同一职中走过的路是一条不平坦的路，但一职中同全国所有中等职业教育学校一样搏击在国家大力发展职业教育的大潮中，肩负着探索中等职业教育模式的重任，承载着千万家长和孩子的未来，怎么敢懈怠疏忽？一职中的今天，需脚踏实地地摸索，稳步改革；一职中的明天，更是如履薄冰，当上下同心，更要左右借力。

　　学校在探索职业教育的道路上，本着"三谋"办学理念，与时代潮流同向，与国家政策合拍。符合胡锦涛主席的"和谐"思想，符合教育发展"以人为本"的基本理念，这是学校能又快又好发展的根本。但在实践中也需要注意以下几点：

一、科学的理念，必须用科学的方法推进

　　校长要本着为大局、为大家、为学校未来着想的原则。一是要学会表达，推行自己的教育思想。比如，利用各种学习、会议、培训，对办学理念、办学目标和校训作深层次的解读，从而统一思想、统一认识、达成共识、凝聚人心。二是要熟悉和掌握学校管理的基本规律和方法，在学校管理、教育教学、队伍建设、专业建设、校园文化建设等方面，根据职教规律和学校实际努力探索，稳步改革，初步形成自己的特色。三是要具备利用校外资源、协调校外关系、开拓校外空间的意识和能力，与上级各部门保持良好的人际关系，与兄弟学校建立良好的合作关系，内部形成合力，外部优化环境，学校的发展空间就会越来越宽广。

二、科学的理念，必须有得力的团队践行

作为校长，培养团队是一门学问。古训说得好："用人者逸，用力者劳。"校长要善于识人、用人，识人重品，用人不疑。任何单位也不缺真人、能人、好人，当领导一是决定事情做不做，二是决定由谁来做，三是确定标准，四是明确目标和时限，要尽力做到"各尽其才，各就其位，各司其职，各得其所"，尽可能激发下属的潜质、潜能。校长作为一个团队的主心和中心，要坚持"和为贵"，善于听取不同意见，尊重别人的创意、建议，合作共事，坚持"和而不同""求大同存小异"，善于团结与自己价值观不同、生活习惯不同、性格情趣不同的人。只有团队有凝聚力，学校才有战斗力，才能顺利地推进各项改革。

三、科学的理念，贵在与社会、市场、行业的需求相适应

中职教育主要是为当地区域经济服务的，因此中职学校要紧密结合当地未来经济社会和产业发展规划，以现有的专业优势和教育资源为依托，紧紧围绕当地产业、行业建设与地方经济发展需要，开发、深化、拓展、延伸专业服务领域，增强服务社会的功能。在专业建设上，一是以适用、能用、够用、好用为标准，大胆调整、整合、开发课程；二是关注、浏览、精选教材（新颖、适合、实用），鼓励教师编写校本教材；三是改变教学方法，尝试目标法、任务法、情境法、案例法、模拟法、实操法；四是做好校内实践，增加各专业教学实践课比重，做到"时间、设备、人员、检查、指导"五到位；五是以参加省级、国家级技能大赛为依托，开展校内技能比武；六是逐步建立各项专业技能考核标准，积极提倡并继续开展好职业资格认证工作，提倡一专多证，为学生就业提供有力支持；七是做好校外实习工作，拓展校外顶岗实习基地，创建自己的顶岗实习基地。

四、科学的理念，更需要投入作支撑

中职教育是品行教育，是能力培养，是技能培训。这些都离不开校内实训场地和实训设备，离不开实训教师，其教育成本远远高于普通高中。但当地社会和政府对此存在认识上的误区，特别是经济欠发达地区，政府财力十分有限，区域内没有龙头企业、品牌企业，企业投资学校进行实训条件改善的积极性不高。投入不足成为中职学校缺乏吸引力的原因之一。4年来我校靠中央财政支持和自筹资金、群策群力、先主后次、逐步实施，办学条件逐年改善。

今后，我们将迎来更大的挑战，新形势下学校如何进一步做大做强？教育教学如何进一步提升？我们倍感责任巨大、任务艰巨。但我们有信心，心若在，梦就在！一切困难与挑战都是暂时的，因为我们生逢盛世，有国家"大力发展职业教育"的好政策；有当地政府"转型发展、绿色崛起"的好环境；有全校150多位"能吃苦、能战斗、能奉献"的好员工。我们深信：没有比脚更长的路，没有比人更高的山！我们将紧紧围绕学校"三谋"办学理念和"三得"办学目标，坚持以服务为宗旨，以就业为导向，以市场为标杆，以创建平安校园、特色校园、数字校园为载体，抢抓机遇，立足实际，巩固成果，开拓创新，推动学校规模发展、内涵发展、特色发展、和谐发展，利用3—5年时间，把一职中办成晋北一流、省内知名的国家级示范中职学校。

 专家点评

山西省大同市第一高级职业中学，是一所为学校谋发展、为教师谋成长、为学生谋出路的职业学校。学校在长期的办学过程中，形成了自己的办学思想和理念。正是这些思想和理念带领大同市第一高级职业中学实现了跨越式发展。从这所学校的案例中，我们能读出以下三个治校理念：

1. 重基础，聚实力

一个学校的发展，基础条件的建设尤其重要，多媒体教室、多功能大厅、舞蹈室、电钢室的新建，综合教学楼的建成，解决了制约学校发展的硬件不足问题；积极开展联合办学、"订单式"培养，坚持走"工学结合、校企合作"的办学路子，体现出学校成熟的职业教育办学理念；分类管理、分

层教学的管理方式，增强了学生的学习积极性，提高了教育教学效果。学校通过推行行政管理精细化、人员管理精细化、教学管理精细化和教师评价精细化的精细管理，打造学校的管理特色。通过不断加强硬件条件建设，提升管理水平，为学校的发展凝聚了实力。

2. 树师风，强师能

该校建成了一支德才兼备、充满爱心、甘于奉献的教师队伍。新老教师结对子、青年教师风采大赛等制度化的活动，有力地促进了青年教师的快速成长，形成了一支和谐的教师队伍。为了提高教师的"双师"素质，学校积极推行专业教师带薪到企业挂职锻炼，提高教师的实践能力和技能水平。申校长充分认识到抓教师队伍建设，就是抓学校的办学质量，强化教师的实践技能，就是提升教师的"双师"素质，为大同第一高级职业中学的教师队伍建设作出了重要贡献。

3. 以生为本，用心育人

为学生的未来负责——这是一句温暖学生的话语，平实而令人敬佩！学校倡导每个部门、每个教职员工都要同心协力地为学生创造一个宽严有度、管教结合、知行合一的成长环境。"以学生为本"在大同市第一高级职业中学不再是一句书面上的无力语言，"用心育人"在这个学校也不再是空洞的说教。学生们成长的心路历程浸透着学校领导和老师们辛勤的汗水，专业发展道路凝聚了学校育人的情怀，骄人成绩蕴涵了师长的拳拳之爱。正因为有这样的好学校，有这样的好老师，才会有这么多出色的学生，他们用行动践行了他们所肩负的责任。

（点评：李梦卿）

『美丽转身』，铸就卓越职教名校

——上海市经济管理学校

名校／名校长简介

沈汉达，男，中共党员，曾任上海大学校长办公室副主任、黄浦区教育局副局长等职，现任上海市经济管理学校校长，兼任中国职教学会商科委员会副会长等职。

沈汉达校长，是一个脚踏实地的人，却不是一个甘于平庸的人；是一个魄力十足的人，却不是一个夸夸其谈的人；是一个大胆探索的人，却不是一个草率粗疏的人；是一个学识广博的人，却不是一个墨守成规的人；是一个头脑睿智的人，却不是一个心浮气躁的人；是一个独具卓见的人，却不是一个刚愎自用的人；是一个意志坚韧的人，却不是一个执拗不化的人；是一个倾心职教的人，却不是一个目光拘囿的人……他的身上，凝聚着敢为人先、能为人先、善为人先的优秀品质和非凡能力。

正是这样一位校长，带领学校全体师生员工奋力拼搏，在短短4年时间里，以创新驱动学校取得突飞猛进的发展、达到空前的高度，进而开创了职业教育事业的新境界。

 核心管理思想

沈汉达校长的诸多创新思想、创新举措，可以概括为：创造一个理念，铺设三条途径，实施四大工程。

一个理念即"美丽转身"，它内涵极为丰富，颠覆了人们对职业教育持续已久的偏见，树起了职业教育在人们心目中的光辉形象，更深刻揭示了职业教育应有的重大意义，明确了职业教育应负的光荣使命。"美丽转身"理念的意义，已远远超出一所学校，甚至超出职业教育领域，进而成为这个时代的一个灵魂、一种精神。

为确保学生成才、成功，实现"美丽转身"，沈校长根据中职学生的实际情况，并从长远发展的视角，极富创造性地为中职学生量身打造了"三大途径"。"双通道"的办学架构让学生在就业与升学的选择中左右逢源、游刃有余，带来就业畅、升学佳的局面；"双具备"的育人特点造就素质优、技能强的英才，让学生在职场上大显身手；"双前景"的发展目标使学生立身稳、成才好，让学生拥有了源源不断的前进动力。

实施四大工程，即：首度开设幸福德育，针对中职学生的实际情况，因势利导，使学生树立起牢固的自信心，感受身边的幸福；率先成立"上海城市经济战略联盟"，整合各方优势资源，为进一步创新人才培养模式创造良好的条件；首次倡导"全员科研"，强化全员的科研意识，以科研创新带动学校品质的全面提升；建立"教育教学质量监控中心"，聘请职教专家常驻学校，确保了高水准的教育教学质量。

 实践应用

一、创造一个理念——美丽转身

当今社会，正发生着急剧而深刻的转型。新思潮、新观念层出不穷，新

技术、新工艺大量涌现。在这样一个日新月异、多元并存、异彩纷呈、各领风骚的时代，因循守旧、墨守成规已经寸步难行、举步维艰。唯有顺时应势，及时"转身"，方可在风云变幻中求得生存，谋取发展，进而"转"出一片新奇天地、一个美好世界、一道锦绣前程、一派璀璨前景。中国中等职业教育事业就处于这样一个时代大背景之中。同时，在国家高度重视和大力支持下，中等职业教育在历经"创业——辉煌——下滑——回升——低落"的波浪式发展路程后再度攀升，面临着又一个大好的发展机遇期，大有迎来"第二个春天"之势。

沈汉达校长凭借其敏锐的洞察力，紧紧把握住了时代的脉搏律动，牢牢抓住了职业教育"第二个春天"之先机，率先在上海乃至全国响亮提出"为学生走向人生幸福提供'美丽转身'的机缘"这一理念。他这样阐发"美丽转身"理念的核心内涵——"竞争不仅是起跑线，关键是信念，要尽快使学生树立信心，形成正确、明晰的人生观念和生活态度，为未来的发展奠定坚实的基础"。

沈汉达校长带领全校坚持"以就业为向导，以服务为宗旨，以提高质量为重点"的办学方针，制订发展规划，确立办学思路：以科学发展观为指导，以体制创新、机制创新为动力，以校企合作为平台，以专业建设为核心，以课程改革为抓手，以师资队伍建设与校内外实训基地建设为重点，推进人才培养模式的创新，着力内涵发展；贯彻"文化立校、专家治校、师生办校"的办学精神，实施"人才立校、质量强校、特色兴校、育人为本、技能为先"的办学战略；以学生发展为本，积极探索"校企合作、中外合作、中高职合作"的办学途径，为学生构筑就业与升学两条成才、成功大道，提供"就业、升学——双通道，素质、技能——双具备，立身、成才——双前景"的优质教育，努力使学生在中职教育阶段实现人生的"美丽转身"。

为此，他以其高瞻远瞩之眼光、非同寻常之胆识、锐意进取之精神、勇于创新之魄力，先后推出一项又一项重大举措，大刀阔斧地进行改革。

1. 改革内部管理体制

沈汉达校长积极探索新思路、新机制，创新内部管理机制，基于对中职学校教学内在规律的深刻认识与准确把握，对全校的教育教学部门做出大幅度、深层次的结构调整，颠覆性地淘汰了传统老套的布局，按照"重建架构、转换职能"的总体要求，新设 4 个专业系，即计算机应用系、经济管理系、财经系和数码艺术系，并开设一个高复教学部，形成校、系两级管理的

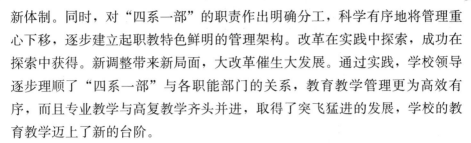
新体制。同时，对"四系一部"的职责作出明确分工，科学有序地将管理重心下移，逐步建立起职教特色鲜明的管理架构。改革在实践中探索，成功在探索中获得。新调整带来新局面，大改革催生大发展。通过实践，学校领导逐步理顺了"四系一部"与各职能部门的关系，教育教学管理更为高效有序，而且专业教学与高复教学齐头并进，取得了突飞猛进的发展，学校的教育教学迈上了新的台阶。

中层干部是中坚力量，在学校起着举足轻重的作用。沈汉达校长到任不久，就克服种种困难，力排重重阻力，推行新的选任制度，在全面的民意调查、自荐与他荐相结合的基础上，面向全校，面向社会，公开招聘。学校聘请上海知名专家与中职校长组成答辩委员会，进行选拔，真正做到了公开、透明、公平、公正。在选任新一批中层干部过程中，他不拘一格，不唯资历，不唯学历，而重品质、重能力，大胆任用年轻人，这点又为大家所钦佩。在干部任用上，他改变终身制，采取两年任期结束即重新竞聘的制度，使得干部能上能下，这极大地调动了现任干部的工作积极性，并给广大教职工以极大的激励与鼓舞。之后，又采取由行政部门主管与行政人员、专业系主任与教师双向选择的聘任制度，使得全校人尽其才、才尽其能，充分发挥了全校教职工的工作热情与能动性。

2. 科学调整专业结构

沈汉达校长清醒地认识到职业教育是专业教育，更是就业教育。4 年来，他多方联系，组建起由高校教授、科研院所专家、行业资深人士和我校专业带头人组成的专业指导委员会，负责对专业设置、专业结构、专业内涵等进行规划建设。

在专业指导委员会的指导参与下，学校组织力量进行了广泛深入的市场调研。经过严密细致的论证，并在广泛听取行业专家、用人单位等各方面意见的基础上，学校以上海市重点专业建设为主线，整合校内外优质资源，贴近上海区域经济发展需求，依托校企合作平台，发挥由我校组建的上海城市经济职业教育战略联盟的效应，构建起以行业企业为背景、定位准确、特色鲜明、体现专业群发展优势的新专业体系。新专业体系聚焦信息技术、财经商贸、文化艺术等行业，已形成"以计算机类专业为支撑，金融财经与商贸类专业为重点，文化艺术类专业为延伸"的主干与辅助、长线与短线、宽口径与窄口径共存互补、多元结合的可持续发展的专业布局。

沈汉达校长还对基础较好、特色明显、就业质量高的专业进行重点培育，实施"1341"工程，即创建1个国家级重点专业（计算机应用）、3个上海市精品专业（计算机应用、金融事务、商务日语）、4个学校重点专业、1个学校特色专业，努力将这些专业打造成优势明显、特色鲜明、社会知名度高、区域或行业辐射能力强的品牌专业。同时发展会计专业、邮政通信和现代物流专业，以满足上海经济发展和社会发展对紧缺人才的需要。

通过科学调整专业设置，进一步创新了人才培养模式，优化了各专业的课程体系，加强了教学领域的各项改革，完善了实训基地建设，也为精心打造重点品牌专业和精品课程、切实提高教学质量和办学效益奠定了更为厚实的基础。

在专业结构调整过程中，沈汉达校长还特别重视专业教学实施方案的滚动修改，依据各专业人才需求调研报告，对专业教学实施方案进行多轮修改，使各专业教学更加贴近社会、贴近市场、贴近职业岗位，适应了上海的经济发展与产业升级。

3. 深入推进课程改革

沈汉达校长亲自组织全体教师认真学习，深刻领会上海市教委关于中等职业教育以任务引领为主的课改核心——专业教学标准开发的理念、方法、程序及技术，加以探索与践行。各专业都已构建了以职业能力为本位、以工作过程为主线、以工作任务为引领、能满足学生职业生涯发展的课程体系，彻底颠覆了过去以学科为本位的"三段式"课程体系。

通过课改，带来了课程内容的全新变化。学校以实践为导向，以真实职业岗位的工作任务及其工作过程为依据，通过整合，确定课程内容。课改后的课程内容凸显了实践性、应用性、先进性（新知识、新工艺、新方法、新技术）的特点，融合了相关职业资格证书考证要求的应知、应会内容（"双证"融通），职业教育特色鲜明，打破了学科边界，对多门学科知识与技能按工作任务进行了重组，从而将各个工作任务作为教学项目模块进行了合理序化与优化。

为逐步建立适应经济建设与社会进步及个体需要的更加灵活开放、富有弹性的教学组织和管理制度，学校在各专业全面推行学分制。选修课尤其是任意选修课的设置，为学生提供了适应自身特点的教育，满足了学生的个性发展、兴趣爱好和实际需要。学分制的实施充分调动了学生的学习积极性和主动性，切实贯彻了"以人为本""因材施教"的教育原则。

4. 着力建设师资队伍

视人才为学校的宝贵财富是沈汉达校长一贯秉承的理念。他不但虚怀若谷、礼贤下士，而且斥巨资进行科学系统的师资培训，把建设一支师德高尚、业务精良、结构合理、一专多能的教师队伍作为立校之本，将师德建设、结构建设、能力建设作为工作重点，对师资队伍建设常抓不懈。

坚持"内培外引"。沈校长采取多级别、多层次滚动培训模式，提高教师队伍的整体素质。4年来，他有计划、有步骤地派出教师赴海外深造，参加教育部"中等职业学校专业骨干教师培训"工程，下企业锻炼，进高校学习，与上海师范大学合作开设《课程教学论》研究生课程进修班，创新骨干教师选拔培养机制，实施"精品工程"，进行"精品教师"建设与评选。通过这些方式，造就了一大批骨干教师、精品教师、"双师型"教师、学科带头人。同时，根据学校专业建设与发展的需要，以公开招聘的方式吸收引进一批优秀人才加入教师队伍。这些新进人才为学校注入了新鲜血液与旺盛活力。他的种种举措，使学校的师资力量得到前所未有的强化。

其中，"名师带教"是沈汉达校长众多创新举措中又一大手笔。早在2006年新学期伊始，沈汉达校长就极富创造性地主持并开展了"名师带教工程"。4年以来，他邀请来自沪上名牌重点中学、重点中职校的多位名师到学校给学生传道授业、答疑解惑，给教师现身说法、示范教学。这一重大创举，有力促进了学校教学质量的大幅度提升和飞跃式发展，带动全校教学水平再攀高峰。在"名师带教工程"中，直接受益的既是广大学生，更是有幸师从名师的广大教师。

沈校长尤为注重"双师型"教师的培养。每年暑假，他都组织专业教师到企事业单位参加相应的生产实践，逐渐积累实践经验，并鼓励、支持教师取得"双师型"资格。经过多年努力，现已培养出一支职业道德好、教育教学及教科研能力强、实践经验丰富的高素质教师队伍。教师全部为本科以上学历，其中研究生占35%，高级职称占36%，双师型占76.4%，专业教师中获中级以上技能证书或行业上岗证书的占76.5%。

二、铺设三条途径

(一)"双通道"为"美丽转身"铺平康庄大道

1. 就业畅

沈校长一贯坚持"以就业为向导，以服务为宗旨，以能力为本位"的办学理念，深刻认识到职业教育也是就业教育。因此，他极为重视以敬业爱岗、诚实守信为重点的职业道德教育和创业教育，积极开展职业指导、就业指导，为毕业生提供优质的就业服务。

（1）体制保障。学校实行领导负责制，成立"职业指导工作领导小组"，全校的职业指导工作由校长全面负责，分管领导全过程指导，工作思路清晰，针对性强，重点突出，责任明确。

（2）制度保障。学校制订并落实《上海市经济管理学校关于加强职业指导工作意见》，按照全员参与、全过程渗透的要求，强化了专职部门和专职教师及管理干部的职能职责，明确了具体任务，并且每年均要求对职业指导工作事先作好计划，事后作出总结。

（3）机制保障。学校建立了"专业指导委员会""家长委员会"的有效机制。由专家开设有关的专题讲座，帮助广大学生拓展就业视野，了解就业政策，把握就业态势，掌握面试技巧。"家长委员会"定期举行会议，凝聚共识，形成合力，促进学校职业指导与就业服务工作的顺利开展。

（4）指导保障。学校不断改革职业指导教育的内容、方法、途径和手段，使职业指导全面渗透于教育教学全过程。同时，精心设计职业指导的课程及其系列讲座。近几年来，学校先后开设了《职业生涯规划》《职业指导》《职场礼仪》《职业指导心理学》《创业指导》等课程。

（5）信息保障。学校努力与社会各界建立良好的用人协作关系，目前已形成拥有100多家企事业单位的用人信息网。信息网的规模正日趋扩大，信息的数量成倍增长，质量不断提升，有效性越来越强。

（6）就业保障。全方位、立体化的就业保障体系，有力保证了毕业生的极高就业率，并且稳中有升。自2006年以来，毕业生推荐率达100%，就业率达98.5%，就业稳定率达85.2%，专业对口率达86.2%。因此学校荣获"上海市促进就业先进集体"称号，这是上海市政府在全市中职校系统中唯一授予的金字招牌。

2. 升学佳

社会的迅猛发展对技术人才提出了更高要求，高职教育如雨后春笋般涌现并保持方兴未艾的势头。中职学校向高职院校输送优秀生源，既是社会发展的要求，也满足了高职教育向更高层次发展的需要，也符合中职学生进一步深造以提高自我的心愿。

沈校长密切关注学生的成长成才，高度重视"三校生"高考工作，在4

个专业系的基础上，设立专门负责高复教学的高复教学部，从而为高复教学提供了强有力的保障，为致力于深造的学生铸造了一个坚固厚实的升学平台。

在他的指导下，学校对学生实施"分层"与"分流"教学，采取"1（通识）＋2（分层）＋1（分流）"模式，即：一年级主要进行公共通识教育；二三年级根据学生在一年级的学习情况，实施分层编班教学；四年级根据自愿原则，进行就业与升学的分流。这样，既使成绩差的学生"吃得下"，又使成绩好的学生"吃得饱"，从而让不同起点的学生在原来基础上都有所提高和进步。

沈校长还亲自与上海市教育科学研究院联系，委托市教科院从市、区两级重点中学选聘有多年高考指导经验的资深名师为学生授课。同时，高复教学部为每一个高复班选派一个责任心强、经验丰富的班主任，切实加强班风、学风的管理。

学校积极与上海交通大学、同济大学、华东师范大学、东华大学、复旦大学视觉艺术学院、上海市电影学院、上海大学数码艺术学院等高校开展合作办学，为学生提供了广阔的升学平台。同时，学校正与国外学校开展合作，如日本樱美林大学。

中外合作办学

学生参加上海市普通高等学校招收应届中等职业学校毕业生考试，升学率连年保持在 95％以上。2009 届高考升学率更是高达 98％，其中有 14 人考入本科，邱保靖同学荣膺全市"三校生"高考状元，潘武同学以优异成绩考入华东师大。2010 届在自主招生中有 50％的学生被高校提前录取，升学率远远高出全市同类学校，包括专门开办高复班的培训学校。这既满足了学生及家长对教育的内在需求，又在很大程度上有效解决了学生招进与推出的问题。

（二）"双具备"为"美丽转身"铸就坚实臂膀

1. 素质优

沈校长坚定不移地秉承"德育为首、育人为本"的理念，以规范学生的行为为切入点，以树立学生的自信心为突破口，开展德育工作。

他创新学校、社区、家庭"三位一体"育人模式，成立"社区共建委员会"，与十多个社区制订共建计划，开展共建活动，积极配合社区建设，让学生走进社区、服务社区、奉献爱心；成立"家长委员会"，切实发挥联系学校与家庭的桥梁作用；还请来部队指导员、退役警官长期驻校，实现军民共建、警民共建，形成教育合力，拓展育人空间，加强校内及周边的安全力量，打造良性育人环境。多年来，武警部队多次为学校进行军事技能训练和安全知识培训，参加日常教学巡视，帮助学校推进精神文明建设。

他创立的立体化综合育人体系保障了学生"零违法犯罪"和校园"零安全事故"，教育教学秩序井然，为人才培养保驾护航。广大学生的文明素养、职业素养得到了学校所在社区、用人单位以及社会的广泛赞誉。精神文明建设盛开灿烂夺目之花。

2. 技能强

基于对"职业教育是就业教育"的透彻认识，沈校长高度重视学生专业技能的培养，要求专业教学实施"教学——实训——实习"一体化模式，以培养社会企业急需的"学历文凭＋专业技能证书＋多张辅助技能证书"的优秀技能型人才。

他积极申请，承建了"上海市职业教育信息技术（计算机）开放实训中心"，这属于全市首批立项的职业教育开放实训中心。在原有设施设备基础上再投资近千万元进行各专业实训室的建设，为各实训室配备了先进的实训设备。我校实训设备先进，实训环境良好，具有先进性、开放性、可拓展性的特点，

实训中心

居全市领先地位。一流的教学设备，为推进"做学一体"的教学方法与教师应用现代教育技术开展教学打下了坚实基础，保证了学生实用技能的训练与提高。

他鼓励教师改革传统的考核方式，建立以实践为导向、以学习过程为主导的多元化评价考核机制，将学生的学习态度、学习能力、学习过程、实践技能等纳入考核评价体系。在考核方式上从以往单一笔试逐步走向了多元评价，形成了口试、听力测试、答辩、现场技能操作、作品制作、调研报告写

作、论文写作、综合测试等多种形式的考核方法。在学生顶岗实习阶段，则以企事业单位对学生的评价为主，并将其纳入整体考核中。由于评价内容由过去注重书本知识转变为注重实际工作任务的"应知"和"应会"，从而有效提高了学生的实践能力与解决问题的能力。

（三）"双前景"为"美丽转身"奠定厚实基础

1. 立身稳

沈校长关心学生的终身发展，始终将育人放在首位，重成才，更重成人，着力培养学生的自信、文化修养和做人品质。他倡导信心教育，他亲自确立的"自信、自强、自立"的校训已在学生心灵深处生根发芽，绽放璀璨之花，结出累累硕果。

学校本是传承文化、弘扬文化并创造文化之场所。"文化立校"是他竭力提倡的又一创举。短短四字，一语中的，道出了一所学校的立身之本，蕴涵了丰富博大的思想，凝聚着精深独到的见解。为此，学校大力投入，多次举办"严肃艺术、高雅艺术进校园"的大型活动。学校以艺术节、技能大赛、征文活动、读书活动、文艺活动、校园文明活动、文明礼仪知识竞赛等各类系列活动为载体，坚持教育性、针对性、艺术性、时代性相结合，开展丰富多彩的"第二课堂"，并经常性地开展特色文化活动，弘扬优秀文化，潜移默化地陶冶了学生的情操，净化了学生的心灵，提升了学生的人文素养。

2. 成才好

对于培养学生，沈校长所追求的，绝不仅仅是学生就业、升学，他有着更为高远的追求，那就是为学生一生的成功成才奠定坚实深厚的根基。这个根基就是"要让学生获得成长的幸福感"。他认为，幸福应当成为教育理念的内核和实施教育的动因，只有学生幸福了，学校才是最成功的。基于这样一种极富人文关怀的认识，他主张，学校不仅要向学生当下的幸福提供"营养"，而且要为他们长远的人生幸福提供"燃料"。

为此，他将办学定位在学生成功成才上，举全校之力，竭尽所能地为学生的成才提供最好的条件，创造最佳的机会。因而，学校近几年来培养出了一批又一批优秀人才，促使他们不断完成幸福人生中一次又一次的"美丽转身"。

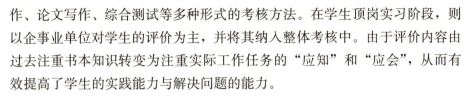

三、实施四大工程

1. 首度开设幸福德育

针对中职学生的自卑心理，为帮助他们尽快走出人生"低谷"，在沈汉达校长的精心策划与指导下，学校在全市中职校系统首度开设幸福德育，引导学生调整心态、激发奋进情绪、消除自卑感、勇于直面人生，为其走向自信开辟幸福航道。为有效落实幸福德育，沈校长组织成立了"幸福德育课题组"并亲自挂帅，担纲组长，进行"幸福课程"系列校本教材的开发。

"幸福课程"按不同年级的特点开设，一年级重点解决学生自卑、适应新环境的问题，二年级重点在于引导学生快乐学习、快乐生活，三年级重点在于就业指导。在内容编排上，以追求幸福、快乐为线索，从认识幸福、寻找幸福开始，到热爱生活、学会交友、珍爱生命、正确看待生老病死结束。根据学生生

幸福课程

活中直接影响其幸福感的因素，将该课程分为四个模块：感受幸福、梦想与成功、异性交往、珍爱生命。其中包括若干贴近学生生活的课题，如"幸福在哪里""珍惜拥有的""感恩之心常在""乐观积极""予人玫瑰手有余香""青春不能没有梦想""天生我才必有用""我是天生的成功者""阳光总在风雨后""什么是爱""生命的思索""关于死亡"等16个主题。

在教学方法上，充分运用认知理论、行为理论，采用情境导入、师生对话、小组互动、图片、音乐欣赏、视频、案例剖析、角色扮演、行为训练等形式，引导学生从"听众"变为"参与者"，学生积极参与的过程就是他们找到开启幸福人生"钥匙"的过程。在这里，枯燥的理论变为一个个活生生的实景，对于人生的真谛，学生不再拒绝。因为课程内容贴合学生心理，形式符合学生的认知方式，"幸福课程"成为最受学生欢迎的课，取得了显著成效。

"幸福课程"帮助中职学生走出自卑心理。中职学生由于普遍内心脆弱，缺乏自信，难以确立人生目标，而"幸福课程"使学生有机会发泄郁闷情绪。有的说："父母亲看到我进了中职校，心中不高兴，经常用刺耳的话刺

激我。"有的说："听说蓝领在社会上没地位，报酬又低，不免有些心灰意冷。"……"幸福课程"帮助学生学会全面看自己，不仅要看到自己的缺点，更要找出自己的优点，即使它很微小。教师不仅带领大家一起大声说"我有能力"，还把它变成家庭作业，要求学生每天照着镜子大声说。微观而具体的设计让学生有了亲身感悟，效果自然慢慢显现。吴敏同学一直是个比较自卑的学生，总认为自己不如别人，自己什么都不好，班级活动不敢参与，怕同学笑话自己。后来的"克服自卑"一课让她回味至今："印象最深的是老师教我们如何克服自卑、克服困难、树立信心。老师用了很多例子来告诉我们自卑人人都有，只要自己勇于面对，什么困难都可以解决。刘翔一次又一次的进步，残疾人对生活还那么乐观，因为他们始终认为自己是有价值的。活生生的例子让我学会只要自己努力了，就能慢慢走出困难。"走出自卑心理，学生获得了更加积极乐观的心态。当每个学生开始积极地对待人生后，他们的前途也逐渐明亮起来。

"幸福课程"帮助中职生找到自己的梦想。青春是充满朝气和梦想的，可是当问到中职学生梦想是什么时，很多人很茫然，似乎从来没有想过。教师通过伟人、身边的人因有梦想而成就幸福人生的故事，鼓励学生大胆寻找自己的梦想。"年轻时不做梦，什么时候做？"迷茫中的学生陷入沉思，紧接着是他们青春的激情在教室洋溢："我要成为银行家！""我要开一家有特色的食品连锁店！"……有梦想就有了希望，尽管实现梦想还需要很多努力，但是梦想成为他们奋进的动力。姜青云同学说："我感触最深刻的是'谈梦想'这节课，以前我没想过自己的梦想，在课上我仔细地考虑了自己的梦想并为自己的未来做了打算。这堂课激起了自己对未来的憧憬。"沙莎同学颇有感触："我觉得梦想真的很重要，人活着就一定要有梦想。只有这样，人才会成长，才会为梦想成真而奋斗。"

"幸福课程"让学生感受到幸福就在身边。我们在访谈中发现，中职学生普遍缺乏对身边幸福的发现和体会，尽管生活富足，但是他们并不觉得很快乐。如何让学生通过发现身边的幸福，学会感受幸福，不断提高幸福指数，是让学生热爱生活、提升生命意义的关键所在。在"珍惜拥有"这节课上，教师先请学生找出"我现在拥有什么"，四个组在黑板上贴上了"健康""生命""梦想"等几十种答案。然后教师在多媒体屏幕上放出了"残疾人雨天修车""山村孩子渴望读书"等一组画面，让学生进行比较，从而触动了学生的心弦。任飞同学说："以前我一直觉得自己没有别人幸福，可是上了

'幸福在哪里'那节课后，我找到了自己的幸福。跟很多人比起来，我真是很幸福，有那么多人关心和爱护我。"

幸福德育让广大学生对自己和周围的生活有了新的看法，他们的感悟也体现在日常的学习生活中。刘蔡丽同学就是一个很好的例子。她的父母都是下岗工人，生活本来就拮据，妈妈的一场大病使生活又蒙上了一层灰色，爸爸每天奔波于家和医院之间。就在妈妈身体开始好转的时候，爸爸又因为事故骨折了，右脚不能行动。家里只有她是行走自如的，她十分灰心，想不通为什么不幸总是发生在自己家里。恰在这个阶段，学校开设了幸福德育，让刘蔡丽逐渐走出了低沉。她说："'幸福课程'让我感受到幸福其实如此简单，不仅快乐是一种幸福，一家人在一起也是幸福。我感受到了一种力量，对生活中的任何不幸，我们都要积极勇敢地面对。虽然家里现在情况很糟糕，但只要我坚持，就一定能好起来。"从此她开始积极行动起来，找了一份兼职工作，每天早上6点起床，照顾好爸妈后就赶到学校上课，下午4点放学后赶回家照顾父母，6点再到店里上班。这期间，她还担任班级团支部书记，虽然疲惫，但她不停地告诉自己"要坚强，要坚持，风雨过后的阳光一定更加灿烂"。因为她的突出表现，她被评为"区优秀团员"。

幸福德育贯穿学习全过程，渗透生活全方位，让广大学生切身感受到了人生的幸福。许多毕业生在如愿考上大学或走上理想工作岗位后，依然对学校怀有深深的敬意："母校不仅成就了我们自己的学业，更成就了充满希望的未来。""母校不仅教会了我就业的本领，更成全了我对高品位生活的愿望。"

2. 率先成立"上海城市经济职教战略联盟"

职业教育的任务是培养生产、建设、服务和管理一线需要的技能应用型人才，因此提高企业在技能应用型人才培养过程中的参与度，是职业教育的内在需求。在职业教育出现集团化办学的发展趋势，全国各地相继组建职业教育集团的背景下，沈校长密切予以关注，加以研究。2010年10月，他在各类

职教战略联盟揭牌仪式

"职教集团"的基础上大胆创新，进行超越，发起成立了"上海城市经济职

教战略联盟"。

在组建筹备过程中，沈校长不辞辛劳，奔走各方。他的真诚、热情与执著，他对职教战略联盟蓝图的美好设计，感染并吸引了人们。职教战略联盟成立之初，旗下的成员单位已达 132 家，其中企业 111 家，高校 10 所，中职校 11 个。签约企业都是所属行业领域的佼佼者，社会知名度高、口碑好；签约高校都在各自专业领域中发挥着引领示范意义，建树极高；签约中职校也均为上海或各地在职业教育方面成就卓著的学校。

职教战略联盟集人才培养、教育教学、实践培训、就业指导、教育科研于一体，以行业为依托，以专业发展为纽带，以高素质技能应用型人才培养为核心，有力地拓展了企业参与学校人才培养的深度与广度，拓宽了学校的教学空间和学生的学习空间。依托职教战略联盟这个广阔的平台，他积极推行与社会实践相结合的学习模式，把工学结合作为人才培养模式改革的重要切入点，以强化对学生实践能力的培养。

在他的提议下，由战略联盟内企业和学校联合派人参加，成立专业课程设置委员会，根据行业、企业人才培养规格的需求，设定专业标准，制订教学实施方案，自主开发课程，选用适用教材，设置技能要求，开展"订单式"培养。

学校的物流服务与管理专业和职教战略联盟旗下的成员单位——大型外资名企巴贝拉集团，进行全方位、深层次、长久性的校企合作，开办"巴贝拉定向培养班"。巴贝拉集团为学生提供设施优良的实训基地，实现"学校学习—企业培训—企业实践—学校教育—企业顶岗实习—实习企业就业"一体，从而实现学生在校学习与进企业锻炼一体化、理论学习与技能训练链条化、实习单位与就业单位"二合一"的"订单式"人才培养模式。巴贝拉集团还为学生设立了丰厚奖学金，并优先录用我校毕业生。

动漫游戏专业与天地软件数码有限公司合办"工作室"，开设企业冠名班——"天地数码班"。天地软件数码有限公司在学校内部设置"工作室"，为学生提供真实的工作场所，实现"教学—实训—实习"一体化，保证学、用合一，使学生与企业岗位达到"零对接"。符合要求的学生进入天地软件数码有限公司带薪实习并优先录用，或被推荐到上海天地动漫公共服务平台联盟单位工作。2011 年，受"天地软件园"委托，该专业招收定向委托培养生，学生毕业后进入"天地软件园"旗下的益擎计算机软件（上海）有限公司、上海灵禅信息技术有限公司、上海晨路信息科技有限公司、上海天擎信息技术有限公司等企业工作，确保了毕业生的就业。

学校的大部分专业纷纷与职教战略联盟内成员企业开展合作，致力于建立校企合作的长效机制，构建企业全方位、全过程参与的工学结合的人才培养模式，双方合作办学、合作育人、合作就业，以及共建专业、共建实训基地、共享资源，为学生的顶岗实习、提前实习、毕业实习及就业铸就一个高起点、高层次的坚实平台。

沈校长还以发展的眼光，为职教战略联盟拟定了第一个五年规划。规划中明确指出：将进一步发挥战略联盟内成员单位的积极性，加大校企、校协、校际合作力度，强化质量意识，全面推进集团化、集约化进程，打造具有品牌特色的职教战略联盟；大力拓展战略联盟规模，使成员单位由目前的132家扩展到180家以上；力争将战略联盟发展成为在现代服务业方面具有领先水平的，具有开展理论研究和协调指导职业院校进行实际操作的，规模庞大、合作紧密的教育龙头组织，并撰写出立足点高、内涵丰富、紧扣职教实际、富有前瞻性、极具战略性、起到引领意义的职教事业发展报告，为上海乃至全国的职业教育提供切实有效的借鉴及有益的经验。有理由相信，这样的发展目标一定能够圆满完成。

3. 首次倡导"全员科研"

大多数人认为，中职学校与高校不同，是不需要在科研上花什么力气的。事实上，中职学校的科研力量也的确相对薄弱，成果一般。但是，沈校长独具慧眼，看到了科研在促进学校可持续发展、提升学校品质、打造学校核心竞争力方面所具有的无可替代的作用。因此他积极提倡、热心引导、大力扶持、科学规划，并且跳出学校科研只是集中在教育教学方面的窠臼，把科研领域拓展到了学校工作的方方面面，要求全体教师、全体教辅人员时时刻刻都要以"研究"的眼光观察、审视、分析、探究自己的本职工作，及时总结经验、发现规律、及时找出不足、寻求对策，并密切结合实践加以理论层面的概括提升，以实现科研意识、科研成果对学校各项工作的全覆盖与全渗透。

首先，他不断教育全体教职员工正确认识科研的重要意义，在全校树立"科研兴校"的思想，并将科研列入学校发展规划，由分管领导负责，具体落实到学校工作计划中，从制度上加以保障。其次，他加大了经费投入，由学校拿出专项经费，以加强科研资助力度。再次，他进一步创新了对科研工作的评价机制、激励机制。如修订或制订相关规章制度，以推进科研管理体制机制创新，为科研创设良好的政策环境；将教职员工的科研与考核、评聘挂钩；设立青年基金项目，鼓励并扶持青年教职工成为研究者；培养研究型教师，通过组织开展"教学示范""成果表彰"等多种形式的活动，多方面展示教师的科研能力；给予积极参与科研活动或科研成果突出的教职工相应的奖励，加强导向作用。此外，他还亲自与上海教育科学研究院、上海师范大学等高校及科研院所联系，或者合开研究生班，或者邀请专家学者来校演讲，以提高广大教职员工的科研水平。

在他所采取的一系列措施的鼓励、激励下，在他以身示范的带动、影响下，学校形成了一个科研型、创新型的和谐团队，取得了丰硕成果。近 4 年以来，教师公开发表论文 200 余篇，公开出版著作 11 部（其中我校教师担任主编或副主编的有 10 部，参编的有 1 部），编写校本教材 56 种，并在2010 年上海市中等职业学校第二届校本教材展示交流评比活动中大有收获。《中国古代文学名篇欣赏》《会展场馆服务和活动保障实务》《宿舍的故事——3DS 实训教材》获"优秀校本教材奖"。教师获市级论文评比、市级公开课等各种奖励 55 项，我校承担市级以上教科研课题 8 项，其中《上海市中职校全过程全方位开展职业指导的研究》这一市级研究课题取得重大成果，得到专家的高度肯定，为就业工作提供了颇具深度与前瞻性的指导。

4. 建立"教育教学质量监控中心"

沈校长任职 4 年以来，创新举措层出不穷。上海社会教育教学力量雄厚，行家里手云集。他目光炯炯、慧眼独具，以虔诚之心请来"万善正"工作室的专家，为学校的教育教学作高层次的专业性指导。"专家治校"这一创造性举措，有力推动了我校教育教学质的飞跃，并为兄弟学校所借鉴。

数年来，学校教学质量监控形成了"从严治教、制度引领、三级监控、专家督导、全员评价"的特色。

制度引领——颁发《教学工作规范》，对教学（含实训实习）各个环节制订了严格的质量标准；建立了教学检查、教学督导、听课、学生评价、校长信箱、试卷分析、教考分离、毕业生跟踪调查等一系列的教学质量监控制度。还将教师的教学质量评定纳入年度考核，作为教师聘任、加薪、晋级、评优等工作的主要依据。学校规定，如果教师连续两次教学质量不达标，将被调离教师岗位。

三级监控——教学质量监控工作由校长亲自挂帅，由科研督导处具体负责、指导、协调，并构建了校、系、教研室三级质量监控与反馈网络系统，三级系统各司其职又有效联动。

专家督导——在教学督导中，学校十分注重发挥校外专家的作用，用"第三只眼"开展督导。2006年10月，学校成立"教育教学质量监控中心"，聘请沪上资深中职教学专家常年进驻学校，对全校教师进行跟踪听课，并建立了教学督导档案。教师普遍认为，这种方式公平、公正，专家们的评课使自己受益匪浅。教师开始对自己的教学行为进行分析、反思并持续改进，不断地自警、自省、自励、自强，重新审视自己职业角色的定位。

此外，在实施"工学交替、顶岗实习"的人才培养模式时，也相继采取措施加强督导，如系主任、班主任定期巡视检查、跟踪指导；充分利用现代信息技术，与通讯公司合作，建立"移动校园"，通过群发信息给学生，以加强顶岗实习特定教学阶段的质量监控。

由于实施全程督导、全员评价的教学质量监控策略，确保了课改后教学文件的严肃性，提高了教师对教学计划、课程标准的执行力，提升了教师驾驭课堂教学的能力，促进了教法改革，有力推进了教学改革的不断深化。

沈校长以其深邃的头脑，凭借对职业教育所具有的真知灼见，对学校的办学实践不断加以理论层面的概括与提升，提炼出办学八字精华，即"博文雅人，转识成智"，并对此作出了精当的阐释。

一、博——博学笃志

博学于文，切问近思，广汲学海之浩瀚。

笃志于胸，排难远殆，心怀苍生之罹患。

学校以博大胸怀、高远眼界，于2010年10月率先发起成立"上海城市经济职教战略联盟"，集教育教学、人才培养、实践培训、就业指导、教育科研于一体，立足上海，面向全国，放眼世界，广纳海内外知名企业、资深院校，博采众长，凝聚雄厚办学力量。

目前，职教战略联盟已联合美资、日资、英资等多家外企与多家大型国企，携手多所著名中外高等院校和重点中职校，为学校迈向规模化、集团化办学奠定了坚实基础。

二、文——文以致用

一苇凌江冯其风，文以遣怀，养吾浩然之气。

百工居肆成其事，文以明道，遂吾济世之心。

学文以强技能、以致实用，是职业教育之宗旨。任务引领，做学一体；技能比赛常规化，强化日常训练。学生在各类技能大赛擂台上大显身手，摘金夺银。在近三届"星光杯"大赛中，学校总成绩总是名列全市前茅。

学文千日，大用于世。2010 年，我校师生积极参加世博志愿者服务，有 5 名教师、88 名学生参加世博售票工作，119 名学生参加城市站点服务工作，为期两个月，向世界展示了上海中职生的美好形象，向世博局交出了一份满意答卷，我校因此荣获上海市委颁发的世博服务"先进集体奖"。

三、雅——雅人深致

慎言，笃行。传道，受业，解惑。

鸿儒广聚，诲人不倦，雅人深致。

学校拥有一支学历层次高、业务能力强、结构合理的师资队伍。近 4 年来，学校在师资培训方面大投入、大产出：教师本科学历全覆盖，研究生或同等学力占 35%，高级职称占 36%，在同类学校居领先地位。

浩浩师德如春风，大雅情怀似甘霖，浇灌职教土壤，滋润莘莘学子。我校群英荟萃、人才济济，多名教师在各自学科领域卓有建树，颇具影响。其中，袁晖江、杨培森、王峥、季敏和刘春燕 5 名教师成为上海市中等职业学校相关学科中心教研组成员。

四、人——人尽其才

格物，致知。诚意，正心，修身。

贤俊辈出，敏而好学，各尽其能。

以人为本，因材施教，最大限度地开发人之潜力、才能，倾力为学生铺就"就业、升学——双通道"。学校拥有多个就业平台，就业者大展拳脚，就业附加值飙升。同时，学校联合多所高等学府，构筑升学立交桥，升学者勇跃龙门。

近几年来，学校主干专业就业率 99.9%，就业稳定率达 85.2%，专业对口率 86.2%，高考升学率连年保持在 95% 以上。

五、转——星移斗转

俯仰不待，时不我与。星移斗转，机不可失。

学校站在时代前沿，把握职教大势，抓住大好机遇，在全国率先提出"美丽转身"理念，为越来越多的学生、家长所青睐，并得到职业教育界的广泛认同，在中等职业教育领域独树一帜。这一理念极具形象性也极富内涵，树起职业教育在人们心中的光辉形象，明确了职业教育的光荣使命，成为新时期职业教育思想的一道分水岭。

"美丽"理念转化为"美丽"成果：学生"美丽转身"而得以成才，教师"美丽转身"而事业成功，学校"美丽转身"而实力剧增。"美丽转身"理念的结晶"美丽转身"文库于 2009 年推出第一辑，2010 年推出第二辑，计划 5 年内共推出 30 部专著或文集。

"美丽转身"理念结晶

六、识——远见卓识

玉不琢，不成器；人不学，不知道。识不惧其深，学不厌其累。

积土能成山，积水可成渊。驽马远十驾，金石久可镂。

教师牢固确立终身学习意识，养成非凡胆识，造就卓越超群的教科研能力，建树颇丰，为教学输送了无尽的源头活水。

"美丽转身"理念指引学生形成正确、明晰的人生识见，准确定位发展方向。职教战略联盟成员单位为学生提供了完备的顶岗实习条件，并专门配备实践经验丰富、业务能力一流的实习指导师，极大地开拓了学生的视野，进一步促成学生与企业、专业技能与就业岗位之间的"零距离"对接。

七、成——九转功成

北冥鲲鹏徙南向，冯虚御风六月方息。

太阳神鸟出烜赫，绝气负天九转功成。

"美丽转身"办学理念成就职教名校。学校屡获含金量极高的重大荣誉，多次领衔组织重大活动，参与完成多项重大任务，榜样骨干作用彰显。

《文汇报》、上海电视台、黑龙江卫星电视台等数十家主流媒体竞相报道我校的办学成果，我校的社会声誉大幅提升，社会影响不断扩大，吸引众多优秀学生报考，职业教育的吸引力在我校大放异彩。

八、智——百龙之智

百龙之智，无他，闻一知十，触类旁通。

知者乐，仁者寿。知者不惑，仁者不忧。

大公而大智。学校大胆探索德育新理念，开拓创新育人新举措，构建学校、社区、家庭"三位一体"育人模式，并与武警上海总队实行军民共建，合力营造和谐育人环境。学校在全国首度开设幸福德育，为学生走向自信开辟幸福航道，为学生实现"美丽转身"铸就心理支柱。

一所中专学校，短短4年间发生了翻天覆地的巨大变化，实现了美丽的转身，在于有一位开创学校发展新境界的沈汉达校长。读完上海市经济管理学校改革与发展的文章，深感沈汉达校长对此学校的发展、职业教育改革探索出了一条新路子。"美丽转身"理念内含丰富，实践扎实，让人读完感悟深刻。

沈汉达校长的"美丽转身"，蕴涵着职业教育发展的转身和学生成长发展的转身两个方面。职业教育的"美丽转身"，在于坚持"以就业为向导，以服务为宗旨，以提高质量为重点"的办学方针；在于以"文化立校、专家治校、师生办校"的办学精神，实施"人才立校、质量强校、特色兴校、育人为本、技能为先"的办学战略；在于以体制创新、机制创新为动力，以校企合作为平台，以专业建设为核心，以课程改革为抓手，以师资队伍建设与校内外实训基地建设为重点，推进人才培养模式的创新，着力内涵发展的教育教学改革；在于以学生发展为本，为学生构筑就业与升学两条成才成功的大道，提供"就业、升学——双通道，素质、技能——双具备，立身、成才——双前景"的优质教育，努力使学生在中职教育阶段实现人生的"美丽转身"。

学生成长、发展实现了"美丽转身"，归功于学校首度开设的幸福德育。针对中职学生的自卑心理，为帮助他们尽快走出人生"低谷"，在沈汉达校长的精心策划与指导下，学校在全市中职校系统首度开设幸福德育，引导学生调整心态、激发奋进情绪、消除自卑感、勇于直面人生，为他们走向自信开辟幸福航道。幸福德育贯穿学生学习全过程，渗透学生生活全方位，让广大学生切身感受到了人生的幸福，牢固树立起强大的自信心。

这两个"美丽转身"，使学校在全国和全市骨干作用彰显，社会影响不断扩大，吸引了众多优秀学生报考。我们的职业教育需要更多的像沈汉达校长这样的改革家和创新实践者。

（点评：孙琳）

依法治校，规范精细管理
——辽宁省沈阳民族艺术学校

名校／名校长简介

校园全景

沈阳民族艺术学校成立于 1997 年 9 月，为沈阳市属职业中等专业学校，2002 年被辽宁省教育厅批准为艺术类普通中等职业学校。学校具有独立法人地位，是自主经营、自我发展的民办教育机构。学校占地面积 27000 平方米，建筑面积 20000 平方米，现有学生 1100 人。办学以来，学校先后被评为"辽宁省示范中等职业学校""辽宁省毕业生就业指导工作先进单位""全省民族团结进步模范集体""辽宁省民办教育优秀学校""全国民办学校先进单位"。

建校 13 年来，学生升学率和就业率均达到 98%，学生参加国内外演出频频获奖。

　　吴文鹏，沈阳民族艺术学校法人代表、校长。现任沈阳蒲公英教育集团董事长、沈阳市政协委员等职。吴文鹏校长主持的对学校管理具有普遍指导意义的"学校 3M 管理模式研究"课题，被辽宁省民办教育协会列为 2010 年度科研课题。该课题研究已结题，《3M 管理模式》《学校 3M 管理模式》已由沈阳出版社 2010 年 12 月出版发行。

　　基于对自身管理实践经验的总结，特别是通过自身的制度建设，我校形成了较科学的管理思想和管理模式，即吴文鹏校长提出的学校管理"四大技术"：整体的划分技术、全面的设计技术、系统的制作技术、规范的应用技术。学校通过整体的划分技术，针对总目标，在管理的最高决策层面设置了三个模块，再在这三个模块下面设 10 个模板，各模板又向下对应 45 个模型，我们将这个系统简称为"3M"（模块、模板、模型）管理模式。学校将管理内容按体制、文化、战略、机制、机构、岗位、工作、日程、制度、资源设计成 10 个模板；根据模块、模板及模型规定的内容，将其制作成 4 个具有指导与规范意义的"工具类"手册——《学校管理手册》《部门执行手册》《岗位操作手册》《工作依据手册》。对于学校管理，我们从领导层到各个部门、岗位上的工作者，在思想和行为上加以规范，使之能自觉地依据管理工具和相关规定运作实施，从而使学校实现了规范化、程序化、精细化管理。

　　3M 管理模式体现了按手册找岗位、按岗位找工作、按工作找规定、按规定找程序、按程序去操作、按操作找标准、按标准去评估、按评估定结果、按结果定绩效、按绩效论奖罚以及"工作有依据，过程有证据，优点能固化，经验能传承"的学校管理特色。

一、学校管理模式的形成过程

　　建校以来，我校在学校管理体系建立方面大致经历了四个阶段：

　　第一阶段主要是人治——凭个人能力和经验理管的阶段。1997 年建校初，学校管理基本上是校长和各级管理者凭经验办事，还是停留在"拍脑门""长官意志"、谁官大谁说了算的阶段。这样办事速度快，表面上看"效率"也较高，但管理方面的失误、疏漏较多，违反规律和规则办事给学校工作带来的损失是巨大的，教训是深刻的。

第二阶段是人治加"法"制——以经验为主、以制度为辅的管理阶段。随着办学时间的延长、各项工作的深入，学校领导在管理中感到必须要制订一些规章制度，于是发动各部门干部和相关人员进行调查，经过一段时间，制订出一些教育、教学、管理方面的制度。例如，《教师备课制度》《教师上课须知》《学生请假制度》《食堂就餐制度》等。这些规章制度的制订和实施对学校的各项工作起到了一定的规范作用，但数量还很少、面也较窄。学校管理基本上还是处于以个人能力和经验为主、以制度为辅的粗放型管理阶段。

第三阶段是"法"制加人治——以制度为主、以经验为辅的管理阶段。2003年以后，随着我们办学思想认识的不断提高，随着学校综合实力和对外影响力的不断提升，为适应学校教育、教学、管理整体改革步伐的需求，学校加大了执行各项规章制度的力度，依法治校的观念逐渐深入人心，大部分工作有制度作为依据了，学校的整个管理发展到了以制度为主、以经验为辅的管理阶段。

第四阶段是依"法"治校——逐步向按规章制度办事、体现依法治校的阶段过渡。学校形成了比较完善的管理体系，95％以上的工作有了制度依据，学校也发展到依"法"治校阶段。近年来，学校加强了对管理模式的探索和研究，取得了一些成果。

二、学校管理形成"3M 管理模式"

（一）学校管理实践中存在的普遍问题和困惑

1. 存在职能和职责不清的问题

以我们学校为例，一是部门职能不清。学校的教务部、文化教研室、舞蹈教研室、音乐教研室、表演教研室、杂技教研室等都是教学执行部门，这些部门应该有自己的职能。例如，教学管理职能，教师选聘、任用、辞退建议职能等。但问题在于，学校以前虽然也对这些部门进行过分工，但并没有进行系统的、科学的安排，教务部和负责教学的分管校长并没有在制度上把这些部门的职能确定下来，因而这些教学相关部门（室）之间仍然存在着职能交叉、混淆的现象。二是职责不清。以文化教研室主任为例，他的责任起码可以包括以下这些方面：制订学校文化课教学实施计划并总结，主持文化教研室工作会议和活动，组织文化课教学工作研究，解决下级提出的问题、困难和投诉，定期向主管副校长汇报工作，指导文化课教学工作并对教学安全负责，对学校文化课教学实施计划的结果负责，对本部门工作秩序负责，对所属教职工工作纪律行为负责，对提高所属教职工业务水平负责等。但是，学校以前对这些主任或副主任、干事的工作职责并没有进行明确，也没有从校本建章立制的角度加以规范化，造成了各部门领导职责不清、相互推诿的现象。

2. 存在"变化"与"反复"的问题

一是同样的管理内容因人员的变动而效果发生变化。校长办公室负责组织召开每学年度的开学典礼，在方案的设计上，在每项内容的安排上，往往就是一个人一个设计。由于没有完备的制度控制，领导者只能凭自己的学识、能力、经验、兴趣爱好去设计、安排和管理，其能力水平决定了设计的质量好坏。

开学典礼方案的设计，在具体操作上涉及全校十几个部门，涉及的人员包括副校长、主任、副主任、班主任、音响师、电工等。由于没有科学严密的制度体系，造成换人就换样，管理效果因人员变动而变化。

二是同样的失误反复出现。仍以校长办公室组织召开的开学典礼为例，开学典礼在程序上包括以下几个固定内容：奏唱国歌，校长讲话，教师代表讲话，获奖学生代表讲话，新生代表讲话，副校长宣布《表奖优秀教职员工的决定》，副校长宣布《表奖优秀学生的决定》，领导颁奖，宣布大会结束，文艺节目演出等。这样的工作相对固定，年年如此，完全无需全面研究，但年年从头再来，重复研究费时、费力，做了大量无用功还意识不到。

开学典礼涉及全校师生员工和几十个岗位，因此有些失误是难免的，也是允许的，但不应犯同样的错误，如果错了再改、改了再犯，就是问题了。

3. 存在"四不能"的问题

一是经验不能很好地总结。学生工作部每年组织新生军训，每次在不同的方面都会有一些成功的经验和好的做法。例如，有的班级由于班主任认真组织，学生刻苦操练，教官指导得法，军训成果比较突出；有的班级内务整理井井有条，规范整洁；有的班级学习军歌，群情振奋，歌声嘹亮；有的班级队列表演整齐有力，口号响亮。但这些班级不注重把这些经验加以总结和固化，因此，经验不能很好地传承下来。

二是失误不能及时纠正。每学年度新生军训工作涉及 5—6 个新生班级的 200—300 名学生，新生班主任、学生工作部工作人员及教官共有 10 余人参加此项工作，时间长达一周，肯定会出现这样那样的问题。例如，军训活动中有的规定内容需要调整；军训中原奖励标准不高，没能体现先进性；参加队列表演的班级服装颜色、款式不统一；学生照相缺乏统一安排等。就军训这项活动看，参加人数多，持续时间长，工作中出现以上提到的这些失误是难免的，问题是这些失误纠正得不及时，甚至是得不到纠正，致使失去了最佳的纠正机会，从而使失误沉积在千头万绪的工作中，埋下隐患，以至于相同的错误重复犯。

三是资源不能充分利用。以人力资源为例，军训中由于参与的部门职能不清，参与各岗位的人员职责不清，人员结构不合理，更谈不上优化，造成人才浪费，各种资源的效益没能得到充分的发挥，资源得不到充分利用。

四是质量不能持续提高。还是以新生军训为例，军训工作年年做，年年都有做得较突出的方面，但是由于没能从制度上、根源上将它们理清、明确，因此造成质量不能持续提高。

4. 存在"四没有"的问题

以 2003 年开始的专业高考模拟考试为例，这项工作学校重视，专业教研室重视，学生家长也很重视，大家都想把这项工作做好，但由于最初几年没从制度上着手，从根本上理清，所以存在"四没有"的现象。一是工作没有依据。由于没有制订专业高考模拟考试的规定，因此这项工作如何开展没有依据。二是操作没有程序。最初几年，由于专业高考模拟考试中事先没有科学的设计和规划操作程序，因此在实际运行中存在着很大的随意性。例如，专业高考模拟考试包括几个环节，这些环节依据哪些步骤、程序去展开等，事先都没有精细地加以思考和策划，并从建章立制的角度去加以规范。三是考核没有标准。前些年，由于没有制订专业高考模拟考试的标准，只有外请的考官作一些学生考后点评，并没有把考核上升到科学和较严密的高度，因此考核效果没有充分发挥出来。四是评价没有记载。过去在专业高考模拟考试时，有时专家或考官评价了，但没能及时认真地记载，有时记载了但没有很好地整理、收集、存档，因此头几年的专业高考模拟考试，外请专家给予很多同学及时的、中肯的、有代表性的评价都没有很好地保留下来，这是一个损失，也是我们在这项工作中的缺失。

（二）"3M 管理模式"的基本原则

针对学校管理实践中存在的普遍问题和困惑，吴文鹏校长认为民办学校要通过自身的制度建设，形成自己的管理模式，并在办学实践中遵循以下原则：同一性原则，即与国家法律、法规本质相同，体现合法性；统一性原则，即符合学生受教育需求，符合社会需求，符合学校可持续发展要求；系统性原则，即其内容形成有机联系的体系；客观性原则，即符合事物内在发展规律；可行性原则，即对工作有导向和规范意义；纪实性原则，即将工作细化，记录工作的全过程；量化性原则，即把教育教学中不确定因素进行客观量化；开放性原则，即形成一个动态发展的体系。在遵循以上原则的基础上，进而基本解决工作有依据、问题能改进、优点能固化、方法能传承四个方面的问题。经过多年的实践，吴文鹏校长把学校工作系统中的总系统界定为管理层面的三个模块，即决策立法模块、执行操作模块、监察评定模块，并初步形成了由模块、模板、模型组成的"3M 管理模式"。"3M 管理模式"是管理的一种工具，是学校进行科学管理的有益尝试与探索，是教育行政管理向校本管理的转变，它初步解决了学校管理规范这一关键问题。

三、"3M 管理模式"解决的问题

（一）解决工作有依据的问题

学校管理中"工作有依据"的核心是加强法制观念，树立依法治校的思想。建章立制是学校管理的重要手段，民办学校在办学历程中正反两方面的经验和教训证明，办社会主义民办教育不仅要依靠国家方针政策的指导，而且必须有教育立法的保障，在新的时期应更多地运用法律法规手段来进行学校管理。学校管理还是一种具有组织特性和权力特性的活动，具有管理功能的学校制度法规，是发挥学校组织管理效能的一种重要手段，是科学管理的一个重要标志。在学校管理中，有效地利用建章立制的手段、方法和形式进行组织和领导，进行学校的教育、教学和管理，已越来越显得重要和突出。

在学校管理中如何做一个有效的管理者，特别是学校的管理如何能渗透到学校工作的各个方面，使学校每一个成员在思想与行为上能够得到明确的指导，成为自觉的执行者，更具有其重要意义。

"3M 管理模式"的形成，真正在学校管理实践中落实了"把容易的事做精，把手上的事做细，把精细形成规范，把规范形成制度，把制度升华为体系"，改变了过去学校管理中存在的"以言代法""工作推着干"的粗放式经验型管理，使学校的管理工作体现"一事一规定，工作有依据"，而且"分工明确、责任清晰、过程规范、奖罚分明"，使学校步入良性循环的轨道。

学校管理制度体系从 2010 年 3 月 1 日试运行以来，全校师生员工"依法治校、依法治教"的观念明显增强，遇事找规定、工作有依据、过程有证据已经成为全校干部和教职员工进行常态化工作的自觉要求。做一项工作先看有没有规定、有没有依据，有则立即按章办事，没有则立即制订规定（按规定制订及报批程序进行），有规定但不合适或不适用，立即申请修改，形成新规定。当然，这个过程会有些烦琐，但规定一旦形成后便管用、方便、快捷，充分体现了"工作有依据畅通无阻，工作无依据寸步难行"。

（二）解决工作过程有证据的问题

工作是一个过程，这个过程要遵循一定的程序或流程，必须有记录作证明。做一项工作时，要做到对自己负责，对他人负责，对学校负责，对历史负责。工作有证据是工作完整、善始善终的体现，也为经验的固化和传承提供了重要的依据。

过去，在学校的管理工作中，教职工对"工作有证据"经常处于自觉或不自觉的状态，想起来就留些"证据"，想不起来也就过去了。留下来的东西多或少，内容详或略，是否准确，无人太在意。以什么形式留下来，以何名义保存，也无一定之规。这个人想起来留下一些，下一位不一定什么时候捡起来看一看，可能留下，也可能就丢了。久而久之，"工作证据"还是"零"。

我们在学校管理的实践中经过探索和思考，把文件分成管理文件（指管理制度体系中的依据性文本）、运行文件（指校本法附件，包括批复、指示、通知、计划、方案、报表、请示、汇报、总结、简报等）、监察文件（指事故调查报告、处理意见书等）三类，在运行过程中实施科学管理，最后分类存档、妥善保存，用这种方法使工作有确凿证据并得以顺利进行。

随着"3M 管理模式"逐渐深入人心，学校管理制度体系逐渐形成，学校干部、员工的管理意识不断增强。学校广大干部、员工在各自工作实践中已经深深地意识到，实施工作有证据，使原来繁杂、冗长的工作过程变得简单了，他们也由此体验到巨大的成就感和无限的欣喜。现在，学校各部（室）管理文件的文员由于平日做了大量的收集、整理、记录和留存工作，如果需要查过去的某项工作资料或规定，都可按照我们管理体系中要求的程序找到相应的文件。这在以前是不可想象的，也是完全做不到的。

（三）解决工作结果有数据的问题

学校管理工作纷繁复杂、千头万绪，很多工作都离不开数据。学生工作部的日常考勤，各项活动出勤人数记载，班级活动，班主任绩效考核、量化考核，都要以数据来体现，具体数据就构成了学生活动和班主任量化考核的一部分。总之，数据对学校工作的重要性不言而喻。

在学校各部（室）以前的实际管理工作中，往往没有把结果有数据这项工作提高到科学管理和规范化管理的高度，所以在实际工作中对数据的产生、处理、记载和存留存在着随意性。比如说，对某些数据的记载不全面、不准确；有些数据记载了，却没有充分利用；还有的数据在保存上不到位，为以后的使用带来了很多麻烦。

学校近几年集中力量加强制度建设，对学校各个岗位的职责及包含相关数据记载和处理的固定工作作出规定。比如，学生考勤、在校生动向周统计、学生考试成绩统计、班主任绩效考核、教师课时统计、员工基本情况统计、教师工资统计、用车情况统计及财务收支情况统计等。诸如此类的工作，从为什么做、谁负责、何时做、何地做，以至于内容、程序、标准等都有清晰记录。通过对各管理要素进行全面、系统的全程控制，把与数据有关的相关工作都加以固化，并要求按期存档。这样一来，学校干部员工逐渐形成了习惯，在日常工作中，对与教育教学管理相关的数据都能自觉地做到精心计算、准确使用、广泛收集、细心留存，这就为"结果有数据"提供了制度上的保证，为学校工作的科学化、规范化管理和实现可持续发展奠定了基础。

（四）解决工作持续改进的问题

"3M管理模式"为规范学校管理提供了有效的理论与技术保障，推动学校管理工作持续改进，使学校管理工作始终保持鲜活性和勃勃生机。

做好各项工作的事前、事中、事后评估工作，使质量评估工作常态化，成为学校创新管理工作的一项新举措。我们的具体做法是：由管理科研部、校长办公室、监察部负责人组成评估小组，坚持对学校各项工作进行事前、事中、事后评估。管理科研部侧重管理工作的设计层面，校长办公室侧重实际操作的过程，监察部侧重表扬奖励和问题处罚。事前，评估小组主要就工作实施方案进行评估，评估形成的书面意见转交实施部门进行修改，力争使实施方案具有较强的可操作性；事中，坚持全程跟踪，掌握、了解方案实际操作的全过程；事后，结合实施部门工作总结，三个部门领导分别拿出质量评估意见，由实施部门领导和评估小组领导坐下来进行专题总结、座谈、交流，形成明确的改进意见，最后由管理科研部修改原规定，形成新规定。质量评估材料及新规定由监察部统一存档，作为下次进行同类工作的基础性文件。

学校制订的管理体系文件在实际运行过程中随着时间的推移和主客观因素的变化往往会发生一些改变，如具体操作、责任人及时间、内容、程序、标准等方面都会有所不同。学校明确要求以管理科研部为责任部门，在每年8月末之前对学校现行的各种管理手册、部（室）执行手册、岗位操作手册、工作依据手册进行一次全面、系统、认真的整理、增补和修改。为确保管理体系文件修改工作的规范性和高质量，学校还专门制订了《关于修改管理体系文件的规定》。

通过做好各项工作的事前、事中、事后的质量评估和每年度系统修改管理体系文件的举措，使学校管理制度持续改进变为现实，保证了我校管理文件制度体系在动态的管理过程中能更紧密地联系实际，具有较强的针对性和实用性，为学校的整体发展提供了管理制度上的支撑。

（五）解决校长角色定位的问题

校长管理学校的艺术直接影响着全校师生的精神状态。校长的角色如何定位，决定着一所学校的生存质量和发展前途。校长不仅要深入实际，把握学校的每一根神经和每个细胞，更要高屋建瓴，有自己成熟的办学思想、先进的办学理念、笃深的职业情感、执著的理想追求、高超的管理能力。在教育现实和教育理想之间，校长首先应该是一个卓越的舵手，而不是仅仅把自己定位于从事烦琐、复杂工作的"打头者"。学校"3M管理模式"和管理体系的形成及运行使校长角色发生了变化。

学校"3M管理模式"和管理文件体系自试运行以来，使涉及学校64个岗位的大量烦琐的日常工作都按44本手册（各种管理手册、执行手册、岗位操作手册）和1500个左右的管理工作模型规范地运作。一些必须由校长处理的计划、方案、报表、请示、汇报、总结、简报等文件按规定的程序处理，使校长的工作方式由原来的"面面俱到，处处发号施令，事必躬亲"，变为现在重点思考学校的体制机制改革、资源优化配置、管理结构调整、员工素质提高等问题。这在学校内部管理研究领域是一个突破性的飞跃，具有科学性、实用性和可操作性，为规范管理学校提供了科学、有效的理论和坚实的技术保障。

 反思拓展

在学校"3M管理模式"和管理制度体系形成及试运行的过程中，我们经历了从实践到理论形成的复杂工作，再由理论到实践的简单操作，收获了成功与喜悦。回顾2009年秋冬，在"3M管理模式"的创建和学校管理制度体系形成的岁月，各种管理手册、执行手册、岗位操作手册需要编写，1000多个管理工作规定（工作模型）要根据实际并按事先设计的格式来编写，学校领导及主要中层干部都承担了具体的编写工作。在学校"3M管理模式"和200余万字的管理制度体系真正试运行时，本来可能要反复研究的工作和事情，经过一次研究就形成了操作性很强的规定，费时变为省力，复杂变为简单，繁忙变为轻松，我们大大提高了工作效率。经过近一年的试运行实践，全校干部员工都为学校"3M管理模式"和管理制度体系拍手称快，大家发自内心地认为"这套东西管用、好使"。

"3M管理模式"是一种指导管理的技术性理论，是管理理论应用于实践的中介，是管理实践的工具。学校通过"3M管理模式"，将社会组织内部各项管理要素划分成模块、模板、模型，对社会组织内部的管理体制、文化内涵、战略规划、机制功能、部门职能、岗位职责、工作内容、日程安排、工作依据和资源配置等管理要素进行设计；将经过科学划分与设计的各项管理要素制作成管理制度文件应用于管理实践，在管理实践中运用管理工具加以实施操作。这样使单位的工作、部门的工作和岗位的工作在实践中形成有机的整体，使管理渗透到了各个领域，形成了管理无时不在、无处不在的氛围，解决了工作合理布局和精细化问题，明确了工作究竟有多少项、由谁来做、怎么做、怎么评价、怎么改进等诸多相互关联的管理问题。

"3M管理模式"是一种管理艺术。从战略层面，它是体现单位软实力的依据；从战术层面，它是科学管理本单位的依据；从实践层面，它是制订单位管理文件体系的依据，它可以将本单位管理过程固化、优化。

经过13年的实践、研究，当把学校管理体系建立起来以后，我们逐渐发现，只要把这些文件稍加整理，就可以通过制作软件、发行图书等途径为其他学校和社会组织提高自身管理水平提供参考，如编辑《企业3M管理技

术》《社区 3M 管理技术》等；再依据某管理模式制作具体单位的管理制度体系，即《组织管理手册》《部门执行手册》《岗位操作手册》和《工作依据手册》，使单位的各项工作都有章可循、有据可查，且快捷方便，极大地提高了管理效率。

　　我校的"3M 管理模式"取得了比较显著的成效，以近 3 年为例：2008 年 8 月，有 35 名学生参加北京奥运会开幕式演出；2009 年 8 月，在全国第九届"桃李杯"比赛中，民间舞《虎妞妞》获少年甲组三等奖；2009 年 8 月，在摩纳哥参加国际演剧节中，情景剧《关东娃》获金奖；2002 届舞蹈专业毕业生毕畅在电视连

杂技《关东娃》剧照

续剧《乡村爱情3》饰演女一号王小蒙，她 2010 年又参加了贺岁片《大笑江湖》的拍摄，饰演"粉凤凰"；04 届表演专业毕业生于洋参加央视 2010 年春晚小品《捐助》演出，饰演摄像师"大长脸"；2010 年 7 月，在上海世博会"欢聚世博"魅力校园精品节目大联欢中，我校学生演出的哈萨克族舞蹈《可爱的一朵玫瑰花》获金奖；2010 年 11—12 月，60 名学生赴广州参加第十六届亚运会、亚残运会开幕式、闭幕式演出。

　　当前，民办学校的发展正处于一个新的历史起点上，挑战与机遇并存。我们要不断地适应社会发展的需求，不断加强自身的软实力建设，清醒头脑，抓住机遇，创新管理，真抓实干，为开创民办教育发展的新局面作出应有的贡献。

专家点评

　　沈阳民族艺术学校校长吴文鹏和他的团队总结的"3M 管理模式"，使他从重复繁杂的事务中解放出来，成为一个"轻松的校长"，这得益于他善于思考、重视科研、关注技术和主动创新的精神以及实践。

　　学校建立之初，学校管理基本上是凭校长和各级管理者的经验办事，停留在"人治"阶段。失误的教训和点滴成功的经验，使吴文鹏校长深刻体会到，学校管理离不开规则，规则需要精细化。基于此，吴文鹏校长提出

"3M 管理模式"。"3M 管理模式"是一个体系，由模块、模板、模型构成，模块、模板、模型的"模"字，汉语拼音声母为"m"，同时其英语单词的字头也为"M"，故称 3M。

科研是经验总结和提升的有效有段。2010 年，吴文鹏校长主持的对学校管理具有普遍指导意义的"学校 3M 管理模式研究"课题，被辽宁省民办教育协会列为 2010 年度科研课题。课题组出版了《学校 3M 管理模式》一书，编写了 44 本各种管理手册、执行手册、岗位操作手册和 1000 多个管理工作规定（工作模型）。

技术与职业紧密联系，在职业学校管理中，他将管理技术规范化、程序化、系统化、操作化。"3M 管理模式"是一门指导管理的技术性理论。他的划分技术解决了学校工作战略性分工；设计技术全面安排了学校管理工作内容；制作技术打造了学校管理的工具；评价技术是对学校管理的自我控制和完善，分宏观评价、中观评价和微观评价。

作为一个民办学校的校长，如何带领中职学校从生存走向发展，并不断改进，这就需要有一个清醒的头脑，抓住机遇，改革创新。吴文鹏校长设计的"3M 管理模式"，是对学校管理的一次可贵的探索和创新。"3M 管理模式"使单位的工作、部门的工作和岗位的工作在实践中形成了有机的整体，使管理渗透到了学校的全部工作，形成了管理无时不在、无处不在的氛围，解决了工作合理布局和精细化问题，明确了工作究竟有多少项、由谁来做、怎么做、怎么评价、怎么改进提高等诸多相互关联的管理问题。

（点评：佛朝晖）

创建文化管理模式，打造和谐校园

——辽宁省沈阳市信息工程学校

名校／名校长简介

王军，男，汉族，1971年生，1992年毕业于辽宁工程技术大学建筑工程专业，获学士学位；2004年在北京师范大学继续深造，获公共管理硕士（MPA）学位；现于东北大学资源信息与决策专业进修博士学位。

王军校长在管理上注重理论与实践的结合，善于研究思考，在全国"十一五"规划课题研究中，因《中职学校校园文化与企业文化对接的研究》被评为"十一五"科研规划课题先进科研工作者。他还先后获得沈阳市政府授予的三等功、沈阳市"五一"劳动奖章以及沈阳市劳动模范等称号。

在多年的教育管理工作和职业教育研究实践中，王校长不断学习，锐意进取，克难求进，开拓创新，以崭新的理念和务实的作风，为沈阳市4所万人规模职业学校的新校规划和基础建设作出了突出贡献，对沈阳市信息工程学校的发展起到了重要作用。

学校管理要走文化管理之路。

4年前，沈阳市计算机学校和政法学校两所学校重组合并，成立了沈阳市信息工程学校。重组的过程并没有太多的阻碍和困难，然而当两所学校实现真正意义上的重组后，300余员工的融合总显得有些"纠结"。

两所学校有着不同的发展历史，也有着各自的精神和骄傲，两所学校的价值观碰撞在一起，并没有产生本应该产生的"火花"。比如，原计算机学校的中层干部在合作管理中依赖于主管校长的协调、沟通，而政法学校的中层干部在工作开展中更多的是依靠个人情感的交流。在管理学生中，原计算机学校的老师讲究的是亲力亲为、"严防死守"，而政法学校走的却是学生"充分自主管理"的路线。

两套思路、两种方式，影响了学校的管理和发展。在经过一段时间的思考、咨询和调研后，王校长寻求到了一种有效的管理方法——以文化变革管理。

学校文化管理就是发挥文化的力量，通过精神和心理来引导人们的行为倾向。学校人性化管理可以使管理者与被管理者更为亲密和谐，使学校更加富有吸引力和凝聚力，使学校工作更富有活力、师生更富有成就感。文化管理是对科学管理思想的拓展和超越，是将文化精神和文化价值渗透在管理中，创建学校精神、学校道德与学校形象，并使之成为师生、学校生存发展的根本。文化管理作为一种现代学校管理方式，要求我们以现代文化精神为指导，正确处理人与世界、人与人之间的关系，在追求文化创造的过程中实现管理的目标。

学校引入企业中最重要的CIS系统，即企业识别系统，其中包括理念识别（MI）、行为识别（BI）、视觉识别（VI）三个子系统。同时，经过学习和自身的建构，将现代企业管理的5S管理理念引入校园管理，使学校从"粗放型管理"走向"精细化管理"。

学校不断加强形象品牌化建设，在公众心目中树立良好的形象，提高知名度和美誉度，创造良好的发展环境，提高办学效率和教育质量，最终促进学生发展。

建立完整的校园文化体系：遵循一个原则，把握一个指向，打造一个人才模式，构建五个系统。

一个原则是指坚持以人为本、能力至上的原则；一个指向就是办学指向，即"以服务为宗旨，以就业为导向，走产学研结合的发展道路"；一个模式，就是中等职业学校学生的人才模型，即"综合素养＋专门技能"；五个系统，即校园文化的理念系统、视觉识别系统、制度系统、载体系统、创新系统。

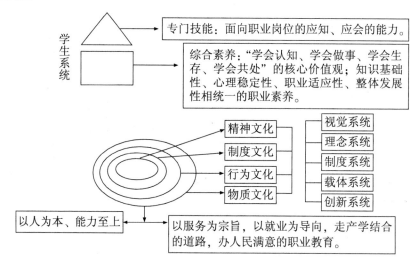

当现代管理经历了组织管理、决策管理、科学管理三个历程之后，文化管理进入了我们的视界。研究管理思想，我们发现，现代的理想教育应当是科学教育与人文教育的和谐统一，除了制度的约束、管理的到位，还应该有文化的调适。

管理之神松下幸之助曾经这样说："当你领导 10 个人的时候，你要走在最前面，领着大家去干；当你领导 100 个人的时候，你应该在中间，协调周围的各种关系；当你领导 1000 个人的时候，你必须在后面，掌握全局，把握方向！当你领导一万个人的时候，那么你唯一能做的事就是祈求上天保佑。"其实，所谓祈求上天保佑，就是顺道无为，使自己的思想符合自然，符合天人合一的准则。一个领导一万人的人，绝对不可能事必躬亲，除了制度发展的惯性之外，实际上是靠着一种"思想"在统领这个团队，而这种"思想"在很大意义上就是一种文化在管理上的应用——这就是文化管理。

　　文化管理是一种以人为本、以人为中心的管理模式。学校要不断加强自身文化建设，营造良好的文化氛围，并使文化和精神逐步成为管理的核心。制度规范人，文化激励、教化、引导人。制度再周全也不可能面面俱到，制度可以规定职工出工，但无法规定职工出力，而文化管理则能做到这一点，优秀文化时时处处对人们的行为起到激励作用。制度不能代替文化，但是文化也不能代替管理。由于人们的价值取向的差异性，光靠文化管理是不现实的，难以实现一致的行动。制度是有形的管理部分，学校文化是无形的管理部分。学校文化在整个管理体系中不仅占的比重大，而且处于"根基"地位，它决定着制度管理的特色和效率。制度管理多强调理性化，重视科学标准和规范的作用，文化管理强调的是情感化，重视内在精神价值的开发、集体感受和各种非正式规则、群体氛围的作用。制度管理可以造就一个框架结构合理、运转程序规范、制度严格的标准化学校；而文化管理则可以赋予整个学校以生命活力，为之提供精神源泉和动力，引导其发展方向，并创造经营个性和管理特色。

　　在制度管理向文化管理转化的过程中，需要长期不断的探索、总结和创新。作为学校管理者，面对以下问题时该如何选择？比如，在学校里，质量是学校的生命，是每位教师都为之努力的目标，还是仅仅是工作的要求？是竞争来自外部，教师能够一致对外，还是竞争对象在内部，权力争夺永无休止？教师是敢于大胆表达想法，还是因为害怕受冷落、受排挤而不敢直言？作为学校领导，是因为称职受到尊重和仰慕，还是因为职位令人畏惧？这些问题不是靠制度能够回答解决的，在日常的工作中，校领导应搭建让教师参与学校管理的平台，让每一位教师都清楚学校的发展目标，都清晰学校的管理理念，使每一位教师都能通过自己的言行、举止、规范的行为来展示学校的文化。

　　文化是无形的，但文化管理是有形的。比如说，学校在心理健康中心的教师休息室里摆上沙发，铺上地毯，安装一套音响设备，煮上一壶咖啡，这就给教师创设了平等、轻松、愉悦的氛围，教师们可以三五个人讨论，可以

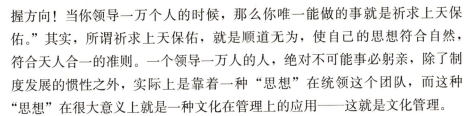

边品尝咖啡边阅读，在这种环境中阅读、交流是一种享受，谁不珍惜？在这里，没有制度的约束，却能产生意想不到的效果。

如此的例子不胜枚举，多年来，我们在"以文化变革管理"思路的引导下，不断思考，逐渐摸索，不断修正自身的管理模式，加深文化内涵，用逐步形成的学校价值观来引导师生，凝聚人心，促使学校不断走向卓越。

一、向企业学习文化管理

1. 建立学校的 VI 体系

VI（Visual Identity），通译为视觉识别系统，是 CIS（企业识别系统）系统最具传播力和感染力的部分。它以无比丰富的应用形式，在最为广泛的层面上进行最直接的传播。设计到位、实施科学的视觉识别系统，是传播企业经营理念、建立企业知名度、塑造企业形象的快速便捷之途。企业可以通过 VI 设计实现这一目的，对内加强员工的认同感、归属感，加强企业凝聚力，对外树立企业的整体形象，将资源整合，有秩序地将企业的信息传达给受众，通过视觉符码，不断地强化受众的意识，从而获得受众的认同。

我校是在两所学校重组合并的基础之上建立起来的，因此急需一种文化的显性标志，从视觉信息上向师生传达一种同一性，让师生员工建立一种归属感。

学校 VI 是学校文化中最外在、最直观的部分，是以校徽、标准字、标准色为核心的形象系统。

上图标识是我校视觉传达的基本形态，即我校的徽章。

标识主体中向上指示的箭头象征沈阳市信息工程学校全校师生孜孜不倦、勇于求索的向学精神，箭头上方光线的设计则代表信息技术是人类智慧火花的集中体现，并将在信息工程学校莘莘学子的身上发扬传承。

标识整体结构是一棵枝繁叶茂、生生不息的大树，喻义沈阳市信息工程学校"以人格塑造为核心，以技能培养为本位"的治学理念，教师以诲人不倦、言传身教的敬业精神培育新世纪国家栋梁的崇高品格。

下面一些图例都是 VI 在实际中的应用。VI 系统的建立、应用将学校的

抽象理念转化为具体的符号概念，通过个性化、规范化、系统化的视觉方案将学校的理念和精神传达出去，塑造学校的视觉新形象，给社会公众以良好的印象，从而吸收优秀师资和生源，激发学校成员的活力，提高学校办学质量。学校根据不同的功能需要，以校徽、标准字、标准色为核心，设计教学、办公、指示、公关等100多种应用元素，通过个性化、系统化的视觉方案，将办学理念规范地呈现出来。

2. **引入企业的"5S"管理理念**

"5S"管理是源于日本的现代优秀企业管理，它要求企业必须有优良的工作环境和高效的工作效率，员工必须有优良的工作素养。为使学校管理更加科学化、规范化，与现代企业管理更好地接轨，使学生毕业后能更好地融入现代企业管理，适应企业的上岗要求，同时也使学校向"精心、精细、精致"的"三精"管理目标靠近，树立起良好的形象，我校全面实施了"5S"管理：（1）整理。将工作、学习和生活场所的所有物品区分为有必要与没必要的，有必要的留下来，其他的都清除掉。（2）整顿。把留下来的物品依规定位置摆放，并保持整齐，加以标识。（3）清扫。将工作、学习和生活场所内所有的地方清扫干净，以便有一个整洁的环境。（4）清洁。巩固并深化上述成果。（5）素养。每位成员应有良好的习惯，并遵守规则做事，进一步培养主动积极的精神。

从内容来看，不难看出，"素养"是"5S"管理活动的核心，其要求是师生员工要养成良好的习惯，遵守规则，同时创造文明的氛围，这有助于塑造团队精神。

为向全校师生推广"5S"精神，学校一开始就加大宣传力度，并组织各部门、各班级开展学习活动，按照"5S"标准制订不同的考核、检查方案，其中包括考核教师的"清洁"程度和"素养"养成，同时制订实训室和班级的考核办法。

"5S"管理不是包治百病的灵丹妙药,但它绝对是改善学校管理的一剂良方。自从在全校范围内实施了"5S"管理后,学校确实有不少收获:

(1)提高了学校形象。整洁的工作、学习环境,既让家长放心,又能吸引学生,对学校良好形象的树立起到了至关重要的作用。

(2)加强了师生的归属感。学校内人人变成有素养的成员:学生有进步,产生进取心;教师有尊严,产生成就感。这样自然会促进他们产生自我提高的意愿,使他们既对自己的工作、学习有耐心,又能与整个学校融为一体。

(3)创造了优良的学风。整洁的环境对学生有着潜移默化的作用,它不仅能激发学生的情感,陶冶学生的情操,更能塑造学生美的心灵。同时教师也会严于律己,争做典范。于是,优良学风自然形成。而优良的学风是一所学校最宝贵的财富,是学校生存发展的必要条件,也是显示学校品位和格调的重要标志。

(4)减少浪费。资源的浪费减少,场所的浪费减少,时间的浪费减少。减少浪费就是增加效益。增加效益,学校就会有发展。

(5)安全有保障。教室宽敞明亮,通道畅通,没有随意摆放的物品,教学用具及公用设施的维护、保养良好,安全自然有保障。

下图所展示的是在"5S"管理实施后,实训室现场:

二、建立学校的环境识别体系（EI）

学校环境文化识别系统是学校文化的基础工程。环境文化作为学校教育的重要隐性资源,其主题突出的走廊文化、教室文化、办公室文化、生活区文化、活动区文化及个性鲜明的校园人文景观对师生可以起到"润物无声"的教育功能。

我校环境文化建设以"六化"为指导原则,做到校园环境的净化、绿化、美化、秩序化、人文化、教育化。具体规定内容如下：

（1）建立校园人文景观。通过主题雕塑，充分展示学校的办学特色和文化底蕴，并体现建设"人文校园"的理念，充分利用校园的每一个角落，营造良好的育人环境和氛围，使校园内的一草一木、一砖一瓦都体现出教育的引导和熏陶。

（2）绿化。以绿色为主调，提高绿化覆盖率，提高绿化品位和效果，体现我校建设"绿色校园"的理念和实现学校可持续发展的决心。

（3）完善学校文化设施建设。设计和建设教学、体育、实训、文艺等活动场所，逐步完善校园文化活动设施，为开展校园文化活动提供必需的场所。同时，在校内公共场所设置具有丰富内涵的文化作品，营造高尚健康的教育氛围。

（4）突出"四室、五区、一馆"的主题文化建设。"四室"即学生教室、教师办公室、实训室、寝室；"五区"即办公区、教学区、实训区、生活区、运动区；"一馆"即校史馆。通过雕塑、宣传栏、标语口号、图片等形式，突出学校办学理念、科学精神、实践教育等。

以上是学校环境建设的图例，旨在通过良好环境文化启迪人、感染人、塑造人。

三、用"人文关怀和情感管理"凸显学校文化理念

马斯洛的需要层次论告诉我们，人类有五种基本需要，在一种需求得到满足后就会产生新的更高一级的需要。因此，学校管理者应注重人文关怀，加强情感管理，激发教师的工作积极性和主观能动性，挖掘教师的潜能，使其提高工作效率，满足他们更高层次的需要。同时，学校管理需要很强的专业知识，需要教师具有较强的自觉性、较高的教育教学水平、饱满的工作热

情和认真负责的工作态度。

我校以交流和关怀的方式来体现学校"以人为本"的文化管理理念。

1. 学会尊重

作为学校领导，学会尊重，不仅是为了自己得到别人的尊重，而是为了将其作为实施人本管理的思想基础。尊重，意味着信任、理解、关爱、平等。所以，领导在工作中要做到"三个不"：不自以为是，善于尊重和倾听别人的意见；不偏听偏信，善于博采众长，全面客观地看问题；不独断专行，善于与人合作，遇事多商量。

在师生关系上，教师必须尊重每一位学生做人的尊严和价值，尤其要学会尊重以下六种学生：（1）智力发育迟缓的学生；（2）学业成绩不良的学生；（3）被孤立和生活贫困的学生；（4）有过错的学生；（5）有严重缺点和缺陷的学生；（6）和自己意见不一致的学生。当然，在教育教学过程中，教师除了面对学生外，还应学会与同事之间相互尊重、相互学习、团结互助，同时也要尊重学生家长，密切与家长联系与合作。

2. 学会交流

校长应经常深入教工和学生，深入班级和各个处室，了解师生动态，倾听师生意见，掌握师生脉搏。校长只有掌握大量可靠的第一手材料，才能形成符合实际的正确意见。另外，学校可创设多种交流的平台，加强师生、生生之间的交流。

3. 学会经营小事

在管理中实施富有人情味的管理方法，这样更能显现集体的温暖，激发情感。而办好一些小事，有时能起到意想不到的效果。如献一张生日贺卡、寄一份新婚贺信……事儿虽小，成本不高，但却情意绵绵，温暖人心，使人难忘。经营这些小事，精心设计，把小事办好，这也是人本管理不可或缺的要素。

四、努力成为学校文化的塑造者

"校长的主要任务是巩固基本的规范、价值和信念，支持学校完成核心使命和任务，通过仪式和典礼激励大家。"

学校既然选择了文化管理的道路，势必要求校长本人成为文化的塑造者和践行者。多年来，王校长努力践行多重方式来完成这一使命。

1. 做一个行走的符号，用言行传达价值观

在学校，每个人的眼睛都会盯在领导身上，领导不管做什么都能够得到公众的关注。领导的教育理念、教学声誉、行为举止、社交风格以及个人风格，都是大家密切关注的重点内容。

作为校长，王校长用自己的行为向师生传达价值观和各种信息。比如，他经常会在学校里巡视，有时候只是为了看一看学校里有没有什么不安全的地方或建筑物是否存在维修方面的问题。但在师生眼里，这种行为会被赋予一些象征意义，他们会认为领导关心他们的工作、学习环境，那么相应的，大家就会自觉地爱护环境。

同样，如果校长去某位老师班上听课，就很容易给该老师传达出一种自己受到重视的信息。学校有一位文化课老师，一直默默无闻，从未在任何大赛中获得任何奖项。但就是这位老师，经过学校统计，3年内从未请过一天假，从未耽误过一节课，而且在学生测评中，被评为"最负责的老师"。于是，在某一天，王校长带领全校班子成员走进了这位老师的课堂。因为，他要通过这种方式告诉她学校对她的感激和重视，更重要的是传达给其他老师一个信息，让大家知道学校尊敬的是哪一类型的教师。

2. 做一个引导价值观的风向标

学校领导欣赏什么、奖励什么以及表彰什么，其实是在向大家传达学校的核心价值观。

王校长一般通过正式典礼或公开的表彰和奖励正式表达自己的价值观。学校会在每年教师节对优秀教师进行表彰，这类表彰包括获得国家、省、市、校优秀称号的教师，还有的是在学校重大活动及重大赛事中表现突出的教师。学校同样会在每年元旦前后举行"感动校园"的评选和颁奖活动，此次被表彰的不再是处于光环下的教师，而是默默无闻、为学校发展和培养学生无私奉献的老师们。在这些表彰活动中，无需言语的表白，学校的价值观自然会传达给大家。

有的时候，可以将学校的理念简化成口号来加以宣传。比如，我校的一个核心理念——"共享、兼容"。这两个词是计算机专业的两个术语，同时也非常有"信息工程学校"的特色："共享"代表团队精神，而"兼容"代表宽广的胸怀。

在全校大会上，王校长曾多次向大家阐述"共享"和"兼容"所代表的内涵。为深化大家对这两个词的记忆和理解，学校在"成长广场"树立了一个石

雕，同时将礼堂命名为"共享礼堂"，在教学实训楼内设有"共享教室"。

文化的影响是潜移默化的，文化的丢失就是生存权的丢失，文化管理决定着一个学校的发展速度与状态。因此在一定的条件下，文化管理具有"决定一切"的作用。文化管理是学校发展的灵魂！

学校管理是科学，更是艺术，学校管理艺术的发展离不开学校文化的丰沃土壤。社会在进步，时代在变革，如何建立一种超越领导权威、超越制度管理的管理模式，构建新时期教育改革背景下学校管理的新模式、新文化，是我们这些正走在教育路上的同仁们应该思考和研究的课题。

有人说，一流学校靠文化，二流学校靠制度，三流学校靠经验。这个结论似乎有些绝对，但也不无道理。学校管理经历了经验管理、制度管理、科学管理阶段后，文化管理的时代已经到来。文化管理已成为教育改革和学校发展的新趋势。

一、理解文化管理

文化管理就是以人为根本出发点，并以实现人的价值为最终目的的尊重人性的管理。这种管理是靠管理主体与管理对象之间所形成的互动来实现的。学校文化管理是以文化为基础，注重学校文化建设，并利用文化要素和文化资源进行调控的学校管理活动，它具有伦理性、知识性、人本化、合作性、整合性等特征。

二、选择文化

制度是不是学校最权威、最理想的管理手段？大家都在量化考核指标、细化考核内容，尽可能地完善制度，但是不管我们怎么量化、细化指标，制度再怎么创新，总还是有一些很重要的内容是无法考核的。

比如说，爱学生是师德的核心，教师对学生应该倾注无私的爱，特别是在学生的思想、学习、生活碰到困难、受到挫折的时候，教师应该给予呵护，这种付出又如何量化、如何考核？显然，制度不是万能的，制度的完善和细化，还不能穷尽学校管理中的所有问题，制度建设并非治校治教的"制高点"。

那么，不能靠制度解决的问题，要靠什么来解决呢？靠文化，靠学校文化。文化管理乃是学校管理的最高境界。用下表简单说明：

学校管理阶段	时 间	特 征	具体描述
经验型管理	从改革开放到 1990 年前后	人 治	校长个人的经验、意志和人格魅力起作用。
制度型管理	1990 年前后到新世纪初	法 治	制度化、规范化管理。
文化管理	最近几年	文化引领	"以人为本"，形成集体信念和价值观，具备学校核心精神和核心能力。

三、校长与文化管理

校长是一个学校的代表，校长的教育思想、思维方式、行为方式，要能够体现学校文化的整体要求，其自身的品格、修养、风范也应成为师生的楷模。

1. 发挥自身的影响力

我国教育家陶行知说："校长是一个学校的灵魂……"这种"灵魂"效应，集中体现在校长的形象与行为之中。在学校文化管理中，校长可以充分发挥自身的影响力。学校在发展进程中会遇到这样或那样的问题，甚至会遇到阻力，校长在追求事业过程中、在人生拼搏中会遇到很多挫折甚至受伤，关键是在于校长自身如何把握与控制自我、完善与发展自我，校长要在荆棘中前行，在困难中突破，在超越中提升。

2. 发挥激励的感召力

校长有效地运用激励手段，可以最大限度地调动教职工的积极性，充分发挥教职工的潜力。第一，重培养和任用。培养和任用对于教职工而言就是一种激励，能够满足他们渴求发展的愿望。我校的中层干部管理责任制等充分体现了对干部、对教师的尊重、信任和爱护。第二，充分调动教职工的激情。教育需要激情，教师只有对教育事业充满激情，才会对孩子充满关爱。

3. 发挥团队的凝聚力

作为校长，要构建好一个团队，发挥团队的凝聚力，创设良好的氛围，即在学习中提高、在实践中成长、在反思中完善的氛围，使每一位教职工都成为学校的主人，自觉关注学校发展，并为之付出创造性的劳动和不懈的努力。

1. 践行以人为本，创建和谐校园

沈阳信息工程学校以人为本、创建和谐校园、开展各项工作的做法很值得借鉴。他们以共同创建优秀的学校文化为中心，把对教职员工的激励、教化和引导作为关注点，注重教职员工内在精神值的开发，关注成员之间的情感化和集体感受，倡导尊重、交流和关怀，重视发挥各种非正式规则和群体氛围的作用，积极挖掘教职员工的潜能，极大地提高了学校工作效率。学校从无形的文化建设入手，搭建起有效的管理平台，不仅在合并过程中找到了快速融合之捷径，也为学校的扩大发展奠定了坚实的思想平台。学校管理的关键因素在于人，充分发挥文化要素和文化资源在学校管理过程中的作用，使成员形成对组织、对工作认识的同一性，进而产生精神认同感和归属感，是创建和谐校园、促进学校持续发展的主要动力。

2. 借鉴企业文化，创新管理模式

学校管理不同于企业管理，但成熟先进的企业文化值得借鉴。沈阳信息工程学校借鉴企业文化，建立了学校的 VI 体系和学校的环境识别体系，引入"5S"管理理念，确立"三精"管理目标，结合学校工作特点，全力创设平等、轻松、愉悦的组织氛围，开发多种参与管理的渠道，让教职员工都能在管理过程中发挥智慧与力量，都清楚学校的发展目标，从而自觉成为行动的最大动力。这种管理系统化、目标大众化、工作程序化、形象整体化、学校品牌化、效益最大化的管理模式为学校文化管理提供了基本保证。

3. 构建科学体系，培养合格人才

沈阳信息工程学校建立起"遵循一个原则，把握一个指向，打造一个人才模式，构建五个系统"的体系，面向市场，把人才培养过程中的人力、物力、软硬环境等影响因素进行细化分析，制订出相对应并能有效控制的方案和措施，使培养人才的全过程可监测、可反馈、可调整，实现"以人为本、能力至上"的育人目标，走产学结合的育人之路，树立起学校良好的社会形象，创出学校品牌。根据职业学校的不同特点，采用先进的管理理念和适宜的管理模式，构建科学的育人体系，是职业学校发展的关键所在，也是进行学校文化管理的意义所在。

（点评：胡嘉牧）

追求卓越，敢为人先
——天津市机电工艺学院

名校／名校长简介

宋春林，男，河北省盐山县人，天津市机电工艺学院党委书记、院长。宋春林院长带领了一支干事创业、追求卓越、与众不同的团队，打造了天津市规模最大、实力最强、声誉最佳的中等职业院校，在天津市领域创造了若干个"第一"：第一所（工业系统）国家级重点技工学校，第一所高级技工学校，第一所新型职业技术学院，第一所技师学院，第一所中等职业教育改革示范校和第一所国家中等职业教育改革发展示范学校。他们在新时期职业教育改革发展的探索实践中，闯出了一条特色创新之路。

从2008年起，宋春林院长带领学院连续3年成功承办了天津市中等职业院校职业技能大赛数控技术赛项的比赛，连续4年成功承办了全国职业院校技能大赛中职数控技术技能比赛。学院独创的"蜻蜓式"技能人才培养模式和"三段式H结构"教学模式在全国作为经验被推广。2011年天津市人民政府"中国·天津海河教育园区"一期工程完成，确定我校为首批入驻的7所职业院校之一。学院被人力资源和社会保障部、教育部等评为"全国教育系统先进集体"。

 核心管理思想

宋春林院长始终认为，衡量一个学校领导干部的标准应该有三大方面：第一，要看他是否使得集体的事业蒸蒸日上，即要看国有资产是否得到保值和增值；第二，要看他是否使得教职员工真正得到实惠，即要看教职员工的收入和福利是否得到稳步增长；第三，要看他是否使得教职员工凝心聚智和聚力，即要看教职员工的工作激情是否得到有效激发。

改革开放以来，在社会主义市场经济体制逐步建立并完善的大背景下，宋春林院长坚定了一个信念：中国的职业教育还不够发达，要闯出一条特色发展之路，就必须解放思想、融入市场、锐意创新。首先，在职业院校办学规模普遍偏小的现实情况下，要依靠自身的智慧和力量，不找市长找市场，适应需求找定位，走一条"规模发展求生存"的道路。其次，新时期职业教育发展的挑战与机遇并存，要想永远立于不败之地，就必须努力抢占"快车道"，保持领先一步的优势。第三，把"试试就能行，坚持就能赢"奉为座右铭，敢为天下先乃我们制胜的法宝。第四，适时转变发展方式，即由以往的以规模发展求生存向以内涵发展求质量转变。第五，要致力于提升事业的生机与活力，确保职业教育的经济贡献率、社会影响力和百姓认可度得到有效提高。

在这一明确的指导思想下，宋春林院长致力打造了"责任、良心、品质、服务"的学院核心价值观，并逐步形成了学院的理念文化。"创造社会需求"，成为学院的使命；"忠诚敬业，慎独奉献，持续挑战，永远卓越"，成为学院的精神；"积极、感恩、愧疚、谦逊"，成为学院的心态；"有激情就有梦想，有追求就有成就，有创新就能超越"，成为学院的信念；"求实、求是、求新、求变"，成为学院的作风；"使命胜于生命"，成为学院的共识。文化引领形成了先进理念，文化积淀打牢了事业基础，文化展示张扬了学院素养。

在学院的管理层面上，首先，他致力完善各项规章制度，使每一个职能

部门都能积极履行责任与使命，使每一名教职员工都能以主人翁的姿态履行好自己的职责。其次，他追求管理的科学、规范、精细化，体现专业管理者的职业化水平和素养，在学院推行各种管理规范，确保管理"无缝隙"。再次，他认为管理追求的是内涵，属于"软实力"范畴，换一句话来说，就是"没有最好，只有更好"，他要求大家不断否定自我、超越自我、追求精细、追求完美、追求卓越。

在探索实践的基础上，他形成的管理思想和创新举措可以归纳为如下五点：其一，危机常在，保持忧患意识。无论是在事业顺利发展的形势下，还是在遇到艰难险阻的情况下，都要时刻保持忧患意识。其二，适应变化，保持领先优势。适应变化，包括适应社会经济发展的大趋势，适应企业对技能人才需求的规格标准，从而适时地调整办学方向、培养模式和教学模式，确保技能人才培养的高质量。其三，以人为本，实施人才战略。事业发展的品位和质量，往往取决于人才的层次和水平。实施人才战略，一方面要引进和培养"双师型"教师，另一方面则是在学校管理的各个专业上，确保实施管理者不仅在校内具有高水平，在业内同行中也具有领先水平。其四，牢记责任，创新思路方法。每一名管理者，都要肩负使命、牢记责任，凡事从自己身上找问题、查原因，杜绝推诿扯皮，防止管理真空，在管理实践中，不因循守旧，潜心研究，创新思路方法。其五，科学管理，追求专业规范。管理的真谛在于，既要"管"，又要"理"，要有机理，还要有条理。有机理，就是做事情要符合事物发展的规律，按照专业管理的标准去实施，绝不能脑袋一热就盲目随意而为。要有条理，就是要规范管理、有条不紊，管理的"软实力"是经得起考验的。

一、适应变化——必须的

当今社会，一个永恒不变的真理就是——变！倘若谁还期望着用以往的经验轻车熟路地办当今的事情，那他肯定会碰得一鼻子灰，到头来还会把事情搞砸。

与变相伴的就是——新：新事物层出不穷，新理念引领潮流，新课题摆在面前。迎接持续的挑战，成为我们这一代人的光荣使命。

10 年前的一天，宋院长给大家讲了这样一个故事——《谁动了我的奶酪》：两只小老鼠"嗅嗅""匆匆"和两个小矮人"哼哼""唧唧"，他们都生活在一个迷宫里，奶酪是他们须臾不可离开的好东西。有一天，他们同时发现了一个储量丰富的奶酪仓库，便在其周围构筑起自己的居室，过起了舒适安逸的生活……很久之后的某一天，奶酪突然不见了！这一变化使他们的心态通通暴露无遗，两只小老鼠早有心理准备，立刻随变化而动，开始出去重新寻找，并很快找到了更加新鲜、更加丰富的奶酪。两个小矮人面对变化却犹豫不决、牢骚满腹、烦恼丛生，始终固守在已经消失的美好幻觉中，追忆和抱怨着，无法接受奶酪已然消失的残酷现实。经过激烈的思想斗争，"唧唧"终于冲破了思想束缚，穿上久置不用的跑鞋，重新进入漆黑的迷宫，并最终找到了更多更好的奶酪，而"哼哼"却仍然郁郁寡欢……

故事中的"奶酪"自然是一个比喻，代表我们生命中任何最想得到的东西，它可能是一份工作，也可能是金钱、爱情、幸福、健康，或是心灵的安宁，等等。生活在这样一个快速多变的时代，每个人都可能面临着与过去完全不同的境遇，人们时常会感到自己的"奶酪"有被别人动了的可能。

宋院长通过这个故事提醒大家：当今社会的一大特点就是"变化总是在发生的"。在时空转换的过程中，我们每个人都会发现曾经赖以生存的、引以为豪的、给我们带来快乐的"奶酪"消失了。他试图用这个故事让大家感悟到：一个人根据不断变化的环境不断地调整自我是多么重要。

10 年后，宋院长又带着大家回顾《谁动了我的奶酪》这个故事。他认为，在学院管理中，每一个管理者都要以新思想、新思维、新思路去适应瞬息万变的现实，绝不能固守陈规、抱残守缺！

我国职业教育的发展，面临由计划经济向市场经济的转型，从发展思维到发展模式，从机制运行到内部管理，尚处在改革创新和探索实践的关键时期。适应外部变化，包括依据市场经济需求，为地区经济和用人企业培养高素质技能人才，人才的规格和服务的质量，既取决于他们适应变化的能力，又取决于他们主动变化的能力。

只有与时俱进、主动求变，才能牢牢抓住机遇，抢占发展快车道，永远立于不败之地。超前思维、创新理念和方法，是宋春林院长的管理要诀，即：别人还没有想到，我们首先想到了；别人想到了，我们已经做到了；别人做到了，我们已经做得很好了；别人做得很好了，我们就换跑道了。

二、切勿轻言——不可能

"第一要务谋发展，发展关键在创新，创新根本要务实，务实求真须慎独。"这是宋春林院长一直奉行的管理理念和工作标准。"试试就能行，坚持就能赢"则是宋院长一直奉行的人生信条。

宋院长常对教职员工说："切勿轻言不可能。"事实上，在他的带领下，机电工艺学院把一系列常人心目中的"不可能"化作了"可能"。

2001年底，宋院长刚到学院就任党委书记时，就担起了就业、招生两项工作的重头戏。大家都知道，这两项工作无疑是学院的"生命线"，"就业"左右着"招生"，只有"出口"畅，才能"入口"旺，假如没有充足的"订单"，学院必定会根基动摇，走向衰亡。以往，学院招生数量一直在八九百人上下徘徊，突破千人大关成为人们多年难解的心结。解决招生难题的重任，一下子落在他的肩上。

他临危受命，缜密筹划，精心组织，身先士卒，吃住几乎在学院，每天工作16小时以上。就这样，他真的创造了一个奇迹。同行们无不惊呼"真的没想到"，招生人数突破了千人大关，而且足足翻了一番！一年招了以往两年数量的学生。打那以后，学院每年招生人数都保持在2000人左右，成为天津市同类院校中名副其实的龙头老大。

宋院长经常鼓励大家："办法总比困难多，关键在于我们是否动脑用心，是否勇于走前人没有走过的路！"他对教职员工有着高标准严要求：从小处着手，一定要关注细节，因为细节往往决定成败；从小处着眼，要追求卓越，先努力把工作做到专业水平，再向着尽善尽美迈进。

他是一个永不满足的人，也是一个追求完美的人，更是一个胸怀远大目标的人。2003年，他刚刚走上院长岗位，就立即开始了学院长远发展的全面构想，即要使学院保持可持续发展的良好势头，成为"天津第一、全国一流、世界知名"的学府，并紧锣密鼓地实施了一系列综合改造。他一手抓资源整合，一手抓科学管理，以育人为本，狠抓教学质量，精心培育素质全面、技艺精湛的技能人才。

2005年9月8日，时任天津市市长的戴相龙同志深入基层调查研究，与9位职业院校负责人亲切座谈，共商促进天津市职业教育发展、建立技能型人才培养基地大计。时间过了17时，座谈会已进行了大半个下午，此时，最后一个汇报发言开始了。

这压轴的发言果然不同凡响。在简略介绍了自家的基本情况后，这位发言者话锋一转："记得阿基米得说过这样一句话，给我一个支点，我就能撬动地球。戴市长，如果您能给我们一定的资金，哪怕是一笔贷款也行，我就能把我们的学院办成职业院校的排头兵。"话音未落，戴市长一击桌案，赞许地喊出一个响亮的字："好！"

这位胸怀宏图大志的发言者正是天津市机电工艺学院的宋春林院长。

实际上，"机电工艺学院"作为一所职业院校的名号，不仅在天津市绝无仅有，就是在全国也是独树一帜，它早已成为天津市职业教育的一大优质品牌。

2008 年，教育部与天津市人民政府签订协议，决定一年一度的全国职业院校技能大赛永久落户天津。天津市机电工艺学院以雄厚的办学实力和良好的社会声誉，成为中职组数控技术赛项的永久赛点，并连续 4 年高质量承办了这一高规格的赛事。

还是在 2008 年，天津市人民政府决定在天津市区与滨海新区之间建设一个"国际一流，国内领先"的海河教育园区，这个教育园区将肩负起国家职业教育改革创新示范区的神圣使命。2010 年我院成为全国首批国家中等职业教育改革发展示范学校。2011 年，我院与其他 6 所职业院校，成为这一年一期工程竣工后进驻的成员，这必将使天津市机电工艺学院成为全国中等职业教育的"排头兵"，进而在中国职教界"领跑"。

三、人才战略——是法宝

重视人才，培养引进领军人物、学科带头人和专门管理人才，始终是宋院长的管理方略。人才的专业化、职业化发展，一直是宋院长极力倡导和不懈追求的。他爱才如命，知人善任，一方面大力创造一种人才施展聪明才智的环境和氛围，另一方面处处关心人才的生活，尽可能为他们解除后顾之忧，形成了"事业留人、待遇留人、感情留人"的良好格局。

作为天津市机械工业系统历史悠久的技能人才培养基地，具备丰富实践经验的权威级人才不可或缺。经过宋院长的诚心相邀和各方疏通，4 位顶尖技师被引入学院，其中包括多次在天津市职工技能大赛中获得钳工第一名的周伟和首届全国青工技能大赛钳工冠军获得者胡翔。他俩不仅拥有劳动模范、技术能手、突出贡献技师、国家高级考评员等一系列头衔，而且多次担任天津市及全国技能大赛专家组成员。

宋院长开创实施了模具专业的产学研办学模式，与深圳海翔铭实业公司实现"校企合作"，这是一家专门为世界 500 强生产模具的现代企业。学生在生产产品的过程中增长了见识，在"真刀真枪"的演练中强化了技能，老师们不再局限于指导学生实训，而且进行产品研制，承接生产任务。他们成功地开发出适合于模具加工行业使用的"柔性定位夹具系统"，这一成果不仅大大提高了模具加工的精度和效率，而且为实现模具加工的自动化奠定了基础。周伟就责无旁贷地担当起产学研模具中心的主任，而胡翔在辅佐周伟打开工作局面后，又担当起另一家校办企业的重任。

职业院校在教学工作方面必须突出能力本位这个中心，培养的学生只有具备扎实的专业技能，才有可能胜任企业的岗位要求。作为教师，仅仅拥有丰富的理论还不够，还要具备较高的技能水平，即使是文化课教师，也要懂得企业生产的相关知识，才能确保教学的高质量。为了打造一批高水平的"双师型"教师，学校实施了一系列行之有效的举措：第一，将原本由理论教师讲授的"工种工艺学"交由实训教师完成，这边讲完课题理论，那边马上动手实践，理论与实际紧密结合，加强了学生的接受效果。第二，安排专业课教师到实训岗位锻炼，使他们掌握一门专业技能。第三，每年进行一次教师技能比赛，让他们现场切磋、取长补短、相互促进、共同提高。

尺有所短，寸有所长。宋院长特别善于知人善任、用其所长、避其所短。2003 年春节，他特地在大年初一到周国兴、张宝贵等老师的家中拜年，感动得几位老师一个劲儿地说："请领导放心，尽管我们没有一官半职，但我们一定会为学校发展竭尽全力。"孟宪纲老师，人称"模具大王"，他讲的课令学生如醉如痴，他的模具生产技能更是"一招鲜"。当年，一家中美合资企业打算生产一件模具，找到天津理工大学求援未果，却被孟宪纲这个中专学历的教师攻克难关。为此，孟宪纲老师退休后，仍然被宋院长挽留。

为了解决教师队伍老化问题，宋院长积极倡导人才的年轻化、知识化、专业化，通过引进大学毕业生来优化师资队伍结构。天津职业技术师范大学是一家专门培养职教师资的名牌大学，其毕业生早已把机电工艺学院当做首选，每年登门自荐者络绎不绝。经过近 10 年的努力，我院累计聘用大学毕业生 50 人，大大优化了师资结构。如今，宋院长又要求人力资源部门在今后引进大学毕业生时，要瞄准工科院校、名牌大学。

四、文化引领——提素质

解放思想、提升智慧、创新理念，是宋院长身体力行并要求全体教职员工致力而为的重要一环。以文化建设塑造学院精神，打造一支特别能战斗的"铁军"，使之成为学院快速发展的中坚力量，是我院在几年快速发展过程中取得的重要经验。

从 2001 年起，学院开始有计划地开展校园文化建设，从创造和丰富积极向上的理念文化入手，引导教职员工参与到文化建设中来，通过自我教育、自我完善强化队伍的素质，进而形成一种勇往直前、干事创业的良好氛围。通过持续不断的文化建设，学院在各个方面都取得了丰硕的成果，彰显出文化建设对职业院校发展的强大推动力。

2006 年，宋院长明确提出创建学习型组织，要求大家提升学习力，从学习中获取营养，不断提升自身的素质、能力和水平。他带头学习，如饥似渴，隔一段时间，就与大家共享学习体会，逐步形成了一整套管理理念。例如，主人理论——以校为家、不讲价钱；良心理论——感谢报恩、竭尽全力；慎独理论——境界超脱、高度自觉；素养理论——不断修炼、尽善尽美的；奉献理论——积极心态、价值体现；奶酪理论——居安思危、突破成规；归零理论——否定自我、创新求变；超越理论——永不满足、追求卓越；等等。

2010 年，他把创建学习型学院摆在年度工作任务的首位，并确定每周六上午为集体学习时间，通过组织化、互动式、研讨式的学习，来提高团队的理治基础和实践能力；通过突破自身障碍和外部障碍，实现自身升级和组织升级。教职员工们通过自我超越、改善心智模式、建立共同愿景、进行团体学习、达到系统思考五项修炼，逐步改善了制约自我发展的思维方法和习惯，形成了新的视野、新的思维、新的习惯，也有效提升了组织文化。

在学院的文化构成中，物质文化是载体，制度文化是规范，精神文化是灵魂。学院领导班子把丰富和完善精神文化放在文化建设的重要位置，围绕学院的核心价值观，从使命、精神、心态、信念、作风、共识六个方面对学院文化的内涵进行了诠释，从而形成了精神文化体系。这个体系的主要内容是：以"责任、良心、品质、服务"为学院核心价值观；以"创造社会需求"为学院使命；以"忠诚敬业、慎独奉献、持续挑战、永远卓越"为学院精神；以"积极、感恩、愧疚、谦逊"为学院心态；以"有激情就有梦想，有追求就有成就，有创新就能超越"为学院信念；以"求实、求是、求新、求变"为学院作风；以"使命胜于生命"为学院共识。

首先，在学院文化建设中，学院领导亲自倡导并带头践行。从学院文化的提出、完善，到具体的实施，领导都是亲力亲为。他们用自己的实际行动引导全体教职员工，使学院文化的理念渗透到平时的每项工作，转化为全体教职员工的行动。其次，开展共享学习，对全体教职员工进行教育。学院经常开办讲座，进行学院文化的研讨、学习。宋院长更是将自己的学习成果做成课件，与大家分享，仅近几年，他就开办大型讲座近 40 次。再次，编写《教工手册》，作为系统宣传学院文化的教材。学院分别于 2006 年和 2008 年编写了两册《教工手册》，围绕学院的精神文化刊载了多篇励志文章。

五、责任第——善担当

在机电工艺学院的核心价值观"责任、良心、品质、服务"中，首要的就是"责任"两个字，这两个字的内涵人人清楚，但真正落实却不容易。宋院长经常提醒教职员工思考这样一个问题：你究竟在为谁工作？这涉及的是工作心态到底是积极还是消极的问题。

工作，是一个人施展自己才能的好舞台。无论做什么工作，只要脚踏实地，用心去做，总会有所收获，这是不变的真理。只有抱着"为自己工作"的心态，承认并接受"为他人工作的同时，也是在为自己工作"这个朴素的人生理念，才能心平气和地将手中的事情做好。

宋院长主张："在工作中，不管做任何事，都应将心态回归于零，把自己放空，抱着学习的态度，把每一次都视为一个新的开始、一段新的经验、一扇通往成功的机会之门。千万不要视工作如鸡肋，食之无味，弃之可惜，结果做得心不甘情不愿，于公于私都无益。"这里揭示了人人都需要自我反思的人生问题，它有助于我们解除困惑、调整心态、重燃工作激情，使人生从平庸变得杰出。

如果人人都能从内心深处承认并接受"在为他人工作的同时，也在为自己工作"这样一个朴素的理念，那么，责任、忠诚、敬业将不再是空洞的口号。这样，我们才会脚踏实地地工作，才会珍惜目前的工作机会，才会对工作充满感激，才会时刻准备着充实自己，才会在更好的机会来临时能够抓住它，而不是眼睁睁地看着机会从眼皮底下溜走。

归根结底，工作就意味着责任，每一个职位所确定的工作任务就是一份责任，你从事这份工作，就应该担负起这份责任。因此，我们每个人都要树立强烈的责任感，勤勤恳恳、脚踏实地地工作，必要时应该付出更多的牺牲。只有这样，学院利益才能不受损害，集体荣誉才能永远保持，我们的自我价值才能不断得到体现。

责任，就意味着勇于担当。牢记自己的责任，这是对待学院、对待工作的一种态度，这种态度就是要时时刻刻为学院着想，实实在在为这个家付出自己的努力。

担当责任，就要养成每天多做一点的习惯，你可能没有义务做自己职务以外的事，但你可以选择自愿去做。每天多做一点正是我们所需要的那一点点责任、一点点决心、一点点敬业的态度和主动自发的精神。

担当，就意味着不推卸责任。当问题出现时，不为自己找任何借口，先从自身查找出现问题的原因，进而冷静下来，查清问题背后的问题（QBQ），从根本上杜绝问题的发生。宋院长倡导大家：不重过程重结果，不重苦劳重功劳；只要精神不滑坡，方法总比问题多。

这种管理理念的形成，使得学院的管理达到了有边界、无缝隙的状态，无论是考虑不周，还是出现失误，总是有人出来承担责任，以往"出现问题绕开走，推诿扯皮我自清"的现象逐步地减少了。整个学院上上下下，积极地践行责任，把学院的任何工作都当做自己的事去办，往往一件小事多人伸手，形成了全院一盘棋、齐抓共管的良好状态。

现如今，责任在机电工艺学院已然成为一种习惯，成为每个人的工作态度，他们自然而然地担负起责任，而不是刻意地去做。当一个人自然而然地去做一件事情时，就不会觉得麻烦，更不会觉得累。当一个人意识到责任在召唤自己的时候，就会随时为责任而放弃一切，而且不会觉得这种放弃是多么的艰难。

六、科学规范——精细化

管理，必须避免头脑发热，还要杜绝人为因素欠规范，更要防止粗放经营随意性。为此，宋院长从完善制度入手，明确界定每个部门的职责范围，厘清每一名教职员工的岗位职责。

2007 年，在宋院长的主持下，经过一个月的反复论证，学院精心编制完成了《教育教学规范流程》（以下简称《流程》）。这个《流程》将学生从入校开始，直至毕业的全过程，把每个阶段的各项工作以制度的形式规定下

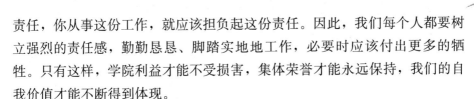

来，明确具体工作的职责部门和完成工作的时间节点。这样，既便于各部门之间的横向协调，也便于部门自查和领导监督检查，不致因学制多样造成混乱和工作遗漏。

《流程》包括《常规性工作流程》《农转非学生的特殊要求》《分学制工作流程》和《收费一览表》等。整个《流程》具有以下三大特点：第一，调整了技能鉴定时间，使教学安排更有利于学生到企业顶岗实习，突出了"工学结合"的职业教育特色；第二，强调了部门之间的工作衔接，围绕"服务学生"这个核心，强调管理的连贯性、整体性，保证了工作衔接"无间隙"；第三，体现了与时俱进的理念，规范而不拘泥，为操作中根据实际情况进行调整留出了足够的空间。《流程》的贯彻执行，对提高学院规范化管理水平发挥了重要的基础作用。

管理虽然是一个包罗万象的大系统，但管理的思路和入手点却必须着眼于细节，这一主张从宋院长推行的5S管理中可见一斑。

5S管理是借鉴日资企业的一大经验，在学校成功推广的行之有效的管理法，它可以帮助教职员工养成一种规范工作步骤、优化工作环境、提高工作效率的良好行为习惯。

5S管理包括整理、整顿、清扫、清洁、教养。拿整理来说，就是要将工作场所内的物品分类，并把不需要的物品清理掉，其目的是为了腾出更大的空间，防止物品混用和误用，创造一个干净的工作场所。所谓整顿，就是把有用的物品按规定分类摆放好，并做好适当的标识，杜绝乱堆乱放、物品混淆不清、要找的东西找不到等无序现象发生，以保证工作场所一目了然，创造一个整洁的工作环境，既可以减少寻找物品的时间，又可以清除过多的积压物品。所谓清扫，就是将工作场所内的每个地方及工作中使用的仪器、设备、工量夹具、模具、材料等进行清扫整理，使工作场所保持干净、宽敞和明亮，其目的是维护生产安全，减少工业事故，保证品质。所谓清洁，就是经常性地进行整理、整顿、清扫三个步骤，并对以上三项进行定期与不定期的监督检查。所谓教养，就是要使每一名员工都养成良好的习惯，成为遵守规则、积极主动的模范，如遵守作息时间、工作精神饱满、个人仪表整齐、保持环境整洁等。

2008年，宋院长提出了精细化管理的理念，他首先在院长办公会上提出了决议，紧接着便对全体中层以上干部进行了专题培训。他指出，精细化管理就是要确保落实管理责任，将管理责任明确化、具体化。他要求每一名教职员工尽职，要保证在第一次上手就使工作开好局。工作要日清日结，每天都要对当天的情况进行检查，发现问题及时纠正、及时处理。管理者的每一个工作步骤都要精心，每一个关键环节都要精确，使我们做的每一项工作都是精品，确保管理做到位。精细化管理是"用心服务，真心服务"的思想在管理中的具体体现，其目的就是要把大家平时看似简单却不容易做的事情用心、精心做好。

通过推行一系列的现代管理理念，机电工艺学院开始沿着科学规范、精细无痕的方向健康发展。

七、无为而治——讲慎独

《中庸》里有这样一段话："是故君子戒慎乎其所不睹，恐惧乎其所不闻。莫见乎隐，莫显乎微，故君子慎其独也。"

宋院长特别提倡这种"慎独"精神。慎独工作，体现的是一种境界。无论身边是否有领导在，都应该认认真真地工作，否则的话，领导在时干得欢，领导不在就不干，只能说是在"作秀"。慎独工作，体现的是一种责任。把本职工作当成使命去履行，干工作不求给任何人看，领导在与不在一个样，自然是任劳任怨、不事声张。慎独工作，体现的还是一种奉献。境界高远，使命神圣，再平凡的工作也能做出成就，至于多做一点少做一点，肯定不会计较。真正干工作的人，往往是于无声处听惊雷，是根本不会刻意表现和极力标榜自己的。

诚然，慎独工作，离不开主人翁意识。在学院里，教职员工都要做主人翁，要把学院的事情当成自己的事情来对待，工作到位，精益求精。慎独工作，更离不开主动意识，不需要任何人提醒，也不需要领导监督，就知道自己的职责是什么，自己每天应该干什么，主动地把工作做到极致。

八、德育为先——大前提

宋院长一直坚持这样一个主张：忠诚、敬业、诚实、守信是做人的前提，尊师、孝顺、感恩是做人的根本。职业院校不能只是向学生传授知识和技能，其首要任务是育人。我们培养的毕业生，应该是知书达理、自食其力、素质全面、技艺精湛、适应社会，且受企业欢迎。

2007年，学生工作处按照宋院长提出的"抓内涵、抓管理、抓质量"的方针，把抓学生思想教育的内涵作为工作重点，以正面教育为主线，以"诚信、敬业"为核心，在全体学生中组织开展了"学做人、学做事"的主题教育活动。

他们客观地分析了学生在实习和就业中出现的一系列问题，认为之所以有相当一部分学生不能在企业站住脚，其知识和技术不能与企业接轨是一个方面，但更主要的是因为在"做人、做事"上存在着诸多的"毛病"。由此导致他们难以与企业、社会融合。

鉴于"做人、做事"是一种习惯养成，需要在平时加强教育引导和知识理念的灌输，学生工作处就利用每周的校会时间组织"学做人、学做事"系列讲座，用生动的实例、通俗的语言与学生娓娓交谈。与此同时，进行主题征文，让同学们结合讲座畅谈学习"做人、做事"的感想，然后将征集到的文章进行评选并给予优秀者奖

模拟应聘

励，还举行主题演讲比赛。此外，学校组织班主任就"我是如何引导学生学做人（做事）"进行交流，巩固和加强养成教育的引导作用。

宋院长认为，中职德育是沟通学校道德生活与个体道德生活，促进学生精神与智慧发展的一项心灵工程。德育虽不能安排人的生活，却能满足人的道德生活追求；德育虽不能左右生命，却能提高生命的质量；德育虽不能克隆美德，却能造就道德上成熟的人。所以，机电工艺学院德育的改革创新方向，就是下大力气构建并完善一种潜移默化、润物无声、自然而然的道德生活，使受教育者通过隐性的、无痕的德育，达到认知、能力、人格、品质、素养的全面提升。

中职教育的任务，是要培养受社会和用人单位认可的职业人，所以职业素养的培育显得尤为重要。如何帮助学生设计、规划自身的职业发展，如何使学生充满自信地走向工作岗位，如何在日常教育教学中根据职业人的标准培养学生健康、乐观、向上的精神面貌，都是我们应该高度关注和思考的问题。

职业素养培育的目的，是要促进学生职业意识、职业理想、职业道德、职业技能、职业心理、职业能力的形成。人的职业素养的形成，需要一个过程。为此，学院将这项工作由学生毕业之前进行前移到学生入学之时进行，

并贯穿于学生在校学习的全程。

学校着手编制完成了《学生职业素养培育课程计划》。该计划是一个全面系统的职业指导规划，以 85 个"模块"构成全景图，既可以实施系统的培训，又可以结合学生具体情况和需求，采取"缺什么补什么"的方式，进行模块的自由拆分、重组，实施有针对性的培训。

从 2010 年 9 月起，机电工艺学院在每个教学周，利用七八节课的时间，由班主任对学生进行职业素养的培训。这一课程从学生入学到毕业，主要是为了使学生实现由"自然人"向"准员工"的过渡。

九、创新模式——强内涵

中国当代的职业教育尚无成熟的经验，作为职业教育工作者，必须结合实际，创造性地探索实践，才能使我们的事业健康可持续发展。

在宋院长的积极倡导下，机电工艺学院在技能人才培养模式和教学模式方面进行了有益的尝试。我们把商业经营中的前店后厂引入校内，独创了"蜻蜓式"技能人才培养模式，不仅在实践层面取得了令人信服的成就，其理论层面的架构更得到了教育部专家的认可。

所谓"蜻蜓式"技能人才培养模式，可以用"1146"四个数字加以解析。第一个"1"是指蜻蜓的头，代表职业教育的使命是打造"知识工人"的知识结构；第二个"1"是蜻蜓的身子，代表职业教育以学生为本的办学宗旨和方向，是打造"知识工人"的能力结构；"4"是蜻蜓的前后 4 翅，代表以学校为主渠道的培养模型（前校后场/厂型）和校企融合培养模型（企业配合型、校企联合型、企业为主型），两大类型共四种理论指导职业教育实践，是打造"知识工人"的动力结构；"6"是蜻蜓的 6 条腿，是职业教育人才素质的支撑，分别代表思想品德、文化科学、职业能力、身体心理、开拓创新和综合表现，是打造"知识工人"的支撑结构。

我们构建了"三段式 H 结构"模式，在 2010 年 12 月 2 日召开的全国中等职业教育教学改革创新工作会议上，以《发挥校办企业桥梁作用，实现毕业生准员工过渡》为题进行了较为详细的展示和介绍。

"三段式 H 结构"教学模式中，H 左面的一竖代表基础理论、基本技能储备阶段，用前四个学期完成；H 右面的一竖代表综合技能提高阶段，即第六学期进入企业顶岗实习；而 H 中间的一横为综合技能形成阶段，架起了学生"双基"储备与成为"准员工"提高技能之间的桥梁。这一桥梁的作用不可或缺，乃中职学校学生综合技能形成的重要阶段。我院利用第五学期，安排学生在校办企业进行生产性实习，着重培养学生的综合技能。

"蜻蜓式"培养模式也好，"三段式 H 结构"教学模式也罢，其核心都是坚持以学校为主渠道的培养模型，通俗地讲就是前校后场（厂）型的技能人才培养模式。其特色就是发挥校办企业的桥梁作用，模拟企业情境打造"准员工"。这既是职业院校区别于其他类型教育的重要方面，也是职业院校必须下大力气建设完善的。

宋院长认为，在培养技能人才的过程中，必然要经过一个由自然人向职业人的过渡阶段，在学生尚不具备专业素养和基本技能的情况下，只有在校内实训基地去训练才更现实一些。至于实施"订单培养"和去顶岗实习的学生，一定是属于"训练有素"的那一部分人，即他们是通过了相关课题考核的，去企业是"锻炼品质、提高技能、增长见识"的。否则的话，如果安排知识和技能都不过关的学生到企业去，企业根本就不敢让学生碰一下机床设备，道理很简单，一个刚学了几天"皮毛"的学生，万一弄坏了价值不菲的机器，耽误了企业生产，谁也负不了这个责任。

为此，我院始终坚持"技能本位、工学结合、工学交替、半工半读"的办学模式和教学实践。凡是开设的专业，都要在校内提供足够的实训条件，以保证学生所有课题训练的基本要求。经过不懈努力，我院校内实训实习基地已具相当规模，占地 3 万多平方米的 35 个实训场（实习厂）可满足 3000 名学生同时实训实习，成为天津市规模最大的校内实训实习基地，为学生提供了优良的实训实习条件。

为了支撑学生的生产性实习，2004 年，我院与专门为世界 500 强企业配套生产模具的深圳海翔铭实业公司跨区域合作，建立了校办企业——产学研中心，引进多名机电行业技能人才充实生产教学一线，提升师资整体水平，其中不乏权威级人物。

校企合作签约仪式

十、追求卓越——出特色

宋院长有一句口头禅："不是最好，也是第一。"他主张："做事，要么不做，要做就做最好！"他又明确提出："机电工艺学院的管理者，必须是职业化的。"

改革开放以来，机电工艺学院在天津市屡创第一，强势发展，不仅融入改革创新的洪流，牢牢地把握住发展的机遇，而且从某种意义上说，我们的发展推动和促进了天津市职业教育的发展，示范和引领作用十分明显。

2008年首届全国职业院校技能大赛举行时，作为中职组数控技术赛项承办单位的机电工艺学院，在赛场悬挂出一幅大型标语——我最好，我最行，我最棒。天津市教委领导感到这一口号体现了职业教育的特色与追求，随即将这一口号选定为大赛的统一宣传口号，向其他承办单位推广。

承办全国技能大赛

实际上，这一口号的提出，反映出职业教育工作者的深刻思考和务实的办学理念。众所周知，职业教育的生源素质现状并不很理想，他们实际上多是中考和高考的"失败者"。中高考的选拔性将他们无情地"淘汰"，不被重视的感受在他们内心形成了"阴影"，能否成人、成才、成功，他们没有一点底气与信心。

我们的教育一定要针对职业院校学生心理发展的弱势特点，帮助他们树立起搏击人生的自信，使每一名机电学生成为优秀的技能人才！人无完人，但是人各有所长。作为教育者，要善于发现学生身上的闪光点并予以激励，增强学生的自信，使他们努力增长才干，做有益于社会的劳动者。我们一定要让学生相信，只要努力了，只要付出了，就一定会有所成就——拥有生存发展的能力，拥有学习提高的能力，拥有创业成长的能力。

宋院长无时无刻不在提醒和要求大家，一定要讲机电人的素养，在人群中没有任何标识的情况下，就凭你的举手投足、气质修养，就完全能够看出你是"机电人"。作为机电人，一定要追求与众不同。一句话，就是干工作，必须追求精细、追求完美、追求卓越。

不知多少次，在全体教职员工大会上，在中层以上干部学习会上，宋院长激昂地朗诵《鹰的故事》，他是在激励大家，也是在激励自己：像鹰一样不断进取，敢于否定旧我，经历炼狱而涅槃重生。

机电人之所以要否定自我，从零做起，就是要谋求快速发展，要把学院做强、做精、做大、做出特色。就是这样，机电人打了一个又一个硬仗，创造了一个又一个佳绩。

 反思拓展

我院发展成果是卓著的，既赢得了同行的羡慕，又得到了各级领导的关怀指导，还赢得了社会各界的广泛赞誉。但十年磨一剑，其中的酸甜苦辣，只有宋春林院长本人感受最为深切。

现在，机电工业学院的事业在蒸蒸日上，学院已是名副其实的天津市中职第一校。无论是办学规模、育人质量，还是内涵发展、社会声誉，在天津市同类院校中都处于领先地位。

按照"共做学院主人，共建和谐学院，共享发展成果"的理念，宋院长时刻把教职员工的收入和福利增长放在心上，大家的收入从 2001 年年均 1.5 万元，到 2010 年整整翻了两番。学院在连续 18 年坚持为教职员工过生日的基础上，从 2006 年 10 月起每月为教职员工发放 20 元的敬老费，并从 2007 年重阳节开始，为教职员工的父母送上节日问候与祝福。教职员工新婚，或教职员工亲属故去，学院都会送上一片心意和慰问。谁家中有困难，宋院长都会给予关心和照顾。

宋院长把学院当成一个大家庭，他说："大家如同兄弟姐妹，学生如同我们的孩子。"在他这种理念的指导下，教职工逐步增强了主人翁意识，增强了对学生的责任感，把一份爱心捧给学生。现在，教职员工心齐气盛，干事创业主动热情，慎独自律深入人心，无私忘我蔚然成风，"责任、良心、品质、服务"成为每一个人的追求，校园一片和谐。

学校大家庭

用宋院长的话来说："我们就是要打造一种校园生态。这种生态，能够凝心聚智、凝心聚力；能够促使大家干事创业、心无旁骛；能够促使大家追求卓越、创造奇迹。"这一点，通过宋院长的管理实现了，机电工艺学院的强势发展，毫不夸张地说，在中国职业教育发展史上创造了一个奇迹。

有事实可以佐证：

其一，由权威期刊《职业技术教育》依据社会影响力等相关指标进行的"中国职业技术教育亮点"评选结果于 2011 年初新鲜出炉，天津市机电工艺学院成功入选"2010 年年度亮点学校"。

《职业技术教育》给出的入选理由是：作为老牌技工学校，始终坚持培养"知识工人"的目标定位，坚持"把适应期放在校内"的办学要求，不断创新人才培养模式，培养的知识型技能人才深受企业青睐。在亮点展示中，还介绍了机电工艺学院独创的"蜻蜓式"技能人才培养模式和"三段式 H 结构"技能人才培养教学模式。

其二，2011 年春季，机电工艺学院位于天津海河教育园区的新校正式启用。学院占地 512 亩，教学、生活、运动、休闲等 22 栋建筑，兼顾天津近代建筑风格和现代机电行业特色，总面积达 14.4 万平方米，设施先进且完备，教室、实训室全部配备多媒体教学系统，为学生提供了优越、舒适的学习条件和优美、典雅的生活环境。

其三，各级领导十分关心机电工艺学院的发展，经常到学院视察指导。仅 2011 年春季开学的第一个月，学院就有多位领导密集视导。其中包括中共中央政治局委员、天津市市委书记张高丽，天津市市委副书记、市长黄兴国，教育部副部长鲁昕，天津市市委常委、市教育工委书记苟利军，天津市副市长张俊芳，天津市教委主任靳润成，天津市教委副主任刘欣，天津百利机电控股集团有限公司党委书记、董事长张文利。此外，各地前来学习、考察、取经的队伍更是络绎不绝。

回顾 10 年来走过的路程，宋院长带着一支特别能战斗的团队奋勇打拼，他的率先垂范无不让人敬佩。"不找市长找市场，适应需求找定位。""求人不如求自己，智慧工作方法多。"在他的辞典里只有工作，他干工作近乎在拼命。

他忘记了自己的身体，忘记了自己的"小家"，忘记了照顾自己的孩子，但在工作上却是个永不满足、执著追求的人。他把学院的每一件事都当成人生最大的事来处理，把每一天都当成生命的最后一天来对待。他以人格魅力赢得了教职员工的信赖和拥戴。

他热爱学习，善于学习，并将学习的成果应用于管理。他是学院文化的倡导者，也是率先践行者。他要求自己做学习型、研究型的领导，也要求教职工队伍成为一支学习型的团队。他提出，星期一至星期五的工作是保持竞争力不落人后，星期六和星期日的工作是拿来超越别人。

他坚持不断学习并应用新的管理理念，把培育积极向上的学院文化和建设高素质的教职工队伍作为重要工作来抓。他把自己的学习体会总结出来与大家交流，开办讲座宣讲学院文化的理念，与大家共享学习成果。10年来，他已制作并宣讲共享学习课件 40 多个，他的讲座使得全体教职工受益匪浅。

当然，任何新的管理模式的推行，都会有思维碰撞，甚至有运作的阻力，但锲而不舍、不达目的誓不罢休的精神支持着他。一方面，他不厌其烦地讲解，逐步使师生员工达到认识的飞跃，接近他的思维和理念。另一方面，他建章立制，从体制机制上形成一种良性氛围，实现一种良性循环。

就在实行绩效考核为例，他坚定地认为，必须制订一个"量化细化、便于操作"的办法，才能彻底解决"干与不干一个样，干多干少一个样，干好干坏一个样"的问题，才能使教职员工"奖得光明正大，罚得心服口服"。在这种机制的影响下，岗位履职体现含量，本职工作追求质量，不断学习提升素质，智慧工作与众不同，形成了很好的引导和激励效应，人人不做"短板"，人人奋勇争先，机电工艺学院真正成为有志于干事业的人们施展才华、实现人生价值的宽阔舞台。

十年磨一剑，霜刃已曾试。再给我十年，开创新天地。

正如宋院长在接受《天津日报》记者专访时所表示的："我们一定要解放思想，开拓创新，在转变发展方式上下工夫，在提升'软实力'方面大胆探索，从办学方向到专业建设，要随着经济发展方式转变'动'，跟着产业调整升级'走'，围绕企业人才需要'转'，适应社会和市场需求'变'，切实发挥国家职业教育改革创新示范标志区和国家中等职业教育改革发展示范项目建设学校两个'示范'作用，在有中国特色职业教育发展模式、技能人才培养模式和教学模式等方面先行先试，闯出一条新路来。"

"总之，机电工艺学院要通过前卫的、科学的、务实的探索实践，提升职业教育的'软实力'，尤其在学院管理上，坚持科学化、规范化、精细化，创出一些办学和管理经验，真正提升职业教育的市场针对性、经济贡献率和社会吸引力，使培养的技能人才'就业有优势，创业有本领，升学有希望，终身发展有基础'，为中国职业教育作出突出贡献。"

专家点评

创新开拓是职业学校持续协调发展的灵魂，在激烈竞争的现代社会尤其如此，开拓创新也是职业学校得以持续发展的重要资源。天津市机电工艺学院牢牢抓住机遇，以超前思维、创新理念和多元途径，驶上了学校发展的快车道。

1. 审时度势适应变化，锐意改革敢为人先

中国职业教育的发展有着极强的本土特色，没有可以完全照搬应用的模板，结合不同地区经济特点和不同学校的办学特色，摸索一条适合自身发展之路非常必要，但需要有敢为人先的勇气和审时度势的判断。天津市机电工艺学院找准学校与市场的契合点，不等不靠，主动调整学校的整体思路，根据企业对技能人才需求的规格标准，敢于在办学方向、培养模式、校企合作、人才引进、教学模式、校园文化等方面精心设计并大胆突破，建立了适应市场需求的办学格局，为学校发展奠定了坚实基础。

2. 脚踏实地务本求实，模式创新科学精细

天津市机电工艺学院独创了"蜻蜓式"技能人才培养模式、"三段式 H 结构"教学模式，这种独创体现了学校务本求实、把握职业教育本质办学的基本理念。"1146"蜻蜓式技能人才培养模式把培养机电技术人员的过程精细化，不仅缩短了学校培养目标与企业用人标准的距离，更为学生成为职业人搭建了平台。学院科学精细化管理的成果体现在模式创新中，其本源却在于现代管理理念，学院推行现代化的 5S 管理，使学校整体工作逐步走向科学精细化。

3. 追求卓越夯实内涵，外向开拓多元发展

职业学校的职业化发展方向是在竞争中逐步完善的，夯实内涵、不断超越是外向多元发展的基础。天津市机电工艺学院在师资培养、人才引进、学生教育、技能培训、管理责任、品德修养等内涵发展层面做文章，不断追求卓越，为学校的外向开拓奠定了基础，被教育部认定为中职组数控技术赛项的永久赛点足以说明学校的外向发展空间的广阔。

天津市机电工艺学院敢为天下先，善于审视市场变化，勤于探索现代化管理方式，主动调整和创新，逐步摸索出一条适应社会发展也符合学院特点的发展之路，为职业学校发展提供了典范。

（点评：胡嘉牧）

创造特色，打造名校、强校

——西北工业学校

名校／名校长简介

　　毛民海，现任西北工业学校校长。在他的领导下，学校面向社会、面向市场、面向企业、面向农村、抢抓机遇、开拓创新，发展步伐大大加快，办学规模迅猛扩大，办学层次和办学质量大大提高，形成了涵盖中等职业教育、高技能人才教育、成人高等学历教育及企业工人培训四个教育教学体系并存的办学新格局，建成了集职业需求预测、职业技能培训、职业技能鉴定、职业技能指导和就业安置为一体的综合性职业教育培训基地，为陕西省石化行业企业和其他行业企业培养输送了 3 万多名技能型人才，其中高级技工、技师等高技能人才 8000 多名。

　　在毛民海校长的带领下，西北工业学校被评为国家级重点中等职业学校、全国首批国家中等职业教育改革发展示范学校、全国教育系统先进集体、陕西省职业教育先进集体、陕西省示范性中等职业学校、改革开放 30 年·陕西品牌教育单位，并成为闻名全省、全国的"万人大校、名校、强校"。

毛民海同志从 1978 年开始从事职业教育和高技能人才培养工作，他 30 多年如一日，长期工作在教育教学第一线，对学科建设、高技能人才培养、职业教育事业的发展呕心沥血。他熟悉职业教育的特点和规律，有着丰富的高技能人才培养教学经验，不断创新高技能人才培养教育理论和教学方法，为职业教育和高技能人才培养工作作出了突出的贡献。

毛校长以邓小平理论和"三个代表"重要思想为指导，全面贯彻落实科学发展观，始终坚持"以服务为宗旨，以就业为导向"的职业教育办学方针，大力推行"校企合作、工学结合、顶岗实习"的人才培养模式；提出和坚持"以质量立校，以特色兴校，以品牌强校"的职业教育办学理念；提出和坚持"走进学校的是普通学生，走出学校的是技能人才"的职业教育办学目的；提出和坚持"以就业促招生，以招生促发展"的职业教育发展战略，取得了显著的成效和辉煌的成就。

1. 发展才是硬道理

从 2003 年以来，毛校长立足发展，把发展作为学校的第一要务，开拓创新。他提出了"创建万人大校、建设新校区、创建国家中等职业教育改革发展示范学校"的三大宏伟发展目标，描绘了学校长远发展、做大做强的宏伟蓝图。通过全校教职员工的不懈努力和奋斗，实现了学校快速、持续、跨越式发展的良好态势。

2. 以质量立校

毛校长注重学生实际操作技能的培训，努力提高教学质量。2003 年，他开创性地提出和组织举办每年一届的校内"学生技能竞赛月活动"，在学生中培养更多的"技术能手""拔尖人才"，激发学生学习专业理论知识和操作技能的积极性，促使校园中形成比、学、赶、帮、超的良好学习氛围，切实提高了"学校产品（学生）"质量，实现了"走进学校的是普通学生，走出学校的是技能人才"的职业教育办学目的。

3. 以品牌强校

毛校长带领学校主动适应陕西经济和社会发展，随着陕西省经济增长方式转变而"动"，跟着陕西省产业结构调整升级而"走"，围着陕西省陕北能源石油化工基地对技能人才的需求而"转"，不断调整专业结构，科学地设置专业，加强专业建设，着力打造石油化工品牌专业。

4. 以特色兴校

毛校长带领学校率先在全省乃至全国实施了"高技能＋高学历"教育，成功举办"高级技工、大专双学历班""预备技师、本科双学历班"，既培养高技能人才（高级技工、技师），又培养高级专业理论人才（成人大专、本科生），提高了办学层次，形成了中等职业教育、高技能人才教育、成人高等学历教育和企业工人培训四个教育教学体系并存的独具特色的办学新格局。

学校坚持以人为本，做到用制度管人管事，以制度为保证，让教职工在制度范围内，发挥才智，开掘潜能，创造性地开展工作，形成雷厉风行的工作作风，提高工作效率。

随着我国中等职业教育改革的不断推进，制订和实施学校发展规划成了实现学校发展的重要途径和手段，可以说，这样的专项规划与设计决定了学校是否能形成自己的特色，能否形成自己的办学个性。学校发展规划为转变管理思想、凝聚各方力量、分析诊断学校存在的问题、学校持续发展提供了一个有效的平台。我们在分析学校发展状况的基础上，明确了学校发展的目标、需要解决的问题、确定的措施和实施阶段。学校发展规划以追求学校发展为核心，它是为学校发展服务的。

学校发展规划是学校坚持依法治校、规范办学、加强全面质量管理的重要基础，是实现学校工作动态平衡、完善校本管理机制、促进学校自主发展的前提。明确的发展目标是规划的核心和关键，有了目标，才能形成凝聚力，才能够激发全体教职工的积极性、主动性和创造性，从而提高工作效率，增强学校实力。但目标的提出是具有一定的艺术性的，如果不能高度概括，则难以被教职工记住，也就难以起到凝聚作用；如果是概括成空洞的口号，则不具备可测性和可评估性，难以得到群众的信任。因此，在提出发展目标时，需要概括出相应的内涵以便使目标深入人心。

作为校长，应该审时度势、权衡利弊、不好高骛远，也不因循守旧，做到扬长避短、与时俱进，在充分分析时代背景、社会环境以及学校历史的、现实的问题和优先发展项目的基础上，满足社会、学校、教师、学生等发展的合理需求，促使全体教职工形成凝聚力、向心力和战斗力，齐心协力地向共同的目标迈进。

一、坚持"扩招"方针，创建"万人大校"

2003 年，学校在校生只有 1300 多人。为了扩大办学规模，把学校做大做强，毛校长提出了"以就业促招生，以招生促发展"的职业教育发展战略，并大胆地提出创建"万人大校"的宏伟发展目标，积极实行"扩招"方针。因为学校要发展就必须扩招，多招生、多创收，这也为 2007 年提出两大宏伟发展目标创造了条件、奠定了基础。当时毛校长提出创建"万人大校"，许多教职工都摇头，说不可能。"有那么多学生上学吗?""学校就这么大，哪能容得下一万学生，教师在哪儿? 教室在哪儿?""企业需要那么多中职学生吗?"各种疑问纷沓而来。面对这种情况，毛校长认为首先应该打消他们的疑虑。

第一个问题："企业需要那么多中职学生吗?"

当前，我国既需要发展知识密集型产业，又需要发展劳动密集型产业。我国国情和所处的历史阶段决定了经济建设和社会发展对人才的需求是多元化的，不仅需要高层次的专业理论人才，而且需要在各行各业生产一线操作的高素质技术技能型人才。随着我国加入世界贸易组织，我国经济快速发展和现代化城市建设加速以及农村劳动力大量转移、制造业的迅猛发展，都造成了企业对技术工人的需求越来越大的局面，甚至有的经济发达地区出现了"用工荒"，有的企业采用高薪聘用技术工人，"企业的用工需求"就是我们面临着的大好机遇。可以毫不夸张地说，国家的发展，民族的振兴，越来越依赖于高素质的技术技能型人才，越来越依赖于中等职业教育发展的水平和质量，中等职业教育培养高素质技能型人才的重要作用是不容忽视的。

我们学校的品牌专业是化工，而石油和化学工业是我国最重要的基础产业之一，行业总体水平的提高和规模的扩大超过了历史上任何一个时期，其在国民经济中的地位不断提高。随着国家能源政策的改变，陕北成为重要的化工能源基地，陕西省继续大力推进以煤炭、石油、天然气为重点的优势资源开发利用，煤制甲醇、煤制油、聚氯乙烯、炼油化工、天然气化工、油气储运、设备维修等领域新工艺、新技术、先进设备的广泛应用，使石化行业各职业岗位的技术含量不断提高，产业结构进一步优化调整，新建的化工企业规模和数量极快增加，为化工类专业毕业生就业开辟了广阔的就业空间。在今后相当长的时期内，企业对专业技能人才的需求量还会逐步增加。

第二个问题："有那么多学生愿意上职业学校吗？"

有关部门对初中生、高中生生源进行了专项调查，结论是中职教育资源潜力很大，生源充足，初中毕业生报考中职的比例虽然不大，但潜在的入学率仍然很大，即考不上高中后，为避免辍学，最后还得进入职业学校就读。所以，只要我们做好毕业生就业安置工作，就能吸引足够多的学生到我校就读。

就业是民生之本，而职业教育就是就业教育，中等职业学校的目的就是要培养高素质的技术工人。而长期以来，人们一直有"重学历、轻技能"的观念，更多优秀的学生愿意拿高学历而不愿意学技能，最终选择走上大学的"独木桥"。近几年，技术工人在社会上的地位快速提高，人们的观念也随之发生变化，因为"三百六十行，行行出状元"，技术工人也是人才，他们在各行各业中的作用得到了国家和社会各界的公认和肯定，也越来越受到国家和社会各界的尊重。随之，中等职业教育的生源也发生了较大的变化，尤其是贫困家庭的优秀学生，他们放弃了上高中、上大学，选择了中等职业学校。他们的加入使中等职业学校培养出了更多更好的技术技能型人才，这些优秀的技术技能型人才也得到了社会的认可。这些变化改变了学生和家长的传统观念，他们认可了"上中职，就业快，就业好"的观点。因此，只要学校保证了学生有好的就业条件，那么，就会有更多的学生和家长选择上职校，生源就会源源不断。

第三个问题："学校就这么大，哪能容得下一万学生？"

当然，学校现有条件是有限的，为了解决校舍紧张的问题，我们一是采用租赁方式，二是抓紧建设新的校舍，三是开展联合办学。学校通过知名度和品牌专业吸引生源，与全省各地的职教中心，特别是与陕北的职教中心联合办学。根据联办学校的办学实力，可以采取"1＋2"（3年学制，第一年在联办学校，后两年在我们学校）、"1.5＋1.5"（3年学制，前一年半在联办学校，后一年半在我们学校）、"2＋1"（3年学制，前两年在联办学校，后一年在我们学校）等多种形式，学生在联办学校就读可以解决校舍和基础课教师不足的问题。对于本校专业课教师不足的问题，我们采用从企业聘请专业技术人员的方式，同时也能使学生学到实用的专业技能，对教学质量也有好的促进作用。

联合办学不仅可以解决校舍和教师紧张的问题，而且解决了联办学校生源不足的问题，大家都在通过"借鸡生蛋"实现双赢。有了双赢，会吸引更多的联办学校积极参与，我们的招生规模就会不断扩大，经济效益和社会效益就会不断提高。

为保证创建"万人大校"的目标顺利实现，在统一全校教职工认识的基础上，我们采取了以下举措：

1. 加强毕业生就业安置，以良好的就业安置服务吸引生源

学生就业安置工作直接关系着中等职业学校的生存和发展，关系着学生的前途和命运。就业"出口"畅通，招生"进口"就兴旺。我们把学生就业安置工作作为学校"重中之重"来抓，既保证学生"出口"畅通，保证学生高就业率，又保证学生就业的稳定性。我校之所以毕业生供不应求，保持98％以上的高就业率，就是因为建立了先考察后安置制度，对学生就业安置坚持"六不去"的原则。即有毒有害的企业不去，工作、生活条件不好的企业不去，效益不好、收入不高的企业不去，科技含量低的企业不去，不给员工办理各种保险的企业不去，专业不对口的企业不去。学校保证做到对学生负责，对学生家长负责，兑现包安置承诺，一次安置不好，进行第二次安置，第二次安置不好，进行第三次安置，直到让学生满意为止。学校还对学生进行就业指导咨询服务，和学生签订"就业安置协议书"，向学生发放"毕业生就业安置服务卡"，实行学生就业安置跟踪服务。也就是说，学生就业安置到哪里，就跟踪服务到哪里，随时随地解决学生就业安置中存在的问题和困难。为了把学生"就业安置跟踪服务"工作做得更好，每年学校领导都带领就业安置处处长、学生部、教学部负责人去企业看望、回访学生，征求企业和学生的意见、建议，解除学生的后顾之忧。

2. 实施"全员招生战略"，以品牌效应吸引生源

我校地处陕西兴平这样一个以农业为主、工业为辅的县级城市，地理位置在吸引生源方面处于劣势，为了能够让广大学生踊跃报考我校，我们着重做了以下工作：

一是加大宣传力度，提高学校知名度。家长和学生为了能够正确择校、放心上学，在选择学校时都是煞费苦心，结果还是一片茫然、不知去向。这

个时候，学生在找学校，学校也在找学生。学校和未来的学生双方如何进行有效的对接、互相了解、相互选择，媒体在其中就发挥着不可替代的重要作用。于是每到新生报名季节，我校就加大宣传力度，充分利用省、市、县级电视台、广播电台、报纸、杂志等新闻媒体，在全省范围内进行专题片、广告、新闻特写等特色鲜明的宣传报道，另外还通过彩车、展板、专栏、横幅等多种形式进行招生宣传，扩大学校在全省甚至全国范围内的影响力，提高学校的知名度，让广大学生和家长能及时准确地了解我校的招生专业和开设的主要课程、培养目标、就业方向，结果出现了考生和家长争相选择我校、报考我校的火爆场面。

二是广布招生网点。经过不懈的努力，我校的招生点遍布陕西省 60 多个县、480 多所学校，同时我们将招生宣传网点辐射到山西、甘肃、内蒙古、青海、河南等邻近省市，形成了立足咸阳，辐射陕北、陕南，带动渭南、宝鸡，拓展周边省外市场的新格局。与此同时，学校实施全员招生战略，全体教职工人人都当招生宣传员，人人都当招生工作人员，树立起良好的服务意识，为广大学生和家长提供优质贴心的服务，和学生及家长直接进行接触、沟通，进行面对面的宣传，收到了良好的招生效果。

3. 以市场需求为导向，以科学合理的专业建设吸引生源

合理的专业设置是吸引生源的一个很重要的因素，专业设置必须适应市场，以市场为导向。学校成立了专业建设开发工作领导小组，深入市场调研，定期召集教学、招生、就业安置等部门研究专业设置，总结分析市场人才需求的现状和发展趋势，科学设置专业，确立了"名牌专业相对稳定，热门专业快速起步"的专业设置基本原则，使得专业设置既相对稳定又具有灵活性、适应性和超前性，以便考生有更大的选择余地。我校立足化工，发挥化工行业优势，进一步加强化工工艺、化工机械两个省级品牌专业和全国示范专业建设，适应了陕北能源化工企业迅猛崛起对化工人才的需求。同时，又根据市场需求，大力加强机械类、电工类、电子类、信息工程类专业建设，并形成了相应的品牌专业，从而吸引生源，促进了招生工作。

4. 加强师资队伍建设，以雄厚的师资力量和一流的教学质量吸引生源

我校正努力建设一支专业理论水平高、实际操作能力强、政治素质优良的"双师型"教师队伍，加强教学管理和教学质量的检查、指导和监督工作，以雄厚的师资队伍和一流的教学质量吸引生源。在对实验、实习教师进行校内专业理论和实际操作技能培训的同时，选派多名理论教师和实习教师

到省内外高等院校进行培训学习，提高了教师的实际操作技能及整体素质，保证了教学质量的提高。

5. **加强实训基地建设，以良好的办学条件吸引生源**

实验、实训设施是高技能人才培养的物质基础和平台，也是提高高技能人才培养质量的重要保证。

学校高度重视基础能力和实训基地建设，不断改善办学条件，以良好的办学条件吸引生源。近年来，先后投入 1000 多万元资金，购买实验、实习、实训教学设施，新建和充实了化工分析、化工仿真、化工单元操作、电工、机械加工、铆焊、数控、钳工、模具等多个实验、实习、实训室和生产实训车间，满足了学生操作技能培训的需要。

6. **加强学生管理，以安全和谐的育人环境吸引生源**

学校为加强学生管理和安全保卫工作，实行班主任跟班、跟宿舍管理制度。同时，在学生中开展丰富多彩的文体活动和"第二课堂"活动，寓教于乐，为学生创造良好的学习和生活条件，优化育人环境，不但以安全和谐的育人环境吸引生源、而且留住了生源，稳住了生源。

除了以上几点，毛校长还多次亲临招生工作第一线，指导招生工作，解决招生工作中存在的问题和困难，这给招生工作人员以极大的鼓舞。招生工作人员没有寒暑假，没有双休日，每天早出晚归，风里来雨里去，从不争报酬，不计得失，一心一意为学校的招生工作默默无闻作贡献。他们将工作放在第一位，家里的事放在第二位，甚至中暑了依然带病工作。正是由于有这样一支敬业爱岗、吃苦耐劳的优秀招生队伍，才使我校招生工作开创了新局面。

招生是"进口"，就业是"出口"，只有"出口"畅，"进口"才能旺。学生就业率的高低，直接影响到学校的招生工作和在校生数量的稳定，关系着学生的前途和命运，关系到学校的生存和发展。因此，我校高度重视学生的就业安置工作，把它作为学校重中之重，采取得力、有效的措施，千方百计做好学生的就业安置工作，以良好的就业安置吸引生源，形成了以就业带动招生、以招生促进就业的良性循环局面。

正是由于上述耐心细致的思想工作和扎实有效的举措，坚定了教职工的信心，使全校教职工的思想和行动统一到创建"万人大校"的宏伟发展目标上来，形成了凝聚力和战斗力。经过 3 年的不懈努力，2007 年学校春秋两季共招收各类学生 5000 多人，学校共有各类在册在校生 11000 多人，招生人数和在校生人数均创历史新高，成功实现了创建"万人大校"的宏伟目标。学校呈现出快速、持续、跨越式发展的良好态势，在学校发展史上树起了一个新的里程碑，又写下了光辉的一页。

二、两大目标，描绘宏伟蓝图

2007年，学校正处于跨越发展、蒸蒸日上的辉煌时期，在实现了创建"万人大校"的宏伟发展目标后，学校面临着难得的发展机遇。毛校长审时度势，又适时提出了"建设新校区，创建国家中等职业教育改革发展示范学校"的发展目标，为学校长远发展和进一步做大做强描绘了宏伟蓝图。

在提出"两大宏伟发展目标"后，有些教职工，包括班子成员信心不足，持怀疑态度，特别是对建设新校区持不同意见，他们认为安安稳稳在老校区过好就行了。确实，建设新校区的举动存在很大的风险，在当时就有很多活生生的例子，许多高校贷款扩展，背上了沉重的负担。但是，不建新校区，学校的发展就会停滞不前。为了学校的长远发展，为了学校进一步做大做强，为了成功创建国家中等职业教育改革发展示范学校，本着"对历史高度负责，对学校高度负责，对教职工高度负责"的态度，毛校长下决心建设新校区，因为不建设新校区，就不能具备创建国家中等职业教育改革发展示范学校"必须占地100亩、建筑面积70000平方米"的硬条件。同时，建设新校区又是解决学校校舍严重不足、占地面积太小的需要，是适应学校办学规模迅猛扩大的需要，又是解决教职工住房紧张问题、改善教职工住房条件、为教职工谋福祉的需要。

2007年12月，新校区建设规划得到上级部门和地方政府的批准，新校区建设工作正式启动。在新校区建设中，毛校长提出了"坚定不移，只争朝夕；量力而行，分期实施；百年大计，质量第一"的新校区建设工作方针、"高起点、现代化"的新校区建设工作思路以及"公开、公平、公正"的新校区建设工作原则，为早日建成新校区打下坚实的基础。

目前，占地200亩，投资1亿元，高起点、现代化、宏伟壮观的新校区已经建成，为成功创建国家中等职业教育改革与发展示范学校创造了必备条件。

2010年12月，我校被教育部、人力资源和社会保障部与财政部批准确定为首批国家中等职业教育改革发展示范学校，实现了"建设新校区，创建国家中等职业教育改革与发展示范学校"两大宏伟发展目标。

三、创新理念，打造"名校、强校"

毛校长提出并坚持"以质量立校，以品牌强校，以特色兴校"的职业教育办学理念，着力把学校打造成"强校、名校"，取得了显著的成效。

1. 以质量立校

在企业界有"质量是形象，质量是效益，质量是根本"之说，在教育界也有"教学质量是学校的生命线"之说，而作为中等职业学校，就要看学生的技能水平。

要提高学生技能水平，就要着力构建"以技能培养为核心的教学体系"，改革课程设置，突出实践，加大专业课、技能训练比重，让学生有充足的时间来学习专业知识、训练技能，实现"走进学校的是普通学生，走出学校的是技能人才"的职业教育办学目的。2003年，毛校长创造性地提出了举办每年一届的校内"学生技能竞赛月"活动，在学生中培养更多的技术能手、拔尖人才，激发学生学习专业理论知识和操作技能的积极性，在校园中形成了"比、学、赶、帮、超"的良好学习氛围，切实提高了学校"质量"。在国家和省、部相继举办的职业院校学生技能大赛中，我校学生脱颖而出，均取得了优异的成绩。

2. 以品牌强校

树立品牌意识，打造品牌形象，创出品牌效益，打响学校品牌、专业品牌。我们带领学校主动适应陕西经济和社会发展，随着陕西省经济增长方式转变而"动"，跟着陕西省产业结构调整升级而"走"，围着陕西省陕北能源石油化工基地对技能人才的需求而"转"，立足化工，依靠行业，注重内涵建设，紧扣企业需求，主动服务化工企业建设和地方经济发展。学校不断调整专业结构，科学地设置专业，加强专业建设，着力打造石油化工品牌专业，使传统骨干专业相对稳定、热门专业快速起步，从而形成了以石油化工、天然气化工、煤化工、化工机械、化工电仪工、化工司炉工等化工类专业为特色，以机加工、数控加工、钳工、管工、焊工、电气技术应用、电工维修、电子技术应用、电子装配、计算机网络等机械类、电工类、电子类、信息工程类强势专业群并举的专业设置新格局。目前，我校开设有化工类、机械类、电工类、电子类、信息工程类等20多个专业（工种），专业建设科学合理，实验实训设备先进齐全，师资力量雄厚，教科研成果显著。我校自行开发研制了"化工单元操作实习线"，将"工厂"搬进了学校，解决了化工专业技能操作训练难的课题，在全国化工中等职业学校中具有一定的示范作用。

3. 以特色兴校

我们要在一定区域内形成其他学校不具有的优势和风格，最终形成自己的特色。学校的办学特色就是学校的竞争力，也是学校的生命力。在竞争日趋激烈的社会，"办出特色"是一个学校拓宽自己的生存空间并赢得竞争优势的唯一法宝。因为特色就是质量，特色就是水平，同时特色也是建设重点专业的基础。只有办出特色，才会形成较强的专业优势。这也是职业学校适应时代要求，适应社会需求，发展、壮大自己的光明大道。

挂牌仪式

2003年以来，学校取得了跨越式发展，创出了品牌专业，并进一步发扬光大了学校的行业特色，成为特色鲜明、国内一流的示范性中职院校，成为职业教育对外交流的窗口，成为闻名全省、全国的"名校、强校"。

四、坚持以人为本，用制度管人、管事

学校坚持以人为本，做到用制度管人、管事。2004年10月，学校根据实际情况，重新组织修订了《学校岗位职责与规章制度汇编》，坚持实行每周学校行政办公会和各处、室、系、部例会制度。通过学校行政办公会，学校领导听取各部门工作汇报，安排部署下一阶段工作，做到上情下达、下情上报，增强了教职工的责任感和使命感，有利于教职工了解校情，也有利于对学校实行民主监督、民主管理。毛校长提出并坚持实施学校行政办公会下发"任务书"制度，即行政办公会的工作安排，以书面"任务书"的形式，明确工作任务、要求以及完成期限，由校长、各主管校领导签字后，下发到各责任部门，各责任部门负责人签收确认，按"任务书"要求执行完成，提高了工作效率。学校始终坚持"谁主管，谁负责，一级对一级负责"的工作责任制，各分管校领导在校长的领导下，各司其职，各负其责，充分发挥领导班子的集体作用和各分管校领导的分管指导作用。在事关学校建设发展、事关教职工切身利益等重大问题和重大决策上，学校始终坚持民主决策、集体决策、民主管理、民主监督。具体做法是：校长提出决策意见，先和党委

书记及其他校领导沟通、交换意见，在统一意见、统一认识、统一思想的基础上，在校长办公会讨论研究，然后广泛征求全体教职工意见，再由校长办公会决定，并经职代会联席会议讨论通过。这样做既保证了学校重大决策的科学性、民主性、合理性、正确性和有效性，又做到了以制度管人管事，提高了制度的执行力。

加快工作作风的转变。学校要求全体中层以上领导干部都必须以身作则，严格遵守劳动纪律，克服官僚主义，树立全心全意为教职工和学生服务的意识；深入教职工、学生中，面对面和他们接触，征求意见，听取群众的呼声，及时解决教职工、学生在工作、学习、生活中存在的困难和问题，实现"八新"的目标（"八新"，即实现解放思想有新突破，转变观念有新举措，服务水平有新提高，与时俱进有新观念，奋发有为有新状态，团结和谐有新氛围，务实高效有新作风，争创先进有新形象），达到"八明显"的效果（"八明显"，即党性观念明显增强，工作作风明显转变，组织纪律明显加强，整体素质明显提高，和谐氛围明显浓厚，精神面貌明显改观，服务意识明显增强，办事效率明显提高）。

五、深化校企合作，组建化工职教集团

2007 年 7 月，周济部长来我校视察时说："你们学校和陕西省这么多化工企业建立了合作关系，为企业工人进行培训、鉴定，组织工人进行职业技能大赛，又和这么多中职学校、职教中心联合办学，你们有成立化工职业教育集团的设想，很好！我看就可以成立陕西省化工职教集团，你们学校就是这个化工职教集团的龙头学校。"

从那时起，我们就积极筹划和推进这项工作。2007 年 9 月，我们成功组建了陕西化工职业教育集团。陕西化工职业教育集团是以我校为龙头，以省内外相关化工职业院校为主体，以省石化行业企业、行业学会、合作高校为依托，共有 62 个成员单位。它为学校与学校之间、学校与企业之间的交流和协作搭建了一个更为有效的平台，拉近了彼此之间的距离。学校之间实现了资源共享，如对师资培训、实习设

职教集团挂牌仪式

备、管理经验等部分资源的交流与共享。学校与企业之间在人才培养上实现深度合作，广泛建立定向培训、岗前培训、在职培训等合作关系，使企业降低了培训成本，提高了生产效率。企业技术人员深入学校，为学生讲授一线生产信息、安全和企业文化等；学校教师深入企业，为生产工人进行最新理论知识及生产技能的培训。

总之，陕西化工职教集团各成员单位之间资源共享、优势互补、合作双赢、共同发展，全面推进"校企合作"，更好地培养了社会认可、企业欢迎的优秀技术技能型人才，在促进陕西省石化经济建设和经济社会发展中发挥着积极的引领作用。

六、辉煌成就

从 2003 年至今，我校迈上了 10 个新台阶，迎来了两件大喜事。这 10 个新台阶包括：一是 2005 年 9 月学校率先在全省、全国实施"高技能＋高学历"教育，成功举办"高级技工、大专双学历班""预备技师、本科双学历班"；二是 2005 年 10 月被陕西省人民政府批准确定为省级重点中等职业学校；三是 2007 年 2 月被教育部批准确定为国家级重点中等职业学校；四是 2007 年 9 月在校生人数突破万人大关，实现了"万人大校"的宏伟目标，成为闻名全省、全国的"万人大校、名校、强校"；五是 2007 年 9 月被教育部、人力资源和社会保障部评为全国教育系统先进集体，这是学校建校 50 多年来获得的最高荣誉；六是 2007 年 9 月按照"平等自愿、资源共享、优势互补、互惠双赢、共同发展"的原则成功组建了陕西化工职业教育集团；七是 2009 年 1 月在陕西省组织的"改革开放 30 年陕西省教育记忆"评选活动中，被全省公众、教育专家和评选活动组委会评为改革开放 30 年陕西品牌教育单位，同时，毛校长被评为改革开放 30 年陕西教育十大风云人物；八是 2009 年 3 月被省人民政府批准确定为陕西省示范性中等职业学校；九是 2009 年 7 月经省发改委批准立项的占地 200 亩、投资 1 亿元的新校区建设正式开工，2011 年投入使用；十是 2010 年 12 月被确定为首批全国中等职业教育改革与

改革开放 30 年十大风云人物

发展示范性学校。

两大喜事：一是 2007 年 7 月 27 日教育部周济部长亲临学校视察指导工作时，高兴地对毛民海校长竖起大拇指，由衷地称赞说："你们学校办得好，你工作干得出色，希望再接再厉、再创辉煌！"部长对学校给予了高度评价和充分肯定，对全体教职工给予了亲切的关怀和巨大的鼓舞，这大大提高了我校在全省、全国的知名

周济部长来校视察

度，有力地推动了学校整体工作的开展；二是 2008 年 12 月毛民海校长被评为全国石油和化学工业先进工作者（省部级劳动模范），并在北京人民大会堂受到原化学工业部部长、全国人大常委会副委员长顾秀莲同志的亲切接见。

今后，我校要在省工业和信息化厅党组的关心领导和大力支持下，在省教育厅、省人力资源和社会保障厅的大力支持下，以成功创建国家中等职业教育改革发展示范学校为契机，坚定信心，团结一致，同心同德，艰苦奋斗，砥砺奋进，珍惜荣誉不骄傲，明确目标不动摇，解放思想不保守，开拓创新不懈怠，团结一致不折腾，加快发展不松劲，乘势而上不停步，廉洁从政不腐败，为学校的进一步发展壮大、兴旺发达，为职业教育事业的发展作出更大的贡献。

毛民海校长善于创造奇迹，他建立了学校的共同愿景，提出了创建万人大校、建设新校区、创建国家中等职业教育改革发展示范学校三大宏伟发展目标，描绘了学校长远发展的宏伟蓝图。

要促进学校的发展，建立共同愿景是前提。共同愿景能激发全体教师无穷的创造力和驱动力，促进学校的无限发展。建立共同愿景，是实现学校有效管理的最佳途径。善于建立学校发展愿景的校长，必定是具备极佳的执行力和凝聚力的校长。学校的共同愿景能促进学校实现有效管理。一个好的愿景，能促进学校发展的最大化和学校管理的最优化，优秀校长是学校愿景的

创造者。

毛校长既不盲从、墨守成规，又能在更广阔的范围内和更深刻的层次上细心分析、潜心研究，还能根据本校的实际灵活运用已知原理，创造出奇妙的教育构想、独特的办学模式。他乐于思考、勤于思考、精于思考，具有独特的思维品质、勇于创新的精神，在决策上高人一筹，匠心独运地开展学校建设。

大海航行靠舵手，毛民海校长带领教职工制订了科学的学校发展规划，促进教师和学校共同成长。他是理论、组织、行为的引领者，他要一手抓策略，一手抓执行。他一方面考虑策略是否能够切实执行，另一方面制订详细计划，把总体目标分解到处室和系部，根据工作重点，决定哪些该优先发展、哪些要先让一步，实现整体优化。他脚踏实地，熟知自己所在的大环境，认清问题所在，然后勇于面对。

毛校长注重打造学校品牌、特色。他认为学校一定要做到"人无我有，人有我优，人优我精"，才能在竞争中立于不败之地。他的办学思想不仅对学校教育工作起到导向作用，而且对学校整体工作起统领作用。他熟知办学规律，教育有主见，管理有新招，并善于围绕自己的办学思想发掘和利用学校的优势，执著地开展办学实践。作为一校之长，他是一位才能出众的管理者，不仅能高瞻远瞩、统观全局、进行系统指挥，而且能承上启下、协调左右、实施目标控制；不仅能礼贤下士、集思广益、贯彻民主治校原则，而且能巧妙组合、有效激励、运用科学管理，做到人尽其才、才尽其力、物尽所用、时尽其效，实现学校工作的整体优化，成功打造了万人大校、名校、强校。

西北工业学校这所具有50多年办学历史的老职校，长期坚持面向社会、面向市场、面向企业、面向农村办学，不断地开拓创新，在扩大办学规模的同时，办学层次和办学质量也大大提高。

1. 不墨守，勇创新

一所学校，如果墨守成规地开展工作，这个学校也始终是维持现状，甚至将不断地衰落，但如果是创新性地开展工作，抓住每一次发展机遇，将因此不断地提升形象，增强活力，提高竞争力，增加吸引力。西北工业学校立足发展，勇于创新，提出"创建万人大校、建设新校区、创建国家中等职业教育改革发展示范学校"的目标，使学校的发展目标深入教职员工的心中，在建立共同愿景的基础上，通过凝聚作用激发全体教师无穷的创造力和驱动力，促进学校发展和实现学校管理的最优化。

2. 不盲从，创特色

西北工业学校建立了自身的优势和风格，以重点专业为基础，形成了较强的专业优势，率先在全省甚至全国实施"高技能＋高学历"教育，举办"高级技工、大专双学历班""预备技师、本科双学历班"，既培养高技能人才，又培养高级专业理论人才，形成了中等职业教育、高技能人才教育、成人高等学历教育和企业工人培训四个教育教学体系并存的独具特色的办学格局。这所学校的发展与革新的历程，充分展示出职业教育发展的韧性和生命力。

3. 不循规，抓合作

职业教育已经到了加强质量、提升内涵的时候了，教产结合、校企合作是职业学校提高教育教学质量的重要途径，走集团化办学，融合行业企业办学，是职业学校谋求发展、提高人才培养质量的重要步骤。西北工业学校积极推进成立陕西化工职业教育集团，以石化行业企业、行业学会、合作高校为依托，深化校企合作，发挥龙头学校的作用，实现了资源共享和优势互补，实现了合作双赢和共同发展，培养了社会认可、企业欢迎的优秀技术人才。西北工业学校不仅重招生，而且抓质量、打品牌、推就业。在"万人大校"的目标下，西北工业学校以就业促招生，促进学校发展的良性循环。

（点评：李梦卿）

秩序就是效率，素质造就效益
——浙江科技工程学校

名校／名校长简介

　　浙江科技工程学校坐落于风景秀丽的中共一大会址——嘉兴南湖之畔，始建于 1984 年，前身是嘉兴中专，1999 年根据市政府学校布局调整的要求，由嘉兴中专、嘉兴市南湖商业职业中学、嘉兴市成人教育培训中心和嘉兴市成人中专合并组建而成。2007 年 9 月新学校整体迁入嘉兴中职园内。

　　浙江科技工程学校是首批国家级重点中等专业学校、全国职业教育先进单位、国家数控技术技能型人才培养培训基地、全国 CAD 应用培训网络工程设计中心嘉兴基地、第一批长三角地区中等职业教育共享实训基地、浙江省商旅服务省级实训基地，也是浙江省首批职业教育课程改革基地学校、浙江省教育科研先进集体和嘉兴市首批高技能人才培养基地。学校立足嘉兴，面向长三角，坚持以服务为宗旨，以就业为导向，以质量为核心，以改革创新为动力，强化内涵建设，面向市场，着力培养具有综合职业能力、适应经济社会发展和基层工作需要的高素质劳动者和技能型人才。

　　迄今为止，学校已为国家培养了 22000 名毕业生。在 2010 年全国职业院校技能大赛上，学校在制冷与空调设备组装与调试项目中勇夺第一，实现了嘉兴市中职生在全国技能竞赛中金牌零的突破。

学校目前已成为嘉兴地区升学、用人、培训、技能鉴定的首选之地。

秩序就是效率，素质造就效益

——浙江科技工程学校

核心管理思想

学校遵循"以服务为宗旨、以就业为导向、以质量为核心、以改革创新为动力"的指导思想，把握技能型人才成长规律和中职学校教学规律，以"3Q7S"管理为载体——3Q 即优秀教师（Quality Teachers）、优美学校（Quality School）、优质学生（Quality Students），7S 即整理（Seiri）、整顿（Seiton）、清扫（Seisou）、清洁（Seiketsu）、素养（Shitsuke）、安全（Safety）和节约（Save），着力打造学校专业化的职业环境，提升行动品质，有效实现中职教育"专业设置对接产业调整，专业教学对接岗位要求，实训基地对接工作环境"，推进校企文化一体化建设，促进学校高品质发展。

3Q7S 管理，即以现代企业现场管理制度为参照，以全面提升学生的工作技能、工作形象、工作态度与工作道德为核心，以强化学生岗位责任和良好行为习惯为重点，以 7S 管理为抓手，培养高素质技能型人才。

7S 作为一种有效管理职业现场中人员、机器、材料、方法、信息等要素的活动，是以下具体管理思想与方式方法的集合。整理（分层管理）——区分存废，去留好坏；整顿（定制管理）——规划区域，各就各位；清扫（责任管理）——清除脏污，点检维护；清洁（视觉管理）——清爽干净，恒久保持；素养（养成管理）——礼仪规则，习惯自然；安全（预防管理）——以人为本，防微杜渐；节约（细节管理）——物尽其用，效能最大。

推行 3Q7S 管理，能使全体教职员工亲力亲为，脚踏实地从身边小事做起，在创造令人愉悦的工作环境的过程中培养对工作的耐心、细心、责任心；增强教职员工的归属感，提升团队的向心力和凝聚力，提高团队成员的职业素养，从而高效推进学校的各项工作。推行 3Q7S 管理，积极开展先进企业文化进课堂活动，打造具有职教特色的校园文化，可以让学生产生"环境变则心态变，心态变则意识变，意识变则行为变，行为变则性格变，性格变则命运变"的意识；让学生提前感知企业管理的先进理念，缩短对企业的适应期，增强职业竞争力，切实推进学校培养现代职业人的进程。

推行 3Q7S 管理，关键是实现人与制度的完美结合，以系统作保证，以标准谋细化，以数字达精确，以专业臻卓越，以持续求精进，本着"用领导行为影响人，用管理制度约束人，用奖惩手段强化人，用企业文化熏陶人，用创新教育培育人"的原则，通过全员培训与宣传发动、制订细则与样板推动、全面实施与检查评价、总结分析与巩固提高四个阶段的不断循环，着力使学生养成现代企业生产所要求的遵章守纪、严格要求、注重细节的作风和习惯，实现行为规范化。

一、3Q7S 管理的衍生与发展

作为拥有先进制造业和现代服务业技能型紧缺人才培养培训基地的首批职业院校，如何高效、科学地发挥实训基地的作用，如何合理、充分地发挥基地资源的效能，是需要研究的一个重要课题。

2006 年，学校开始探索实训基地管理的新模式，以打造整洁、有序、高效的实训现场为目标，将源于日本企业的 5S 管理引入实训基地建设中，在整理（Seiri）、整顿（Seiton）、清扫（Seisou）、清洁（Seiketsu）、素养（Shitsuke）五个方面参照企业标准开始试行。2007 年，为进一步加强校内国际级数控技术技能型人才培养培训基地、省级先进制造业公共实训基地的标准化、精细化、科学化建设，学校在省级以上实训基地推行了 6S 管理，即在 5S 的基础上，增加了一个"S（Safety，安全）"。2008 年，新一轮"浙江省职业教育六项行动计划（2008—2010）"开始实施，我校现代学校制度试点工作也正式启动，同时基于现代企业精细化管理思想的启发，学校在"6S"的基础上又增加了一个"S（Save，节约）"，并提出在学校教育教学全过程实施 7S 管理。同时，对照企业管理追求的结果——3Q，即好员工（Quality Worker）、好公司（Quality Company）、好产品（Quality Products），现任校长王雪亘提炼出了学校发展的 3Q 建设目标——优秀教师（Quality Teachers）、优美学校（Quality School）、优质学生（Quality Students），并用系统论的方法，把学校建设的目标 3Q 与管理的载体 7S 连接起来，从而形成了学校的 3Q7S 管理模式。

3Q7S管理是富有中职特色的一次管理变革，它是营造良好育人环境的基础，是培育良好行为习惯的法宝，是打造执行力文化的有效载体，是对传统精细化管理的一种提升。

学校本着"用领导行为影响人，用管理制度约束人，用奖惩手段强化人，用企业文化熏陶人，用创新教育培育人"的原则，通过成立7S活动组织，明确成员的组成及相应职责；依据精细化管理的要求，拟定了推行方针和目标；从问题入手，找出目标与现状的差距，详细制订了教学7S管理、学生7S管理、行政7S管理、后勤服务7S管理的推行计划和实施方案，以及53类场所7S管理标准和相应的规章制度。在做好上述工作的基础上，学校完成计划准备（Plan）的全部内容，然后按执行（Do）、检查（Check）、处理（Action）的程序（PDCA）循环进行。

（一）全员培训，宣传发动

学校在分析前阶段实训基地实施6S管理的初步经验、存在问题的基础上，通过全体教职工大会、学生大会以及晨会、班前会、班后会等多种形式与途径，让全体师生明确推行3Q7S管理的内容要求、意义。

"7S不就是搞卫生嘛！"在3Q7S管理提出之际，经常会有来自各方面的质疑，有学生，有老师，甚至还有个别中层干部。"搞7S，有这个必要吗？"推行之初，这样的声音更多地来自班主任。为此，我们聘请现场管理专家来校举办相关讲座，组织大家学习有关3Q7S管理的知识。例如，《5S现场管理技能提升》（郭辉——曾任世界500强企业的管理与高级策划）、《如何有效实施5S》（夏祯——GEC特聘讲师，TMPTM世界级现场管理技能认证系统的倡导者）以及《工厂3Q7S管理》（袁公明——工厂管理专家，中国总裁培训网金牌讲师）。学校还组织各班主任实地考察日本电产科宝、新宝等3Q6S管理企业，并且在校园网上进行3Q7S管理宣传，在学校宣传橱窗设置3Q7S管理宣传专栏，在各教学部、各班级主题班会上进行3Q7S管理的专项宣传，营造启动3Q7S管理的氛围。全体教职工人手一本《3Q7S推行操作手册》，学校组织学习和讨论有效推行整理、整顿、清扫、清洁、素养、安全、节约的步骤、方法、原则和要达到的标准。

经过一段时间后，不理解的声音逐渐少了，当一位实习班的班主任从学生实习单位进行实习情况跟踪调查回来后，全校上下对这种新的管理模式有了新的认识。情况是这样的：我校一位实习生在一家食品连锁店实习，一天，单位领导跟员工说要搞5S管理，结果其他员工都不知道5S管理，而这位学生实事求是地讲了她在学校时接触过 7S 管理，并把自己知道的简单讲了一些。结果，领导就让她负责这项工作。

（二）制订细则与样板推动

为了切实做实做细工作，各处室、各教学部、各班级、各实训基地、各实验室、各场馆结合 3Q7S 的实施要求，先制订各自的实施细则、评价标准和检查方案，并上报 3Q7S 活动推行委员会，经推行委员会修订后统一 3Q7S 管理标准。与此同时，学校选择寝室、教室、实训室、工场建立样板区，组织师生参观，进行样板推动。

其实，在具体的细则制订过程中，我们也碰到一些小障碍。例如，实训基地的一位退休返聘的老教师，觉得我们的细则有些烦琐，标准显得有些苛求。但当我们的样板区推出之后，学校全新的实训环境、全新的精神面貌使他折服，曾经的老职教观念在他脑中悄然改变。

在这个阶段，我们重点强调让每个人自己做自己的事，确定自己解决问题的方法。学校自上而下，进行教育训练，明确区域责任，不断使 3Q7S 内容规范化、具体化，让人人都清楚自己的岗位责任，知道"5W2H"（为什么要做，在哪里做，做什么，在什么时候做，谁来做，怎么做，做到怎样的程度）。

（三）全面实施与检查评价

学校按照实施细则全面推进 3Q7S 活动，3Q7S 活动推行委员会、工作组、各部门分别对下级或下属的教室、寝室、实验实训室进行指导、检查，并聘请督导师进行评估督导。对于不足之处，在执行中调整，在整改中深化，循环维持 3Q7S 成果。

在 3Q7S 活动推行过程中，学校综合采用 3Q7S 检查表、红牌作战、颜色管理、目视管理、定点摄影、"洗澡"活动、3U－MEMO 法、寻宝活动、晨会制以及困难部位或污染源对策战等工具与方法，以提高推行工作的效率。

学校还实施 3Q7S 强化月活动及单一主题的 3Q7S 推进日活动，以教学部为单位，开展教室 7S、寝室 7S、

学校 3Q7S 管理讲座

实验实训室 7S、办公室 7S 等各类竞赛活动和 7S 主题深化活动，评选 3Q7S 优胜部、3Q7S 优秀班级、3Q7S 先进班级、3Q7S 优秀实验实训室、3Q7S 先进实验实训室，并颁发流动锦旗和奖金。

在 3Q7S 管理活动推行过程中，分工负责，明确职责，建立三级检查考核制度。学校 3Q7S 活动推行委员会各工作组分别对所属区域 7S 推行工作负责，各部、实训培训处正副主任对本部门的 7S 推行工作全面负责。学校由上而下，采用巡视、互检、层检等多种形式，一星期全面检查不少于一次，并进行评价、记录。

学校宣传橱窗设立 3Q7S 管理绩效专栏，对执行成绩较好的教室、实训室等及时表扬，成绩较差的则予以督导和纠正。对未达标部门或未认真落实的寝室、教室、实训室，学校下发整改通知，并在"曝光台"栏中予以公示。

所有检查结果都将作为部门和人员考评的重要内容，与学校各类综合性评优、推先、考核工作挂钩。

（四）总结分析与巩固提高

学校在前阶段实施、检查、考核评比的基础上，进一步改善 3Q7S 活动的方法、制度，进一步落实整改措施，进一步修订标准和细则，使之更具有实用性和可操作性，并将其纳入日常管理活动，建立长效机制。

此外，为充分发挥 3Q7S 活动的效益，学校成立课题组，开展《中职学校实施 3Q7S 管理的实践与研究》课题研究，并提出 3Q7S 管理进一步推进的目标与任务。

二、7S 的学校管理效能

3Q7S 管理是浙江科技工程学校在新形势下重新审视中职教育的思想结晶，是对"现代工业文明进校园，先进企业文化进课堂"进行探究的产物。学校在教育教学全过程实施 3Q7S 管理，以 7S 为抓手，改善了学校的育人环境，提高了教育教学的效率，产生了管理效益，全面提升了师生的职业素养，促进了学校高品质发展。

"整理"——对学习、生活、实训场所等区域进行必需品与非必需品区分，在岗位上只放置适量的必需品。通过"整理"，学生的课桌、寝室的书桌、实习工具等得到合理分配，物品取还方便，师生对"整理"满意度随之提高，"整理"逐渐成为一种日日做、时时做的习惯性行为，成为日常学习工作过程中的一个循环过程。

"整顿"——将必需品置于任何人都易找、易取和易放的状态。通过整顿，使现场中的人、物、场所三者之间的关系达到最佳结合状态，使空间得到最佳利用，既减少了不安全因素，又便于操作，提高了效率，从而达到省心、省力、省钱，形成统一、规范、和谐的环境布局。

物品分类示例

例如，在"整理"的基础上对钳工实训场所进行"整顿"，采用定点、定容、定量的方法，使得钳工实训室面貌大为改观，既消除了寻找工具、量具的时间，又提高了实训的效率。实施整顿后，实训操作的相关要求和做法人人明了，危险操作警示明确，学生能正确地使用保护器具，不会违规作业，大大降低了意外事故发生的概率，安全得到有力的保障。

"清扫"——使岗位没有垃圾、灰尘、干净整洁，将设备保养得锃亮、完好，创造一个一尘不染的环境。例如，在对计算机实训室进行"清扫"时，除了清除"脏污"，保持实训室的干净明亮之外，更重要的是排除一切干扰正常工作的隐患，防止和杜绝各种污染源的产生。这个过程使得学生深刻明白7S中"清扫"不等于传统意义的大扫除，而是对环境、设备的维护和点检。通过"清扫"，学生的责任意识大大增强，学校的环境明显改善。

"清洁"——将整理、整顿、清扫进行到底，维持成果，并使之标准化、持久化和制度化。通过"清洁"，学生明白了这不是一个具体的行为，而是一种保持的状态。例如，学校设有课前3Q7S指令，每天开展3次这样的按指令操作的活动，起到巩固和维持的作用，并将其迁移到实验实训室的清洁活动中。在美化校园环境的同时，学生的规则意识、预防改进意识都得到了很好的培养。

"素养"——以"人性"为出发点，通过整理、整顿、清扫、清洁等合理化的改善活动，培养上下一体的共同管理语言，使全校人员养成文明礼貌、遵守标准和规定的习惯。按照"地物明朗化，行为规范化，提升行动品质"的要求，我们开展了"3Q7S体验教育周"活动，让学生亲力亲为，脚踏实地地从身边小事做起，在创造令人愉悦的工作环境的过程中培养学生对工作的耐心、细心、责任心，增强师生的归宿感，提升团队的向心力和凝聚力，提高团队成员的职业素养。

"安全"——消除隐患，排除险情，预防事故的发生。我们将安全活动融入整理、整顿、清扫中，建立学校安全管理制度，制订突发事件应急预案，强化日常操作管理，突出事故警示教育，注重责任管理，杜绝安全事故发生，突出安全保障措施的落实和学生自我防范保护能力的培养，特别是对无视安全操作过程的学生进行强力约束。实施安全管理后，学生安全知识增加了，安全意识增强了，逐渐形成了符合职业需要的安全习惯。

"节约"——节约资源精细化管理。我们通过参照企业目标量化的管理方法，制订节约型学校建设方案，完善监督机制，制订奖惩制度，开展各类有关节约的活动，培养师生从小事做起、从我做起、从现在做起的意识，加强对时间、空间、能源等的合理利用，以发挥它们的最大效能，创造了一个高效率、物尽其用的工作、学习和生活环境。

三、3Q7S 管理的收获

3Q7S其实是一个目标与措施的组合体，包含着目标引领下的策略实施和策略实施过程中的目标达成双重意蕴。

（一）目标引领下的探索性成果

1. 专业教学对接岗位要求

近几年，学校将专业教学改革对接工作岗位要求，坚持以岗位要求为依据，明确专业定位；以工作任务为线索，确定课程设置；以职业能力为依据，组织课程内容；以典型产品为载体，设计教学活动；以职业技能鉴定为参照，强化技能训练；提高了学生就业的核心竞争力，形成了一批具有学校特色的教改成果。

（1）依据岗位要求设置项目课程

传统的课程设置不从岗位需求出发，而以知识为参照点来设置课程，一般形成"三段式"学科课程模式。而项目课程开发，主要是根据工作岗位的实际情况选取工作任务，依据工作任务的教育价值、相关性以及课时分配均匀的原则，合并工作任务，并把分析的结果转化为课程设置，形成项目课程。如在数控专业的数控车和数控铣项目课程开发过程中，我们用两种方式对工作过程中的各个项目进行确认：一种是典型零件法，以嘉兴周边地区企业的真实产品为逻辑线索而展开；一种是复合零件法，考虑到各种数控指令的全面学习，以嘉兴周边地区企业的真实产品为基础，添加相应的要素，形成假想的较复杂的零件，以此为逻辑线索而展开。通过几年的努力，数控技术整个专业的项目课程体系已基本构建完成。

（2）教学内容来自生产实际

我国中等职教现行的课程教学内容大都沿袭普通高校的学科教学内容，不同程度地存在着理论与实践相脱节的问题。学生在学校花费大量的时间和精力学习一些与将来所从事工作关系不大的理论知识，而这些知识往往由于缺乏专业实践的支撑而很快被淡忘。所以，要突出工作实践在课程中的主体地位，仅仅对理论知识的深浅进行调整是不够的，而是必须对原有课程进行结构性改革。近年来，我校围绕职业能力的形成，在组织课程内容方面作了积极的探索，开发了以工作任务——产品的制造过程为中心，整合相应的知识、技能，实现理论与实践相统一的生产化教学内容。教学内容更加贴近生产实际，几轮教学下来，有效地提高了学生的学习积极性。

（3）按照工作过程设计学习过程

我校打破了理论课、实验课和实训课的界限，根据用人单位岗位能力和专业学习方案、课程大纲的要求，对学生应具备的能力一一分解，逐项落实到实践性教学的各个环节中，并明确每一环节应达到的目标。这样，相关教学环节相对集中，在实训车间进行教学，实现了理实一体化。在实训场所安排上，采取多个班级间的合理调配，采用长线和短线相结合、项目套换等方式，确保理实一体化教学活动的实施。在师资的安排上，实施"导生制"，主讲教师既面向全班学生讲授理论知识，又在实训时具体辅导一组学生的实训，对本组学生的操作进行理论讲解和实训指导。辅导教师主要由导生担任，具体负责本组学生的实训指导，并对实训过程中出现的理论问题进行补充讲授。导生主要是在省、市比赛中获奖且准备参加企业实习的高一级学生。在理实一体化的教学活动中，根据工种不同，每4—8位学生配备一名导生，这样取得了较好的教学效果。

2. 专业设置对接产业调整

学校有特色才有生命。一流的硬件设施，职业化的校园环境，完善的师生成长的动力机制，是学校不断创业、创新、创优的基石与土壤。因此，基于优美学校（Quality School）的重要内涵之一——改革创新型学校的建设，学校着力于办学模式、培养模式、教学模式和评价模式的改革创新，在办学环境、专业设置、教材应用、队伍建设等方面进行积极探索，增强了职业教育的市场针对性和社会吸引力，尤其是在专业设置方面的探索取得了较为突出的成绩。

中等职业教育作为与经济社会联系最为紧密的一类教育，直接为区域经济培养技能型人才，其发展方向也与政府的产业导向密切相关。近几年来，嘉兴市市委、市政府加快产业结构调整的步伐，坚持把经济结构战略性调整作为加快转变经济发展方式的主攻方向，推进信息化与工业化、生产性服务业与先进制造业的融合发展，优先发展现代服务业，大力发展先进制造业，积极发展现代都市农业。现代服务业领域重点发展生产性服务业，大力发展新兴服务业，提升发展生活性服务业。在工业领域重点培育和发展电子信息、先进装备制造、新能源、新材料、节能环保、生物医药等"六新产业"。政府的产业调整规划为学校面向社会、对接产业设专业提供了政策依据。

近年来，为强化"优美学校"内涵建设，学校组建了加工制造类、信息技术类、财经商贸类和旅游服务类四个专业群指导委员会，深入政府、行业、企业调研，及时掌握产业结构调整和经济转型升级对技能型人才的需求变化情况，及时调整结构，使专业结构对接地方主导产业。为适应嘉兴市重点发展现代物流、科技服务、商务会展、专业市场、金融服务、总部经济等生产性服务业的产业导向，学校增设了现代物流和酒店服务与管理专业，随后又在改造传统旅游服务与管理专业的基础上增设了会展服务与管理专业。为适应嘉兴市提升发展电子信息、装备制造、汽车零配件、纺织、服装、皮革制品、化纤制造等优势产业的需要，学校对原有的电气运用及维修、电子电工、计算机应用等传统专业进行整合，对机电技术应用、数控技术、电子商务等新兴专业进行升级，并增设了智能楼宇管理专业，以适应产业结构调整的需要。2010年，针对嘉兴市"十二五"期间的产业规划，学校对"十二五"期间的专业结构进行了全面的规划，组织相关专家认真调研，以大力提升人才培养与经济社会需求的吻合度作为关键切入点，按照"做强主体专业，拓展新兴专业，改造传统专业"的思路，打造重点专业、特色专业和精品专业，制订了《浙江科技工程学校专业结构调整规划》，从专业结构现状、专业调整原则、专业调整工作目标、工作措施等方面对今后的专业结构调整工作作了具体的规划，学校的专业数从18个整合为14个。

在专业设置对接产业工作启动之前，学校存在专业多、规模小的问题，特色专业少，有一定实力的专业不多，造成学校各种资源分散，形成不了办学的规模经济。而现今，以主体专业为核心，培育专业集群对接产业集群工作已见成效，学校最显著的变化是出现了进出口两旺的势头。学校的招生工

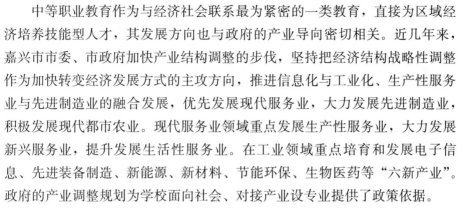

作连续几年在两天时间内超额完成年度招生任务，毕业生的一次就业率一直稳定在100%，专业对口率达80%以上。

3. 实训基地对接工作环境

学生有特长才有出路。打造综合素质好、职业化程度高、可持续发展能力强的具有"科工"特质的优质学生（Quality Students）一直是我们的追求。为此，学校着力专业化的职业环境的构建，强化学生职业化工作技能（看起来像个做事的样子）、职业化工作形象（看起来像这一行的人）、职业化工作态度（用心把事做好）与职业化工作道德（对品牌信誉的坚持）的形成，在实训基地对接工作环境方面进行了探索。

学校根据职业岗位群和国家标准，按照工作过程导向的课程体系实施要求，建成了机电技术应用、信息技术、财经商贸、旅游服务四大校内实训基地，并根据四大专业群职业岗位的特点，在创设实训基地企业化环境、购置行业主流设备设施、应用软件营造真实实训场景等方面作了积极的探索，形成了学校特有的教学实训环境。

（1）环境建设企业化

为了使毕业生更快地适应工作岗位要求，顺利完成校企之间、学生和员工之间的转换，我校校内实训基地按照"基地建设企业化"和"实践教学生产化"原则构建。在实训场所营造生产现场的氛围，引进企业文化元素，从工作流程到工作制度对接企业现场环境。如实训基

学校数控实训工场

地建筑的平面布置按企业现场设计，设备按照企业现场布局，辅助设施按生产要求配置和定点放置，室内场地上划通道线、作业区、虎纹线。实训基地布置的标语包含企业文化，既体现了职业道德规范和思想品质，同时又把岗位与学习紧密地结合在一起。在实训现场推行7S管理，让学生在校内实训基地训练基本技能的同时，熟悉企业生产现场环境，较全面地了解企业运行管理模式，增强将来到企业工作的适应能力。

（2）设备设施行业化

校内实训基地设备设施的购置体现行业性原则。购置设备设施前，相关专业老师做好充分的调研工作，把握好行业技术发展的前沿，选用本区域产

业或行业已经开始使用且能够代表本行业技术应用发展趋势的先进的真实器件和设备，做到3—5年内能体现较先进的技术水平。选用设备时兼顾企业的普及性，不一定越贵越好或越先进越好，要在经费有限时保证实训教学设备设施的数量及功能多样化，使实训教学时的人机数合理，较好地实现学校和企业的对接，方便学生今后就业。

（3）项目真实化

由于校内实训场地和操作安全等问题限制，特别是部分专业工作岗位的技能含量日趋增高，对于一些看不见、进不去、动不了、难再现等很难建立真实实训环境的项目，学校在校内实训基地建设时大量采用行业、企业主流生产或管理软件，提高学生校内实训的真实性。例如，我校的酒店管理实训室安装了杭州西软科技有限公司开发的酒店管理系统，该系统涵盖了前台预订（Reservation）、前台收银（Cashier）、夜间账务审核（Night Audit）、客史管理（Guest History）、房务中心（Housekeeping）、商务中心（Business）、餐饮管理收银（F&B Pos）、综合收银管理系统（Pos）等酒店企业全部真实的工作过程。在外贸实训室，安装了南京世格软件有限责任公司开发的外贸实习平台软件，学生可实训的内容不仅有看样订货、出单、报关、外汇结算等，还有商检、货运、仲裁等环节，学生在一室之内，可以走遍外贸所有程序，一票生意，可以到达世界任何地方。财会实训室运用友通中小企业财务会计软件，完成总账、应收应付、工资、固定资产、现金流量表、采购、销售、库存、存货、会计报表模块等各种实训操作。学校现有的10多个仿真项目实训室里的场景均已营造出逼真的工作环境。

（4）工作形象职业化

过去，学生在校内实训中着装使用校服的较多，这看起来是个小问题，但却是实训场所营造生产性氛围的一个重点，也是"看起来像做这一行的人"的一个显著标志。学生实训时穿职业装，一方面是从安全考虑，因为校内实训对接岗位工作后，安全问题成为关注的重点。

列会活动

职业劳保服装可以有效减少缠绕、烫伤等工伤事故的发生。另一方面，统一的职业着装就像上课铃声，提醒学生时刻按"企业员工"的标准要求自己，有助于学生职业素养的形成。所以，近几年来，我校学生在校内实训时必须着职业装，挂工作证上岗，对于一些危险工种的实训，如电工，学生还必须按规定穿电工鞋。

（二）措施推进过程中的阶段性成效

中职学校培养的是现代企业生产需要的高技能紧缺型人才，学校除了重视学生岗位技能的培养外，还应帮助学生了解企业文化对员工的要求。我校以7S管理内涵为主导思想，有机融合校园文化与企业文化，使学生在求学过程中感受企业文化，从而提升他们的职业素养。

1. QV 德育，强化职业化培养

育人为本，德育为先，职业学校的德育工作是重中之重。在7S推进过程中，我们根据3Q7S管理模式要求，以课题为引领，站在学生职业生涯发展的角度，提出了"QV德育模式"，以职业化素养的拓展为重点来打造中职学校的优质学生，既加强职业化的工作技能、职业化的工作形象这两个显性方面的训练，又重视职业化的工作态度、职业化的工作道德这两个隐性素质的开发和培养，从而实现职业化的培养目标。同时，学校提出了实施QV德育模式的"51377工程"，即健全五个组织（组织健德、课堂渗德、党团建德、生活融德、合力育德），转变一种关系（传统的师授生受关系），明确三个阶段（认知阶段、养成阶段、过渡阶段），确定七大主题（爱国主义和理想信念教育、公民意识教育、职业生涯教育、合作精神教育、心理素质教育、就业择业教育、创业创新教育），开拓七条途径（7S校本德育活动、学科教学渗透、职业生涯规划与文明风采活动、学生社团活动、党团活动、家校企三位一体联动、校园文化环境教育）。

为强化3Q7S管理的过程与结果，学校大力提倡班级管理创新。班主任根据各自班级的专业特性，参照现代企业的组织构架，组建班级的管理团队，冠以企业的人事称谓；以企业的考评样式考量学生的日常表现，如实行结构工资制；参照企业的管理制度制订班级的管理制度，如考勤制度、例会制度、班级干部擢升制度等。同时，加大监管执行力度，奖惩分明，在行动中检查，在检查中提高执行力。如此，学生的职业意识更为强烈，自我要求随之提高，行为更为规范，更为标准化、习惯化、职业化。

2. 理念引领，深化课题研究

围绕3Q7S管理主导性课题，学校在近3年内积极开展相关子课题的研究，推动学校特色化建设，累计有4个子课题被省级有关部门立项，5个子

课题被立为嘉兴市教育规划课题，8个子课题被立为嘉兴市个人教学问题课题，2个子课题被立为嘉兴市属规划课题。围绕3Q7S管理主课题的研究，学校现在共有19个市级以上的子课题在作进一步研究，这极大地提升了学校的科研氛围，教师对科研的神秘感和敬畏感逐渐淡化，参与课题研究的教师队伍越来越庞大，这为学校对接企业文化、特色办学奠定了较好的理论基础。

国内首部关于职业学校实施3Q7S管理的专著《中等职业学校3Q7S管理》一书已由浙江科学技术出版社正式出版发行。

一、3Q7S管理是营造良好育人环境的基础

3Q7S管理的核心理念之一就是"人造环境，环境育人"。通过7S管理，带动了人的素养的提高，而人的素养的提高和习惯的养成能够促进环境的持续改善。人们常有这样的感受：在窗明几净、优雅整洁的工作

模拟导游室

场所，很少有人会随地吐痰、你推我拥、大声喧哗甚至损坏公共财物；相反，假若环境脏乱不堪，随地吐痰、乱丢乱扔、出口不逊、打闹吵架等不文明的现象就会滋生。通过开展3Q7S管理，打造清爽整洁、有序规范的环境，往往能营造出文明和舒适的氛围，产生"环境变则心态变，心态变则意识变，意识变则行为变，行为变则性格变，性格变则命运变"的效果。

二、3Q7S管理是培育良好行事习惯的法宝

"良好的习惯是人在其思维习惯中所存放的道德资本，这个资本会不断增长，一个人毕生可以享受它的'利息'；坏习惯在同样的程度上就是一笔道德上未偿清的债务，这种债务能以其不断增长的利息折磨人，使他最好的创举失败，并把他引到道德破产的地步……"在推行3Q7S管理时，如果事前规划准备不足，或虎头蛇尾、一紧二松，说起来重要、做起来次要、忙起

来不要，容易反复，也很难奏效。因此，我们要咬定青山不放松，持之以恒，抓重点，抓难点，反复抓；做到"事前计划，事中控制，事后检查，事完评价"，做到"事事经营，责任到人"，做到"日事日毕，日清日高"，做到"即时纠偏，即时激励"，因为良好习惯的养成需要反复训练，长期养成的不良习惯需要不断矫正。只有健全组织、上下一心、各司其职、步步上升，建有一个良好的全方位的过程控制、层层推进制度，才能"从形式"到"行事化"，最后达到"习惯化"。

三、3Q7S管理是打造执行力文化的有效载体

3Q7S管理的原则是"以系统作保证，以标准谋细化，以数字达精确，以专业臻卓越，以持续求精进"，事前建立组织、明确职责、制订详细的方案及管理标准、推行完善的工具和方法固然重要，但关键在于人与制度的完美结合，提升执行力。在实施3Q7S管理的过程中，我们不仅要树立"简单不等于容易""规则胜于一切""布置不等于完成"和"知道不如做到"的思想，而且还要"小题大做"、高效执行、拒绝借口、全员参与、亲力亲为，从身边小事、易事做起，每天多做一点、做好一点。同时，要在行动中提高思考力，在流程中提升改善度，处处用心，精益求精，通过量化时间目标和过程目标，不断规范动作、步骤，使责任明确，在PDCA循环过程中，不断提高管理目标。我们要通过校内现代企业制度，强化执行力，为提升自身的职业化工作技能、职业化工作形象、职业化工作态度、职业化工作道德和造就优质学生打下坚实的基础。

职业学校一般会经历规模发展、内涵发展、特色发展和文化发展的过程。浙江科技工程学校经过27年的发展，已经从特色发展迈向文化发展的道路，树立了3Q7S的品牌管理理念。3Q7S学校管理模式体现了标准化、精细化、高效化、系统化和企业化的特点，是学校在特色、内涵、服务等方面的整体表现，展现了学校的核心竞争力。

1. 标准化

3Q7S是一种标准，3Q是优秀教师（Quality Teachers）、优美学校（Quality School）、优质学生（Quality Students），7S是整理（Seiri）、整顿

（Seiton）、清扫（Seisou）、清洁（Seiketsu）、素养（Shitsuke）、安全（Safety）和节约（Save）。7S中的每个"S"有一定的标准，按照标准操作，是管理的重点。

2. 精细化

3Q7S管理模式是对精细化管理的提升，按照PDCA循环过程进行，即通过全员培训与宣传发动、制订细则与样板推动、全面实施与检查评价、总结分析与巩固提高四个阶段的不断循环，着力使学生形成现代企业生产所要求的遵章守纪、严格要求、注重细节的作风和习惯，实现地物明朗化和行为规范化，切实增强改善意识，提升行动品质。

3. 高效化

管理的目的是提高效率。7S中的"整理"和"整顿"，区分必需品和非必需品，并将必需品置于任何人都易找、易取和易放的状态，使空间得到最佳利用，既减少了不安全因素，又利于操作，提高了效率。

4. 系统化

3Q7S管理模式本身就是一个系统，3Q中的学生、校园和教师是学校教育系统中的三要素。在3Q7S的推展中，形成了教学7S管理、学生7S管理、行政7S管理、后勤服务7S管理的推行计划和实施方案，以及53类场所7S管理标准和相应的规章制度。在分析岗位责任时，确定了"5W2H"，即为什么要做，在哪里做，做什么，在什么时候做，谁来做，怎么做，做到怎样的程度。

5. 企业化

3Q7S管理模式来源于企业，是企业文化进校园的典范。这一管理模式让学生提前感知企业管理的先进理念，缩短了对企业的适应期，增强了职业竞争力。3Q7S管理模式有效地促进了中职教育"专业设置对接产业调整，专业教学对接岗位要求，实训基地对接工作环境"，推进了校企文化一体化建设，促进了学校高品质发展。

（点评：佛朝晖）

 **学校管理卷**

名校／名校长简介

杨友均，男，1967年生于重庆市云阳县，高级讲师。1985年参加工作，1993年开始任普通中学校长，2001年调入云阳县高级职业中学任校长兼党支部书记，从2007年至今任云阳职教中心校长。其间，曾到清华大学、北京大学、国家教育行政学院及澳大利亚等国内外多个高校参加培训学习。

在近20年的校长生涯中，杨友均不断学习、探索和积累，逐步形成了自己独特的管理思想和治校理念，在实践和理论上均取得了丰硕成果。特别是在任云阳职教中心校长期间，他开拓创新，带领全校教职工团结奋进，在不到5年时间里，把一个由7个薄弱学校组合而成的新校办成了国家级重点中职学校，使之成为三峡库区职业教育的一朵耀眼奇葩，创造了库区教育奇迹！

自2007年以来，云阳职教中心在杨校长的领导下，在校生人数从400人上升到现在的6000多人，教职工从30多人上升到现在的近400人，学校建筑面积从6000余平方米上升到现在的6万余平方米。学校多次获得国家、市级奖励，连续多年被评为县优秀学校，是重庆市示范成人学校、全国"五四"红旗

以人为本，科学发展，特色育人

——重庆市云阳职教中心

团委创建单位，是重庆市三峡移民培训、扶贫培训、农村劳动力转移培训、雨露计划等多项市级培训基地，年培训人数在 6000 人以上。

如今，学校已成为一所集学历教育、各类技能培训、成人教育、职业技能鉴定于一体的综合性职业学校，形成了"以质量求生存，以创新谋发展，以品质创一流"的办学理念和"教学实训一体化、技能培养岗位化、学生管理军事化、社团建设自主化、校园文化职场化"的办学特色，正朝着打造库区职教高地的目标迈进。

学校的发展是校长办学理念和管理水平的最直接体现。

校长是一个特殊的职位，与政府、企业的管理者不一样，岗位的流动性不大，接触的人群相对固定。校长从事的是一项对社会、对未来、对民族都有着重要意义的事业，这项事业需要用心来做，用思想、用文化、用艺术来实施管理。因此，在近 20 年的学校管理生涯中，杨友均校长潜心钻研，深入探索，不断反思、总结、提高，逐步形成了自己的管理思想。

一、以人为本是根本

教育是"育人"的事业，学校是"育人"的机构，因此"人"是学校管理的第一要素，也是学校管理的难点所在。在学校管理中，人们不断尝试探索，产生了很多思想，也有很多争议，但纵观杨校长近 20 年的学校管理，以人为本始终是他做一切工作的根本。

1. 尊重人性

人性是人在一定社会制度和一定历史条件下形成的人的本性，它与事物的"物性"、理想主义的"理性"有本质区别。尊重人性就是尊重人的个性差异、需求愿望、兴趣爱好，把教师、学生当"人"看，理解先行，理解师生的想法、做法、需求和愿望。制订制度、设定目标、分配任务时首先考虑到师生的实际情况，尽可能避免把师生当"物"看，不要什么都一个标准、一个尺度、刻板死套、冰冷无情，不要把学校当成工厂、把教师当成机器、把学生当成产品、把教室当成流水线。

尊重人性还要尊重师生的劳动，鼓励创造创新。特别在中职学校，更要科学地看待统一、标准、规范这些整齐划一的东西，要更多地鼓励师生的差异发展和创新创造，激发师生的热情，只有这样才能把学生培养成符合企业需求的技能人才。

2. 构建和谐

在学校，和谐主要指人与人之间的和谐，它包括教师的和谐、学生的和谐、师生的和谐、干群的和谐、学校与家长的和谐、学校与社会的和谐。构建和谐校园，首先是保证公平、公正、公开，打造无私、务实、具有亲和力的干部团队；其次要营造一个相互尊重、彼此理解、文明礼让、互谅互助的校园氛围；最后要及时发现矛盾、处理矛盾，重视小问题，化解小纠纷。

对于现在的中职学校，和谐更具有特殊的意义。由于中职学生这一群体的特殊性，学校和谐的生活和教育熏陶，更是关系到若干贫困家庭、贫困地区、三农问题，关系到社会弱势群体的生存和发展，对社会和谐有着重要影响。

3. 敬畏民意

校长负责制在我国已实行多年，校长在学校统管人、财、物，似乎手中有权，但尽管做了多年的校长，也不论处于什么样的环境，杨校长始终时刻提醒自己要敬畏民意。他十分重视每年的领导干部民主测评，把它作为对自己、对学校班子的一次重要检测，如果检测效果不好，他就要求自己和学校班子及时分析、查找原因、立即改正。他常常告诫自己和班子成员，千万不要以为做出点儿成绩，便有了架子，高高在上，不把教师放在眼里。他常说的一句话就是："如果一个校长连民意都不怕，那这个校长也做不久了。"

做校长很累，繁杂的事情很多，久了就容易出现疏远师生、处事武断简单、脱离一线和基层等情况，很多小问题日积月累就会变成大问题，处理起来就更加棘手了。

校长虽然不是多大的官，但"水能载舟亦能覆舟"的道理同样适用。

敬畏民意就是要顺应民意，倾听师生心声，及时处理师生提出的各种问题，出现了带有普遍性的意见和比较尖锐的问题，一定要高度重视、妥善解决，绝不能拖、压、推、哄。

二、科学发展是关键

科学发展就是根据自身的特点，遵循事物的规律谋发展，而不是为了发展而不顾现实基础，搞大跃进，造大声势，急功近利搞突击式发展。现在的中国，发展已成为主旋律。做企业就要做大做强，讲求经济效益；做教育则重在培养人才，讲求社会效益。学校发展有其自身的规律，因此学校管理更应该讲求科学。

作为一个学校的校长，如果不能头脑清醒，树立科学发展观，则必然误入歧途，给学校、社会带来损失。

1. 顺势而为

现在的社会，经济高速发展，各种竞争日益加剧，于是"突击""突破""创历史新高"等说法成了各类管理者的口头禅，学校管理则千万不可如此。育人是一个循序渐进的过程，急不得。作为校长，更要静得下来、坐得住、耐得住寂寞，根据学校自身优势和条件，顺势而为，不可逆势而动，否则就可能适得其反。

2. 尊重规律

任何事物的存在发展都有其固有的规律，违反规律则必遭惩罚。现在的中职学校处于发展壮大时期，规模剧增，模式多样，改革声音不绝于耳，新思想、新理念层出不穷，如何带领学校乘势而上是每个校长都要考虑的问题。通过多年的尝试，杨校长的经验是：静心凝气，不急不躁，遵循规律，按教育规律办事则成，违反规律则败，学校的发展规划、专业建设、基础设施、队伍建设无不如此。

3. 循序渐进

现在的社会讲速度、讲效率，学校是否也该如此？中职学校学制 3 年，学生在校两年，能全部成为中级工甚至高级工吗？从多年的实践看，这确实很难。搞教育，特别是生源质量较差、师资水平不高、实训设备不足的中职学校，更应该循序渐进，一步一个脚印，只要步子稳，走得踏实，就会有进步。如果长期跳跃式地跑，虽然快，但终究是要回头补漏洞的。

三、特色育人是出路

曾经，培养标准化人才是教育的主旋律。如今，随着信息化和经济全球化的到来，社会对人才的需求已发生很大变化，创新性人才和特色人才培养逐渐成为教育改革的目标。中职教育作为与社会经济联系最为紧密的教育，则必须创新，走特色发展的道路，培养出适应社会发展的技能型人才。人没有特色就普普通通，学校没有特色就平平淡淡。

1. 创新

创新是特色办学的主要手段。特色就是与众不同，只有具有创新思维、创新做法的人才能打造特色学校，没有创新就不可能有特色。而创新的首要条件是人，营造创新的氛围，充分发挥人的主观能动性，培养具有创新精神

的师生群体是杨校长一直以来工作的重点。

2. 坚持

学校特色的打造，特色人才的培养，还需要一份坚持。如果对什么事情都浅尝辄止，今天搞这个，明天搞那个，可能想了很多思路，开了很多头，做了很多事，但结果还是一事无成。所以搞特色建设，对认定的事一定要坚持，只有持之以恒，最后才会成功。

3. 借鉴

借鉴其实不只是特色建设的法宝，也是学校管理的重要经验。每个学校，不论好的差的，都有自己独特的、做得好的地方，都有值得学习借鉴的东西，就看你是否虚心诚恳。当然，借鉴也是有方法的，借鉴不是照搬照抄，而是把人家好的东西融入自己的头脑，经改造后再运用到工作中。

实践应用

成熟的思想是在实践中反复尝试、总结、提高的结果，同时又在实践中得到验证，杨友均校长管理思想的形成同样如此。

一、攻坚克难，造就职教奇葩

杨友均校长是 2007 年来到云阳职教中心的，在这几年里，云阳职教中心从一砖一瓦开始建设，到成功创建国家级重点中职学校，成为三峡库区职业教育的奇葩。

美丽校园

杨校长在短短几年时间里所创造的办学奇迹成为全市职业教育的奇谈，获得了广泛赞誉。然而其间创业的艰难曲折、酸甜苦辣，只有他自己体会最深。

（一）解决"人"的问题

做事，成也在于人，败也在于人。这道理谁都懂，然而只有真正深入其中，才知复杂艰难。在云阳职教中心发展建设的道路上，人始终是困扰学校的第一道难题。

1. 统一思想、凝聚人心难

这几年来，云阳职教中心整合了全县 7 所职业学校，教职工从几十人增加到近 400 人，来自各个学校的教职工各有各的想法，各有各的困难，各有各的实际情况，职务的安排、工作的分配、待遇的调节……这复杂程度远非几句话说得清楚，稍有不慎则会搞得全校四分五裂、矛盾重重、难以收拾，这种情况在不少地方并不鲜见。

然而时至今日，整个学校和谐安然，全体教职工认认真真地工作，和和睦睦地生活，主管部门对学校校长及领导班子的民主测评年年居全县学校前茅，学校也成为人们羡慕的对象。

学校能够取得今天的成就，与杨友均校长以人为本的管理之道密不可分。他所倡导的低调为人、高调做事以及务实、躬亲、注重细节、敬畏民意正是学校成功的法宝。

杨友均校长自上任以来，一直践行自己以人为本的管理理念，深入教师一线，倾听教师心声。只要是涉及教师的事情，不分大小，也不管是上下班，总是耐心、细心，诚心地予以解决。教师在感动之余，慢慢认可了杨校长，也认可了杨校长的办学理念，全校上下，统一思想，凝心聚力，开创出云阳职教中心的新局面。

2. 师资水平低，专业人才奇缺

整合后的学校，教师数量不少，但能上课的不多，特别是专业课教师奇缺，这对于中职学校来说无疑是最致命的。为此，杨校长可谓想尽了方法，他亲自带队，利用各种关系，拜访高校、企业，把教师送出去培训；向主管部门争取政策指标，广招人才；请专家、师傅到校指导培训；在校内广泛开展自研自培，鼓励教师转岗深造。

培训班开班仪式

到 2010 年底，学校自主外派教师学习的高校有 5 所、企业有 13 个、友好中职学校有 12 个。在外学习一个月以上的教师有 110 余人次，有近 50 名文化课教师转为专业课教师。现在，学校专业领头人有 2/3 以上是自己培养的。教师考取高级工证的有 120 人，考取技师、高级技师的有 17 人。

数据虽然简单，但对于一个处于国家级贫困县，距重庆主城 300 多公里，一切都从零开始的山区学校来说，这意味着什么不言而喻。

在东部沿海地区对口支援三峡库区的活动中，云阳职教中心与江苏省苏州工业职业技术学校和常熟职教中心是做得最好、行动最快的也是效果最好的。之所以有如此结果，还是缘于杨校长的诚恳和务实。

国务院三建委和教育部联合组织的东西部职业学校对口支援对接会在重庆召开的当天，杨校长早上 6 点钟从云阳出发，驱车 300 公里赶到重庆主城区，匆匆吃点午饭，把江苏的客人接到后又赶回云阳，然后陪同客人座谈、参观，安排吃住，直到晚上 11 点多才回到家中。

一天时间，坐了 7 个小时的车，跑了 600 多公里的路，还要热情周到地当好主人，做好接待，认真细致地洽谈工作！一个字：累！然而这样的日子在杨校长的生活中却是常事，为了争取项目，创市重、国重，他做了多少事，跑了多少路，处理了多少突发事件、急事、难事，已难以说清。但有一点却是肯定的，他在车上办公已成常态，工作不分上下班已成习惯。

在杨友均校长的坚持与努力之下，云阳职教中心已基本建成了一支合格稳定、业务水平较高的教师队伍。

（二）解决"钱"的问题

没有钱，万事难。刚整合的云阳职教中心几乎是无一片瓦、无一块砖，大量的基础设施、房屋要建，大量的设备、实训器材要添，大量的外聘教师工资靠自己付，一切都要钱。但云阳是国家级贫困县，财政无钱。云阳职教中心虽然整合了全县 7 所职业学校，然而整合的仅仅是人，谈不上物，更不要说钱。贷款无抵押，银行不借。于是筹钱就成为杨校长的首要任务，他找工程队垫资，发动教职工集资，找企业援助，争取国家项目支持，勒紧裤腰带节省开支……一项一项难题，跑不尽的道路，说不尽的好话，赶不完的材料，道不完的苦！

申请项目是学校争取上级财政支持的主要手段，学校从 2007 年开始连续多年得到了市级、中央财政的支持，极大地改善了教学实训条件，添置了大量专业设备。但申报项目的一个重要步骤就是准备科研报告，如果拿到专业公司去做，一个科研报告要 5 万元左右。为了节约钱，学校组织人自己做。由于这种申报往往只有几天时间，因此做起来经常是没日没夜，忙得昏天黑地。这时候，杨校长既要做服务员，给整理资料的教师端茶、送水、买饭，又要做联络员，多方联络请教，忙前忙后，熬夜赶路，最后还要做质检员，把好最后一关，全然没有校长的架子，弄得大家很不好意思，只能更加卖力地工作。就这样，几天时间就能整出来几百页厚厚的高质量的项目书。

几年下来，学校花很少的成本，争取了几百万的项目资金，极大地改善了实训条件。

每到期末年关，就是学校最困难的时候，工程队要钱，教师盼钱，各种购物借贷款项都要付钱，大家都等着钱回家过个快乐年。这时候的校长最难当，有的校长干脆躲起来，电话关机，人也找不到。而杨校长这个时候不是在各个部门要钱，就是待在办公室，向一批一批的人说明、解释，能给钱的尽量给，没钱给的也要让人家心服口服，心平气和地回家过年。

2010年岁末，钱实在太紧张，于是杨校长就在干部会上给大家做工作，订了一条规矩：按照退休教师、外聘教师、普通教师、干部、校长的顺序发放津贴，如果实在没钱，干部和校长等年后有钱再发。

这样的事在云阳职教中心已是不成文的规矩，凡事先满足退休人员，再是教师，然后才是干部和校长。

二、亲力亲为，打造和谐团队

以人为本，构建和谐校园，是近年来的时髦语言，然而做起来却并不容易，根本原因在于是否从心底认可它，是否真心践行它。

杨校长早在多年前就领悟到了以人为本、构建和谐校园的重要性，并在工作中不断地践行和总结。当然，那时候没有这样的说法。他所走过的学校，尽管存在这样那样的问题，但和他一起工作过的教师都说，杨校长是个好人，没有架子，亲近教师，关心教师。人们对云阳职教中心有这样一个评价："在这个学校做教师最好，做干部最累。""亲近教师。""多和教师聊天、交流。""多深入教学一线，多听教师心声。""换个角度思考问题，上半夜为自己想，下半夜为人家想。"这些是杨校长经常对学校干部说的话。

一个年轻的校长为什么会有这样深刻的体会和成熟的做法呢？很多人问过他，他自己说这可能是受家庭教育的影响，同时也与自己的成长经历和中学时所读过的几本书有关。他认为作为一名校长，首先是把教职工、学生带好，只有大家心平了、气顺了，工作才能做好。再说，教师这行一般很难有调动，长期待在一个地方，工作繁杂，心理负担重，身累、心更累，因此，校长一定要把学校建成一个大家和睦生活的家园，让大家体会到幸福和快乐。在云阳职教中心最近几年的工作计划中，提高教职工幸福指数是重要内容之一。

在创市级重点职业学校时，学校需要准备大量的档案资料，以便充分反映学校各方面的情况。资料的质量直接影响验收的成绩，然而学校从来没有这方面的经验，一切都从零开始。于是，杨校长联系了多所学校，组织大家参观学习。

一次，杨校长与重庆主城区一所学校约定了当天前去学习，学校几个资料员刚出发，公路塌方了，为了能按时赴约，杨校长凭私人关系借来车，亲自驾驶，冒雨从另一条路绕道前行，一路颠簸，耗时6小时才把大家带到了那个学校。

5·12汶川地震时，云阳也有较强的震感，当时人心惶惶，谣言四起，为防止余震造成恐慌，出现意外事故，全校几千个学生在操场睡了一夜。这一夜，杨校长彻夜未眠，一直在学校操场上，一直陪在学生身边（尽管家里还有80多岁的老人），第二天还照常上班。

只要没出差，每天早上7点多，杨校长都会出现在学校的操场边，比一般的教师、干部来得早得多。

只要遇到困难大、不好干的事，杨校长总是一马当先、以身作则。

云阳职教中心是重庆市雨露计划（扶贫培训）培训基地，每年招收附近4个区县近千名贫困学生。这些贫困学生年龄跨度大，从十几岁到四十多岁都有，有些是在外面跑了多年的老江湖，也有的是常年在家务农的农民。把他们管理好，让他们按学校规矩认真学习真不是一件容易的事。

一次，几个"毛小伙"与学校食堂的工人发生矛盾，要打架，要砸食堂，几个人怒气冲冲地找到杨校长。十多分钟后，几个小伙子微笑着从校长办公室出来，并向食堂工人赔礼道歉，一场纠纷就此化解。

这样的事对雨露学员来说太多了。在2010年的重庆市雨露培训工作总结会上，云阳职教中心成为管理最规范、投诉最少、培训效果最好的先进学校。

三、虚心好学，促进自身成长

杨友均原本只是一个中师毕业生，但身为国家重点学校的校长，他认为自身的文化底蕴、学识水平、人格魅力一定要与国家重点学校校长的身份相匹配。因此他一直以来坚持勤学苦练、积极上进。从1985年参加工作至今，看书、学习、进

探讨学习

修无时不陪伴着他。

仅从 2000 年后算起，2001 年他取得了重庆市委党校法律专业本科毕业证，并取得了西南师范大学教育管理专业研究生结业证；2005 年参加重庆语言文字基地普通话培训，取得国家一级乙等资格；2008 年 7 月在北京大学参加了重庆市教委组织的骨干校长研修班学习并结业；2009 年 5 月赴澳大利亚进行了为期一个月的职业教育学习培训；2009 年 10 月，在清华大学参加了中等职业学校校长高级研修班学习；2010 年 6 月，在国家教育行政管理学院参加了国家教委组织的中等职业学校校长改革创新战略专题研究班培训。

在接受各种培训学习的同时，杨校长更注重向别人学习。重庆近 2/3 的职业学校都曾经有过他的身影，市外 10 多所学校、30 多家企业都留下了他的足迹，重庆工业职业技术学院院长李时雨、浙江永康职业技术学校校长华康清、重庆教育学院心理学副教授李学容等多位专家、学者都曾被他邀请到学校，为学校发展把脉问诊、举办讲座。

通过学习，他丰富了自己的教育教学理论水平，积累了大量的专业知识，教育教学管理水平也取得了更大进步。

有努力就有成绩。2010 年，杨校长被评为重庆市中职学校德育工作先进个人，被教育部国家教师奖励基金会评为教育科研先进个人，还多次获县级优秀校长、先进教育工作者等称号。近 5 年来，他共参与编写中职教材 2 本，在市级、国家级刊物发表文章 10 多篇，承担并已结题的国家级课题 1 项、市级课题 2 项。

如今的杨校长虽然才 40 多岁，正是风华正茂的年龄，但已是有了近 20 年学校管理经验的老校长了，与时俱进、孜孜以求、虚心好学正是他为人处世的法宝。

四、改革创新，打造学校特色

云阳职教中心地处三峡库区腹心地带的云阳县，云阳县是国家级贫困县、农业大县、移民大县，这里经济发展滞后，工农业总产值比不上沿海一个富裕的村，因此办职业教育有很多先天不足的地方。如果因循守旧，按照常规办学，学校根本不可能得到迅速发展，更谈不上跳跃式发展。因此，在分析了自身条件、环境后，再与发达地区的职业学校比较，杨校长决定把"改革创新，特色发展"作为学校办学的战略重点。

一路走来，杨校长带领大家不断尝试、探索，在教育教学管理中实现了"五化特色"，在学生就业管理中实施"六步"管理模式，在就业安置中坚持"四不"原则，使学校面貌焕然一新，办学水平进一步提高，办学特色日益凸显。

（一）五化特色

1. 教学实训一体化

教学实训一体化，即把理论教学与实训结合起来，把理论课教师与实训课教师结合起来，把教室与实训室结合起来，实现理论教学与实训教学的有机统一、协调同步、相互促进，从而提高教学质量和教学效率，避免了理论与实训脱节、理论教师与实训教师各说一套的现象。

同时，学校改善实训条件，加强实训教学，按工厂、车间形式建设实训场，按班组管理模式进行组织管理，按车间三班倒的生产模式进行实训。通过这些尝试，学生在企业基本能适应岗位要求，真正实现了学校与企业的无缝对接。经跟踪调查，企业对我校学生的满意率达90％以上。

2. 技能培养岗位化

在技能人才培养中，学校针对企业岗位、职场岗位设计训练内容，提出训练要求，培养岗位能力，加强技能教学的针对性和有效性，从而提高学生到企业实习就业的适应能力，避免了学校教学大而统、与企业实际脱离的现象。

在实际教学中，学校适当削减文化课课时，加大技能课课时，积极推进富有职教特色的以专业部为基本管理单元的管理模式改革，将人事聘用、考核评定等权限下放到专业部，以扎实的基础管理推动学校的综合管理，以培养学生岗位能力为核心，促进专业与职业、专业与行业的接轨。

3. 学生管理军事化

针对现代化企业、职场对员工的严格要求和90后敬业吃苦精神的缺失，学校实行了在寝室管理、学校集会、校园管理方面的半军事化，并加强了学生入学的集中军训和在校学习中的军训课程化、常规化，提高了学生的纪律性、吃苦精神和身体素质。

4. 社团建设自主化

学校积极开展社团建设，并实行自主组织、自主管理、自主活动，从而丰富了校园文化生活，让学生在社团建设中培养团队合作、人际交往、组织与管理、开发与创新等能力，培养学生的职业能力和社会工作能力，进而实现学生自我管理、自我教育、自我发展的目标。

5. 校园文化职场化

只有在职场中培养的能力才是最适合职场的。因此，学校通过办企业，把实训室办成车间，引进职场文化元素，营造职场氛围，让人一进校园就能感受到浓厚的企业氛围、职场环境，让学生在学校中接受职场文化的熏陶与感染，培养职业精神，从而尽快实现学生向职业人的转变。

（二）实施"六步"管理模式

学校对学生就业工作的管理程序是"企业考察——顶岗实习——跟踪管理——实习召回——就业安置——跟踪回访"。

一是"企业考察"。每年第一学期，学校都要组织几批人员到企业考察，其人员组成必须有家长代表、学生代表，考察费用全由学校承担。能否输送学生到某企业主要由家长和学生说了算，校方的意见仅做参考。考察人员考察结束回校后举行"企业考察情况通报会"，学校组织学生听取家长代表、学生代表对企业的推介。这种做法给即将赴企业顶岗实习的学生吃了一颗定心丸。

二是"顶岗实习"。学校邀请经考察组认可的企业到校，实行"双选"，把学生按所学专业送到相应工种的企业实习。

三是"跟踪管理"。这是学校投入人力、财力最多的一个环节，学生到企业顶岗实习后，学校就要安排教师随同管理。跟踪管理的教师主要是稳定学生情绪，协助学生落实相应待遇，帮助学生排忧解难，处理突发事件等，他们与学生同吃住、同活动。2008年，学校赴珠三角的实习分队还编辑了《实习之窗》，共12期，消息传回学校，令人振奋。

四是"实习召回"。对实习期满一年的学生，学校实行实习召回制度，这是学校的一项创新。召回的形式有学校召回和同一地域相对集中的地方召回两种。实习结束后，凡希望学校重新安置的学生就回到学校，对实习企业满意又不能耽误工作的学生，就由跟踪管理的教师代表学校把同一地域的学生组织起来，就地举行毕业典礼，给优秀实习生发放奖金和证书，完善相关档案资料和毕业手续。这样就避免了学生实习期间放任自流、无法控制的情况发生，确保了实习期间对学生的有效管理。

五是"就业安置"。对召回学校的学生按照学生意愿重新安置工作，对愿意继续留在实习企业工作的学生，学校、学生将与企业正式签订安置合同，过了这一环节，学生就算正式工作了。

六是"跟踪回访"。即就业跟踪管理，时间至少是一年以上，主要是班主任、就业办教师以电话、网络、不定期深入企业回访等形式进行，若有突发事件，学校就派人前往处理。

（三）"四不"原则

一是规模小、抗风险能力弱的企业不输送。对于那些员工数量不多、开办时间较短、注册资金或纳税量不大、信誉较差的企业，不输送学生，这样既可以提高学生的就业稳定率，也能够提高学生的择业鉴别力。

二是社会保险不规范的企业不输送。凡是职工的各类保险缴纳不规范的企业不输送学生，因为这样的企业管理不人性化，不能很好地执行国家的劳动政策，学生的权益就可能得不到有效保障。

三是月薪较低的企业不输送。月薪也是决定输送学生的一个重要条件，因为县情决定了学生就业就是要让学生家庭逐步脱贫致富，如果工资太低，家长、学生都不愿意，会影响学校的声誉。

四是生产危化物品、影响学生健康的企业不输送。不管企业办得多么大，效益多么好，给员工的工资多么高，凡是从事危化物品生产，可能影响学生身体健康的企业坚决不输送。2008 年，学校到浙江考察，发现一家企业占地 3000 多亩，连这座城市的迎宾大道都是用这个企业命名的。当考察组一行跨进企业大门后，一股刺鼻的异味扑面而来，走进企业人事部办公室，了解到他们员工的保险缴纳规范，工资高得诱人，管理也还不错，但他们是从事化工生产的企业，学校最终谢绝了企业用工的要求。

校长即一校之长，对外代表学校，对内主持校务，既要懂教育教学，又要懂管理；既需要丰富的实践经验，又需要较高的理论水平，还要有良好的思想品德修养。对于中职学校校长而言，要求更多，既要懂学校，还要懂企业；既要是教育专家，还要是社会活动家。因此，做中职学校的校长不容易，既充满挑战，也有广阔的发

下车间慰问学生

挥空间，探索永远没有尽头，成功只属于过去，每天都是新的开始。

杨校长认为，中职教育是我国市场化程度最高的教育，招生、就业都是

市场化的，学校教学也是根据社会市场的需求而随时在调整，因此中职学校的校长要有高度的敏感性和洞察力，与经济社会保持密切的联系，既要像教育家一样把学生都培养成人才，也要像企业家一样把学校经营得红红火火。回顾自己的校长生涯，他感触很深，觉得自己要学的东西还很多，要提高和改进的地方还不少。

一、经营学校

人们对教育产业化的争议很多，因为学校毕竟不是企业。但中职学校却与普通学校有很大的区别，一是学校业务多，除了中职生学历教育外，还有大量面对社会的短期培训、技能鉴定以及为教学服务的企业、校办产业等；二是学校部门多，除了普通教育学校具备的科室外，还有招生安置、对外联络、培训、实训、技能鉴定等部门；三是学校管理复杂，普通教育学校课程、教材、教学计划几乎多年不变，并且课程有限，而中职学校一个专业就有十多门课程，一个学校上百门课程，除了理论教学外，还有实训教学、实习实践等，其复杂程度可想而知。

因此，职业学校需要"经营"。经营本是指根据企业的资源状况和所处的市场竞争环境对企业发展进行规划和部署，并根据这些规划和部署开展相应的活动。中职学校的经营更多的是指像企业一样敏感和灵活，像企业一样能适应市场的变化，像企业一样运行良好和控制成本。

中职学校如何经营是一门很深的学问，杨校长认为，一是要解决学校发展定位问题，如是办成示范学校还是特色学校，是办成综合性学校还是专门性学校，是面向制造业还是面向服务业，是为三农服务还是为工业产业服务，这些都需要根据自身条件、环境去思考探索；二是要解决学校运行机制问题，如招生、教学、就业的协调统一，教学与实训、实习、顶岗的协调统一，各个岗位、校内校外、短期培训与长期教学、文化与专业等人员的调配、待遇等；三是解决学校经济效益与社会效益的调节与平衡问题，教育本身注重的是社会效益，特别是中职学校，更关乎社会民生，然而没有经济效益，中职学校就不能得到良好的发展，甚至可能连维持正常运转都成问题。

要经营好中职学校就必须学习现代管理理论，学习企业的精细化管理和质量控制以及企业人力资源管理、企业文化建立等，这应该是一个现代校长应具备的素质。一个连企业都不懂的人培养的学生怎能适应企业的需求呢？所以深入企业，与企业家交朋友，加强与行业的联系和沟通，正是杨友均校长着力解决的问题。

二、学校文化品牌的建立

在谈到学校管理时，杨校长说出了自己正在努力的方向，就是学校文化品牌的建立。用制度管理学校很机械，因为它是工业时代的产物；仅用人性化管理学校具有一定的随意性，不适合时代发展的要求；用文化管理学校才是最高境界，才能充分解放生产力。这种文化应该由发展目标、办学理念、教学理想、育人特色、人文精神等一系列学校精神文化元素组成；这种文化应该遍布校园各个角落和各个时段，为广大教职工所认同并执行，具有典型性、独特性、品牌性、群众性；这种文化应该是学校一切工作的基点，是广大师生的精神支柱，是学校的灵魂。

在这种文化背景下，教师从内心认可学校的各项工作，并积极参与学校的发展建设，他们从被动完成任务到主动自觉去寻找任务，工作不再是负担，管理将不露痕迹，教职工的主动性被充分调动。这是一种理想状态，但并非不能实现。

这种文化的建立并非一朝一夕能完成，需要一个漫长的过程，要有系统的策划和坚持不懈地推行，要有深厚的文化积淀，更需要校长有丰厚的文化底蕴、高瞻远瞩的眼界和领导者不凡的影响力。教育界陶行知提倡的"行知合一"，企业界格力提出的"造世界最好空调"和海尔提出的"零缺陷"，都是很好的示范。

有人说，一个校长决定一所学校，校长的高度就是学校的高度，校长的品位就是学校的品位；也有人说，一个校长决定了一群人的未来，因为学生的未来是从学校开始的；更有人说，一个校长对当地的经济发展和社会文化建设具有巨大的影响力。虽然这些说法都有可商榷之处，但一校之长在人们心目中的地位和重要性却是显而易见的。面对强大的社会责任和历史使命，杨友均校长动情地说："在老百姓心中校长的地位很高，在政府眼里校长的责任很大，因此容不得半点懈怠，在这竞争日益激烈的社会里，唯有聚精会神、不断求索、不断进步，推动学校不停地迈向一个又一个新的台阶，才能不辜负社会的重托和百姓的厚望。"言词之间，其恳切和真情自然流露。

在浩大的社会和历史的长河中，一个校长真的算不了什么，但像杨友均一样的校长们所付出的艰辛和努力却是实实在在地改变着无数孩子的未来，他们塑造着国家和民族的未来，历史终不会忘记！

重庆市云阳职教中心，从一所7校合并的薄弱学校发展成为国家级重点中职学校，成为三峡库区职业教育的一朵奇葩，形成了学校独特的管理思想和治校理念。它既开展学历教育，也开展成人教育，既有职业培训，也有技能鉴定，形成了具有学校特色的文化品牌。从这所学校的案例中，我们读出以下三个治校方略：

1. 领导垂范，以人为本

诚如文中所说，教育是"育人"的事业，学校是"育人"的机构，人是学校管理的难点，也是管理的魅力所在。学校在坚持发展、努力创新的过程中，以此为根本，尊重人性，敬畏民意。学校领导率先垂范，在鼓励老师创新工作的同时，尊重每位老师的个性，用真真切切的实际行动凝聚了人心，团结了力量，为学校的发展奠定了坚实的人力基础。

2. 静心凝气，科学发展

尊重规律、循序渐进是学校坚持科学发展的依据。在师资队伍建设上，学校通过广招人才、各种培训，逐渐将原来师资水平低、专业人才缺乏的队伍发展成一支合格稳定、业务水平高的教师队伍。在专业建设上，学校多次组织人员出外考察、学习，试行了专业组管理模式，调动了教师积极性，提高了管理效率。而学校的发展规划、基础设施建设无不体现着科学发展，正是因为充分认识到了学校的发展有其自身的规律，学校的管理者不急不躁、静心凝气，一步一个脚印地夯实基础，走稳走好，才有云阳职教中心欣欣向荣的今天。

3. 改革创新，特色育人

创新是一个学校发展的源泉，而特色则是一个学校长期生存下去的关键。学校鼓励大家通过不断尝试、探索，提出了"五化特色"（教学实训一体化、技能培养岗位化、学生管理军事化、社团建设自主化、校园文化职场化）、"六步"管理模式及"四不"原则，使学校的面貌焕然一新、办学水平进一步提高。

诚然，重庆市云阳职教中心的发展，与杨友均校长这样勤勉善思的优秀领导者及团结一致的全体教师是分不开的，通过这所学校的发展案例，我们也许能悟出一些推动职业教育发展的有效方法与途径。

（点评：李梦卿）

创造辉煌，缔造奇迹
——贵州省遵义市职业技术学校

名校／名校长简介

黄维灿，男，1963年生于贵州遵义，毕业于贵州师范大学，1984年参加工作。曾在六盘水市市委党校、遵义地区师范学校任教。1993年6月至2002年1月，曾先后担任遵义经济技术开发区职业高级中学教导主任、副校长、校长。2002年2月遵义市职业技术学校成立，任副校长；同年8月至今担任校长。

黄维灿曾多次荣获遵义市汇川区优秀校长、汇川区优秀党务工作者、市级先进教育工作者、贵州省优秀教师等称号。2005年，他被中国职业教育学会、《中国教育报》等5家大型学术团体联合授予"中国职业教育杰出校长提名奖"。另外，他有多篇关于学校管理与发展的论文在国家级刊物上发表并获各类论文评比奖，指导的数名中青年教师获得了全国优秀教师、优秀班主任、优秀骨干教师的称号。

在黄维灿校长的领导下，遵义市职业技术学校由人人唯恐避之不及的"戈壁荒漠"变成了一所国家级重点学校。

陶行知说："一个好校长也就意味着一所好学校。"

校长是一个学校的灵魂，要评论一个学校，先要评论它的校长，有什么样的校长就会有什么样的学校，就有什么样的教师和学生。校长在整个办学过程中处于学校管理系统的核心地位、主导地位、决策地位，校长的思想、行为和作风在学校工作中影响全局。

作为校长，首先要加强自身修养、尚德修身、以德从教，随时告诫自己不要因小节而误了正道，只有反思、检查自己的言行，才能知得失，展现出人格魅力，才能建立一支集人格、思想、智慧、魅力于一体的团队。校长只有怀揣一颗教育的良心，脚踏实地，努力做好看似平凡简单的事情，才能从信念和思想上去撼动一支队伍。

其次，要有思想，更要有谋略。教育思想是办学的灵魂。校长要用先进的教育思想来指导学校的一切工作，并把它作为是非得失的准则。在办学方面，校长不能做一个墨守成规的经验型庸者，也不能做一个毫无思想和主见而唯上级命令是从的行政型懦夫。校长的教育思想往往是一所学校的灵魂，校长必须用正确、科学和先进的教育思想，不断地引导全体教职工统一认识，一旦机遇到来，一定要全力以赴，把握住机遇，做到准、快、狠。

再次，在危难中学会"克己复礼，忍辱负重"。如果遭遇苦难或挫折，要把挫折转换成动力，而不是一遇到困境就躲到角落里怨天尤人或在需要立即行动的时候犹豫不决。因此，校长一定要在平时做好充分的准备，掌握足够的信息，以便在必要时作出最好的抉择，把握住稍纵即逝的机遇。

最后，改变观念，开拓未来，有勇气和锐气。职业教育不断发展，它赋予校长时代的责任，也赋予校长勇于探索教育实践的力量。中等职业教育正处于低谷，本身没有现成的经验和模式可以借鉴，它需要校长根据校情和敏锐的市场观察力，不断地上下求索，创造性地开展工作。

黄维灿就是在职业教育步履艰难的岁月里，用"大胆改革＋稳步常规＋

创新发展＝创造奇迹"的管理模式，走出了一条成功办学之路。2002 年 8 月，担任校长后，他坚持依法治校、以德治校的原则，首先快速统一原三校不同的办学观念、办学思路、管理模式，彻底消除了"等、靠、要"和"大锅饭"思想，坚持以就业为导向，紧紧围绕市场办学，抢抓新机遇，实施"校校、校企合作"办学，开展"订单"培养。其次，大胆推行别人不敢推行的内部体制改革，实施新的管理机制、监督机制、激励机制。再次，抓准机遇，多方争取和筹集资金，加强教学硬件设施建设。最后，狠抓学校招生就业这个生命线，把德育视为学生教育的核心，实行半军事化管理，大胆创新教育教学形式，改进教学模式，最终从根本上发展壮大学校规模。

 实践应用

一、戈壁荒漠，困境逢春

2002 年春天，职业教育的发展还处于低迷阶段，下岗工人处处可见，农民工进城就业急需再培训……

汇川区委、区政府拿出了"大手笔"，调整区内职业教育布局结构，优化资源配置，扩大职业学校办学规模，实现职业学校优势互补。2002 年 2 月，原遵义经济技术开发区职高、遵义市技校、遵义长征技校三校进行资源整合，组建成立了公办学校——遵义市职业技术学校（简称职校），校址在原来的长征技校内，隶属汇川区。

职校成立之初，教职工有 117 人，学生人数只有 720 余人，根据师生比例设岗，还有近一半的教职工没有岗位；教师学历达标率只有 70%，工人就有 20 多名，学校开设的专业无法适应市场需求，改设专业的话，专业教师所学专业无法对口；教职工的工资国家财政只发 70%，余下 30% 学校自筹，收的学费还上交 30%；招生就业工作困难重重。在追求升大学和下岗工人再就业难的时代背景下，家长、社会、学生对职业学校普遍不信任。学校占地面积不到 20 亩，原国有企业长征电器集团改制后，学校生源成了问题，原有的工厂实训装备因为长期没有使用，实训车间面目全非、一片狼藉，机器配置无法适应市场需求，散落着的几幢破败低矮的校舍越发显得冷清，道路一下雨就泥泞不堪。两个老式厕所整天散发着难闻的气味，一个简陋的篮球场总是让每个打球者沾上满身灰尘，校园内杂草丛生……学校可谓是人人唯

恐避之不及的"戈壁荒漠"。

原开发区职高校长黄维灿，在三校合并后担任职校副校长，分管教学和招生就业工作。他充满激情地开始了这一征程，但现实注定了他在这个不平凡的夏季将会被苦恼占据。

2002 年 4 月，副校长黄维灿组织招生就业办开始了秋季招生工作。他先是带领职工们将学生使用过的废弃铁床、桌凳等进行维修，并打算将其给原开发区职高"校校合作"的一些生源单位，以便与这些单位能够继续进行校校合作。然而事与愿违，此安排被兼任汇川区教育局副局长的正校长否决了，因此痛失了至少 4 所生源学校的支持。

他又组织招生办与学生及家长签订就业协议，如果两年后毕业学校没有推荐就业，就退还学生两年全部学费，目的是为了取得学生和家长的信任，得到生源学校的信任。但招来的却是冷言冷语："别相信他说的，到时拿什么费退给你啊！"还有的人说："现在下岗的那么多，国家都没法安排，他还有胆子承诺就业！"他把协议拿到公证处进行了公证，亲自对不信任的家长、学生进行耐心的剖析、宣传。后来，跟着他一起走乡串户的老师们说："我们的耐性是他磨炼出来的！"——无可奈何；"脚板都走硬了！"——走路太多；"三碗粉就过一天！"——学校穷、无钱。

他还组织招生办做招生简章，召集老师发简章。可是在抽调教师加入招生工作时，教师们不愿意，因为学校刚起步无钱，在节假日别人休息时，他们要随时整装出发去乡镇市集赶"遛遛场"，进行招生工作宣传，而且只有吃三碗粉的补助。领导也不同意，说开销大，应该少派点人去，关键时候缺人缺物。部门之间协调难，找借口不配合……

他分管的招生就业工作停滞不前了，他虽然迂回曲折地努力寻找出路，但一直无济于事。万般沮丧中他向汇川区教育局提出了辞去副校长职务。这件事震惊了当时欠发达的西部地区遵义教育界，给遵义教育界投下了一颗不大不小的石子，泛起阵阵涟漪。

辞职是因为泄气了吗？是放下心中的执念了吗？不，没有！1993 年，他从遵义师范学校调到开发区职高艰苦创业至三校合并这 9 年中，开发区职高没有固定的校舍，没有固定的教职工，没有国家任何资助，但在那样的困境中也走过来，并留给新学校 360 多名学生，如今的条件比那 9 年好多了啊！那么，已经点燃的希望之火怎么能够熄灭？既定的目标怎么能因为前路有阻隔就放弃呢？因此，在 2002 年 8 月汇川区中学校长进行考试竞聘上岗时，他同时报考了三个学校，并且都获得第一名。就在这个月新的任命书下来，他担任遵义市职业技术学校校长。同时就在这个8月，国务院朱镕基总理组织召开了全国职业教育工作会议，出台了国务院《关于大力推动和改革职业教育的决定》。现在，有了政策依据，有了自主权，用他的话说："从此再也没有退却之路，只能一往无前，用自己的点子和实干精神，书写遵义职校未来的辉煌。"

二、突出困境，实干引领

要办好学校，内部管理制度改革已势在必行。不改革将会死路一条，但如果改革，又会有很多人不适应，无法接受，甚至会有抵触情绪。

开学初，在校生人数只有720余人，而教职工100多人，要是再走"吃大锅饭"的路子，必然会造成全军覆没。于是黄维灿大胆地把国家提出的教育改革口号——"改革、稳定、发展"改为"稳定、改革、发展"，大刀阔斧地引进市场竞争机制和企业管理模式，在上级主管部门的支持下，坚决推行"四制"改革，即"校长负责制、教师聘任制、岗位目标责任制、绩效工资制"。他根据学校的实际情况，实行职工、教师、班主任、中层干部竞争上岗，按岗位、业绩分配工资等多项改革，目标是建立"学校自主用人，教职工自主择业，岗位能上能下，待遇能高能低，优秀教师能够脱颖而出"的用人制度。这样，117名教职工中就有部分人无岗位，怎么办？有意向的被其他单位选调走7人，因各种情况实行校内退养又减少了20人，同时学校自办食堂，通过多种途径使教职工的上岗问题基本解决。

但老师们的待遇福利怎么办？除了与长征电器有限公司联系，接零星的业务加工、对下岗工人进行再就业培训外，黄校长还抓住了一个机遇，就是公务员、专业技术人员计算机技能培训任务。在学校办学条件差、资金运转艰难的情况下，他大胆向全体教职工提出学校向个人借款的建议，经上级主管部门批复后，向教职工借到了35万元，建设了一间当时一流的计算机教室。在各级主管部门的支持下，学校争取到了两城区公务员、专业技术人员计算机技能培训资格，一年内就把教职工的钱全部还清，同时也提升了职工的福利。

改革必然会触及一些人的利益，让他们感觉受了损失。实行教师竞聘后，有些被调整岗位、待遇降低的教师开始牢骚满腹，明里暗里对改革进行阻挠，甚至有个别教师对学校施压，乃至把学校告到了法院！面对着巨大的压力，校长黄维灿没有退缩，而是迎难而上，继续大刀阔斧地推进全方位改革，严格按照改革的要求，全面进行教师竞聘上岗，同时要求教师加强自身学习，向多职化、业务精、懂管理的目标要求不断迈进。

整顿思想，规范管理，走品牌之路。2003年学校提出申报省级重点中等职业学校评估，当时学校办学条件差，资金运转很艰难，因此不少教职工对此并不支持。可是，这是学校管理上台阶、做大做强必须要走的一步，于是，统一全体教职工的思想、提高他们的认识就成了黄维灿首先必须要做的事。有道是："精诚所至，金石为开。"因为他的工作做得耐心细致，更因为他描绘的愿景在大家的心中由模糊变清晰，教职工们的思想逐渐转变了过来，认识也完全地被他"同化"了。自此以后，教职工们在他的带领下，开始克服困难，超负荷地实干。在2004年春季到来的时候，学校顺利通过贵州省重点中等职业学校的评估。这时，作为校长的他并没有满足，他接着把目标又瞄向了"国家级重点中等职业学校"，继续带领大家马不停蹄地干了起来。同时在学校管理中，他一边践行"先成人后成才"的育人理念，一边推行"一口标准的普通话、一口流利的英语口语、一手规范的钢笔字、一手熟练的计算机操作技能、一套标准的现代文明礼仪、一套严格的半军事化管理"的"六个一"综合素质特色培养目标。为了践行"面向市场办学"的思想，寒暑假，当大家出外旅游或在家休整时，他来往于长江三角洲、珠江三角洲，走访企业，深入社会调查，目的是考察市场、调整专业，给学生寻找最好的就业单位。大年三十，当别人举家欢庆时，他却陪着来学校要钱的民工在学校共度除夕……

善谋者，成于事。对黄维灿来说，2004年是难熬的一年，同时也是收获喜悦的转折性的一年，这一年刚刚过去，即在2005年春，学校申请的国家级重点中等职业学校的评估通过了。借由管理的上档次，学校自此也迎来了全新的转机：得到中央财政支持职业教育160万元的电工电子实训基地配备装置；预算外收入不被提30%并被列入教育专项经费预算单位；教职工工资全额由财政发放；学生人数也达到3000多人；获国债资金和匹配资金250万元，自筹资金110万元修建了可容纳2300人的综合教学大楼；教职工编制由70人增加到80人；获得各级奖励和专项经费140万元；获得区教育局奖励公务车一辆；黄维灿个人获得中国职业教育杰出校长提名奖。

三、抓常规，重细节，细化过程，创造奇迹

1. 抓常规，把德育放在首位

新生军训

学校加强了对学生的日常行为规范和法律法规教育，组织一支坚强有力的队伍对住校生实行全封闭、半军事化的管理，加强了对违纪学生的教育和处理，收到了良好的效果；坚持每周星期一举行升国旗仪式，对学生进行爱国主义、集体主义教育。

学校用活动促教，每学年对学生开展法制教育讲座、未成年人思想道

德建设讲座；进行安全知识教育、女生青春期健康教育；组织学生参加各类法律法规知识竞赛、演讲比赛，参加全国"我爱我专业"征文比赛、遵义市中学生田径运动会、遵义市"6·26"禁毒活动，观看爱国主义电影及禁毒宣传片，参观预防艾滋病巡回展；组织开展清明扫墓活动、广播体操比赛、校田径运动会、书画比赛、文艺

清明扫墓

演出等活动。通过这些活动，既加强了对学生的常规教育，又增进了学生团结协作精神。

学校强化班主任在学校的中心地位，建立健全班主任管理制度，每月对班主任工作进行量化考核，提高班主任的工作主动性；坚持每周组织一次班主任业务学习，并从主题班会、后进教育记录、好人好事、教学日志、学生违纪情况等方面进行检查，促进班主任加强对学生的管理；设立班级学生流失率、综合治理、财产保护等方面的专项奖，对班级管理好、考核指标合格的班主任给予奖励，以调动班主任的工作积极性。

学校还利用特色教育对学生进行综合素质教育，实行半军事化管理，抓好学生的现代文明礼仪，把"日常行为规范""礼仪十条""课堂常规"的要求作为主要教育内容，让学生成为有礼貌、讲文明、守纪律、爱劳动的现代

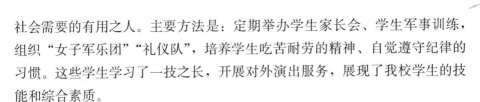

社会需要的有用之人。主要方法是：定期举办学生家长会、学生军事训练，组织"女子军乐团""礼仪队"，培养学生吃苦耐劳的精神、自觉遵守纪律的习惯。这些学生学习了一技之长，开展对外演出服务，展现了我校学生的技能和综合素质。

2. 重细节，狠抓实习，重视教学质量检查

教务处不定期地仔细检查教师教案、课件、教学进度、听课记录、作业批改情况，进行教学质量分析，坚持课堂巡查，指导学生详细填写教学日志，真实反映课堂情况。学校将检查结果和量化考核情况与绩效工资挂钩，以激励和调动教师的工作积极性，促进教学管理规范化、科学化，教学质量稳步提高，较好地完成了各年度的教学任务和培训工作。

抓好"六个一"工程是培养学生动手能力的重要途径。学校检查学生动手能力的办法就是在每学期开展全校学生专业技能操作大赛，组织学生参加国家、省、市教育、劳动部门组织的技能大赛等。

技能比赛

3. 细化过程，做好招生就业工作

招生就业工作是职业技术学校发展的生命线，黄校长非常重视招生就业工作。为了搞好招生工作，他带领有关部门和人员分组上街摆摊宣传，邀请学生及家长来学校实地考察，并联系广播、电视、报纸、公交等媒体、工具做广告，充分利用各种机会到全市各区县进行招生宣传，使招生工作取得了好成绩。到目前为止，在校生人数达到5000多人。

黄校长常常重复一句话："职业教育就是就业教育。"9年来，他一直坚持以就业为导向，围绕市场的需求开设专业、设置学制和课程，把解决学生就业作为学校的头等大事来抓。他为学校制订"立足遵义、面向沿海、辐射全国"的就业安置战略，每年分三个阶段安置毕业生，积极捕捉就业信息，及时开辟就业市场，疏通就业渠道。9年来，我校与全国近百家用人单位进行了学生顶岗实习和就业安置合作，现已安置8000余名毕业生。从2005年起，学校进一步加强了对在省外顶岗实习和就业学生的管理，分别在长三角、珠三角、厦门等地建立办事处，派驻教师进行管理和跟踪服务。

为了更好地开展校企、校校合作办学，拓宽学校发展空间，学校在继续

做好与遵义市农广校联合办学的基础上，与企业签订"订单培训"协议，为企业培养技术人才。

黄校长还重视教师队伍建设，每年均设立专款培养"双师型"教师。他说："培养一支政治素质好、业务水平高的教师队伍就是迈向示范性学校发展方向的第一步。"到目前为止，全体在编在岗教师每人至少经历过3次以上省级培训，他帮扶的中青年教师中，一名教师获得"全国优秀教师"称号，一名教师获得"贵州省优秀班主任"称号，一名教师经过国家级骨干教师培训后被送到奥地利培训两个月。

他在管理过程中重视贫困生资助，15名成绩优秀的贫困学生获得"刘家昌（章家甄）助学金"，合计 12000 元；同时，增加学校自筹奖、助学金，对因家庭贫困面临失学的在校生提供资助近 10 万元，发放学生奖学金近 10 万元，以减少学生因贫困失学。

四、居安思危，打造现代职教品牌

从专业设置到人才培养，再到谋求学校的可持续发展，在他的脑海里一直有着一整套科学的、与时俱进的思想和理念。正是因为有了这样的办学理念和办学思想，学校才能呈现出今日之勃勃生机，也才能具备明日之发展潜力。然而，身处成功之时，他并没有沉浸在以往的成绩里，而是感到了前所未有的压力。他说："我清楚地意识到，要想尽快另辟一路，实施改革，完全依靠一个人是很难实现的。"因此，他提出了用政策拓宽办学机制、打造示范性品牌的战略思想："沉甸甸的国家级重点学校这块牌子，虽然是对我们探索职业教育发展的充分肯定，但已成为历史，而今我们所要做的是如何打出这块牌子，抢占市场前沿，真正发挥重点学校牌子的作用，并为真正打造全国示范性学校求得生存发展空间。"

他那"生于忧患，死于安乐"的口头禅，正好说明了他任何时候都存在着危机意识。他从未停止过思索与前进的步伐，他在思索、探究中，不断总结创新，让学校获取了前进的动力。即便尝尽改革过程的酸甜苦辣，他也要创造人生的价值——为遵义的职教事业绘上靓丽色彩，为自己的传奇人生再续辉煌。

从事中等职业教育 18 年来，他充满激情，凭着实干精神追逐着自己的梦想，创造了遵义市职教的传奇；他用深情和奉献，展现了遵义职业教育的新希望……

朱熹有诗云："问渠哪得清如许？为有源头活水来。"我们做职业教育的人，只要有心系职业教育、情牵莘莘学子的情怀和实干精神，就能成为一个真正的、纯粹的、优秀的职教人，就能像黄维灿校长那样，成为当之无愧的"遵义职校辉煌的引路人""遵义职校奇迹的缔造者"。

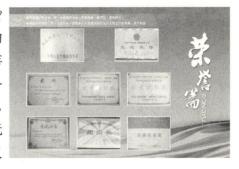

荣誉榜

反思拓展

中职教育要想办得好，培养更多的"畅销"学生，校长必须要有自己的思想，不能生搬硬套别人的好理念和好方法，要结合当地实际，走出一条特色化的中职教育道路。

此外，学校管理要体现人文关怀。如果说教师是学生的主心骨，那么可以认为校长是教师的主心骨。教师是受过高等教育的文化人，尊重和鼓励他们是校长最好的管理方式。真正的好校长应该能够关注每一个教师的发展，教师有一点成绩，作为校长就应鼓励他们，并能帮助教师解决工作、生活等方面的问题，使每个教师都觉得校长在关注着他。这就要求校长具备人格魅力，是模范的行动者，严格要求自己。

靠制度去管理只是一般的学校管理，校长应靠个人魅力和超前的理念管理，校长的人格魅力就体现在对教师的关爱和身先士卒等方面。每天早晨第一个到校，下午最迟离校，这是最好的。现在，不少人讲校长必须是学者，必须是企业家，必须是经营者，但是作为一个人来讲，他不可能面面俱到，这样的校长是没有的。那么校长怎么才能够超前呢？那就是要懂得人文哲学。

一个校长能够有理性的思想，他就能够理清各方面事物的现象及本质，能够统筹所有的学科和不同的人员，形成学校发展的整体力量。校长严格要求自己，与时俱进，起模范带头作用，才能成就一所好学校。

专家点评

职业学校发展过程中布局调整与资源重组的情况时有发生，如何能够使调整后的资源发挥最大效益，最大限度地减少内耗和损失，校长和领导班子怎样开展积极有效的工作，遵义市职业技术学校的实践经验非常值得借鉴。

1. 抓重点，稳人心，开创新局面

遵义市职业技术学校在资源整合过程中，根据实际情况，一抓建章立制，二抓招生就业，三抓开源扩张。稳准的"三板斧"基本上奠定了学校稳定的大格局，实现了学校"大胆改革＋稳步常规＋创新发展＝创造奇迹"的设计构想。学校重组过程中存在着管理观念的整合，人力、物力、教学资源的重置，各种利益的再分配等诸多掣肘因素，能否有效解决问题，关键在于领导能否抓住重点工作，尽快稳定人心，努力开创出一个新局面。这需要校长和领导班子有更多更深的思考，付出更多更大的努力。

2. 善规划，促规范，发展创品牌

职业学校整合的目的在于集中优势资源，更好地适应社会经济发展，更好地发展学校。在这个过程中，学校必须有科学合理的发展规划，并以规范化的管理推进规划的有效实施，从而达到优势整合出品牌的目的。遵义市职业技术学校从实际出发，策划并确立了"校校、校企合作"方针，推广"订单"培养模式，实行"立足遵义、面向沿海、辐射全国"的就业安置等策略，并从规范学校管理入手，精心设计发展的环节，进行精细化管理，创新内部管理机制、监督机制和激励机制，使学校走上创品牌之路。这需要校长和领导班子有正确的办学理念和办学思想，要多思善谋、实干奉献。

陶行知先生说："一个好校长也就意味着一所好学校。"校长处于学校管理系统的核心地位、主导地位、决策地位，是一个学校的灵魂，在学校资源重组过程中尤其如此。遵义市职业技术学校由重组到生机勃勃发展的实例说明了这一点，也为需要资源重组的学校带来可借鉴的宝贵经验。

（点评：胡嘉牧）

名校／名校长简介

张桂生校长

张桂生，男，大学本科毕业，中学高级教师，现任安徽省铜陵县职业和成人教育中心党总支书记、校长，安徽省首批中等职业教育专家库成员。

自 1993 年 9 月走上领导岗位以来，他勤奋学习、善于思考、勇于创新，积累了丰富的教育管理实践经验，创造了丰硕的管理工作业绩，曾荣获安徽省职业教育先进个人称号。

多年来，他在学校发展上既重实践探索，又重理论思考。2010 年，他主持研究的课题《和谐学校文化建设与课程教学的关系研究》被教育部专项课题组批准为全国教育科学"十一五"规划教育部重点课题，《中等职业学校和谐校园建设理论探索与实践》被中国教育学会教育管理分会授予"和谐校园文化建设"优秀科研成果一等奖。他曾在省级以

和谐治校，争创一流

——安徽省铜陵县职业和成人教育中心

上报刊发表学术论文几十篇，《试论职业学校的和谐校园建设》等多篇论文先后入编《校魂》《一场输不起的战争——百家校长专业思考》《治校方略》《中国改革与创新文库》等书。

在现任岗位上，他带领校领导班子及全体师生在逆境中奋起，锐意进取，取得了令人瞩目的办学成就，学校先后被评为市级优秀职业学校、省级示范职业学校、国家级重点职业学校。

铜陵县职业和成人教育中心组建于 2001 年 8 月，由当时的县职高、县电大、县教师进修学校和县农广校合并而成，是一所融中等职业教育和成人教育于一体的办学机构。合并之初，学校存在严重的"三多三少问题"：即债务多、矛盾多、困难多；学生少、资金少、设备少。面对困境，张桂生校长集思广益，及时提炼出"和谐治校，争创一流"的治校理念。

和谐，既是建设和谐社会的需要，也是建设一流中等职业学校的需要。和谐，是学校之精魂，是师生之命脉，是治校之根本。没有和谐，就不可能有共同的理想和目标；没有和谐，就不可能有良好的公共关系和生存环境；没有和谐，就不可能有广泛认同的价值观和道德观；没有和谐，就不可能有强烈的事业心和高度的责任感。可以说，和谐，是凝聚人心的磁场，是破解难题的法宝，是促进发展的动力。

为了贯彻"和谐治校"的理念，我们在学校管理中做到以下几点：

一、建设一支"能征善战"、坚强团结的领导班子

学校始终不懈地抓好党组织建设，教育党员尤其是党员干部廉洁自律、争当先锋；适时地改革了学校内部管理体制，精简了管理机构，消减了干部职数，提高了行政管理的效率；实行岗位目标责任制，分块管理，分层负责，注重工作绩效，加强目标考核。同时，在班子内部，既强调分工负责，又提倡协调合作，将开展批评与自我批评制度化，要求做到大事讲原则、小事讲风格；在班子外部，充分发挥党总支和群体作用，推行校务公开，实行民主监督，从而使干部队伍既增强了凝聚力，也增强了战斗力。

二、建设一支敬业爱岗、和衷共济的教师队伍

学校经常性地进行师德师魂教育，组织教职工学习法律法规、时事政策，开展报告会、演讲会，组织他们看录像、看演出，鼓励他们参加送教下

乡、捐资助学、教学比武等活动，加强体验式教育，提高师德教育成效。同时，学校注重情感呵护，发挥制度效应，让教师学有榜样、行有动力；关注教师的成长，通过教学常规规范教师的教学行为，通过课题研究引领教师进行教学改革，通过校本培训促进教师学习，通过专业培训培养"双师型"教师，通过绩效考核激励教师奋发有为。

三、构建生动活泼、丰富多彩的校园文化

学校在构建校园文化时主要做了以下几点工作：首先，寓教于乐，丰富德育载体。例如，升旗仪式持之以恒，主题班会不拘一格；法制报告会、读书演讲比赛、青年文明岗、主题教育班刊评比等，形式活泼；旁听法庭公开庭审、清明扫墓、街头义务服务等，收效明显。其次，多途并举，培养综合素质。例如，开展青年志愿者

升旗仪式

活动，增强学生的社会服务意识；组建礼仪服务队，让学生在各种礼仪活动中经受锻炼、增长才干；举办迎春文艺会演、青春诗会、校园卡拉OK之星大赛、书画大赛、校运会、各类球赛，成立学生文学社等，为学生提供各种展示才艺的舞台。再次，锦上添花，夯实职业技能。每学期，各教研组都要组织开展一些学科知识和技能竞赛，尤其是组建数控技术、计算机技术等兴趣小组，开展职业技能竞赛，有效提高了学生的学习积极性和职业技能。

四、营造良性互动、安全祥和的生存环境

作为一个特殊的制度化社会组织，职业学校如果没有一个良好的公共关系，要想赢得较快发展是根本不可能的。我们主动利用各种途径，持续呼吁全社会都来重视和支持职业教育，积极争取政策和财政扶持，在短时间内全部偿还了历史债务，逐年改善办学条件，激发了广大教职工的自信心和工作热情，不断提高教育质量，从而赢得了职业教育难得的发展机遇。我们主动拉近和生源学校的关系，争取他们的理解、信任和支持，从而打开了职教招生工作的新局面，招生规模稳步扩大，办学后劲显著增强。同时，我们坚持把安全工作放在重中之重的位置，从思想上高度重视，加大投入，细化管

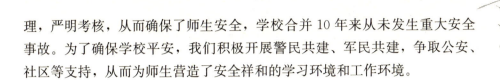

理，严明考核，从而确保了师生安全，学校合并 10 年来从未发生重大安全事故。为了确保学校平安，我们积极开展警民共建、军民共建，争取公安、社区等支持，从而为师生营造了安全祥和的学习环境和工作环境。

五、开拓多方合作、灵活办学的发展空间

多年来，学校先后与安徽汽车工业学校、杭州金陵电子有限公司等一批名校和名企合作，为"双师型"师资队伍建设和学生实习与就业提供了良好的平台，也为学校内涵发展提供了强劲的推动力。

和谐治校，核心是以人为本。学校以学生为中心，尊重学生、爱护学生、关心学生，真正做到一切为了学生、为了学生的一切，努力培养全面发展的合格技能型人才。同时，以教师为主体，尊重教师的劳动，热心为教师服务，充分发挥教师在学校发展中的重要作用，有力促进教师专业化发展，努力打造一支德艺双馨的教师队伍。另外，建立良好互动的新型师生关系，融洽干群关系，构建友好合作的学校与社会关系，从而推动学校各项事业健康、稳步发展。

安徽省铜陵县职业和成人教育中心至今已走过 10 年发展历程，从合并之初的积贫积弱，到如今的榜上有名，靠的就是科学发展、和谐治校。以人为本，全面发展和谐校园文化，就是我校最鲜明的办学特色。

一、顺势而为，亮明"和谐治校"旗帜

2004 年 3 月，教育部公布了首批重新评估认定的国家级重点中等职业学校名单，我校榜上有名。消息传来，学校上下一片欢腾。能够跻身国家重点，极大地激发了广大教职工的工作热情，也为学校的发展指明了一条康庄大道。

但是，由于历史欠债，县级财政吃紧，自身缺乏造血功能，设施设备严重不足，学校办学依然艰难。招生面临日益激烈的恶性竞争，如何提高招生数量，壮大学校发展规模？学校自身实训条件不足，学生动手能力如何培养，职业技能如何锻造？生源素质良莠不齐，起点偏低，在成人和成才两者之间如何选择？怎样才能将学生培养成合格的技能型人才？教师队伍比例失

调，文化课教师占了较大比重，"双师型"教师严重缺失，如何打造一支真正适合职业教育发展需要的专业师资队伍？怎样才能彻底扭转以普教代职教的教学模式？当时企业用人很挑剔苛刻，推荐毕业生就业很不容易，如何使企业看得起、用得上我们的学生？如何让学生进了企业后能够受到欢迎、安心发展？学校社会地位低，经济待遇低，许多教师都争相调走或考走，怎样才能留住优秀教师，怎样才能稳定教师队伍？这些问题，无不制约着学校的生存和发展，无不关联着事业发展的成功与失败。

2004年6月17日，全国职业教育工作会议在南京召开。会议强调：职业教育要面向市场，以就业为导向，以服务为宗旨，加快培养大批高技能人才和高素质劳动者。这次会议，给身处困惑中的我校师生吹来了一股清新的春风。通过不同层次的组织学习，大家一致认为，必须明确办学方向，树立坚定信心，乘势而上，奋发有为，争当中等职业教育排头兵。

2004年9月，十六届四中全会《决定》提出了建设社会主义和谐社会这一重要的新概念，"和谐"成了我国战略机遇期的社会主调。通过学习和领会，我们深刻认识到，破解学校发展中的难题，实现学校可持续发展，"和谐"就是旗帜，就是目标，就是号令。因此，我们响亮地提出了"和谐治校，争当一流"的治校理念。

但是，也有人担心：由4个办学机构合并而成，人员成分复杂，心理状态各异，加上学校条件较差，本来就不好管理，按照"和谐治校"的理念，将会削弱行政管理威信，降低制度管理成效，不利于学校健康发展。经过反复讨论和实践对比，大家终于达成共识："和谐治校"不是不要制度、不重规范，而是强调在学校管理中要坚持以人为本，渗透人文关怀，提倡民主平等，注重情感沟通，从而达到"无为而治"的管理境界。

比如，已是严冬，有的教师不准上课迟到的同学进课堂，罚他们在走廊上站成一排，里面学生在听课，外面学生在喝西北风。赞成这种做法的人认为，必须维护师道尊严，制度大于一切，学生上课迟到，必须予以惩罚，否则他们不知悔改。反对的人则认为，虽然上课迟到违反了纪律，但是，学生首先是人，应当尊重学生人格；学生是受教育者，法律保护学生的受教育权，教师不能随意剥夺这个权利；学生正处于长身体的阶段，长时间被罚站，在走廊喝风挨冻，这种变相体罚是明令禁止的。在每周一次的教师例会上，校长结合教育法规，对这种行为进行分析解剖，旗帜鲜明地予以批评和禁止。此后，学生迟到了，先进教室上课，课后再到老师办公室说清原委，接受批评教育，迟到现象反而迅速得到扭转。这件事说明，尊重学生的人格和个性，关爱学生的健康成长，柔性化管理有时比刚性化管理更见效，"和谐"育人比制度管人更优越。

二、因势利导，丰富"和谐治校"内涵

2005 年以后，国家越来越重视职业教育，职业教育发展速度明显加快。安徽省的职业教育发展也呈现出千帆竞发、百舸争流的态势。

为了顺应形势需要，抢占发展高地，我校高举科学发展观大旗，从理论和实践上对"和谐治校"理念进行了不懈的探索。

学校要坚持科学发展观，把构建社会主义和谐学校作为实现学校发展的重要内容和内在动力，不断深化对建设和谐学校意义的认识，积极探索新形势下构建和谐学校的途径和方法，动员全校师生积极参与到构建和谐学校的工作中，促进学校的可持续发展。

和谐治校，就是坚持以人为本、尊重学生、尊重教职工，从关注师生全面发展出发，为教师提供良好的教学服务，为学生提供优良的教育质量。和谐治校，就是兼顾师生需求，调节各方利益，改善办学条件，创造良好的人文环境，让师生生活得安心、放心、舒心，促进师生共同进步。和谐治校，就是重视发展学校公共关系，尤其是积极调整学校外部关系，加强与政府、主管部门、企业、社区及社会各方面的广泛联系，争取最大限度的支持，为学校生存和发展营造良好的外部环境。

我们的主要做法是：

（一）学校减负

学校合并之初，有近 1800 万元的历史遗留债务。当时，办学条件很差，中职教学育无适应市场需求的相关专业，也不能够满足专业教学的实训设备，在校生不足 1000 人，学校无任何自身造血功能。

当时，学校欠了十几家建筑公司的工程款。每到下半年，讨债的人络绎不绝。由于学校没有偿债能力，不能满足债权人，导致官司不断，甚至学校大门被锁。学校办学步履维艰，连正常的教学秩序都难以为继。

债务不去，发展无望。要化解债务，主要得依靠政府。于是，我们反复向县政府汇报学校债务问题，政府领导来校调研，我们总要抓住机会当面反映学校办学的困难。张桂生校长在担任县人大代表期间，多次在县人代会上提交关于要求积极化解学校历史债务的建议。功夫不负有心人！县政府领导

高度重视，多次召开会议，研究解决办法。到了 2007 年初，全部债务都已化解。随着债务负担的减轻，学校赢得了生机和活力，从此步入了健康发展的大道。

（二）班子瘦身

一个精干而坚强的领导班子，是事业成功的可靠保证。然而，学校自合并之初，就成立了党委，内设机构有校、处、室三层，党政班子成员最多时达 30 人。庞大的领导机构，不但不利于教学管理工作顺利有效地开展，反而呈现出人浮于事、办事拖沓、"官本位"意识日益严重的不良倾向。要提高领导成员自身素质，提高学校管理绩效，增强为教学一线服务功能，必须进行学校内部管理体制改革。

县委根据学校发展实际需要，及时作出撤销原党委和纪委、成立党总支的决定。学校从教学管理实际出发，也相应对组织机构和干部职数做出调整，由原来的三级管理改为二级管理，由原来的 30 名管理人员减为 20 名。班子瘦身，群众欢迎，连几位让位的老同志也给予谅解和支持，他们说："班子早就应该动了。我们年纪大了，也该主动让位。我们都希望学校好！"

通过改革，管理机构不再臃肿，干部作风逐步好转，管理效能大大提高。

（三）教师降压

合并初，学校教师均感压力沉重。压力缘何而生呢？原来，压力主要来自两个方面。其一，学校重综合班，轻职专班。综合班教学基本上采取的是普高教学模式，定高考指标，拿升学率考核教师。没教综合班的，心里感到委屈和自卑；教综合班的，倍感升学压力大，生怕完不成升学指标而遭淘汰，精神负担重。教职专班的，由于生源起点差距大，管理难度大，教学难有成果，个人成就感严重受压抑。另外，学校经费紧张，导致教师福利待遇低下，幸福指数不高。于是，教师普遍不安心，有的往外调动，有的想法考到市里去，走不了的工作积极性也不是很高。有的教师在向校长请求调动时，校长苦口婆心地再三劝说，但他们竟然说："不是我要走，而是学校压力太大，我实在受不了！"

学校教学主要依靠教师，没有一支相对稳定的教师队伍，没有一批勇于献身于教育事业的优秀教师，要想办好学校，无异于天方夜谭。越是条件差，越要人心齐。唯有和谐，才是解决学校出路的关键。

我们在认真分析问题的基础上，及时采取为广大教师减压的措施：

首先，变综合班硬性升学指标为软性指标，变有奖有惩为只奖不惩。这个办法立即获得综合班教师的一致拥护。从此，综合班教师轻装上阵，他们不再为升学压力发愁，教学上更加积极主动，教法上更加灵活多样，效果也更加明显。

其次，变教学成绩考核为教育效果考核，变只奖"好班"为重奖管理成效显著的"差班"。学校不再以教学成绩论英雄，而是综合评价教师工作，将德育工作尤其是做后进生转化工作作为考核的重要参数，越是"差班"，越容易出成果、得高分。比如，将控制学生流失率纳入班级工作考核，超标的予以"一票否决"，从而改变了以往教师只顾"教"不顾"育"、只管"招"不管"留"的现象。

学生实训

再次，变偏重综合班为偏重职专班。我们在认真反思的基础上，和广大教师达成共识：学校要想健康发展，必须要走"真办职教，办真职教"之路，加大专业建设力度，逐步缩小综合班比例，提高学校竞争力和生存力。综合班由原来占学校的半壁江山，逐步减少到年招生仅200人，而职专班由过去的三四个专业逐步扩展为十几个专业，职专生占在校生主导比例。另外，学校改变以往只讲课堂教学效果的做法，领导听课要到实训现场，教研组活动也在实训教室进行，评价职专教师教学，不仅要看学生考试成绩，还要看学生实际动手能力。

最后，改善教师的办公条件和教学条件，提高教职工福利待遇。学校新建了汽修、机电、数控、电工、家电维修、旅游等专业实训设备和教室，增加了几百台电脑。办公桌椅和书橱更换一新，每个办公室都配备了电脑，接通了宽带网，开通了局域网，全部安装了电话。学校还大量增订了图书和报刊，购置了足够数量的笔记本电脑和视频投影仪，提高了教师的课时津贴标准，为教师参加各种学习和培训提供了有力支持，每年组织部分教职工外出疗养。这些措施，极大地激发了教师的工作热情，稳定了教师队伍，也促进了和谐校园建设。

（四）多元办学

合并初，学生培养模式是以高考为主、就业为辅，这是囿于当时职业教育处于低谷的形势所迫。随着职业教育发展不断升温，我们日益清醒地认识到，只有发挥自身优势，主动与社会和市场接轨，走多元化办学途径，学校才会快速发展，抢占职业教育发展的制高点。

1. 积极探索校企合作模式

我们先后与杭州、南京、苏州、常州、无锡以及安徽本地知名企业合作，或冠名办班、订单培养，或相对固定、定点实习，或互派人员、相互学习。学校派教师到企业挂职锻炼，企业派技术人员来校给学生上课和进行技能辅导。比如，安徽梦都集团就和学校签订了共同的教学计划，集团人力资源部经理亲自走上课堂，给学生讲授企业文化及所需技能；安徽江威电子有限责任公司和学校联合办学，冠名办班，解决了学校实训基地不足和企业用工需求等问题。

2. 积极开展校校合作

学校分别与安徽汽车工业学校、芜湖工业学校联合举办汽修专业和数控技术专业，互通有无，利益共享，有力地提高了学校办学的品牌效应，也有力地提高了学校办学水平。

校校合作

3. 开展各类成人教育和培训

每年，我们都积极开展全县中小学教师继续教育培训、教育管理干部培训、"阳光工程"培训、农民创业培训、新型农民培训、农村科技人员培训、城镇失业人员再就业培训等。培训活动开展得有声有色、生动活泼，年均受训人数近 4000 人次，这既为学校带来了经济效益，又提高了学校的社会信誉。

多元办学，给学校发展注入了新的生机，也为师生的全面发展提供了有力的保障。由于学校知名度提高，中职招生数量年年都居全市各校之首，电大招生也逐年攀升，一再打破历史纪录。我校职专毕业生由过去的就业难转为供不应求，实习生到企业后备受欢迎，有不少学生实习不久就被提拔重用。

（五）教研发力

我们深知，改进教学绝非是改进教学自身而已。如何在实训条件有限的情况下加强实训教学？如何增强教学的针对性和实效性？如何调动学生的积极参与精神？如何培养学生的实际动手操作能力？这些问题，就是我们天天面对的现实问题，也是长期困扰中职教学的瓶颈问题。

以教科研引领教学，促进育人质量提高，应当是学校可持续发展的主要推力。2005年，我们就将教研工作放在了重要地位，设立教研室，挑选有责任心、有热情、有教研能力的同志负责，指定一名副校长分管教研工作。多年来，我们积极开展教研工作，推动教研工作健康发展。第一，制订了《教研工作考核和奖励制度》等，不断完善教研制度建设。第二，每学期设立教研专项资金，专门用于教研组开展活动。第三，学校班子成员轮值考勤，并对口联系和参加教研组活动。第四，坚持每月一次教研例会和隔周一次的教研组活动，采取"请进来"和"走出去"等形式，提高教研活动成效。第五，积极开展课题研究，并将其纳入先进教研组评比内容之中。第六，大力支持开展校本研究，并在人、财、物等方面提供方便。第七，全面开展教师结对帮扶活动，促进青年教师快速成长。第八，积极实施"名师工程"，组织开展市级学科带头人、骨干教师校内示范课和送教下乡等活动，发挥名师示范效应。第九，全力支持教师参加各级各类学术活动和师资培训，加大转岗培训力度。

通过生动活泼、行之有效的教科研活动，师资队伍保持了相对稳定的状态，教师之间关系更加融洽，教学和教研热情空前高涨，教学质量稳步提高。

（六）文化育人

学校发展靠的是广大师生，凝聚师生靠的是学校文化，学校文化的精髓在于学校精神，而学校精神的核心又在于学校的发展目标。学校在制订发展目标时，必须正确界定所谓的最大利益。到底什么是学校的最大利益？我们认为，师生发展就是学校的最大利益。我们在设计学校发展目标时，确立了"双目标"，即培养"合格＋技能"学生，打造"乐业＋专业"师资。

我们将学生发展目标定位为"合格＋技能"，就是基于这样的理念：职业教育要培养具有良好思想道德素质的学生，使学生做一个合格的社会公民，同时拥有适应社会需求的专业技能。多年来，我们始终不渝地坚持这个教育目标。

我们把教师的发展目标定位为"乐业＋专业"，不仅要求教师"敬业"，更是积极引导教师"乐业"，让教师从被动地位转为主动地位，从教学工作中更多地体验快乐和成功，并进而在此基础上精修专业、获取成就。

1. 对学生——人文关怀

职业学校的学生管理工作是一项非常复杂而又艰巨的任务。我们坚持从学生实际出发，把人文关怀落实到学校管理的各个方面。

在教学中，打破传统的"一刀切"的做法，从编班到教学，根据学生实际接受能力和内在学习需求，实行分层教学。对于有强烈升学欲望、具备升学能力的，进行集中编班，侧重于对口升学教学；对于有强烈专业技能学习需求的，按照所学专业编班，在确保完成文化基础课和专业基础课教学任务的同时，着力加强相应专业技能实习和实训；对于仅有完成基本学习任务、取得职业高中学历文凭意向的，按照职业高中毕业要求，实施基本的文化课和专业课教学，培养一些实用的专业技能。即使在同一班级，教师也要根据不同学生的不同需求，合理地安排教学内容，对不同学生提出不同的学习要求，布置不同的学习任务。

在管理上，打破传统的"一把抓"的做法，在调查摸底的基础上，将学生分为不同类别，对不同类别的学生实施不同的管理。对于所谓的"好生"，主要采取目标激励法；对于所谓的"双有生"，根据不同情况区别对待；对于品德行为有问题的学生、单亲学生、留守学生等，分别采取不同的教育方法；对于男生，侧重于遵纪守法、文明养成教育；对于女生，侧重于自尊自爱、自我保护意识教育；对于走读生，侧重于安全教育；对于住校生，侧重于集体主义教育。

2. 对教师——刚柔相济

我们坚持把教师放在学校发展的突出位置，认为教师是学校能否发展的决定性因素。因而，我们考虑更多的是教师从学校的发展中能获得什么。只有当教师的发展与学校的发展利益一致的时候，教师的积极性、主动性、创造性才能得到充分发挥，学校教育才能呈现勃勃生机，办学质量才会稳步提高。在教师管理中，我们的策略是"刚柔相济"。

所谓"刚性要求"，就是指依据教育教学法律法规，依据国家和地方政府赋予学校的教育使命和任务，要求教师必须努力完成学校制订的工作任务。为此，我们充分发挥党政工团尤其是教代会的职能作用，让教师主动参与学校重大事务和制度的决策过程，将学校发展目标内化为全体教师的自觉行动。

所谓"柔性管理"，就是以人为本、热情关注教师生存和发展的生动灵活的管理策略。我们坚持在教师工作考核中，充分尊重教师的人格和尊严，该宽的要宽，该让的要让，不以量化取代信任，不以考核取代尊重。

3. 对环境——软硬兼顾

环境能改变人。这里的"环境"，既包括看得见的、摸得着的硬环境，也包括作用于人的心理和感情世界的软环境。硬环境包括校园环境、工作条件和生活条件。我们自觉运用马斯洛关于需要的五个层次的学说，主动关心并积极解决好师生的生活问题，为师生创造一个良好的外部环境。软环境包括学校的规划计划、教学常规、人际关系等。良好的软环境有利于提高教师的师德水平，有利于促进学生的专业发展。实践告诉我们，学校管理首先是人文关怀，必须尊重师生、爱护师生、帮助师生，重视感情沟通，尊重师生人格，关注师生的成长。我们在营造环境时注重突出两个提升，即提升学生德育水平、提升教师师德水平。

学校加大投入，努力建设校园环境优美、人际关系和谐、人文氛围浓厚的育人环境。每年都要投入资金，美化校园，使校园绿树葱茏、繁花似锦、干净整洁。宣传栏、文化标牌、主题标语横幅，渲染了教育环境；课间广播、激励性会议、宣传课件、短信慰问、网站信息，体现了温馨的人文关怀。

和谐文化建设，必须重视丰富活动载体，从而满足师生文化需求，满足师生心理需求。在学校管理实践中，我们通过举办各种形式的文体娱乐活动，为师生搭建施展才华的舞台，在丰富校园文化的同时，沟通师生情感，娱乐师生身心。比如，每两年一次的迎春文艺会演，师生同台演出。一年一度的校运会，既是学生运动会，同

校园艺术节

时也是教职工趣味运动会，在拔河项目中，师生混合组队参赛。每届中学生篮球赛结束前，我们都要组织学生冠军队和教师队的友谊赛，场上交流，场下喝彩，师生同乐，关系融洽。学校扬帆文学社的刊物《扬帆》，以学生作

品为主，但也刊载一些老师的作品，达到了共同交流、相互促进的目的。

三、乘势而上，喜结"和谐治校"硕果

在深入学习社会主义科学发展观活动中，我们通过回顾总结学校自身发展历程，反思治校得失，进一步加深了对创建和谐校园的理解。

学校教育的根本任务就是培养合格人才，学校教育和管理的着眼点必须是"以人为本"。要做到"以人为本"，就要创造一种和谐的教育环境，努力建设和谐学校。

首先，学校发展规划和思路要与社会发展需要协调一致。我们要从国情及地方实际出发，从国家人才战略和教育方针出发，从社会对人才实际需求出发，制订学校发展规划，实施学校发展战略。

其次，学校教育目标应当是实现学生的全面发展和教师的专业化发展。学生思想道德教育不可忽视，健康人格和个性的培养要高度重视，科学文化教育和社会实践能力培养不可偏废。师德师风建设，关系整个教育的成败，只能强化，不可削弱。教师个体的专业化发展直接影响到教育质量，学校应当高度重视，并切实使之得到应有的保障。

再次，建立良好的健康的学校公共关系是和谐学校赖以形成的基础。师生关系尤其重要，尊师爱生，是教育成败的关键所在，要从机制上予以夯实。学校只有理顺了内外各种人际关系和公共关系，方能政通人和，也才能打造出和谐局面。

最后，学校硬件建设与学校文化建设要齐头并进。改善办学条件，为师生创造良好的学习、工作和生活环境，为教育教学提供强有力的物质支持，是必要的。同时，注重"软环境"建设，打造浓厚的人文环境，建设富有时代气息和鲜明特色的学校文化，更是现代学校发展的重中之重。唯有和谐，才能实现师生利益的最大化，才能实现学校的全面协调和可持续发展，才能有力推动社会进步。

职业学校建设和谐校园，就是要把学校建设成最适宜学生成长发展的"生态系统"，打造民主、科学、和谐、开放的育人环境，体现教育对人的终极关怀。我们认为，职业学校和谐校园建设的基本途径主要有以下几条：

1. 规范办学行为

职业学校必须依法规范办学行为，强化法律意识，坚决纠正随意作为现象，教育学生自觉遵纪守法、恪尽职守，自觉运用法律武器保护自己的合法

权益，要求教师关爱学生、文明执教，严禁歧视、诬蔑、体罚或变相体罚、擅自剥夺学生受教育权等行为。在制度建设上，要坚持制度育人，注重制度本身的合法性，以制度规范行为，以制度引导文明，同时要注意克服制度的"刚性"所造成的负面影响，尤其要克服以罚代教、以罚代奖现象。

2. 优化发展环境

优化发展环境是建设和谐校园的必要条件。从硬件上说，就是要积极改善办学条件。基础建设要立足当前、着眼长远，既要满足学校办学当前的实际需要，更要满足学校发展长远利益的需要，在实用、实惠的前提下，力求能够体现学校办学个性特色，体现时代精神。教学设施设备要在满足基本需要的基础上，力求新颖、先进，着力体现经济实用、科学领先。教学办公条件要在满足基本需要的基础上，突出系统化、科学化、信息化、人文化特点，为教学实训提供强有力的服务保障。

从软件上说，就是要建立良好的学校公共关系。在对外关系上，要加大学校自身宣传，扩大学校办学声誉，既要积极争取各级领导和政府部门的重视与支持，又要广交朋友，与社区、企业、兄弟学校及学生家庭加强沟通和合作。在对内关系上，要妥善处理好领导与教师之间、师生之间、教师之间、学生之间等关系，着力营造相互关心、相互同情、相互理解、相互支持的和睦融洽的人际环境。

3. 创建校园文化

校园文化建设是建设和谐校园的重要支撑。校园文化的核心是学校精神。校园文化建设是一个长期的系统工程，只有把办学理念贯穿始终，从点滴做起才可能出成果。学校文化既需要建设，更需要规划和沉淀，这是一个积累的过程。我们不仅要重视"人无我有"，更要重视"人有我精"。职业学校还应当注重突出校园文化的"职业"特色，尽力寻求学校教育与企业实践之间的结合点，将企业文化引入校园文化建设之中。

4. 发挥教师潜能

学校管理目标要以发展教师的个性，发挥教师的潜能，实现教师的价值为基点；以全员参与、人人主动发展为主要标志；充分发挥教师的主体性、主动性，提高全体教师职业道德素养、操作技能和育人水平；让教师成为学校管理的主体，拥有主动发展的空间，并普遍拥有安全感、成就感、归属感、自豪感。

5. 关注学生发展

（1）全面关注学生。如关注学生对待学习的情感、意志和兴趣，使学生树立学好专业课程的信心；从学生的认知基础出发，让学生体会所学专业、技能与市场用人及岗位要求的密切联系，真正让学生成为课堂和实训的主角。

（2）全面关注发展。这样能为学生的终身发展奠定良好的基础。学生发展包括学生情感的发展、学生思维的发展、学生认识的发展、学生能力的发展等。

为什么我们要以"和谐治校"作为核心管理理念？原因在于，我校作为一所县级职业学校，在合并之初，困难多、问题多、矛盾多，自身办学条件较差，内部结构职能多样，人员构成成分复杂，生源起点参差不齐。唯一能够凝聚人心、顺应民心的管理主张，只有"和谐治校"。

因为和谐，干群同甘共苦、同舟共济；因为和谐，师生相互尊重、并肩发展；因为和谐，社会各界积极支持、乐于帮助；因为和谐，教风、学风、校风纯正，育人质量稳步提高。可以说，"和谐治校"使我们赢得了民心，赢得了机遇，赢得了发展。也正是由于"和谐治校"，我校才能够在众多中等职业学校中脱颖而出，获得了长足发展的战略空间。

一、虽有成绩，仍有缺陷

以上这些成绩并非表明我们就真正把握了建设和谐校园的全部内涵，也并不意味着我们多年来一直坚持的"和谐治校"理念就已经完美无缺。恰恰相反，我们在管理实践中也还存在许多的困惑和明显的不足，"和谐治校"还急需解决一些理论和实践中不断出现的新问题。

1. 和谐治校如何解决"和而不同"的问题

因为要"和谐"，我们可能在工作中过于强调班子团结、干群团结、师生团结等，以至于缺少相互监督、相互提醒、相互批评，注重表面上的一团和气，忽视了思想上的沟通与促进；注重表面上的相互尊重，回避了一些矛盾和问题；注重表面上的整齐划一，抑制了师生不同个性的自由发展。师生的创新精神、创造能力没能得到应有的培养和发挥，因而学校管理也缺乏鲜明的个性特征。

2. 和谐治校如何解决奖优罚劣与利益均衡的问题

为了让教职工能够在一种快乐的环境中工作、生活，我们在制度设计上，多奖少罚，多鼓励少惩处，多教育少批评。这样做貌似"和谐"，看起来公平，实际上不公平，时间长了，也会导致制度弱化、管理疲沓、人心松懈。由于优劣之间无大差别，导致优者不再更优、劣者未能变优。过于强调利益均衡，结果却是削弱了制度的激励性，挫伤了优秀教师的积极性，滋长了慵懒者的惰性和侥幸心理。

3. 和谐治校如何解决学校德育难题

由于过分强调"爱的教育"，要求教师必须严格遵守师德规范，关心爱护学生，尊重学生人格，以至于有些学习差、习惯差、品德差、操行差的学生肆无忌惮，公然蔑视甚至侮辱教师。有的学生目中无人、我行我素，无视校规班纪，屡教不改，学校本着宽大为怀的精神，只是给予较轻的校纪处分，其结果是这些学生变本加厉。在职业学校，如果没有比较严肃的校规校纪约束，不对严重违纪学生予以严肃处理，要想取得管理上的真正"和谐"，是难以为继的。

二、调整思路，继续完善

鉴于以上种种难题，我们在坚持和谐治校的同时，还必须与时俱进，不断调整思路、改进方法、完善措施，以期取得更为理想的预期效果。

1. 和而不同

我们既要讲求上下同心、团结一致、和衷共济，也要讲原则，坚持原则，在维护国家利益、大局利益、师生利益的基础上，凝心聚力，共谋发展。同时，要鼓励和保护师生的个性发展，支持教师为学校发展献计献策，激发学生的创新思维和实践精神。

2. 公而不平

在制度建设上，既要坚持以正面激励为主，也要适当明确惩罚规则，在保护绝大多数人利益的前提下，旗帜鲜明地杜绝不良教育教学行为。在利益分配上，不搞"一碗水端平"，不吃"大锅饭"，在确保绝大多数教职工利益公平的前提下，对工作绩效优秀和不理想的人群适当拉开分配距离，发挥绩效考核和利益调节的杠杆作用，从而激励先进、鞭策后进。

3. 恩威并重

在德育工作中，坚持正面教育为主、正面激励为主、正面引导为主，重奖轻罚。但是，对于少数屡教不改的后进生，在正面教育措施乏力的情况下，应当以校规校纪论处，以儆效尤。如果一味"和谐"处之，优良校风就难以形成，和谐治校目标也难以真正实现。

三、纵深推进，拓展加宽

随着社会主义和谐社会建设的不断深入，和谐校园建设也必将越来越向纵深推进。应当说，我校坚持的和谐治校方略，到目前为止，还不过停留在初级阶段，停留在肤浅的、表面的粗放阶段。在管理实践中，我们常常感觉到力不从心、根基肤浅。在新世纪新阶段，以科学发展为主题，是时代的要求，关系改革开放和现代化建设全局。坚持"发展是硬道理"的本质要求，就是坚持科学发展。学校工作必须与社会进步同步，学校要想取得良性发展，就必须坚持科学发展。和谐校园建设，就是要确保教育事业科学发展，确保师生共同进步，确保教育质量稳步提高。我们认为，和谐治校还应在更为宽广的意义上加以拓展和加强。

1. 提炼"和谐治校"的理论精髓

仅有"和谐治校"的理念还远远不够，还应当有一整套足以体现"和谐"主张的具体要求和措施。这就需要对"和谐治校"理念作深入分析和探讨，发掘其内涵，提炼其精髓。唯有正确的、先进的、科学的理论引导，才能有师生共同参与的卓有成效的实践成果。

2. 理清学校工作各方面之间的辩证关系

一提到"和谐"，人们不禁要问：什么是和谐？哪些方面不和谐？应当怎样和谐？和谐了又会怎样？因此，我们要认真梳理，深刻分析，找出学校工作各方面之间存在的内部联系与辩证关系，发现不够和谐之处，就研究制订出能够消除障碍、促进和谐的管理策略。

3. 建立旨在促进师生全面和谐、共同发展的机制、体制和制度

在"和谐治校"理念下，要逐步建立一套能够贯彻核心管理理念的机制、体制和制度。管理机制，是指管理系统的结构及其运行机理。学校管理机制，本质上是学校管理系统的内在联系、功能及运行原理，是决定学校管理功效的核心问题。管理体制是指管理系统的结构和组成方式。学校管理体制，即学校采用怎样的组织形式及如何将这些组织形式结合成为一个合理的

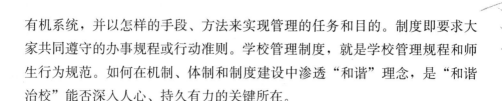

有机系统，并以怎样的手段、方法来实现管理的任务和目的。制度即要求大家共同遵守的办事规程或行动准则。学校管理制度，就是学校管理规程和师生行为规范。如何在机制、体制和制度建设中渗透"和谐"理念，是"和谐治校"能否深入人心、持久有力的关键所在。

四、三思而行，考虑全面

在以"和谐治校"为学校管理方略时，要注意以下几个问题：

一是要从本校实际出发，不能盲目跟风。各校环境、条件、情况各有差异，人员素质、领导管理风格、学校人文环境各不相同，因此要客观分析、实事求是、因地制宜、慎重抉择。

二是要防止只喊口号，不练真功。不能简单地唱高调、贴标签，没有实际的作为。要将这种治校理念化为全校师生的共同意志，化为领导班子全体成员的自觉意识，化为学校教育管理的实际行动。和谐治校，贵在实践，贵在落实。

三是"和谐治校"是一种科学的学校管理方略，必须上有理念，下有策略，不能仅仅提出一个主张，没有具体落实的配套机制、体制和制度予以保障。

四是"和谐治校"绝不能走过场、应付了事，而应当持之以恒、坚持不懈，方能奏效。任何投机取巧的心态都不可取。

五是"和谐治校"不是万能的灵丹妙药。在坚持"和谐治校"方略时，还要结合其他先进的教育管理理念、理论和方法，多管齐下，不能仅靠一种管理理念来解决学校建设和发展中的所有问题。

在职业教育不断发展变化的进程中，学校的合并重组不可避免。在合并校的管理中，如何使人员有效融合是一个非常重要但又不易解决的实际难题。安徽省铜陵县职业和成人教育中心在解决这个难题中，抓住管理中的主导因素，即人的因素，坚持以人为本，以和谐为主旋律，把和谐治校落在实处，凝聚起团队力量，把一个面临严重困境的合并校逐步发展成国家级重点职业学校。

1. 和谐治校源于对人的尊重与信任

安徽省铜陵县职业和成人教育中心从理论层面对和谐治校作了深刻思考，把人的因素作为管理的首要因素，从尊重和信任的基点出发，从关注教师与学生的全面发展出发，适度调节管理环节，兼顾师生切身利益，创出适合师生发展的校园人文环境，夯实了和谐治校的基础平台，为落实和谐治校提供了可靠保证。

2. 和谐治校开创多元合作办学之路

安徽省铜陵县职业和成人教育中心以和谐的发展环境开展多元合作，利用自身优势与诸多企业进行人员互派、订单培养、技术培训等，为地方经济进行人力资源的开发与培训，为企事业单位提供定制服务。所有这些离不开和谐共存并通力合作的学校教职员工的努力和付出，和谐的环境使得大家得以实现共同的理想和目标，也有力地促进了学校的多元办学工作。

3. 和谐治校辅以刚柔相济的管理方法

和谐不是妥协，不是迁就，而是有尺有度、刚柔相济的人文化管理。安徽省铜陵县职业和成人教育中心提出的和谐治校中既有明确的规章制度与严格的执行要求，也有生动灵活的管理策略。对刚性指标有严格要求，但管理中宽严结合，不以量化取代信任，不以考核取代尊重，极大地激励了教职员工的自觉性，以柔性管理达到刚性要求。和谐的管理环境不仅凝聚了人心，更有力地推动了学校的各项工作。

和谐治校对于学校并不陌生，但要把和谐治校真正落在实处却不是易事，安徽省铜陵县职业和成人教育中心的做法非常值得借鉴。

（点评：胡嘉牧）